Dittmann · Haderer · Happe · Fuldner
Steuer 2020
für Rentner & Pensionäre

Exklusiv und kostenlos zum Steuerhandbuch

Ihre Arbeitshilfen online:

☞ Einkommensteuertabellen 2019

☞ Weiterführende Informationen zu wichtigen steuerlichen Einzelthemen von Abfindung bis Umsatzsteuervoranmeldung

☞ Arbeitshilfen (Kopiervorlagen, Checklisten, eine Übersicht über anhängige Gerichtsverfahren, die wichtigsten Einkommensteuertipps auf einen Blick und der Steuerkalkulator – so ermitteln Sie besteuerungsrelevante Rechengrößen)

☞ Aktualisierungsservice

Und so geht's:

☞ Einfach unter **http://mybook.haufe.de** den Buchcode eingeben

☞ Oder direkt über Ihr Smartphone bzw. Tablet per **QR-Code** auf die Website gehen

Buchcode: YHO-6019

Ihre Einkommensteuererklärung 2019

Steuer 2020

für Rentner & Pensionäre

von

Willi Dittmann

Dipl.-Finanzwirt (FH), Dozent bei der Oberfinanzdirektion Karlsruhe

Dieter Haderer

Dipl.-Finanzwirt (FH), Dozent bei der Oberfinanzdirektion Karlsruhe

Rüdiger Happe

Dipl.-Finanzwirt, Betriebsprüfer,
Dozent der IHK und führender Weiterbildungsinstitute

Ulrike Fuldner

Rechtsanwältin und Fachanwältin für Steuerrecht,
Aschaffenburg

Haufe Group
Freiburg · München · Stuttgart

Vorwort

Wir hoffen, dass es uns auch dieses Jahr wieder gelungen ist, eine interessante Mischung zu den **wichtigsten Änderungen im Bereich der Einkommensteuer** zusammenzustellen. Auf folgende Neuerungen möchten wir besonders hinweisen:

Formuläränderungen für die Steuererklärung 2019

Der bisher vierseitige Hauptvordruck („Mantelbogen") wurde auf zwei Seiten reduziert. Die übrigen Sonderausgaben (außer Versicherungsbeiträge und kindabhängige Sonderausgaben) sind jetzt in der neuen **Anlage Sonderausgaben** einzutragen. Auch die früher auf Seite 3 abgefragten Aufwendungen sind jetzt in der jeweils eigenständigen **Anlage Außergewöhnliche Belastungen** und in der **Anlage Haushaltsnahe Aufwendungen** anzugeben.

Zudem sind vor allem in den **Anlagen** Vorsorgeaufwand, N (Lohneinkünfte) und **R (Renten) bestimmte Eintragungen grundsätzlich nicht mehr erforderlich**, da diese Daten der Finanzverwaltung direkt elektronisch gemeldet werden. Die betroffenen Zeilen sind in den amtlichen Formularen mit einem „e im Kreis" markiert. Wir haben sie in den Ausfüllhinweisen mit einem „e" gekennzeichnet.

Förderung von Mietwohnungsneubau

Um die Schaffung von Wohnraum zu forcieren, wurde zur Umsetzung der seit Jahren diskutierten Sonderabschreibung für neu errichtete Mietwohnungen (vier Jahre bis zu max. 5 % der – gedeckelten – Kosten zusätzlich zur „Normal"-AfA) im August 2019 der neue § 7b EStG eingefügt. Der Förderzeitraum – mit Rückwirkung – erstreckt sich vom 1.9.2018 bis zum 31.12.2021.

Sonstige Neuerungen

Weitere Änderungen betreffen vor allem die **Höhe des Grundfreibetrags** und des **Unterhalts**, die an die gestiegenen Lebenshaltungskosten angepasst wurden.

Wichtige Hinweise zur Arbeit mit diesem Buch sind gleich im Anschluss abgedruckt.

Wir freuen uns mit unseren Lesern über jeden Euro, den diese vom Finanzamt erstattet bekommen ... und hoffen auf ein Wiedersehen in unserem nächsten Steuerratgeber für das Steuerjahr 2020.

Freiburg, im September 2019 Das Autorenteam

Hinweise zur Arbeit mit diesem Buch

Zur **Schnellorientierung** haben wir eine Handling-Übersicht für die optimale Arbeit mit diesem Buch erstellt.

Das bietet das Buch

Teil I enthält den Schnelleinstieg in die Steuerveranlagung:

- **Aktuelle steuerliche Abgabefristen**

- **Komprimierte Übersicht zu den wesentlichen einkommensteuerlichen Gesetzes- und Vordruckänderungen gegenüber dem Vorjahr 2018**

- Der **Formularwegweiser** ermöglicht es, auf einen Blick zu erkennen, welche neuen Vordrucke in diesem Jahr benötigt werden.

- Der **Belegcheck** hilft, die Belege sofort dem richtigen Formular zuzuordnen.

Ab diesem Jahr wichtig zu wissen:
Da bestimmte Daten der Finanzverwaltung direkt elektronisch gemeldet werden, sind in den Steuerformularen **einige Eintragungen grundsätzlich nicht mehr erforderlich.** Die betroffenen Zeilen haben wir – wie bereits im Vorwort erwähnt – mit einem „e" gekennzeichnet. **Wenn die Steuererstattung mit einer Steuersoftware berechnet werden soll, müssen diese Daten allerdings weiterhin erfasst werden.**

Das **Herzstück** dieses Buches ist unverändert das Steuerlexikon in **Teil II:**
Hier erhält der Leser ausführliche **Hintergrundinformationen zu aktuellen Steuerthemen und viele geldwerte Tipps zum Steuersparen,** die für Rentner, Pensionäre, Vermieter und Kapitalanleger besonders relevant sind. Und natürlich auch: **Der Steuerbescheid** – wie prüfe ich meinen Bescheid und wie wehre ich mich gegen Veranlagungsfehler?

Der **Teil III** beschäftigt sich ausführlich mit der Vorsorgeplanung im Alter.

Hier informieren wir insbesondere über die

- Erbschaft- und Schenkungsteuer,

- steuerliche Besonderheiten bei der Übertragung von Grundbesitz,

- Besonderheiten bei Kapitalanlagen im Ausland und

- Gefahren des sog. Sozialhilferegresses.

Das bietet das Online-Portal

Unter http://mybook.haufe.de haben wir unser Leistungsangebot nochmals deutlich erweitert. Neben der Download-Möglichkeit von **Steuertabellen** und zusätzlichen **Kopiervorlagen** enthält unser Arbeitshilfenportal neben **„Die wichtigsten Steuertipps auf einen Blick"** und einer Übersicht über **anhängige Gerichtsverfahren** zahlreiche **weiterführende steuerliche Informationen:** angefangen von „Nießbrauch" über „Solaranlagen & Co." bis hin zu „Wohnriester". **Neu: Der Steuerkalkulator** – so ermitteln Sie besteuerungsrelevante Rechengrößen.

Der hierfür erforderliche Zugangscode sowie die Inhalte sind auf der zweiten Seite dieses Buches zu finden.

Inhaltsverzeichnis

Teil II: Das aktuelle Steuerlexikon

Abkürzungsverzeichnis

35a	Anlage Haushaltsnahe Aufwendungen
Abs.	Absatz
Abschn.	Abschnitt
ADAC	Allgemeiner Deutscher Automobil-Club
AK	Anschaffungskosten
AfA	Absetzung für Abnutzung
AfS	Absetzung für Substanzverringerung
AG	Aktiengesellschaft
agB	Anlage Außergewöhnliche Belastungen
AltZertG	Gesetz über die Zertifizierung von Altersvorsorge- und Basisrentenverträgen
Anm.	Anmerkung
AO	Abgabenordnung
a. o.	außerordentlich
ATE	Auslandstätigkeitserlass
Az.	Aktenzeichen
BA	Betriebsausgaben
BAföG	Bundesausbildungsförderungsgesetz
BdF	Bundesministerium für Finanzen
BE	Betriebseinnahmen
BFH	Bundesfinanzhof
BGB	Bürgerliches Gesetzbuch
BGBl	Bundesgesetzblatt
BGH	Bundesgerichtshof
BKGG	Bundeskindergeldgesetz
BMF	Bundesministerium für Finanzen
BStBl	Bundesgesetzblatt
BUKG	Gesetz über die Umzugskostenvergütung und das Trenngeld für die Bundesbeamten, Richter im Bundesdienst und Soldaten (Bundesumzugskostengesetz)
BZSt	Bundeszentralamt für Steuern
ca.	circa
DBA	Doppelbesteuerungsabkommen
dgl.	dergleichen
d. h.	das heißt
EDV	Elektronische Datenverwaltung
Ekm	Entfernungskilometer
ELStAM	Elektronische Lohnsteuerabzugsmerkmale
ELSTER	Elektronische Steuererklärung
ErbStG	Erbschaftsteuer- und Schenkungsteuergesetz
Erl.	Erläuterungen
ESt	Einkommensteuer
EStDV	Einkommensteuer-Durchführungsverordnung
EStG	Einkommensteuergesetz
EStH	Hinweise zu den Einkommensteuer-Richtlinien
EStR	Einkommensteuer-Richtlinien
f.	folgende Seite
ff.	folgende Seiten
FG	Finanzgericht
FinV	Finanzverwaltung
FW	Förderung des Wohneigentums
GbR	Gesellschaft bürgerlichen Rechts
gem.	gemäß

GewStG	Gewerbesteuergesetz
ggf.	gegebenenfalls
GmbH	Gesellschaft mit beschränkter Haftung
GoB	Grundsätze ordnungsgemäßer Buchführung
GrS	Großer Senat
GrSt	Grundsteuer
H	Hinweisabschnitt zu den Einkommensteuer-Richtlinien
HGB	Handelsgesetzbuch
HK	Herstellungskosten
hrsg.	herausgegeben
i. d. F.	in der Fassung
i. d. R.	in der Regel
i. Z. m.	im Zusammenhang mit
Kfz	Kraftfahrzeug
KG	Kommanditgesellschaft
KiSt	Kirchensteuer
km	Kilometer
LSt	Lohnsteuer
LStDV	Lohnsteuer-Durchführungsverordnung
LStR	Lohnsteuer-Richtlinien
lt.	laut
MwSt	Mehrwertsteuer
NV	Nichtveranlagungsbescheinigung
OFD	Oberfinanzdirektion
Pb	Pauschbetrag
Pkw	Personenkraftwagen
qm	Quadratmeter
R	Richtlinienabschnitt in den Einkommensteuer-Richtlinien
Rspr.	Rechtsprechung
s.	siehe
S.	Seite
sog.	sogenannte
s. u.	siehe unten
u.	und
u. a.	unter anderem
u. Ä.	und Ähnliches
UStAE	Umsatzsteuer-Anwendungserlass
Verf.	Verfügung
VaSt	vorausgefüllte Steuererklärung
V+V	Einkünfte aus Vermietung und Verpachtung
Vz.	Veranlagungszeitraum
WK	Werbungskosten
ZASt	Zinsabschlagsteuer
z. B.	zum Beispiel
ZfA	Zentrale Zulagenstelle für Altersvermögen
z. v. E.	zu versteuerndes Einkommen
zzt.	zurzeit

11

Teil I: Steuerformulare

1 Rund um die Einkommensteuererklärung

In diesem Kapitel lesen Sie alles Wissenswerte zu den **Neuerungen für das Steuerjahr 2019;** alle für den Steuerpflichtigen relevanten Gesetzesänderungen im Bereich der Einkommensteuer und die wesentlichen Veränderungen in den Erklärungsvordrucken. Außerdem – hilfreich für das Verständnis der Vordrucke – sind eine Darstellung der Berechnung des zu versteuernden Einkommens und ein Formularwegweiser enthalten, aus dem Sie auf einen Blick erkennen können, welche Vordrucke Sie benötigen.

1.1 Digitalisierung – Finanzamt 4.0

Digitalisierung beim Finanzamt

Auch in der Finanzverwaltung spielt das Thema Digitalisierung eine immer größere Rolle, auch zwecks Verwaltungsvereinfachung. Automationsgestützte Bearbeitung durch verstärkten IT-Einsatz mit dem Ziel der Kostenersparnis (weniger Personal) und gleichzeitig eine effizientere Bearbeitung, indem fehleranfällige Sachverhalte – insbesondere bei großer steuerlicher Auswirkung – ausgesteuert und durch die Finanzbeamten persönlich bearbeitet werden, stehen im Vordergrund. Die rechtlichen Rahmenbedingungen dazu wurden durch das Gesetz zur Modernisierung des Besteuerungsverfahrens v. 18.7.2016 (BGBl 2016 I S. 1679) geschaffen. Die einzelnen Bestimmungen treten nach und nach bis 2022 in Kraft. Entsprechend erfolgte die praktische Umsetzung durch die Finanzverwaltung in die tägliche Arbeit – auch abhängig von den technischen Fortschritten – schrittweise seit 2017. Dies hat erstmals auch zu einer fundamentalen Neugestaltung der Erklärungsvordrucke für 2019 geführt. Einzelheiten siehe unter Punkt 2.

1.1.1 Belege und Nachweise

Belegvorhaltung

Es besteht **keine gesetzliche Pflicht mehr, Belege zusammen mit der Steuererklärung einzureichen.** Der Verzicht auf Belege wird von den Finanzämtern sogar gewünscht, denn damit entfallen Belegsichtung und Rücksendung – und das spart Kosten. Der Belegverzicht gilt auch für Steuerbescheinigungen

13

zur Anrechnung von Kapitalertragsteuer (§ 36 Abs. 2 Nr. 2 Satz 3 EStG) oder für Nachweise über steuerbegünstigte Zuwendungen (Spenden und Mitgliedsbeiträge, § 50 Abs. 8 EStDV). Soweit Zuwendungsbestätigungen durch den begünstigten Empfänger elektronisch an die Finanzverwaltung übermittelt werden, müssen auch keine Belege in Papierform vorgehalten werden. Eine Sonderregelung gilt für den Nachweis einer Behinderung. Wird der Pauschbetrag wegen Behinderung erstmals geltend gemacht oder ändern sich die Verhältnisse (insbesondere der Grad der Behinderung oder Merkzeichen), ist die Vorlage einer Kopie des Schwerbehindertenausweises weiterhin vorgeschrieben (§ 65 Abs. 3 EStDV) – zumindest so lange, bis die erforderlichen Programmierarbeiten zur elektronischen Datenübermittlung der für die Feststellung des Grads der Behinderung bzw. der Merkzeichen zuständigen Stelle abgeschlossen sind (§ 65 Abs. 3a EStDV).

Die **Belege** müssen aber (zumindest bis zum Abschluss der Steuerveranlagung) **aufbewahrt** und auf Anforderung des Finanzamts eingereicht werden. Für bestimmte Belege (z. B. Spenden) ist die Aufbewahrung bis zum Ablauf eines Jahres nach Bekanntgabe der Steuerfestsetzung vorgeschrieben. So lange sollten zur Sicherheit auch alle anderen Nachweise aufbewahrt werden. Für betriebliche Unterlagen gilt eine zehnjährige (§ 147 Abs. 3 AO), für andere Unterlagen eine sechsjährige Aufbewahrungsfrist, wenn die Summe der nichtbetrieblichen Einkünfte (Überschusseinkünfte gem. § 2 Abs. 1 Nr. 4–7 EStG) mehr als 500.000 € beträgt (§ 147a AO). Im Fall der Anforderung sollte man die Belege auch vorlegen können. Andernfalls ist damit zu rechnen, dass die Bearbeiter die Kosten nicht nur streichen, sondern auch einen entsprechenden Risikobearbeitungshinweis für die Folgejahre speichern, sodass künftig mit einer intensiveren Prüfung zu rechnen ist. Darüber hinaus können wissentlich und willentlich gemachte falsche Angaben in der Steuererklärung als versuchte bzw. ggf. vollendete Steuerhinterziehung gewertet werden.

1.1.2 Bearbeitungsgrundsätze/Datenabruf

Durch das o. a. Gesetz wurden in der Abgabenordnung (§ 88 AO) die rechtlichen Möglichkeiten geschaffen, die Fallbearbeitung automationsgestützt unter Einsatz von Risikomanagementsystemen (§ 88 Abs. 5 AO) durchzuführen. Damit soll zum einen die Bearbeitung risikoarmer Fälle beschleunigt und zum anderen prüfungsrelevante Fälle mit ausreichender Sicherheit erkannt werden. Ziel ist vorrangig die – ohne jegliches Eingreifen des Finanzbeamten (§ 155 Abs. 4 AO) – vollautomatische Steuerfestsetzung einer möglichst über ELSTER eingegangenen Steuererklärung bis zur Erteilung des Steuerbescheids. Der Steuerpflichtige hat aber über sog. „qualifizierte Freitextfelder" die Möglichkeit, eine persönliche Bearbeitung zu veranlassen (§ 150 Abs. 7 AO), z. B. wenn er eine nähere Prüfung eines bestimmten Sachverhalts wünscht bzw. eine besondere Rechtsfrage geklärt haben möchte oder in der Steuererklärung Angaben gemacht hat, die auf einer abweichenden Rechtsauffassung beruhen. Die technische Umsetzung der Freitexteingabe erfolgt für 2019 auf der Rückseite des (neuen) Formulars Hauptvordruck in Zeile 40 durch Eintragung einer „1" in Kennzahl 175. Damit wird dem Bearbeiter angezeigt, dass weitere Angaben außerhalb der Steuererklärungsvordrucke auf einer eigenen Anlage zur Steuererklärung gemacht wurden.

Konsequent wurde ebenso gesetzlich geregelt, dass Verwaltungsakte (z. B. Steuerbescheide) künftig elektronisch **wirksam** bekannt gegeben werden können, indem sie (mit Einwilligung des Betroffenen) zum Datenabruf bereitgestellt werden (§ 122a AO). Als Bekanntgabedatum gilt der dritte Tag nach Absendung der Benachrichtigung, dass der Datenabruf möglich ist. Zur Umsetzung sind aber noch technische Vorarbeiten notwendig, sodass bis dahin allein die Papierversion des Steuerbescheids zählt.

1.1.3 Elektronisch übermittelte Informationen

Daten-übermittlung

Wesentliches Element der neuen Bearbeitungsgrundsätze ist, dass die Finanzverwaltung über die Identifikationsnummer des Steuerpflichtigen sehr viele Besteuerungsgrundlagen und Informationen auf elektronischem Weg übermittelt bekommt bzw. über einen Datenabruf darauf Zugriff hat und dies mit den erklärten Angaben automatisiert abgleichen kann. Zu diesen Daten zählen im Wesentlichen:

- sämtliche Angaben der Lohnsteuerbescheinigung wie Bruttolohn, Steuerabzugsbeträge, Beiträge zur gesetzlichen Sozialversicherung, Arbeitgeberanteile zur gesetzlichen Sozialversicherung, steuerfrei geleisteter Arbeitgeberersatz für Reisekosten und doppelte Haushaltsführung, Mahlzeitengestellung anlässlich von Auswärtstätigkeiten und bei doppelter Haushaltsführung, pauschal besteuerte Arbeitgeberleistungen (z. B. bei Überlassung von Firmenwagen für Wege von der

Wohnung zur ersten Tätigkeitsstätte, Jobticket), vom Arbeitgeber ausgezahlte Lohnersatzleistungen sowie Zeiträume ohne Bezug von Arbeitslohn

- von anderen Stellen (z. B. Bundesagentur für Arbeit, Krankenversicherung) gezahlte Lohnersatzleistungen (z. B. Kranken-, Arbeitslosen-, Kurzarbeitergeld, Zuschuss zum Mutterschaftsgeld, Erziehungsgeld) und Insolvenzgeld

- von öffentlichen Einrichtungen (z. B. öffentlich-rechtliche Radio- und Fernsehanstalten, Volkshochschulen, Universitäten, IHK) gezahlte Honorare an freiberuflich dort Tätige (z. B. unterrichtende oder vortragende Dozenten)

- Beiträge zur Krankenversicherung und Pflegepflichtversicherung (sofern der Datenübermittlung zugestimmt wurde, was Abzugsvoraussetzung ist) und Beitragserstattungen

- gezahlte Beiträge in einen Riester- oder Rürup-Versicherungsvertrag

- von Rentenversicherungsträgern ausgezahlte Renten (einschließlich Riester- und Rürup-Renten) sowie Zuschüsse zur Krankenversicherung und aus der Rente abgeführte Kranken- und Pflegepflichtversicherungsbeiträge

- für und von berücksichtigungsfähigen Kindern geleistete Kranken- und Pflegepflichtversicherungsbeiträge

- Einkünfte und Bezüge von steuerlich berücksichtigungsfähigen Kindern, für die eine Lohnsteuerbescheinigung ausgestellt wurde oder die eine Rente bezogen haben

- Einkommensverhältnisse von Angehörigen, für die Unterhaltsleistungen als außergewöhnliche Belastungen geltend gemacht werden

- von Banken vom Kapitalertragsteuerabzug freigestellte Zinsen, insbesondere wenn insgesamt höhere Zinsen freigestellt worden sind als in der Höhe des Sparer-Pauschbetrags von 801 €/1.602 € und bei einer erteilten Nichtveranlagungsbescheinigung

- ausgezahlte Lebensversicherungsleistungen

Im Regelfall bekommt der Steuerpflichtige von der übermittelnden Stelle eine Information über die Weitergabe der Daten an die Finanzverwaltung oder er hat der Datenübermittlung gegenüber der meldenden Stelle ausdrücklich zugestimmt.

Weitere Datenübermittlungen (z. B. über Kapitalerträge aus dem Ausland) sind teilweise bereits rechtlich zulässig, bedürfen aber noch der technischen Umsetzung.

Auf Wunsch ist es für jeden Steuerpflichtigen möglich, eine mit den dem Finanzamt elektronisch übermittelten für die Steuererklärung relevanten Daten vorausgefüllte Steuererklärung (VaSt) abzurufen, die nur noch um die fehlenden Angaben ergänzt werden muss. Dazu ist es aber notwendig, sich über das ELSTER-Online-Portal anzumelden und ein relativ aufwendiges Authentifizierungsverfahren zu durchlaufen. Ist dies erfolgt, kann sowohl die Steuererklärung mit elektronischer Signatur über das Internet übermittelt als auch auf Verlangen als Vorabinformation eine Bescheidausfertigung abgerufen werden, sobald die Steuerveranlagung durchgeführt wurde.

1.2 Einkommensteuerliche Rechtsänderungen und Vordruckänderungen 2019

Gesetzliche Änderungen

- **Kindergeld, Kinderfreibetrag, Grundfreibetrag, Unterhalt**
  Durch das Familienentlastungsgesetz wurden Kindergeld und entsprechend die Kinderfreibeträge sowie der Grundfreibetrag und der für Unterhaltungszahlungen abzugsfähige Höchstbetrag an die gestiegenen Lebenshaltungskosten angepasst.

- **Dienstwagenbesteuerung, Jobticket, E-Bikes**
  Im Jahressteuergesetz 2018 (Gesetz zur Vermeidung von USt-Ausfällen und zur Änderung anderer steuerlicher Vorschriften) wurde die Dienstwagenbesteuerung überarbeitet. Für Elektro- und bestimmte Hybridfahrzeuge gelten bezüglich der privaten Nutzung günstigere Regelungen.
  Zuschüsse des Arbeitgebers für Wege zur ersten Tätigkeitsstätte wurden bei Nutzung öffentlicher Verkehrsmittel (z. B. Jobticket) ebenso steuerfrei gestellt (§ 3 Nr. 15 EStG) wie die Überlassung betrieblicher (Elekro-)Fahrräder (§ 3 Nr. 37 EStG).

- **Sonderabschreibung Mietwohnungsneubau**
  Im Gesetz zur steuerlichen Förderung des Mietwohnungsneubaus (BGBl 2019 I S. 1122) wurde die seit Jahren diskutierte Sonderabschreibung (vier Jahre bis zu max. 5 % der Kosten zusätzlich zur „Normal"-AfA) für die Anschaffung oder Herstellung neuer Wohnungen (§ 7b EStG) geregelt.

Vordruckänderungen

 WICHTIG

Neu: Elektronische Daten nicht mehr ausfüllen

Für das Steuerjahr 2019 wurde in den Erklärungsvordrucken erstmals berücksichtigt, dass viele steuerlich relevante Daten der Finanzverwaltung elektronisch gemeldet werden und somit bekannt sind. Deshalb ist in diesen Bereichen (in den Vordrucken erkennbar daran, dass die entsprechenden Vordruckzeilen dunkelgrün unterlegt und mit einem **e** gekennzeichnet sind) das Ausfüllen im Regelfall nicht notwendig, es sei denn, die übermittelten Daten sind fehlerhaft. Dies betrifft vor allem die **Anlagen Vorsorgeaufwand** (Versicherungsbeiträge), **N** (Lohneinkünfte), **R** (Renten) und Teilbereiche der **Anlage Kind.**

Wenn Sie anhand Ihrer ausgefüllten Steuererklärung eine Prüfberechnung mit einer Steuer-Software durchführen möchten, müssen Sie die Daten allerdings erfassen.

Außerdem sind in den Formularen folgende **wesentliche** Veränderungen vorgenommen worden.

Hauptvordruck

Der bisherige vierseitige Hauptvordruck (Mantelbogen) wurde auf zwei Seiten reduziert. Hier werden nur noch die allgemeinen persönlichen Angaben (wie bisher Seite 1) verlangt und auf der Rückseite im Wesentlichen Angaben zu nicht vom Arbeitgeber übermittelten Lohnersatzleistungen wie Arbeitslosengeld oder Elterngeld sowie die Unterschrift. Außerdem muss dort vermerkt werden, wenn zusätzliche Angaben oder Erläuterungen außerhalb der Erklärungsvordrucke gemacht wurden.

Für die anderen bisher auf dem Hauptvordruck abgefragten Angaben wurden jeweils eigene Anlagen geschaffen.

Anlage Sonderausgaben

Die übrigen Sonderausgaben außer Versicherungsbeiträge und kindabhängige Sonderausgaben (bisher Seite 2 des Hauptvordrucks) sind jetzt auf der **Anlage Sonderausgaben** zu erfassen. Die bisherige Reihenfolge der abgefragten Angaben wurde entsprechend der Häufigkeit des Auftretens (Kirchensteuer, Spenden) neu geordnet.

Anlage Außergewöhnliche Belastungen (agB)

Für die bisher auf Seite 3 des Hauptvordrucks abgefragten Angaben (Steuervergünstigungen für behinderte Menschen und allgemeine außergewöhnliche Belastungen wie Krankheits-, Pflege-, Bestattungskosten) gibt es die neue **Anlage Außergewöhnliche Belastungen.** Die Reihenfolge der abgefragten Daten entspricht im Wesentlichen der bisherigen Reihenfolge im Hauptvordruck.

Anlage Haushaltsnahe Aufwendungen (35a)

Die Anlage betrifft alle nach § 35a EStG steuerlich begünstigten Aufwendungen rund um den eigenen Haushalt: Arbeitsverhältnisse, haushaltsnahe Dienstleistungen, Pflege- und Betreuungskosten, Haushaltsleistungen bei Heimunterbringung und Handwerkerleistungen. Die Angaben wurden bisher in der unteren Hälfte der dritten Seite des Hauptvordrucks abgefragt.

Anlage Sonstiges

Die abgefragten Angaben standen bisher auf Seite 4 des Hauptvordrucks und sind nur **für sehr wenige Steuerbürger relevant.**

Anlage Vorsorgeaufwand

Der Vordruck ist inhaltlich im Wesentlichen unverändert. Nachdem aber so gut wie alle relevanten abzugsfähigen Versicherungsbeiträge, insbesondere Renten-, Kranken-, Pflegepflicht- und Arbeitslosenversicherungsbeiträge, elektronisch gemeldet werden, wird die Anlage nur noch in wenigen Fällen zur Eintragung von Berufsunfähigkeits-, Unfall-, Haftpflicht- und Risikoversicherungen benötigt und im Regelfall auch nur dann, wenn durch Kranken- und Pflegepflichtversicherungsbeiträge der abzugsfähige Höchstbetrag von max. 2.800 € nicht bereits überschritten ist.

Anlage V

Für die Sonder-AfA (§ 7b EStG) für Mietwohnneubauten wurde auf Seite zwei eine (neue) zusätzliche Zeile eingefügt.

TIPP

Vereinfachte Erklärungsvordrucke für Arbeitnehmer und Nur-Rentner

Für Steuerbürger, die ausschließlich Arbeitslohn bezogen haben, oder Personen, die nur Renten, Betriebsrenten bzw. eine Pension beziehen, hat die Finanzverwaltung zwei vereinfachte Steuererklärungsvordrucke, die nur aus jeweils zwei Seiten bestehen, aufgelegt.

Erklärung zur Veranlagung von Alterseinkünften

Für Rentner und Pensionsempfänger, deren Daten über die erhaltenen Einnahmen elektronisch übermittelt wurden und die **keine weiteren Einkünfte** haben, ist der Vordruck **„Erklärung zur Veranlagung von Alterseinkünften"** vorgesehen. Als steuermindernde Tatbestände können dort allerdings außer den elektronisch übermittelten Versicherungsbeiträgen nur Spenden, bezahlte Kirchensteuer, Pauschbeträge für behinderte Menschen, allgemeine außergewöhnliche Belastungen wie Krankheits-, Pflege- und Bestattungskosten sowie haushaltsnahe Dienstleistungen und Handwerkerleistungen in Zusammenhang mit dem eigenen Haushalt erklärt werden. Der Vordruck ist zurzeit allerdings nicht in allen Bundesländern und nur in Papierform verfügbar.

Vereinfachte Steuererklärung für Arbeitnehmer

Arbeitnehmer, die außer Arbeitslohn keine anderen Einkünfte haben, können eine **vereinfachte Steuererklärung** (Vordruck **ESt1V**) abgeben, wenn sie bei den Werbungskosten keine Aufwendungen wegen beruflich veranlasster doppelter Haushaltsführung absetzen wollen. Als steuermindernde Tatbestände können dort allerdings außer den elektronisch übermittelten Versicherungsbeiträgen nur Spenden, bezahlte Kirchensteuer, Pauschbeträge für behinderte Menschen, allgemeine außergewöhnliche Belastungen wie Krankheits-, Pflege- und Bestattungskosten sowie haushaltsnahe Dienstleistungen und Handwerkerleistungen in Zusammenhang mit dem eigenen Haushalt erklärt werden.

1.3 Rund um die Steuererklärung

1.3.1 Abgabepflicht – Abgabefristen – Vordrucke

Wichtiges zu den Themen, wer eine Steuererklärung abgeben muss, bei wem die freiwillige Abgabe einer Steuererklärung (Steuerveranlagung auf Antrag) sinnvoll ist, welche Möglichkeiten es gibt, die Steuererklärung an das Finanzamt zu übermitteln, und welche Fristen zu beachten sind, finden Sie auch auf http://mybook.haufe.de unter „Weiterführende steuerliche Informationen".

1.3.2 Welche Vordrucke müssen Sie ausfüllen?

**Formular-
wegweiser**

Einen Überblick, welche Vordrucke Sie benötigen, können Sie sich anhand des folgenden Formularwegweisers verschaffen.

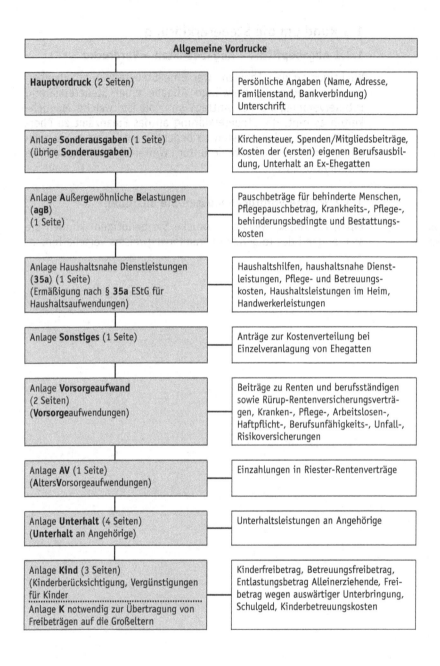

Allgemeine Vordrucke

Hauptvordruck (2 Seiten)	Persönliche Angaben (Name, Adresse, Familienstand, Bankverbindung) Unterschrift
Anlage **Sonderausgaben** (1 Seite) (übrige **Sonderausgaben**)	Kirchensteuer, Spenden/Mitgliedsbeiträge, Kosten der (ersten) eigenen Berufsausbildung, Unterhalt an Ex-Ehegatten
Anlage **Außergewöhnliche Belastungen** (**agB**) (1 Seite)	Pauschbeträge für behinderte Menschen, Pflegepauschbetrag, Krankheits-, Pflege-, behinderungsbedingte und Bestattungskosten
Anlage Haushaltsnahe Dienstleistungen (**35a**) (1 Seite) (Ermäßigung nach § **35a** EStG für Haushaltsaufwendungen)	Haushaltshilfen, haushaltsnahe Dienstleistungen, Pflege- und Betreuungskosten, Haushaltsleistungen im Heim, Handwerkerleistungen
Anlage **Sonstiges** (1 Seite)	Anträge zur Kostenverteilung bei Einzelveranlagung von Ehegatten
Anlage **Vorsorgeaufwand** (2 Seiten) (**Vorsorge**aufwendungen)	Beiträge zu Renten und berufsständigen sowie Rürup-Rentenversicherungsverträgen, Kranken-, Pflege-, Arbeitslosen-, Haftpflicht-, Berufsunfähigkeits-, Unfall-, Risikoversicherungen
Anlage **AV** (1 Seite) (**AltersVorsorge**aufwendungen)	Einzahlungen in Riester-Rentenverträge
Anlage **Unterhalt** (4 Seiten) (**Unterhalt** an Angehörige)	Unterhaltsleistungen an Angehörige
Anlage **Kind** (3 Seiten) (Kinderberücksichtigung, Vergünstigungen für Kinder Anlage **K** notwendig zur Übertragung von Freibeträgen auf die Großeltern	Kinderfreibetrag, Betreuungsfreibetrag, Entlastungsbetrag Alleinerziehende, Freibetrag wegen auswärtiger Unterbringung, Schulgeld, Kinderbetreuungskosten

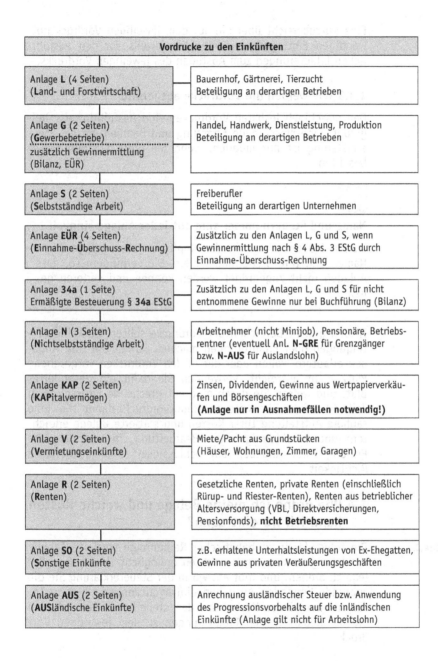

Vordrucke zu den Einkünften	
Anlage **L** (4 Seiten) (**L**and- und Forstwirtschaft)	Bauernhof, Gärtnerei, Tierzucht Beteiligung an derartigen Betrieben
Anlage **G** (2 Seiten) (**G**ewerbebetriebe) zusätzlich Gewinnermittlung (Bilanz, EÜR)	Handel, Handwerk, Dienstleistung, Produktion Beteiligung an derartigen Betrieben
Anlage **S** (2 Seiten) (**S**elbstständige Arbeit)	Freiberufler Beteiligung an derartigen Unternehmen
Anlage **EÜR** (4 Seiten) (**E**innahme-**Ü**berschuss-**R**echnung)	Zusätzlich zu den Anlagen L, G und S, wenn Gewinnermittlung nach § 4 Abs. 3 EStG durch Einnahme-Überschuss-Rechnung
Anlage **34a** (1 Seite) Ermäßigte Besteuerung § **34a** EStG	Zusätzlich zu den Anlagen L, G und S für nicht entnommene Gewinne nur bei Buchführung (Bilanz)
Anlage **N** (3 Seiten) (**N**ichtselbstständige Arbeit)	Arbeitnehmer (nicht Minijob), Pensionäre, Betriebs- rentner (eventuell Anl. **N-GRE** für Grenzgänger bzw. **N-AUS** für Auslandslohn)
Anlage **KAP** (2 Seiten) (**KAP**italvermögen)	Zinsen, Dividenden, Gewinne aus Wertpapierverkäu- fen und Börsengeschäften (**Anlage nur in Ausnahmefällen notwendig!**)
Anlage **V** (2 Seiten) (**V**ermietungseinkünfte)	Miete/Pacht aus Grundstücken (Häuser, Wohnungen, Zimmer, Garagen)
Anlage **R** (2 Seiten) (**R**enten)	Gesetzliche Renten, private Renten (einschließlich Rürup- und Riester-Renten), Renten aus betrieblicher Altersversorgung (VBL, Direktversicherungen, Pensionfonds), **nicht Betriebsrenten**
Anlage **SO** (2 Seiten) (**S**onstige Einkünfte	z.B. erhaltene Unterhaltsleistungen von Ex-Ehegatten, Gewinne aus privaten Veräußerungsgeschäften
Anlage **AUS** (2 Seiten) (**AUS**ländische Einkünfte)	Anrechnung ausländischer Steuer bzw. Anwendung des Progressionsvorbehalts auf die inländischen Einkünfte (Anlage gilt nicht für Arbeitslohn)

Eine Kurzübersicht über die auf dem jeweiligen Vordruck notwendigen Eintragungen finden Sie jeweils vor den ausführlichen Erläuterungen zum Ausfüllen des jeweiligen Vordrucks.

1.3.3 Wie werden die Vordrucke ausgefüllt?

Den maschinell lesbaren Vordrucken sind Ausfüllhinweise beigefügt. Eine maschinelle Erfassung und Bearbeitung der Steuererklärung ist nur möglich, wenn Sie diese Ausfüllhinweise beachten.

 TIPP

Name und Steuernummer sind auf jeder Anlage sinnvoll

Tragen Sie unbedingt in der Kopfzeile jeder Anlage Ihren Namen und Ihre Steuernummer ein. Sie verhindern so, dass Anlagen nicht zugeordnet werden können und verloren gehen.

In den grünen Bereichen der Vordrucke sollten Sie keine Eintragungen oder Erläuterungen machen. Soweit Sie Ihre Angaben erläutern wollen oder der in den Vordrucken vorgesehene Platz nicht ausreicht, verwenden Sie dafür ein gesondertes Blatt und weisen Sie durch eine entsprechende Eintragung in Zeile 40 auf der Rückseite des Hauptvordrucks darauf hin. Eine saubere Aufstellung Ihrer Kosten und sortierte Belege erleichtern und beschleunigen die Bearbeitung, insbesondere die Prüfung Ihrer Angaben auf Schlüssigkeit und rechnerische Richtigkeit.

1.4 Wie ordne ich meine Belege und welche Kosten kann ich wo eintragen?

Belegcheck

Die folgende, in alphabetischer Reihenfolge sortierte Tabelle mit häufig vorkommenden Kosten ermöglicht Ihnen, Ihre Belege zu ordnen, und gibt an, wo in der Steuererklärung Sie die zugrunde liegenden Ausgaben eintragen können. Weitere Informationen zu den Kosten und dem steuerlichen Abzug finden Sie bei Bedarf in den Erläuterungen zu dem jeweiligen Vordruck.

Kostenbeleg	Steuererklärung	Abzug
Abflussrohrreinigung		
• selbst genutztes Haus/ Wohnung	Anlage Haushalts- nahe Aufwendun- gen	Steuerermäßigung
• vermietetes Haus/Wohnung	Anlage V	Werbungskosten
Arbeitsmittel/Fachliteratur	Anlage N, S. 2	Werbungskosten
Arbeitszimmer	Anlage N, S. 2	Werbungskosten
Ausbildungskosten		
• eigene Ausbildung/Ehegatte	Anlage Sonder- ausgaben	Sonderausgaben
• eines Kindes	Anlage Kind, S. 2	außergewöhnliche Belastungen
Bestattungskosten	Anlage Außerge- wöhnliche Belas- tungen	außergewöhnliche Belastungen
Erhaltungsaufwendungen/ Instandsetzung/Reparatur		
• selbst genutztes Haus/ Wohnung	Anlage Haushalts- nahe Aufwendun- gen	Steuerermäßigung
• vermietetes Haus/Wohnung	Anlage V, S. 2	Werbungskosten
Fahrtkosten		
• beruflich	Anlage N, S. 2	Werbungskosten
• vermietetes Haus/Wohnung	Anlage V, S. 2	Werbungskosten
• Behinderung	Anlage Außerge- wöhnliche Belas- tungen	außergewöhnliche Belastungen
Fortbildungskosten (vgl. auch Reisekosten)	Anlage N, S. 2	Werbungskosten
Führerschein (behinderte Menschen)	Anlage Außer- gewöhnliche Belastungen	außergewöhnliche Belastungen
Gartengestaltung		
• selbst genutztes Haus/ Wohnung	Anlage Haushalts- nahe Aufwendun- gen	Steuerermäßigung
• vermietetes Haus/Wohnung	Anlage V, S. 2	Werbungskosten
Gartenpflege		
• selbst genutztes Haus/ Wohnung	Anlage Haushalts- nahe Aufwendun- gen	Steuerermäßigung
• vermietetes Haus/Wohnung	Anlage V, S. 2	Werbungskosten
Hausarbeit/Hausreinigung durch Fremdfirma (putzen, kochen, waschen, bügeln)	Anlage Haushalts- nahe Aufwendun- gen	Steuerermäßigung
Hausaufgabenbetreuung Kind	Anlage Kind, S. 3	Sonderausgaben

Kostenbeleg	Steuererklärung	Abzug
Haushaltshilfe/Haushälterin (angestellt/Minijob)	Anlage Haushaltsnahe Aufwendungen	Steuerermäßigung
Heimkosten	Anlage Haushaltsnahe Aufwendungen Anlage Außergewöhnliche Belastungen	Steuerermäßigung außergewöhnliche Belastungen
Kinderbetreuungskosten	Anlage Kind, S. 3	Sonderausgaben
Kindergartenbeitrag	Anlage Kind, S. 3	Sonderausgaben
Kontoführung • beruflich • vermietetes Haus/Wohnung	 Anlage N, S. 2 Anlage V, S. 2	 Werbungskosten Werbungskosten
Krankheitskosten (Eigenanteil Arznei, Brille, Hörgerät, Zahnersatz, Kur)	Anlage Außergewöhnliche Belastungen	außergewöhnliche Belastungen
Krankenversicherung • eigene bzw. Ehegatte • Kind • Ex-Ehegatten (bzw. getrennt) • andere unterstützte Personen	 Anlage Vorsorgeaufw. Anlage Kind, S. 2 Anlage Sonderausgaben Anlage Unterhalt, S. 1	 Sonderausgaben Sonderausgaben Sonderausgaben außergewöhnliche Belastungen
Mitgliedsbeiträge • Verein, Partei • Gewerkschaft, Berufsverband • Haus-/Grundbesitzerverein • Lohnsteuerhilfe	 Anlage Sonderausgaben Anlage N, S. 2 Anlage V, S. 2 Anlage N, S. 2	 Sonderausgaben Werbungskosten Werbungskosten Werbungskosten
Pflegekosten	Anlage Außergewöhnliche Belastungen Anlage Haushaltsnahe Aufwendungen	außergewöhnliche Belastungen Steuerermäßigung
Reisekosten (beruflich)	Anlage N, S. 2	Werbungskosten
Renovierung • selbst genutztes Haus/ Wohnung • vermietetes Haus/Wohnung • Arbeitszimmer	 Anlage Haushaltsnahe Aufwendungen Anlage V, S. 2 Anlage N, S. 2	 Steuerermäßigung Werbungskosten Werbungskosten
Reparatur • Haushaltsgeräte • Fahrzeug (berufliche Fahrt)	 Anlage Haushaltsnahe Aufwendungen Anlage N, S. 2	 Steuerermäßigung Werbungskosten

Kostenbeleg	Steuererklärung	Abzug
Riester-Versicherungsbeiträge	Anlage AV	Zulage/ Sonderausgaben
Rürup-Versicherungsbeiträge	Anlage Vorsorge- aufwand, S. 1	Sonderausgaben
Schulgeld • eigene Schulausbildung • für Kind	Anlage Sonder- ausgaben Anlage Kind, S. 2	Sonderausgaben Sonderausgaben
Spende	Anlage Sonder- ausgaben	Sonderausgaben
Steuerberatungskosten	Anlage N, R, V, S. 2	Werbungskosten
Steuerbescheinigung • Zinsen	Anlage KAP, S. 2	Steueranrechnung
Studiengebühr • eigenes Studium	Anlage Sonder- ausgaben	Sonderausgaben
Telefonkosten • berufliche Telefonate • Mieter	Anlage N, S. 2 Anlage V, S. 2	Werbungskosten Werbungskosten
Umzugskosten • privater Umzug • beruflich bedingter Umzug	Anlage Haushalts- nahe Aufwendun- gen Anlage N, S. 2	Steuerermäßigung Werbungskosten
Unfallkosten • berufliche Fahrt	Anlage N, S. 2	Werbungskosten
Unterhaltszahlungen • getrennt lebender/ geschiedener Ehegatte • nicht steuerlich berücksichtigungsfähige Kinder • andere Personen	Anlage Sonder- ausgaben Anlage Unterhalt Anlage Unterhalt	Sonderausgaben außergewöhnliche Belastungen außergewöhnliche Belastungen
Versicherungen • beruflich (z. B. Berufshaftpflicht) • vermietetes Haus/Wohnung • privat (außer Rechtsschutz und Sachversicherungen)	Anlage N, S. 2 Anlage V, S. 2 Anlage Vorsorge- aufwand	Werbungskosten Werbungskosten Sonderausgaben

Kostenbeleg	Steuererklärung	Abzug
Wartung (Heizung, Tankreinigung, Sanitäranlagen, Fahrstuhl, Feuerlöscher)		
• selbst genutztes Haus/ Wohnung	Anlage Haushaltsnahe Aufwendungen	Steuerermäßigung
• vermietetes Haus/Wohnung	Anlage V	Werbungskosten
Zweiter Haushalt (beruflich)	Anlage N, S. 3	Werbungskosten

1.5 Praktische Tipps

Behalten Sie für sich von jedem ausgefüllten Formular, jeder eingereichten Kostenaufstellung und jedem Schreiben an Ihr Finanzamt ein Doppel zurück bzw. speichern Sie die gemachten Angaben auf Ihrem Rechner und drucken Sie sich die Steuererklärung ggf. aus.

Legen Sie die Unterlagen jahrgangsweise, am besten durch Trennblätter geordnet, in einem Ordner „Finanzamt" oder „Steuern" ab. Sie erleichtern sich so die Überprüfung Ihres Steuerbescheids und das Ausfüllen der Steuererklärung für die Folgejahre.

Falls das Finanzamt Belege anfordert: Vermeiden Sie zu Ihrer Sicherheit, sofern es nicht zwingend erforderlich ist (wie z.B. bei Steuerbescheinigungen von Banken), Verträge oder Schriftstücke im Original an das Finanzamt zu schicken. Eine Fotokopie genügt in den meisten Fällen als Nachweis.

1.6 Wie berechnet sich das zu versteuernde Einkommen?

Machen Sie sich kurz mit der Einkommensteuerberechnung vertraut. Es lohnt sich, denn so werden Sie den grundsätzlichen Aufbau der Steuererklärung besser verstehen. Dies wird Ihnen das Ausfüllen der Steuererklärung erleichtern.

Grundlage für die Steuerberechnung ist das zu versteuernde Einkommen (z. v. E). Von Ihrem Bruttolohn, Ihrer Rente bzw. Ihren Miet- oder Betriebseinnahmen bis zu Ihrem z. v. E. ist es ein weiter Weg. Die Berechnung des z. v. E. ist in § 2 EStG geregelt bzw. in R 2 EStR 2012 dargestellt.

Sieben Einkunftsarten

Das Einkommensteuergesetz (EStG) unterscheidet zwischen sieben im Gesetz abschließend aufgeführten **Einkunftsarten.** Diese unterteilt § 2 Abs. 2 EStG in drei (betriebliche) Gewinneinkunftsarten (§ 2 Abs. 1 Nr. 1–3 EStG)

- **Einkünfte aus Land- und Forstwirtschaft** (§ 13 EStG)
  z. B. Bauernhof, Wein- und Obstbau,

- **Einkünfte aus gewerblichen Betrieben** (§ 15 EStG)
  z. B. Einzelunternehmen, Beteiligungen an gewerblichen Betrieben,

- **Einkünfte aus selbstständiger Arbeit** (§ 18 EStG)
  z. B. Freiberufler wie Rechtsanwälte, Ärzte, Architekten, Ingenieure etc.

und vier Überschusseinkunftsarten (§ 2 Abs. 1 Nr. 4–7 EStG)

- **Einkünfte aus nichtselbstständiger Arbeit** (§ 19 EStG)
  z. B. Lohneinkünfte als Arbeitnehmer, Pensionär, Betriebsrentner,

- **Einkünfte aus Kapitalvermögen** (§ 20 EStG)
  z. B. Zinsen aus Geldanlagen, Fondsanteilen, Dividenden aus Beteiligungen, Aktienverkäufe,

- **Einkünfte aus Vermietung und Verpachtung** (§ 21 EStG)
  z. B. Miete, Pacht aus bebauten und unbebauten Grundstücken und Grundstücksteilen und

- **sonstige Einkünfte** (§ 22 EStG)
  im Wesentlichen Renten sowie Veräußerungsgewinne aus dem Verkauf von privaten Grundstücken und Wertgegenständen.

Einkommen, das nicht unter diese sieben Gruppen fällt (z. B. Erbschaft, Schenkung, Spiel- und Lotteriegewinne), unterliegt nicht der Einkommensteuer.

Steuerfreies Einkommen

Nach § 3 EStG wird bestimmtes Einkommen (z. B. Lohnersatzleistungen wie Arbeitslosen- oder Kurzarbeitergeld, Trinkgelder, Kinder-, Eltern-, Pflegegeld) steuerfrei gestellt. Steuerfreies Einkommen kann aber den Steuersatz des steuerpflichtigen Einkommens erhöhen (Progressionsvorbehalt) und wird deshalb teilweise in der Steuererklärung abgefragt.

Ermittlung der Einkünfte

Zur Ermittlung des z. v. E. wird zunächst – getrennt für jede Einkunftsart – der Nettoertrag, die sog. **Einkünfte,** ermittelt. Dabei werden von den jeweiligen **Betriebseinnahmen** bei den

Gewinneinkunftsarten bzw. **Einnahmen** bei den Überschusseinkunftsarten (z. B. Bruttoarbeitslohn, Rente) sämtliche damit in Zusammenhang stehenden Ausgaben, die Betriebsausgaben bzw. **Werbungskosten** (z. B. Ausgaben für Arbeitskleidung), abgezogen. Eine Sonderregelung gilt für die Kapitaleinkünfte. Diese werden durch den Einbehalt der Kapitalertragsteuer in den meisten Fällen abschließend besteuert (Abgeltungsteuer) und müssen in der Steuererklärung deshalb i. d. R. nicht mehr aufgeführt werden (§ 43 Abs. 5 EStG).

Summe der Einkünfte

Danach fasst man die Einkünfte aus allen vorhandenen Einkunftsarten zur **Summe der Einkünfte** zusammen. Bei einer gemeinsamen Steuerveranlagung von Ehegatten bzw. eingetragenen Lebenspartnern (Zusammenveranlagung) werden die Einkünfte und die Summe der Einkünfte zunächst für jeden Ehegatten/Lebenspartner getrennt ermittelt und erst danach addiert.

Gesamtbetrag der Einkünfte

Nach Abzug des **Altersentlastungsbetrags** (§ 24a EStG) und des Entlastungsbetrags für **Alleinerziehende** (§ 24b EStG) von der Summe der (gemeinsamen) Einkünfte, erhält man den **Gesamtbetrag der Einkünfte**. Ab da wird bei Zusammenveranlagung von Ehegatten/Lebenspartnern für beide gemeinsam gerechnet.

Einkommen

Nach dem Abzug von zwei weiteren Ausgabearten, die die private Lebensführung betreffen, zuerst die **Sonderausgaben** (§§ 10–10c EStG), wie z. B. private Versicherungsbeiträge, gezahlte Kirchensteuer, eigene Berufsausbildungskosten, Kinderbetreuungskosten, Schulgeld an Privatschulen, Spenden, und anschließend die **außergewöhnlichen Belastungen** (§§ 33–33b EStG), wie z. B. Krankheits-, Pflege-, Beerdigungskosten, Unterhaltsleistungen, behinderungsbedingte Aufwendungen, Heimkosten, Ausgaben infolge von Naturkatastrophen (Orkanschäden usw.) erhält man das **Einkommen**.

Zu versteuerndes Einkommen

Vom Einkommen können u. U. noch **Freibeträge für Kinder** abgezogen werden, bis sich das z. v. E. ergibt.

Berechnungsschema

Nachfolgend ein vereinfachtes Grundschema zur Berechnung des z. v. E. Damit können Sie auch nachvollziehen und prüfen, wie das Finanzamt in Ihrem Steuerbescheid das z. v. E. berechnet hat.

Gewinneinkünfte	Überschusseinkünfte
Einkünfte aus Land- + Forstwirtschaft	Einkünfte aus nichtselbstständiger Arbeit
Einkünfte aus selbstständiger Arbeit	Einkünfte aus Kapitalvermögen
Einkünfte aus Gewerbebetrieb	Einkünfte aus Vermietung + Verpachtung
	Sonstige Einkünfte nach § 22 EStG

= Summe der Einkünfte

./. Altersentlastungsbetrag

./. Entlastungsbetrag Alleinerziehende

= Gesamtbetrag der Einkünfte

./. Sonderausgaben
(z. B. private Versicherungsbeiträge, Kirchensteuer, Kinderbetreuungskosten, Ausbildungskosten, Schulgeld, Spenden)

./. Außergewöhnliche Belastungen
(z. B. Krankheits-, Beerdigungkosten, Pflegeaufwendungen, Aufwendungen behinderter Menschen, Unterhaltsleistungen)

= Einkommen

./. Freibeträge für Kinder

= zu versteuerndes Einkommen

Anhand dieses Betrags wird mithilfe der maßgebenden Steuertabelle (Grund- oder Splittingtabelle) die **tarifliche Einkommensteuer** ermittelt. Davon werden mögliche Steuerermäßigungen (z. B. für Handwerkerleistungen im eigenen Haushalt oder Zuwendungen an politische Parteien) abgezogen und man erhält danach die im Steuerbescheid **festgesetzte Jahreseinkommensteuer.**

BEISPIEL

Aufwendungen mindern zunächst die Einkünfte und das zu versteuernde Einkommen

Wenn Sie z. B. für ein Arbeitsmittel 300 € aufgewandt haben, bedeutet das nicht, dass sich Ihre Einkommensteuer um diesen Betrag vermindert. Die Kosten werden lediglich von Ihrem Arbeitslohn abgezogen, mindern so die Einkünfte und damit auch entsprechend Ihr z. v. E. mit der Folge, dass die Steuer in der Steuertabelle beim um 300 € geringeren z. v. E. abgelesen wird. Je nach persönlichem Steuersatz (zwischen 15 und 45 %) beträgt die Steuerersparnis im Beispiel zwischen 45 und 135 €.

2 Hauptvordruck (ESt1A, Mantelbogen)

2.1 Allgemein

 WICHTIG

Hauptvordruck muss immer ausgefüllt werden

Der **Hauptvordruck** mit den **persönlichen Daten** und der **Bankverbindung**, muss immer ausgefüllt werden. Außerdem ist die **eigenhändige Unterschrift** auf Seite 2 notwendig. Welche weiteren Formulare Sie außer dem Hauptvordruck noch benötigen, sehen Sie im **Formularwegweiser** auf einen Blick. Vertiefend siehe → Rund um die Einkommensteuererklärung.

Bitte beachten Sie, dass bisherige Inhalte aus dem Hauptvordruck ab der Steuererklärung 2019 in neuen Anlagen (Anlage Sonderausgaben, Anlage Außergewöhnliche Belastungen, Anlage Haushaltsnahe Aufwendungen, Anlage Sonstiges) ausgegliedert wurden.

Überblick

Im Bedarfsfall ausfüllen
Seite 1   **Angaben zur Person (Zeilen 7–14 und 16–23), zum Familienstand (Zeile 15), zum Ehegatten bei Zusammenveranlagung (Zeilen 16–23) und zur Ehegattenveranlagung (Zeile 24) sowie zur Bankverbindung (Zeilen 25–28)**
Seite 2   **Einzelempfangsvollmacht (Zeilen 31–36)**   Hier sind die Angaben zu der Person zu machen, der der Einkommensteuerbescheid 2019 **zugesandt werden soll.**
Sonstige Angaben und Anträge (Zeilen 31–40)   Hier geht es im Wesentlichen um die Festsetzung der Arbeitnehmer-Sparzulage, um **Einkommensersatz** (z. B. Eltern-, Kranken-, Mutterschaftsgeld), der **nicht** i. Z. m. entgangenem Arbeitslohn (vgl. **Anlage N**) steht. Weitere Angaben über die Steuererklärungsvordrucke hinaus können über „Ergänzende Angaben zur Steuererklärung" gemacht werden (Zeile 40).

2.2 Grundangaben (Seite 1)

→ ZEILEN 1–5,
7, 16
**Art der
Erklärung,
Steuernummer,
Identifikations-
nummer**

Kreuzen Sie in den Zeilen 1 und 2 an, ob Sie neben der
Veranlagung zur Einkommensteuer weitere Anträge stellen
(z. B. Erklärung zur Feststellung des verbleibenden Verlusts).
Tragen Sie in Zeile 3 Ihre Steuernummer sowie in den Zeilen 7
und 16 Ihre steuerliche Identifikationsnummer ein. Die Steuernummer und Ihren Namen sollten Sie zur Sicherheit außerdem
in der auf jeder Anlage vorhandenen Kopfzeile vermerken.

2.3 Persönliche Angaben

→ ZEILEN 6–23
**Persönliche
Angaben**

Tragen Sie Ihre persönlichen Daten ein. Die Angaben zur
Ehefrau haben Bedeutung für die Art der Steuerveranlagung
und den anzuwendenden Steuertarif.

Bei **gleichgeschlechtlichen Ehen** (Ehe für alle) und bei **Lebenspartnern**, die **nach dem Lebenspartnerschaftsgesetz**
(LPartG) eine Lebenspartnerschaft begründet und nicht in eine
Ehe umgewandelt haben, muss sich im Falle der Zusammenveranlagung in den Zeilen 7 bis 14 als **Person A** die Person
eintragen, die nach alphabetischer Reihenfolge des Nach-
namens an erster Stelle steht; bei Namensgleichheit nach
alphabetischer Reihenfolge des Vornamens; bei Gleichheit des
Vornamens nach dem Alter der Personen (ältere Person).

Hinweis: Wichtiges zum Thema „Altersentlastungsbetrag" für
Personen, die vor dem Vz. 2019 das 64. Lebensjahr vollendet
haben, finden Sie auch auf http://mybook.haufe.de unter
„Weiterführende steuerliche Informationen".

→ ZEILE 15
Familienstand

Ihre Angaben zum Familienstand bestimmen, ob eine Einzel-
oder eine Ehegattenveranlagung zur Einkommensteuer durchgeführt wird und haben damit Bedeutung für den anzuwendenden Steuertarif. Wenn Ihr Ehegatte im Vorjahr (2018) verstorben ist, führt das Finanzamt für 2019 zwar eine Einzelveranlagung durch, berechnet aber die Steuer (letztmals) nach
dem für Sie günstigeren Splittingtarif.

→ ZEILE 24
**Veranlagungs-
arten**

Ehegatten, die beide im Inland wohnen und nicht getrennt
leben, können zwischen den in Zeile 24 genannten Ehegatten-
veranlagungsarten durch Ankreuzen wählen. Vertiefend siehe
→ Ehegattenveranlagung.

2.4 Bankverbindung

→ ZEILEN 25–28
Bankverbindung

Die Finanzämter erstatten nur unbar. Bei fehlender oder unvollständiger Bankverbindung verzögert sich die Steuerrückzahlung. Bitte beachten Sie, dass der bargeldlose Zahlungsverkehr und damit die Erstattung nur möglich ist, wenn dem Finanzamt die IBAN und bei Auslandsüberweisung zusätzlich die BIC bekannt sind.

 WICHTIG

Kontoänderung mitteilen

Teilen Sie dem Finanzamt unverzüglich, auch zwischen den Steuererklärungen, schriftlich mit, wenn sich die von Ihnen angegebene Bankverbindung geändert hat, damit eine Erstattung schnell durchgeführt werden kann.

2.5 Vollmacht (Seite 2)

→ ZEILEN 31–36
**Empfangs-
vollmacht**

Hier können Sie z. B. Ihren Steuerberater zur Entgegennahme Ihres Steuerbescheids bevollmächtigen oder sich den Steuerbescheid an eine von den Eintragungen in den Zeilen 11–13 abweichende Anschrift (z. B. Zweitwohnsitz) schicken lassen. Beachten Sie, dass die Eintragungen nur für den Einkommensteuerbescheid und eventuelle Änderungsbescheide des Jahres 2019 gelten (Einmalvollmacht). Möchten Sie, dass Bescheide und andere Schreiben immer an Ihren Steuerberater gerichtet werden, benötigt das Finanzamt eine Dauerzustellungsvollmacht.

2.6 Sonstige Angaben und Anträge

→ ZEILE 37
**Festsetzung der
Arbeitnehmer-
Sparzulage**

Liegen eine oder mehrere vermögensbildende Anlagen vor, kann hier die Festsetzung der Arbeitnehmer-Sparzulage durch Eintragung einer „1" beantragt werden. Die notwendigen Daten werden von Ihrem Anbieter durch eine elektronische Vermögensbildungsbescheinigung (Anlage VL) an das Finanzamt übermittelt. Anspruch auf Arbeitnehmer-Sparzulage besteht aber nur wenn bestimmte Einkommensgrenzen nicht überschritten sind.

35

→ eZEILE 38 UND ZEILE 39 Einkommens- ersatzleistungen

Die als Ersatz von Einkommen gezahlten Beträge (z. B. gezahltes Eltern-, Kranken-, Mutterschaftsgeld bei Gewerbetreibenden und Freiberuflern), die nicht durch den Arbeitgeber ausbezahlt wurden, sind zwar steuerfrei, bewirken jedoch, dass die steuerpflichtigen Einkünfte mit einem höheren Steuersatz (Progressionsvorbehalt) besteuert werden. In die eZeile 38 gehören steuerfreie Einkommensersatzleistungen aus dem Inland, in die Zeile 39 solche aus den EU-/EWR-Staaten oder der Schweiz. Haben Sie als **Arbeitnehmer** derartige Leistungen (z. B. Kurzarbeitergeld) durch den Arbeitgeber erhalten, müssen Sie deren Höhe nicht hier, sondern auf der **Anlage N**, angeben.

→ ZEILE 40 Ergänzende Angaben zur Steuererklärung/ qualifiziertes Freitextfeld

Möchten Sie ergänzende Angaben zu anderen Vordrucken Ihrer Steuererklärung machen (z. B. Anlage Vorsorgeaufwand – eigene Versicherungsbeiträge für mehrere andere Personen), weil dort keine entsprechenden Eintragungsmöglichkeiten vorgesehen sind oder Sie ergänzende Angaben für den Bearbeiter für notwendig erachten, tragen Sie hier die „1" ein und fügen der Steuererklärung in Papierform eine formlose Anlage mit der Überschrift „Ergänzenden Angaben zur Steuererklärung" hinzu.

Bei elektronisch übermittelten Einkommensteuererklärungen (ELSTER) öffnet sich im Elster-Formular ein Textfeld, in dem die entsprechenden abweichenden Angaben, Sachverhalte oder die von der Verwaltungsauffassung abweichende Rechtsauffassung eintragen können.

Bitte beachten Sie: Wenn Sie ergänzende Angaben zur Steuererklärung abgeben, wird Ihre Steuererklärung auf jeden Fall persönlich von einem Finanzbeamten überprüft. Damit verbunden sind oft Rückfragen und eine längere Bearbeitungszeit.

Eine Überprüfung erfolgt sonst nur noch, soweit Ihre Steuererklärung mit einem Hinweis vom maschinellen Risikomanagementsystem zur personellen Bearbeitung ausgewählt wurde.

Anlage WA-ESt – Auslandswohn- sitz und auslän- dische Einkünfte

Hatten Sie in 2019 zumindest zeitweise keinen Wohnsitz im Inland oder wohnt Ihr Ehegatte im EU-Ausland, müssen Sie die **Anlage WA-ESt** dem Hauptvordruck beifügen und ggf. ausländische Einkünfte erklären.

→ ZEILEN 41–42 Unterschrift und Mitwirkung Steuerberater

Die Einkommensteuererklärung muss eigenhändig unterschrieben werden; bei Zusammenveranlagung von Ehegatten müssen beide unterschreiben. Bei über das Internet versandten Erklärungen (ELSTER-Erklärung) ist die Unterschrift auf der ausgedruckten („komprimierten") Steuererklärung zu leisten, es sei denn, Sie haben eine Erklärung mit Authentifizierung (digitale Unterschrift) gewählt.

In Zeile 41 ist eine „1" einzutragen, wenn ein Steuerberater die Erklärung erstellt hat.

✔ Checkliste Hauptvordruck

Folgende Abzugsmöglichkeit geprüft? Vgl. Ausfüllhinweise zur Zeile!

Haben Sie Ihren Anspruch auf Arbeitnehmer-Sparzulage geprüft? (Zeile 37)   ☐

Haben Sie von Dritten steuerfreie Zahlungen erhalten? (Zeilen 38–39)   ☐

3 Anlage Sonderausgaben

3.1 Sonderausgaben

Sonderausgaben werden in Vorsorgeaufwendungen (Versicherungsaufwendungen) und andere Sonderausgaben unterteilt. Die als Sonderausgaben abziehbaren Versicherungsaufwendungen sind in der **Anlage Vorsorgeaufwand** einzutragen. Zu den Sonderausgaben, die keine Vorsorgeaufwendungen sind, gehören auch Kinderbetreuungskosten und Schulgeld für den Besuch von Privatschulen. Diese Aufwendungen tragen Sie bitte in die Anlage(n) Kind ein. Die anderen Sonderausgaben gehören hier in die **Anlage Sonderausgaben**. Vertiefend siehe → Sonderausgaben, → Versicherungen und → Spenden.

Überblick

Im Bedarfsfall ausfüllen
Seite 1 **Sonderausgaben** Zu den abziehbaren Sonderausgaben – ohne Vorsorgeaufwendungen sowie Kinderbetreuungskosten oder Schulgeld – gehören: • gezahlte Kirchensteuer • Zuwendungen (Mitgliedsbeiträge und Spenden) an politische Parteien, unabhängige Wählervereinigungen oder steuerbegünstigte Organisationen. Diese werden teilweise durch eine Steuerermäßigung steuerlich gefördert. • Kosten für die Berufsausbildung des Steuerpflichtigen oder des Ehegatten • gezahlte Versorgungsleistungen bei Vermögensübergabe und • Unterhaltsleistungen an den geschiedenen oder dauernd getrennt lebenden Ehegatten • Versorgungsausgleichszahlungen bei geschiedenen Ehegatten

3.2 Abziehbare Sonderausgaben

Sonderausgaben-Pauschbetrag

Haben Sie keine oder nur ganz geringe in der Anlage Sonderausgaben aufgeführten Aufwendungen, wird für diese Sonderausgaben ein Pauschbetrag von 36 €, bzw. 72 € bei Zusammenveranlagung von Ehegatten, berücksichtigt.

→ ZEILE 4
**Kirchensteuer,
Kirchgeld**

Hier tragen Sie alle im Veranlagungsjahr von Ihnen oder Ihrem Ehegatten tatsächlich gezahlten Kirchensteuern (siehe Lohnsteuer-Bescheinigung, Vorauszahlungen, Nachzahlungen für Vorjahre) und das Kirchgeld ein. Die von Banken einbehaltene

Kirchensteuer auf Kapitalerträge ist nicht als Sonderausgabe abzugsfähig, wenn die Kapitalerträge mit dem Abgeltungsteuersatz i. H. v. 25 % besteuert werden. Vertiefend siehe → Kapitalanlagen und → Sonderausgaben. Werden Kapitalerträge mit der tariflichen Einkommensteuer (Steuersatz unter oder über 25 %) besteuert, gehört die bezahlte Kirchensteuer zu den Sonderausgaben. Freiwillig gezahlte Gelder an Kirchengemeinden gehören zu den abzugsfähigen Spenden (Anlage Sonderausgaben, Zeile 5).

→ ZEILEN 5–12
Zuwendungen, Spenden, Mitgliedsbeiträge

Der Vordruck unterscheidet zwischen vier Arten von Zuwendungen: Parteizuwendungen (Zeile 7), Zuwendungen an unabhängige Wählervereinigungen (Zeile 8), Spenden in den Vermögensstock einer Stiftung (Zeilen 9-12) und Zuwendungen für gemeinnützige, mildtätige und kirchliche Zwecke (Zeile 5). Begünstigt sind ggf. auch Zuwendungen an gemeinnützige Organisationen im EU-Ausland (Zeile 6). Haben Sie mehrfach gespendet, listen Sie die Beträge mit Angabe des jeweiligen Empfängers auf einem gesonderten Blatt einzeln auf. Einzelheiten: Vertiefend siehe → Spenden. Ein verbleibender Spendenvortrag aus dem Vorjahr kann in der Anlage Sonstiges, Zeile 6, geltend gemacht werden.

→ ZEILEN 7–8
Zuwendungen an Parteien und unabhängige Wählervereinigungen

Für Spenden und Mitgliedsbeiträge an politische Parteien oder unabhängige (freie) Wählervereinigungen wird eine Steuerermäßigung berechnet, die direkt von der Einkommensteuer abgezogen wird. Für hohe Parteispenden kann zusätzlich ein Sonderausgabenabzug in Betracht kommen. Vertiefend siehe → Spenden.

→ ZEILEN 9–12
Stiftungsspenden

Spenden in den Vermögensstock einer Stiftung können bis zu 1 Mio. € (bei Zusammenveranlagung bis 2 Mio. €) auf bis zu zehn Jahre beliebig verteilt als Sonderausgaben geltend gemacht werden. Den 2019 bezahlten Betrag tragen Sie bitte in die Zeile 9 ein. In Zeile 11 bestimmen Sie, welchen Anteil davon Sie im Jahr 2019 abziehen. In Zeile 12 können Sie den Abzug entsprechender noch nicht berücksichtigter Zuwendungen aus Vorjahren für 2019 geltend machen. Andere (nicht in den Vermögensstock eingebrachte) Stiftungsspenden gehören in die Zeile 5.

→ ZEILEN 13–14
Eigene Berufsausbildungskosten

Abzugsfähig sind alle Aufwendungen i. Z. m. der Erstausbildung oder dem Erststudium des Steuerpflichtigen oder seines Ehegatten bis maximal 6.000 € (pro Person). Einzelheiten zum Sonderausgabenabzug, insbesondere zur Abgrenzung gegenüber Betriebsausgaben und Werbungskosten: Vertiefend siehe → Ausbildung und Studium.

→ ZEILEN 15–16
Gezahlte Versorgungsleistungen, Renten, dauernde Lasten

Zahlen Sie eine Versorgungsleistung, z. B. Rente oder eine sog. dauernde Last (rentenähnliche Zahlungen) aufgrund einer vertraglichen Verpflichtung (im Regelfall als Gegenleistung für die Übertragung von (Betriebs-)Vermögen im Rahmen einer Vermögensübergabe oder vorweggenommenen Erbfolge), können Sie unter bestimmten Voraussetzungen die gezahlten Beträge als Sonderausgaben geltend machen. Vertiefend siehe → Renten. Wenn Sie den Sonderausgabenabzug erstmals geltend machen, legen Sie Ihrer Steuererklärung eine Kopie des der Zahlung zugrunde liegenden Vertrags bei.

→ ZEILEN 17–18
Unterhalt an den geschiedenen oder dauernd getrennt lebenden Ehegatten/ Lebenspartner

Unterhaltsleistungen an den geschiedenen oder dauernd getrennt lebenden Ehegatten sind mit dessen Zustimmung (amtlicher Vordruck **Anlage U**) und unter Angabe dessen steuerlicher Identifikationsnummer bis zu 13.805 € als Sonderausgaben abzugsfähig. Vertiefend siehe → Unterhaltszahlungen. Wegen einer möglichen Erhöhung des Höchstbetrags sind die Beiträge zur (Basis-)Kranken- und Pflegeversicherung des unterhaltenen Ehegatten gesondert anzugeben, und zwar unabhängig davon, wer Versicherungsnehmer ist und wer die Beiträge zahlt. Stimmt der Empfänger der Unterhaltsleistungen dem Sonderausgabenabzug **nicht** zu, ist der Abzug der Unterhaltszahlungen als außergewöhnliche Belastungen (**Anlage Unterhalt**) zu prüfen. Der Abzug ist dabei nur bis zu einem jährlichen Höchstbetrag i. H. v. 9.168 € (Jahr 2019) zuzüglich Basiskranken- und Pflegepflichtversicherungsbeiträgen der unterhaltenen Person möglich. Dieser Höchstbetrag vermindert sich, wenn der unterstützte Ehegatte eigene Einkünfte und Bezüge hat.

→ ZEILEN 19–21
Versorgungsausgleich – Ausgleichszahlungen

Zum Versorgungsausgleich:

Name und steuerliche Identifikationsnummer der empfangsberechtigten Person sind zu benennen.

Nur bei Ausgleichsleistungen zur **Vermeidung** eines Versorgungsausgleichs muss eine von beiden Ehegatten unterschriebene **Anlage U** mit der Steuererklärung eingereicht werden.

Checkliste Anlage Sonderausgaben

Folgende Abzugsmöglichkeit geprüft? Vgl. Ausfüllhinweise zur Zeile!

Haben Sie alle Arten von Sonderausgaben geprüft? ☐
Abzugsfähig sind Aufwendungen für Unterhalt und den
Versorgungsausgleich des Ehegatten, Kirchensteuer, Kinderbetreuung, Berufsausbildung, Schulgeld sowie Spenden
und Mitgliedsbeiträge.

4 Anlage Außergewöhnliche Belastungen

4.1 Allgemein

 WICHTIG

Außergewöhnliche Belastungen

Die **Anlage Außergewöhnliche Belastungen** benötigen Sie in folgenden Fällen:
Sie möchten

- Pauschbeträge als behinderter Mensch oder Hinterbliebener

- Einen Pauschbetrag wegen unentgeltlicher Pflege eines hilflosen Menschen

- Aufwendungen wegen Krankheit, Pflege, Behinderung, Verlust von Hausrat aufgrund einer Naturkatastrophe oder Gebäudesanierung wegen Schadstoffbelastung oder andere außergewöhnliche Belastungen, z. B. Bestattungskosten

steuerlich geltend machen.

Überblick

Im Bedarfsfall ausfüllen	
Seite 1	**Behindertenpauschbetrag (Zeilen 4–9)** Zusätzlich zum Pauschbetrag sind Fahrtkosten und behinderungsbedingte Hausumbaukosten, abhängig vom Grad und der Art der Behinderung abzugsfähig Vertiefend siehe → Behinderte Menschen. **Pflegepauschbetrag (Zeilen 11, 12)** Begünstigt ist die unentgeltliche Pflege eines hilflosen Menschen (Merkzeichen H oder Pflegegrade 4 bzw. 5) **Andere Aufwendungen (Zeilen 13–19)** Andere außergewöhnliche Belastungen allgemeiner Art sind z. B. Kur-, Krankheits-, Pflege- und Bestattungskosten, Kosten einer Heimunterbringung, Fahrtkosten von behinderten Menschen, Wiederbeschaffung von durch eine Naturkatastrophe verloren gegangenen Hausrat, Aufwendungen zur Sanierung eines schadstoffbelasteten selbstbewohnten Hauses oder behinderungsbedingte Hausumbaukosten. Vertiefend siehe → Außergewöhnliche Belastung und → Krankheitskosten.

4.2 Außergewöhnliche Belastungen

→ ZEILEN 4–19
Außer-
gewöhnliche
Belastungen

Außergewöhnliche Belastungen werden in zwei Gruppen unterteilt. Die **Aufwendungen allgemeiner Art** nach § 33 EStG (s. o.) z. B. Krankheitskosten werden im EStG nur mit den allgemeinen Abzugsvoraussetzungen und nicht einzeln benannt. Sie sind in die Zeilen 13–19 einzutragen. Derartige Aufwendungen sind nur abzugsfähig, soweit sie eine bestimmte Höhe (zumutbare Eigenbelastung) übersteigen und kein Anspruch auf eine Kostenerstattung besteht. Außerdem kennt das Gesetz sog. **typisierte Einzelfälle** nach den §§ 33a bis 33b EStG (z. B. Pauschbetrag für behinderte Menschen oder Pflege-Pauschbetrag). Die Angaben dazu gehören in die Zeilen 4–12. Vertiefend siehe → Außergewöhnliche Belastung und → Krankheitskosten.

Zu den typisierten Einzelfällen zählen auch der Freibetrag wegen auswärtiger Unterbringung eines volljährigen Kindes in Berufsausbildung (Ausbildungsfreibetrag), zu beantragen auf Seite 3 der → Anlage Kind und die Zahlung von Unterhalt; siehe → Anlage Unterhalt.

Sämtliche außergewöhnliche Belastungen werden vom Finanzamt **nur auf Antrag** (d. h. mit Eintragung im Vordruck) berücksichtigt.

→ ZEILEN 4–9
Behinderte
Menschen

Behinderte Menschen können auf Antrag neben einem Pauschbetrag zusätzliche steuerliche Vergünstigungen (z. B. bei den Fahrtkosten zwischen Wohnung und erster Tätigkeitsstätte; siehe Anlage N, Zeilen 35–38) oder Privatfahrten erhalten. Vertiefend siehe → Behinderte Menschen.

Die Steuervergünstigungen (Pauschbetrag, abzugsfähige Fahrtkosten) hängen vom Grad der Behinderung und den Merkzeichen im Schwerbehindertenausweis ab. Deshalb müssen Sie bei erstmaliger Antragstellung oder Änderung den Grad der Behinderung nachweisen. Vertiefend siehe → Behinderte Menschen.

Die behinderten Kindern zustehenden Vergünstigungen können auf die Eltern übertragen werden. Die Übertragung muss auf der **Anlage Kind** beantragt werden.

Statt des Pauschbetrags können die tatsächlichen behinderungsbedingten Mehraufwendungen auch (auf Nachweis) als allgemeine außergewöhnliche Belastungen (Zeile 15) geltend gemacht werden.

→ ZEILE 10
Hinterbliebene

Als Hinterbliebener gelten Sie, wenn Sie laufende Hinterbliebenenbezüge (z. B. aufgrund des Bundesversorgungsgesetzes oder aus der gesetzlichen Unfallversicherung) erhalten.

→ ZEILEN 11, 12
**Pflege-
pauschbetrag**

Einen Pflegepauschbetrag von 924 € jährlich können Sie hier beantragen, wenn Sie **persönlich** einen hilflosen Menschen (**Merkzeichen „H", Pflegegrad 4 oder 5** erforderlich) unentgeltlich in Ihrer oder in dessen Wohnung im Inland oder im EU-/EWR-Ausland pflegen. Vertiefend siehe → Behinderte Menschen.

→ ZEILEN 13–19
**Andere außer-
gewöhnliche
Belastungen**

Anders als bei den Sonderausgaben sind die außergewöhnlichen Belastungen im Hauptvordruck mit Krankheitskosten (Zeile 13), Pflegekosten (Zeile 14) behinderungsbedingte Aufwendungen (Zeilen 15, 16), Bestattungskosten (Zeile 17) nur beispielhaft aufgeführt. Die Rspr. hat in vielen Einzelentscheidungen weitere Kostenarten anerkannt. Infrage kommen z. B. auch Aufwendungen der Heimunterbringung, Sanierungskosten für die eigengenutzte Wohnung bzw. das selbst bewohnte Haus, wenn von ihm eine konkrete Gesundheitsgefährdung ausgeht, der krankheits- bzw. behinderungsbedingte Umbau des eigenen Heims oder auch die Wiederbeschaffung von Hausrat und Kleidung nach Naturkatastrophen wie z. B. Orkan oder Hochwasser (Zeile 18). Vertiefend siehe → Außergewöhnliche Belastung und → Krankheitskosten.

Bereits erhaltener oder zu erwartender Kostenersatz (auch wenn erst in späteren Jahren gezahlt) von dritter Seite (z. B. durch eine Versicherung) mindert die abzugsfähigen Kosten und wird deshalb in den Zeilen 13-18 entsprechend abgefragt. Reicht die Vordruckzeile 18 nicht für alle Aufwendungen aus, stellen Sie die Kosten auf einem gesonderten Blatt zusammen.

Die Aufwendungen wirken sich steuerlich nur aus, soweit sie die sog. **zumutbare Eigenbelastung** übersteigen. Deren Höhe hängt vom Gesamtbetrag der Einkünfte und den persönlichen Verhältnissen (Familienstand, berücksichtigungsfähige Kinder) ab. Vertiefend siehe → Außergewöhnliche Belastung und → Krankheitskosten.

TIPP

Kosten beinhalten Pflegeleistungen und Handwerkerleistungen und haushaltsnahe Tätigkeiten

Soweit in den beantragten Kosten Aufwendungen für haushaltsnahe Beschäftigungsverhältnisse, Pflegeleistungen oder Handwerkerlohn (z. B. bei behindertengerechtem Wohnungsumbau) enthalten sind, können Sie für den wegen der zumutbaren Eigenbelastung nicht als außergewöhnliche Belastung abzugsfähigen Teil eine Steuerermäßigung nach § 35a EStG beantragen, indem Sie die entsprechenden Aufwendungen nochmals gesondert in den Zeilen 20–22 angeben. Die entsprechenden Beträge dürfen **nicht** zusätzlich in die **Anlage Haushaltsnahe Aufwendungen** eingetragen werden.

 Checkliste Anlage Außergewöhnliche Belastungen

Folgende Abzugsmöglichkeit geprüft? Vgl. Ausfüllhinweise zur Zeile!

Hatten Sie in größerem Umfang z. B. Krankheitskosten ☐ (Arztrechnungen, Medikamente, medizinische Hilfsmittel z. B. Brille, Zahnersatz oder Beerdigungskosten selbst getragen? (Zeilen 13, 17, 18)

Sind Sie pflegebedürftig oder leben Sie in einem Heim? ☐ Machen Sie Ihren Eigenanteil an den Pflegekosten steuerlich geltend (Zeile 14).

5 Anlage Haushaltsnahe Aufwendungen

5.1 Allgemein

Erstmals gibt es für den Veranlagungszeitraum 2019 eine eigene **Anlage Haushaltsnahe Aufwendungen** für Steuerermäßigung bei Aufwendungen für haushaltsnahe Beschäftigungsverhältnisse, haushaltsnahe Dienstleistungen und Handwerkerleistungen gem. § 35a EStG. Steuerliche Änderungen sind damit nicht verbunden.

Überblick

Im Bedarfsfall ausfüllen	
Seite 1	**Angaben zum Steuerpflichtigen (Zeilen 1–3) Haushaltsnahe Beschäftigungsverhältnisse, Dienst-, Pflege- und Handwerkerleistungen (Zeilen 4–6)** Beantragen Sie hier die Steuerermäßigung für Haushaltshilfen, Heimunterbringung sowie Dienstleistungen (z. B. Pflege, Betreuung, Garten-, Reinigungsarbeiten) und Handwerkerleistungen rund um Ihren Privathaushalt. Vertiefend siehe → Haushaltsnahe Tätigkeiten/Dienstleistungen.

5.2 Haushaltsnahe Tätigkeiten

→ ZEILEN 4–6
Haushaltshilfen, Pflege, Heimkosten, Dienstleistungen, Handwerkerleistungen

Sie können eine Steuerermäßigung (direkter Abzug von der Steuer) beantragen, wenn die Tätigkeiten im **eigenen Haushalt ausgeführt wurden. Auch die Pflege in der eigenen Wohnung oder der Wohnung der zu pflegenden Person** und die Unterbringung in einem Heim zur dauernden Pflege oder aus Altersgründen sind begünstigt. Vertiefend siehe → Haushaltsnahe Tätigkeiten/Dienstleistungen.

 WICHTIG

Konkurrenzregelung bei der Betreuung von Kindern und bei Pflegekosten

Für die Betreuung von Kindern, die das 14. Lebensjahr noch nicht vollendet haben, im eigenen Haushalt gibt es keine Steuerermäßigung, sondern den Sonderausgabenabzug (**Anlage Kind**, Seite 3).

Für **Pflegekosten** geht der Abzug als außergewöhnliche Belastungen nach § 33 EStG (**Anlage Außergewöhnliche Belastungen**) vor. Ein insoweit nicht abziehbarer Teil der Aufwendungen in Höhe der zumutbaren Belastung) kann zu einer

Steuerermäßigung für haushaltsnahe Dienstleistungen oder für die Heimunterbringung führen. Die Aufwendungen sind in der **Anlage Außergewöhnliche Belastungen** in den Zeilen 20–21 und **nicht** in der Anlage Haushaltsnahe Aufwendungen einzutragen.

→ ZEILE 4
Minijob im eigenen Haushalt

Sind Sie selbst Arbeitgeber und beschäftigen eine Haushaltshilfe im Rahmen eines **Minijobs** im eigenen Haushalt (Teilnahme am **Haushaltsscheckverfahren**), tragen Sie die Gesamtaufwendungen (ausgezahlter Lohn und alle an die Minijob-Zentrale abgeführten Beiträge) sowie die Art der Tätigkeit (z. B. Reinemachefrau, Küchen-, Haushaltshilfe, Kinderfrau) ein. Die am Jahresende von der Minijob-Zentrale erstellte Bescheinigung über die abgeführten Sozialabgaben ist aufzubewahren. Vertiefend siehe → Minijobs und → Haushaltsnahe Tätigkeiten/Dienstleistungen.

→ ZEILE 5
Reguläres Beschäftigungsverhältnis

Erfolgte die Anstellung im Rahmen eines regulären Arbeitsdienstverhältnisses, bei dem Pflichtbeiträge zur Sozialversicherung abgeführt werden, erfassen Sie hier die Art der Tätigkeit und die gesamten Lohnaufwendungen einschließlich Sozialversicherungsabgaben. Vertiefend siehe → Haushaltsnahe Tätigkeiten/Dienstleistungen.

→ ZEILE 5
Haushaltsnahe Dienstleistungen

Wenn Sie hauswirtschaftliche Tätigkeiten, z. B. die Reinigung Ihrer Wohnung, Gartenpflegearbeiten, einen privat veranlassten Umzug etc. von einem externen Dienstleister (Fachbetrieb) erledigen lassen, können Sie hier die Kosten der reinen Dienstleistung **ohne Material** (Lohnanteil, Fahrt und Maschinenkosten und Umsatzsteuer) eintragen.

→ ZEILE 5
Pflegeleistungen, Betreuung, Heimkosten

Pflege- und Betreuungsleistungen (Grundpflege) können geltend gemacht werden, unabhängig davon, ob die Leistungen in einem Heim, bei Ihnen zu Hause oder im Haushalt der zu pflegenden Person erbracht werden. Leben Sie oder Ihr Angehöriger krankheits- oder behinderungsbedingt in einem Heim (z. B. mit Pflegegrad oder Merkzeichen „H", „BL"), ist ein höherer Kostenabzug bei den außergewöhnlichen Belastungen (Anlage Außergewöhnliche Belastungen) möglich. Vertiefend siehe → Krankheitskosten und → Behinderte Menschen.

→ ZEILE 6
Handwerkerleistungen

Aufwendungen für Handwerkerleistungen (**keine Materialkosten**; nur Arbeitslohn, Fahrt- und Maschinenkosten zzgl. Umsatzsteuer) i. Z. m. dem eigenen Haushalt (eigene oder gemietete Wohnung) sind begünstigt. Dazu zählen sämtliche Renovierungs-, Erhaltungs- und Modernisierungsmaßnahmen ebenso wie alle Wartungen und Reparaturen rund ums Haus, z. B. auch die Reparatur von Haushaltsgeräten vor Ort oder die Wartung der Heizung sowie die Kosten für den Schornsteinfeger. Auch Aufwendungen für einen Anbau oder den Dachgeschossausbau bei einem bereits vorhandenen Haushalt sind begünstigt. Vertiefend siehe → Haushaltsnahe Tätigkeiten/Dienstleistungen.

 WICHTIG

Überweisung ist zwingend

Eine Steuerermäßigung für haushaltsnahe Dienst- und Handwerkerleistungen (Zeilen 5–6) ist nur möglich, wenn Sie eine **Rechnung** besitzen **und** der Rechnungsbetrag **nicht bar** (Zahlung durch Überweisung oder Lastschrifteinzug etc.) bezahlt wurde. Eine Belegvorlage ist nur notwendig, wenn Sie vom Finanzamt dazu aufgefordert werden.

Unterschiedliche Höchstbeträge nebeneinander nutzen

Die richtige Zuordnung der unterschiedlichen Aufwendungen zu den Zeilen 4–6 ist wegen unterschiedlicher Höchstbeträge zu beachten. Allerdings können Sie die Höchstbeträge nebeneinander in Anspruch nehmen. Vertiefend siehe → Haushaltsnahe Tätigkeiten/Dienstleistungen.

→ ZEILEN 7–12
Aufteilung der Höchstbeträge

Die Höchstbeträge sind haushaltsbezogen und ggf. auf mehrere Personen zu verteilen. Deshalb müssen Sie in Zeile 7–8 die Namen der Mitbewohner benennen.

Leben zwei Alleinstehende in einem gemeinsamen Haushalt, können sie die Höchstbeträge des § 35a EStG insgesamt nur einmal (einer allein, jeweils hälftig oder auf gemeinsamen Antrag beliebig verteilt) in Anspruch nehmen (Zeilen 9–11).

→ ZEILE 12
Einzelveranlagung von Ehegatten/Lebenspartnern

Die Steuerermäßigung nach § 35a EStG wird im Rahmen einer Einzelveranlagung von Ehegatten auf Antrag nach § 26a EStG demjenigen Ehegatten zugerechnet, der sie wirtschaftlich getragen hat. Auf übereinstimmenden Antrag sind diese steuerlichen Vergünstigungen jeweils zur Hälfte abzuziehen.

Die Ehegatten können jedoch auf gemeinsamen Antrag die Höchstbeträge anders verteilen. Hier tragen Sie jeweils Ihren prozentualen Anteil ein. Vertiefend siehe → Ehegattenveranlagung.

Checkliste Anlage Haushaltsnahe Aufwendungen

Folgende Abzugsmöglichkeit geprüft? Vgl. Ausfüllhinweise zur Zeile!

Haben Sie in Ihrem eigenen oder gemieteten Haus bzw. Haushalt (einschl. Garten) Arbeiten durch Beschäftigte, Dienstleister oder Handwerker ausführen lassen?   ☐

6 Anlage Sonstiges

6.1 Allgemein

Erstmals gibt es für den Veranlagungszeitraum 2019 eine eigene Anlage Sonstiges. Steuerliche Änderungen sind damit nicht verbunden. Die meisten Angaben fanden sich bis 2018 im Hauptvordruck (Mantelbogen).

Überblick

Im Bedarfsfall ausfüllen	
Seite 1	Steuerermäßigung bei Belastung mit Erbschaftsteuer (Zeile 4) Steuerbegünstigung für schutzwürdige Kulturgüter (Zeile 5) Spendenvortrag (Zeile 6) Verlustabzug, Vorjahresverluste, Verlustrücktrag (Zeilen 7–8) Freibetrag für bestandsgeschützte Altanteile an Investmentfonds (Zeile 9) Antrag zur Aufteilung der Abzugsbeträge bei Einzelveranlagung von Ehegatten/Lebenspartnern (Zeile 10)

6.2 Sonstige Angaben und Anträge

→ ZEILE 4
Steuerermäßigung bei Belastung mit Erbschaftsteuer

Hier erfolgt nicht der Abzug der normalen Erbschaftsteuer. Die Steuerermäßigung kommt nur in **Ausnahmefällen** in Betracht, insbesondere bei:

- Forderungen des Rechtsvorgängers, die beim Erbfall der Erbschaftsteuer unterliegen und nach Übergang auf den Erben von diesem bei Zufluss als steuerpflichtige Einnahmen oder Betriebseinnahmen nochmals der Einkommensteuer unterliegen

- privaten Veräußerungsgeschäften i.S.d. § 23 EStG (z. B. Kauf und Verkauf privater Immobilien, die nicht eigenen Wohnzwecken gedient haben, innerhalb von 10 Jahren)

Die Steuerermäßigung kommt nur bei Erbschaft und nicht bei **Schenkung** in Betracht.

→ ZEILE 5
Steuerbegünstigung für schutzwürdige Kulturgüter

Aufwendungen für Herstellungs- und Erhaltungsmaßnahmen an eigenen schutzwürdigen Kulturgütern (z. B. Baudenkmäler, geschützte Gebäudegruppen, Gartenanlage sowie Sammlungen, die mindestens 20 Jahre im Eigentum der Familie stehen), die der wissenschaftlichen Forschung oder der Öffentlichkeit (ggf. auch entgeltlich) zugänglich gemacht werden, können teil-

weise wie Sonderausgaben abgezogen werden. Die Steuerbegünstigung gilt nur für Kulturgüter, die **weder zur Einkünf-
teerzielung noch zu eigenen Wohnzwecken genutzt** werden
und nur, soweit sie nicht durch öffentliche oder private Zuschüsse gedeckt sind. Die Voraussetzungen sind durch eine
Bescheinigung der zuständigen Behörde nachzuweisen.

→ ZEILE 6
Spendenvortrag

Liegt Ihnen zum 31.12.2018 ein gesonderter Feststellungsbescheid über vortragsfähige Spenden vor, kreuzen Sie dies
bitte hier getrennt für den Steuerpflichtigen bzw. den Ehegatten an. Die vortragsfähigen Spenden werden von Amts wegen
im Rahmen der Höchstbeträge in der Veranlagung 2019 als
Sonderausgaben abgezogen.

→ ZEILEN 7–8
**Verlustabzug,
Vorjahres-
verluste, Verlust-
rücktrag**

Sind Ihnen in den Vorjahren Verluste entstanden, die bisher
nicht ausgeglichen und vom Finanzamt in einem gesonderten
Verlustfeststellungsbescheid ausgewiesen wurden, können Sie
diese im aktuellen Jahr berücksichtigen.

Sind im aktuellen Jahr neu entstandene negative Einkünfte
nicht oder nicht vollständig mit positiven Einkünften ausgeglichen worden, können Sie den negativen Gesamtbetrag ins
Vorjahr zurück- oder in künftige Jahre vortragen lassen Bitte
geben Sie in Zeile 8 an, ob und in welcher Höhe ein Rücktrag
ins Jahr 2018 erfolgen soll.

 TIPP

**Jetzt noch Einkommensteuererklärung für Vz. 2016–2018
bei negativen Einkünften abgeben**

Haben Sie für die Jahre 2016–2018 bisher keine Steuererklärung abgegeben und war die Summe Ihrer Einkünfte negativ
(weil Sie z. B. arbeitslos waren und Ihnen nur Ausgaben
i. Z. m. Bewerbungen oder Verluste aus Vermietung entstanden sind), dann beantragen Sie für 2016 (Abgabe bis
31.12.2020) bis 2018 (Abgabe bis 31.12.2022) noch die
Veranlagung zur Einkommensteuer bzw. die Feststellung eines
Verlustvortrags, indem Sie eine Steuererklärung abgeben.
Damit sichern Sie sich die Möglichkeit der Verlustverrechnung
in den Folgejahren.

→ ZEILE 9
Freibetrag für Altanteile an Investmentfonds

Beinhaltet Ihr Steuerbescheid 2018 einen entsprechenden Freibetrag, müssen Sie dies hier durch Ankreuzen deutlich machen. Der Freibetrag wird nicht automatisch berücksichtigt.

→ ZEILE 10
Antrag zur Aufteilung der Abzugsbeträge bei Einzelveranlagung von Ehegatten/ Lebenspartnern

Sonderausgaben, außergewöhnliche Belastungen und die Steuerermäßigung nach § 35a EStG werden im Rahmen einer Einzelveranlagung von Ehegatten auf Antrag nach § 26a EStG demjenigen Ehegatten zugerechnet, der sie wirtschaftlich getragen hat.

Wollen Sie diese steuerlichen Vergünstigungen jeweils zur Hälfte abzuziehen, stellen Sie hier den übereinstimmenden Antrag dazu durch Eintragung einer „1". Vertiefend siehe → Ehegattenveranlagung. Eine abweichende Verteilung der Steuerermäßigung für haushaushaltsnahe Beschäftigung oder Dienstleistungen bzw. Handwerkerleistungen nach § 35a EStG können Sie auch auf der **Anlage Haushaltsnahe Aufwendungen** in den Zeilen 9–11 beantragen. Die abweichende Aufteilung in einem anderen Verhältnis als je zur Hälfte bei einem Kinderfreibetrag bzw. dem Behinderten-Pauschbetrag eines gemeinsamen Kindes stellen Sie in der Anlage Kind, Zeilen 64 und 72.

✔️ **Checkliste Anlage Sonstiges**

Folgende Abzugsmöglichkeit geprüft? Vgl. Ausfüllhinweise zur Zeile!

Haben Sie den Sonderausgabenabzug früherer Spenden geprüft? ☐
Liegt Ihnen zum 31.12.2018 ein Bescheid über die gesonderte Feststellung vortragsfähiger Spenden vor (Zeile 6)?

Haben Sie den Verlustabzug negativer Einkünfte des Jahres 2019 geprüft? ☐
Konnten nicht alle negativen Einkünfte, die im Jahr 2019 entstanden sind, mit positiven Einkünften im Jahr 2019 ausgeglichen werden steht Ihnen ein Verlustrück- oder -vortrag in andere Jahre zu (Zeilen 7–8).

Haben Sie in Ihrem eigenen oder gemieteten Haus bzw. Haushalt (einschl. Garten) Arbeiten durch Beschäftigte, Dienstleister oder Handwerker ausführen lassen und werden Sie und Ihr Ehegatte nach § 26a EStG jeweils einzeln zur Einkommensteuer veranlagt (Zeile 9)? ☐

7 Anlage Vorsorgeaufwand (Vorsorgeaufwendungen)

7.1 Allgemein

Anlage Vorsorgeaufwand ist für bestimmte private Versicherungen erforderlich

Vorsorgeaufwendungen (Versicherungen) sind Teil der Sonderausgaben (siehe auch Anlage Sonderausgaben). Vertiefend siehe → Sonderausgaben und → Spenden.

Die **Anlage Vorsorgeaufwand** benötigen Sie, wenn Sie im Gesetz abschließend aufgezählte Vorsorgeaufwendungen (Versicherungsbeiträge) als Sonderausgaben steuermindernd geltend machen wollen. Ehegatten, die zusammen veranlagt werden, geben eine gemeinsame Anlage Vorsorgeaufwand ab.

Für Beiträge zu Riester-Verträgen benötigen Sie die **Anlage AV.**

Überblick

Im Bedarfsfall ausfüllen	
Seite 1	**(Alters-)Vorsorgeaufwendungen (Zeilen 4–10)** Hier sind alle Versicherungsbeiträge zu erfassen, aus denen sich ein späterer Rentenanspruch ergibt, z. B. der gesetzliche Arbeitnehmer- und Arbeitgeberanteil zur gesetzlichen Rentenversicherung oder Einzahlungen in private (Rürup-)Rentenversicherungen oder berufsständische Versorgungseinrichtungen.
Seiten 1 und 2	**Kranken- und Pflegeversicherungen (Zeilen 11–44)** Die Beiträge sind, je nachdem ob Sie in einer gesetzlichen Krankenversicherung pflicht- oder freiwillig versichert sind (z. B. Arbeitnehmer bzw. Selbstständige oder Rentner im Ausland) oder einer privaten Krankenversicherung (z. B. Beamte, Richter, Selbstständige) angehören, in unterschiedlichen Zeilen einzutragen. Hier können Sie auch die Krankenversicherungsbeiträge für andere Personen (z. B. nicht bei Ihnen berücksichtigungsfähige Kinder oder Eltern) eintragen, wenn Sie der Versicherungsnehmer sind.
Seite 2	**Weitere sonstige Vorsorgeaufwendungen (Zeilen 45–50)** Tragen Sie hier alle anderen begünstigten Versicherungsbeiträge, z. B. für Wahlleistungen bei Krankheit, Arbeitslosen-, Haftpflicht-, Unfall-, Risiko- oder Berufsunfähigkeitsversicherungen ein. **Ergänzende Angaben (Zeilen 51–57)** Die Eintragungen haben Bedeutung für die Berechnung der abzugsfähigen Altersvorsorgeaufwendungen und eine Günstigerprüfung nach der Rechtslage 2004, die von Amts wegen letztmals für 2019 durchgeführt wird und zu einem höheren Abzug führen kann.

7.2 Vorsorgeaufwendungen

 ACHTUNG

Elektronisch gemeldete Daten müssen nicht eingetragen werden

Daten, die elektronisch an die Finanzverwaltung gemeldet wurden, z. B. durch Versicherungen oder durch den Arbeitgeber, müssen nicht mehr in die Steuererklärung eingetragen werden. Nur bei abweichenden Werten ist eine Eintragung erforderlich. Achten Sie bitte auf die unterschiedliche Einfärbung der einzelnen Zeilen in der Steuererklärung.

Die Unterteilung der Vorsorgeaufwendungen in **Altersvorsorgeaufwendungen, Basiskranken- und Pflegepflichtversicherungsbeiträge sowie sonstige Vorsorgeaufwendungen** ist wegen der unterschiedlichen steuerlichen Berücksichtigung notwendig. Vertiefend siehe → Versicherungen.

→ eZEILEN 4, 7–9, ZEILEN 5, 6, 10
Altersvorsorge

Die Altersvorsorgeaufwendungen setzen sich aus mehreren Komponenten zusammen, die im Folgenden dargestellt werden.

→ eZEILEN 4, 9
Gesetzliche Rentenversicherung

Arbeitnehmer, die in der gesetzlichen Sozialversicherung versichert sind, tragen in eZeile 4 den Arbeitnehmeranteil zur gesetzlichen Rentenversicherung (ersichtlich aus Nr. 23a/b der Lohnsteuerbescheinigung) ggf. getrennt für die Ehegatten ein. In eZeile 9 gehört der Arbeitgeberanteil bzw. dessen Zuschuss zur gesetzlichen Rentenversicherung (Nr. 22a/b der Lohnsteuerbescheinigung). Haben Sie als Arbeitnehmer Beiträge zu einer landwirtschaftlichen Alterskasse oder einer berufsständischen Versorgungseinrichtung geleistet und sind die Beiträge auf der Lohnsteuerbescheinigung ausgewiesen, tragen Sie bitte Arbeitnehmer- und Arbeitgeberanteil ebenfalls in die eZeilen 4 und 9 ein.

→ ZEILE 5
Landwirtschaftliche Alterskasse und berufsständische Versorgungseinrichtung

Sind Sie nicht Arbeitnehmer oder hat der Arbeitgeber entsprechende Beiträge nicht in der Lohnsteuerbescheinigung ausgewiesen, tragen Sie die Beiträge zur landwirtschaftlichen Altersklasse und zur berufsständischen Versorgungseinrichtungen (Pflichtversicherung für Freiberufler und vergleichbare Personen, z. B. angestellte und selbstständig tätige Ärzte, Apotheker, Architekten etc.) hier ein, wenn die Einrichtung den gesetzlichen Rentenversicherungen vergleichbare Leistungen erbringt. Die entsprechenden steuerfreien Arbeitgeberzuschüsse (Nr. 22b der Lohnsteuerbescheinigung) sind von den Gesamtaufwendungen abzuziehen, aber auch zusätzlich in Zeile 9 einzutragen.

→ ZEILE 6
Freiwillige gesetzliche Rentenversicherung, einschl. Minijob-Beiträge

Arbeitnehmer, die (z. B. wegen der Höhe des Arbeitslohns) von der gesetzlichen Rentenversicherungspflicht befreit sind, aber freiwillig versichert oder als Nichtarbeitnehmer (z. B. selbstständiger Handwerker) pflichtversichert sind, tragen ihre Beiträge in Zeile 6 ein. Dasselbe gilt für Arbeitnehmeranteile, die im Rahmen einer geringfügigen Beschäftigung (Minijob) vom Arbeitnehmer gezahlt wurden (sog. Aufstockungsbeträge; vgl. aber Erläuterungen zu Zeile 10).

→ eZEILE 7
Erstattete Beiträge und steuerfreie Zuschüsse

Hier sind die erstatteten Beiträge und/oder steuerfreien Zuschüsse zu den in den Zeilen 4 bis 6 zu erklärenden Beiträgen einzutragen. Ausgenommen sind die direkt von den Beiträgen laut Zeile 8 abzuziehenden Zuschüsse zu zertifizierten Basisrentenverträgen und Arbeitgeberanteile/-zuschüsse laut den Zeilen 9 und 10.

→ eZEILE 8
Rürup-Verträge

In eZeile 8 gehören Versicherungsbeiträge für eine private kapitalgedeckte Rentenversicherung, sog. Rürup-Verträge. Einzutragen sind die saldierten Beträge, d.h. Beiträge abzüglich erhaltener steuerfreier Zuschüsse/Erstattungen. Derartige Verträge werden nur anerkannt, wenn sie staatlich genehmigt (**zertifiziert**) sind Der Sonderausgabenabzug setzt voraus, dass Sie gegenüber Ihrem Anbieter des Basisrentenvertrags eingewilligt haben, dass dieser Ihre Vertragsdaten und die Höhe Ihrer Beiträge unter Angabe Ihrer Identifikationsnummer der Zentralen Stelle für Altersvorsorge übermittelt. Die Einwilligung gilt auch für die nachfolgenden Beitragsjahre.

→ ZEILE 10
Minijob

Haben Sie im Rahmen einer geringfügigen Beschäftigung (450-Euro-Minijob) gearbeitet, sind Sie im Regelfall rentenversicherungspflichtig und müssen pauschale Arbeitnehmerbeiträge zur Sozialversicherung entrichten. Ihr Arbeitgeber hat ebenfalls (pauschale) Arbeitgeberbeiträge gezahlt. Der Arbeitnehmerbeitrag ist in Zeile 6, der Arbeitgeberbeitrag in Zeile 10 einzutragen. Der Minijobber kann sich aber jederzeit von der Versicherungspflicht und der Zahlung des Eigenanteils befreien lassen, dann sind keine Eintragungen in den Zeilen 6 und 10 vorzunehmen. Vertiefend siehe → Minijobs.

→ ZEILEN 11–50
Sonstige
Vorsorge-
aufwendungen

Die sonstigen Vorsorgeaufwendungen werden in Kranken- und Pflegepflichtversicherungsbeiträge für eine Grundvorsorge (Basisabsicherung) und andere sonstige Vorsorgeaufwendungen unterteilt.

Basisabsiche-rung	Beitrag/Zusatzbeitrag/Zuschuss/Erstattung zur **gesetzlichen** inländischen Kranken- und Pflegepflichtversicherung durch • gesetzlich pflichtversicherte Arbeitnehmer • freiwillig versicherte Arbeitnehmer, bei denen der Arbeitgeber die Beiträge abführt (Firmenzahler)	→ Zeilen 11–15
	• freiwillig **gesetzlich** versicherte Arbeitnehmer und Selbstständige (Selbstzahler) • Rentner	→ Zeilen 16–21
	Beitrag/Zusatzbeitrag/Zuschuss/Erstattung zu einer **privaten** inländischen Kranken- und Pflegepflichtversicherung und Beiträge zu einer freiwilligen zusätzlichen Pflegeversicherung	→ Zeilen 23–26
	Beitrag/Zusatzbeitrag/Zuschuss/Erstattung zu einer **ausländischen** gesetzlichen oder privaten Krankenversicherung	→ Zeilen 31–36
	Als Versicherungsnehmer **für andere Personen** übernommene Beiträge zur Basiskranken- und Pflegepflichtversicherung. Beiträge, die über die Basisversicherung hinausgehen, sind nicht als Sonderausgabe abziehbar.	→ Zeilen 40–44
Weitere sonstige Vorsorgeaufwendungen	Beitrag zur eigenen Kranken- und Pflegeversicherung, soweit nicht Basisabsicherung, Arbeitslosenversicherung, Erwerbs- oder Berufsunfähigkeitsversicherung, Unfall-, Haftpflicht-, Risikolebensversicherung, bestimmte Rentenversicherungen	→ Zeilen 22, 27–28, 36 → Zeilen 45–50

TIPP

Grundsätzlich alle Versicherungsbeiträge vollständig eintragen

Tragen Sie sämtliche Versicherungsbeiträge auch dann ein, wenn Ihre Basiskranken- und Pflegepflichtversicherungsbeiträge den Höchstbetrag übersteigen. Von Amts wegen erfolgt bei den Vorsorgeaufwendungen letztmals für 2019 eine Günstigerprüfung, ob sich nach der bis 2004 geltenden Rechtslage ein höherer Sonderausgabenabzug ergibt. Dabei werden alle Versicherungsbeiträge einbezogen.

→ eZEILE 11, 13–15, ZEILE 12
Gesetzlich pflichtversicherte Arbeitnehmer und Firmenzahler

Die Zeilen 11 bis 15 sind für in der gesetzlichen Krankenversicherung pflicht- oder freiwillig versicherte Arbeitnehmer, bei denen der Arbeitgeber die Beiträge abführt (sog. Firmenzahler), vorgesehen. Die verlangten Angaben können i.d.R. der Lohnsteuerbescheinigung (Nr. 25, 26) entnommen werden.

Mit den Beiträgen zur gesetzlichen Krankenversicherung (eZeile 11, Eintragung 100 %) erlangt der Steuerpflichtige grundsätzlich einen **Anspruch auf Krankengeld**. Dieser gehört nicht zur Basisabsicherung und führt zu einer pauschalen Kürzung der abziehbaren Beiträge i.H.v. 4 % im Rahmen der Veranlagung.

Soweit in den Krankenversicherungsbeiträgen Beitragsteile enthalten sind, die keinen Anspruch auf Krankengeld begründen (z.B. bei Bezug einer Betriebsrente, bei pflichtversicherten Praktikanten, Studenten, Erwerbslosen, Personen in Elternzeit oder die Elterngeld beziehen), müssen Sie diese entsprechenden Krankenversicherungsbeiträge ein zweites Mal angeben (Zeile 12), um eine Kürzung zu vermeiden.

Beitragsrückerstattungen mindern die abzugsfähigen Beträge des laufenden Jahres und werden gesondert abgefragt (eZeilen 14–15).

Einzelne Krankenkassen erheben von ihren Mitgliedern einen individuellen einkommensabhängigen **Zusatzbeitrag** zur gesetzlichen Krankenversicherung. Dieser gehört zu den begünstigten Aufwendungen der Basisvorsorge. Bei sozialversicherungspflichtigen Arbeitnehmern und Firmenzahlern wird der Zusatzbeitrag vom Arbeitgeber einbehalten und elektronisch der Finanzbehörde gemeldet. Er ist bereits in eZeile 11 enthalten.

Beiträge zu Wahlleistungen oder Zusatzversicherungen in der gesetzlichen Krankenversicherung gehören in die Zeile 22.

→ eZEILE 16, 18, 19, 21, ZEILE 17, 20
Freiwillig gesetzlich versicherte Arbeitnehmer, Selbstständige, Rentner

In die Zeilen 16–21 tragen Rentner ihre selbst gezahlten Beiträge ein. Bei Rentnern sind die Beiträge zur Krankenversicherung (eZeile 16) und Pflegeversicherung (eZeile 18) regelmäßig im Rentenbescheid/in der Rentenbezugsmitteilung ausgewiesen.

Die Zeilen 16–21 sind auch für Arbeitnehmer vorgesehen, die sich freiwillig in der gesetzlichen Krankenversicherung versichert haben und die Beiträge in voller Höhe selbst überweisen und ggf. einen Zuschuss ihres Arbeitgebers auf ihr Konto erhalten (sog. Selbstzahler), sowie für Selbstständige, die in der gesetzlichen Krankenversicherung pflichtversichert sind bzw. sich freiwillig versichert haben, und für pflichtversicherte Künstler. Ein unbegrenzter Abzug für Basisbeiträge zur Kranken- und sozialen Pflegeversicherung ist nur möglich, wenn in die elektronische Datenübermittlung der Krankenkasse eingewilligt oder dieser nicht widersprochen wurde. In die eZeile 16 gehört ggf. auch der Zusatzbeitrag.

Beiträge, aus denen sich ein Anspruch auf Krankengeld ergibt, müssen in Zeile 17 nochmals eingetragen werden, weil daraus der Kürzungsbetrag von 4 % errechnet wird. Rentner mit ungekürzter Altersrente haben keinen Krankengeldanspruch; ihre Beiträge werden nicht um 4 % gekürzt.

Auch erstattete Beiträge sind auszuweisen (eZeile 19 und Zeile 20). Die Erstattungshöhe kann der Bescheinigung der Krankenkasse entnommen werden.

Achten Sie als betroffener **Arbeitnehmer** darauf, dass Sie in den eZeilen 16 und 18 den gesamten von Ihnen gezahlten Versicherungsbeitrag (100 % inkl. Teil, den Ihr Arbeitgeber Ihnen steuerfrei erstattet hat) eintragen. Der vom Arbeitgeber erstattete Teil der Kranken- oder Pflegeversicherung (Nr. 24 a/b/c der Lohnsteuerbescheinigung) ist in den eZeilen 37–39 des Vordrucks anzugeben. Er mindert den abzugsfähigen Betrag (eZeile 16 bzw. 18).

→ ZEILE 22
Wahlleistungen

Sie sind in der gesetzlichen Krankenkasse pflicht- oder freiwillig versicherter Arbeitnehmer, Selbstständiger oder Rentner. Neben den Beiträgen zur Basisabsicherung (Zeilen 11–21) können Sie alle darüber hinausgehenden Beitragsanteile für Wahl- oder Komfortleistungen sowie für andere zusätzliche Krankenversicherungen (z. B. Auslandsreise- und Krankenhaustagegeldversicherung) hier eintragen. Diese Beiträge sind nur begrenzt abzugsfähig (vgl. Anmerkungen zu den Zeilen 45–50).

→ eZEILEN 23–26, ZEILEN 27, 28
Private Kranken-/Pflegeversicherungen

Die Zeilen 23–28 sind für in einer privaten Krankenversicherungen Versicherte bestimmt. Das sind in erster Linie Selbstständige, Beamte, Richter, Berufssoldaten und Amtsträger. Kranken- und Pflegepflichtversicherungsbeiträge an private Krankenkassen sind im gleichen Umfang wie gesetzliche Beiträge abzugsfähig, d. h. soweit sie die Basisabsicherung ohne Wahlleistungen abdecken in voller Höhe, soweit sie Wahlleistungen oder einen Anspruch auf Krankengeld abdecken nur begrenzt. Der Bescheinigung Ihrer Krankenversicherungsgesellschaft können Sie die Beitragsteile, die jeweils auf Basis- bzw. auf Wahlleistungen entfallen, entnehmen. Der unbegrenzte Kostenabzug für Basisbeiträge ist nur möglich, wenn Sie in die elektronische Datenübermittlung durch die Versicherung eingewilligt oder dieser nicht widersprochen haben. Rückerstattete Beiträge sind gesondert anzugeben, denn sie mindern den abzugsfähigen Betrag (eZeile 25). Steuerfreie Zuschüsse Dritter, z. B. der Rentenversicherungsanstalt bei pensionierten Beamten, die für eine frühere Tätigkeit auch in der gesetzlichen Rentenversicherung versichert waren, gehören in eZeile 26. In Zeile 27 sind die Beitragsteile der Krankenversicherung zu erfassen, die nicht der Basisabsicherung dienen (Krankengeldanspruch, Wahlleistungen). In Zeile 28 tragen Sie Beiträge zu einer **freiwilligen** zusätzlichen Pflegeversicherung ein.

→ ZEILEN 31–36
Ausländische Krankenversicherung

Haben Sie Beiträge in eine ausländische Krankenversicherung, die einer inländischen Pflichtversicherung vergleichbar ist (nicht Auslandsreisekrankenversicherungen), eingezahlt, können Sie die Beitragsanteile für die Basisabsicherung (ohne Beitragsteile für Krankengeldanspruch und Wahlleistungen) hier eintragen und wie inländische Beiträge geltend machen.

→ ZEILEN 40, 44
eZEILEN 41–43
Andere Personen, geschiedene oder dauernd getrennt lebende Ehegatten, Kinder

Kranken- und Pflegepflichtversicherungsbeiträge für andere Personen, z. B. für den nicht dauernd getrennt lebenden Ehegatten, wenn die Einzelveranlagung von Ehegatten beantragt wurde oder für Vater oder Mutter bzw. für Kinder, die keine Kinder i. S. d. EStG sind, können Sie hier eintragen Voraussetzung ist, dass **Sie Versicherungsnehmer sind**, d. h. die Beiträge selbst schulden, und die Beiträge bezahlt haben. Haben Sie für mehr als eine Person als Versicherungsnehmer entsprechende Beiträge geleistet, machen Sie die Angaben bitte in einer formlosen Anlage mit der Überschrift „Ergänzende Angaben zur Steuererklärung" und tragen in **Zeile 40 des Hauptvordrucks** eine „1" ein.

Zahlen Sie Basiskranken- und Pflegeversicherungsbeiträge für ein bei Ihnen steuerlich nicht mehr berücksichtigungsfähiges Kind oder z. B. für einen Elternteil und **sind diese selbst Versicherungsnehmer**, erfolgt die Eintragung in der **Anlage Unterhalt**.

Beiträge für den dauernd getrennt lebenden oder geschiedenen Ehegatten/Lebenspartner sind hier nicht einzutragen, wenn die Unterhaltsleistungen als Sonderausgabe abgezogen werden können. Haben Sie die Beiträge zur Basisversicherung für Ihren unterhaltsberechtigten Ehegatten bezahlt, können Sie die Aufwendungen evtl. als Unterhaltsleistungen als Sonderausgaben (**Anlage Sonderausgaben**, Zeilen 17–18) oder außergewöhnliche Belastungen (**Anlage Unterhalt**) steuerlich geltend machen. Vertiefend siehe → Unterhaltszahlungen.

 TIPP

Eigene Kranken- und Pflegepflichtversicherungsbeiträge für Kinder mit Anspruch auf Kindergeld

Kranken- und Pflegepflichtversicherungsbeiträge für Kinder, die bei Ihnen steuerlich berücksichtigt werden, können Sie auf der **Anlage Kind** (Zeilen 31–40) als Sonderausgaben geltend machen, wenn Sie dem Kind (Versicherungsnehmer) die Beiträge (ggf. im Rahmen der Unterhaltsleistungen) ersetzt haben.

→ eZEILEN 45,
ZEILE 46
Arbeitslosenversicherung

Tragen Sie als Arbeitnehmer die im gesetzlichen Arbeitnehmeranteil zur Sozialversicherung enthaltenen Beiträge zur Arbeitslosenversicherung (Nr. 27 der Lohnsteuerbescheinigung) in eZeile 45 ein. Haben Sie eine freiwillige (private) Arbeitslosenversicherung abgeschlossen, gehören die Beiträge in Zeile 46.

→ ZEILEN 47–48
Berufs-/Erwerbsunfähigkeits-, Unfall-, Haftpflicht-, Risikoversicherungen

In Zeile 47 erfassen Sie Beiträge zu einer freiwilligen privaten Berufs- und Erwerbsunfähigkeitsversicherung (ohne Rürup-Versicherung). In die Zeile 48 gehören Beiträge zu allen Arten von privaten Unfallversicherungen (z. B. Kfz-Insassenunfallversicherung) und die Haftpflichtversicherungsbeiträge (Privathaftpflicht-, Kfz- oder Tierhalterhaftpflichtversicherung). Auch

Beiträge zur Grundstückshaftpflichtversicherung des zu eigenen Wohnzwecken genutzten Grundstücks können Sie hier eintragen. Maßgebend sind die tatsächlichen Beitragszahlungen, also nach Kürzung um den Schadenfreiheitsrabatt und um Beitragsrückerstattungen. Haben Sie zur Absicherung für den Unterhalt von Kindern und Ehepartner eine Risikolebensversicherung abgeschlossen, so sind die Beiträge in Zeile 48 anzugeben.

 TIPP

Bestimmte Versicherungsbeiträge sind Betriebsausgaben bzw. Werbungskosten

Stehen die vorgenannten Versicherungsbeiträge i. Z. m. der Erzielung von Einkünften (z. B. Berufshaftpflicht, Haftpflicht für das vermietete Grundstück), sind die Beiträge als Betriebsausgaben oder Werbungskosten und nicht als Sonderausgaben abziehbar. Beiträge zu Unfallversicherungen, die **auch** berufliche bzw. betriebliche Unfälle einbeziehen, können pauschal zur Hälfte als Werbungskosten (**Anlage N**) oder Betriebsausgaben abgezogen werden. Eine berufliche Haftpflichtversicherung wird ebenfalls bei den Werbungskosten bzw. den Betriebsausgaben erfasst.

Zu den abzugsfähigen Risikolebensversicherungen können auch Beiträge zu Witwen-, Waisen- und Sterbekassen zählen.

Nicht begünstigt als Sonderausgabe sind Beiträge zu Sachversicherungen wie z. B. Kfz-Kaskoversicherungen, Versicherungen gegen Elementarschäden, Diebstahl-, Hausrat- sowie Rechtsschutzversicherungen. Der Anteil auf Arbeitsrechtsschutz gehört zu den Werbungskosten.

→ ZEILE 49

Rentenversicherungen mit Kapitalwahlrecht oder Einmalauszahlung

Hier tragen Sie Rentenversicherungsbeiträge (mit Laufzeitbeginn und erster Beitragszahlung vor 2005) ein, die für die Auszahlung der Versicherungsleistung in einem Betrag erfolgt oder die ein Kapitalwahlrecht (Einmalauszahlung oder regelmäßige Zahlungen) vorsehen. Die zugrunde liegenden Kapitallebensversicherungen müssen eine mindestens zwölfjährige Laufzeit vorweisen. Begünstigt sind auch Beiträge zu Ausbildungs-, Aussteuer- und Erbschaftsteuerversicherungen. Diese Beiträge sind zu 100 % einzutragen. Steuerlich werden sie aber nur in Höhe von 88 % in die Beurteilung des Sonderausgabenabzugs einbezogen.

→ ZEILE 50
Rentenversicherungen ohne Kapitalwahlrecht

Hierher gehören Beiträge zu **Renten- und Lebensversicherungen** (mit Laufzeitbeginn und erster Beitragszahlung vor 2005), bei denen die Auszahlung nicht in einem Betrag, sondern in Form einer regelmäßigen Zahlung („Rente") erfolgt.

7.3 Ergänzende Angaben zu Vorsorgeaufwendungen

→ ZEILE 51
Steuerfreie Zuschüsse oder Arbeitgeberbeiträge und Beihilfen

Für sämtliche sonstigen Vorsorgeaufwendungen (Basiskranken-, Pflegepflicht- und andere Versicherungen) gibt es insgesamt einen Höchstbetrag von 2.800 € oder 1.900 € je Person. Grundsätzlich wird im Standardfall vom **Höchstbetrag** von **1.900 €** ausgegangen.

Haben Sie Ihre Krankenversicherungsbeiträge insgesamt selbst bezahlt und **keine steuerfreie Zuschüsse** erhalten (z. B. steuerfreier Arbeitgeberzuschuss zur Sozialversicherung oder Zuschuss der gesetzlichen Rentenversicherung zur Krankenversicherung des Rentners) und haben Sie auch **keinen Anspruch auf Erstattung oder Übernahme von Krankheitskosten ohne** dafür **eigene Beiträge** entrichten zu müssen (z. B. Beihilfeanspruch von Beamten, Richtern, Berufssoldaten und Geistlichen) steht Ihnen der Höchstbetrag von 2.800 € zu. Bitte tragen Sie in diesem Fall in Zeile 51 eine „2" ein. Eine „2" tragen insbesondere Selbstständige, Gewerbetreibende und Freiberufler ein.

Bei **Ehegatten**, die zusammen veranlagt werden, ist die Beurteilung des Höchstbetrags getrennt vorzunehmen.

→ ZEILEN 52–57
Beamte, GmbH-Gesellschafter-Geschäftsführer

Die Angaben sind für die Höhe des steuerlichen Abzugs von Vorsorgeaufwendungen (Versicherungen) im Rahmen der Günstigerprüfung nach § 10 Abs. 4a EStG (alte Rechtslage vor 2005) und für die Berechnung von Altersvorsorgeaufwendungen (Zeilen 4–10) von Bedeutung. Eintragungen sind bei Beamten (Zeilen 52, 55, 56) und bei beherrschenden Gesellschafter-Geschäftsführern (Beteiligung > 50 %) mit Anwartschaft auf eine Altersversorgung ohne eigene Beitragsleistung, die sozialversicherungsrechtlich als Selbstständige behandelt werden, erforderlich.

Checkliste Anlage Vorsorgeaufwand

Folgende Abzugsmöglichkeit geprüft? Vgl. Ausfüllhinweise zur Zeile!

Haben Sie an alle Versicherungen gedacht? ☐
(Zusatzkranken-, Reisekranken-, Privat-, Kfz-, Tierhalterhaftpflicht-, Kfz-Insassenunfallversicherung)
Abzugsfähig sind auch Abschlussgebühren und Versicherungssteuer (Zeilen 46–50).
Tragen Sie (auch als Arbeitnehmer) zur Sicherheit alle Ihre Versicherungsbeiträge ein, denn es wird, anders als beim Lohnsteuerabzug, bei der Steuerveranlagung keine Vorsorgepauschale berücksichtigt.

Sie haben Krankenversicherungsbeiträge für Ihre ☐
Kinder, Ihren geschiedenen Ehegatten oder einen
bedürftigen Angehörigen bezahlt bzw. deren Kosten
ersetzt?
Die entsprechenden Eintragungen sind, je nachdem wer Versicherungsnehmer ist und um welche Person es sich handelt, auf unterschiedlichen Formularen (Anlage Vorsorgeaufwand, Anlage Kind, Anlage Unterhalt, Hauptvordruck) zu machen.

8 Anlage Unterhalt

8.1 Allgemein

 WICHTIG

Unterhaltszahlungen an Angehörige

Die **Anlage Unterhalt** benötigen Sie in folgenden Fällen: Sie haben z. B.

- einen Angehörigen (insbesondere Ihre Eltern oder erwachsenen Kinder),
- den Ex-Ehegatten oder Ex-Lebenspartner nach aufgelöster Lebenspartnerschaft,
- den Partner in einer eheähnlichen Gemeinschaft,
- die Mutter Ihres unehelichen Kindes oder
- Personen mit Aufenthalts-/Niederlassungserlaubnis nach § 23 AufenthG (Kriegsflüchtlinge)

finanziell unterstützt, weil die Person kein oder nur geringes eigenes Einkommen und Vermögen hat.

Haben Sie in **verschiedenen** Haushalten lebende Personen unterstützt, müssen Sie haushaltsbezogen jeweils eine eigene **Anlage Unterhalt** abgeben.

Für jede (im jeweiligen Haushalt) unterstützte Person muss auf der entsprechenden Anlage Unterhalt eine eigene Vordruckseite mit den verlangten Angaben zur Person ausgefüllt werden. Vertiefend siehe → Unterhaltszahlungen.

Überblick

Im Bedarfsfall ausfüllen	
Seite 1	**Angaben zum Haushalt der unterhaltenen Person und den Unterhaltsleistungen (Zeilen 4–16)** Die Angaben (Anschrift, Wohnsitzstaat, Personen im unterstützten Haushalt, Höhe des Unterhalts sowie der (Basis-)Kranken- und Pflegepflichtversicherungen der unterstützten Person) sind für die Berechnung des abzugsfähigen Betrags notwendig. **Auslandsunterhalt (Zeilen 17–26)** Für Unterstützungsleistungen ins Ausland gelten strenge Nachweisregelungen über die Zahlungen. Unter Umständen werden die abzugsfähigen Höchstbeträge je nach Wohnsitzstaat gekürzt.
Seite 2	**Angaben zur ersten im Haushalt lebenden Person (Zeilen 31–44)** Anhand der Angaben wird geprüft, ob die unterstützte Person die Abzugsvoraussetzungen erfüllt. **Angaben zum eigenen Einkommen der unterstützten Person (Zeilen 45–54)** Eigenes Einkommen und Bezüge der unterstützten Person bewirken eine Kürzung des abzugsfähigen Höchstbetrags.
Seiten 3, 4	**Angaben zu weiteren im Haushalt lebenden Personen** Die Seiten entsprechen inhaltlich der Seite 2.

8.2 Angaben zum Haushalt der unterstützten Person(en) (Seite 1)

→ ZEILEN 4–6
Haushalt der unterstützten Person

Tragen Sie ein, wo die unterstützte(n) Person(en) lebt bzw. leben (Zeile 4). Soweit sich der Haushalt im Ausland befindet (Zeile 5), gelten strengere Nachweisregelungen und je nach Land eventuell gekürzte abzugsfähige Höchstbeträge (vgl. Erläuterungen zu den Zeilen 17–26). Leben im Haushalt der unterstützten Person mehrere Personen (Angaben in Zeile 6), werden die Unterhaltszahlungen auf alle im Haushalt lebenden Personen gleichmäßig aufgeteilt. Für jede Person ist in diesem Fall eine eigene Seite auf der Anlage Unterhalt (Seite 2–4) auszufüllen. Für jede Person wird getrennt geprüft, ob der auf sie entfallende Unterhalt abzugsfähig ist.

→ ZEILEN 7–16
Unterhaltsleistungen, Unterstützungszeitraum

Leben im Haushalt mehrere Personen, sind sämtliche Zahlungen für den laufenden Lebensunterhalt (Wohnung, Kleidung, Nahrung), die an die Haushaltsmitglieder geleistet wurden, einzutragen. Der gesamte Betrag wird nach Köpfen gleichmäßig verteilt. Ein Abzug der Unterhaltsleistungen ist nur für Monate möglich, in denen eine Unterstützung (Zeilen 7, 9) stattgefunden hat, d. h. grundsätzlich ab dem Monat der **ersten Zahlung** (Zeilen 8, 10). Bei Ehegattenunterhalt wird unabhängig vom

Zahlungszeitpunkt immer Unterhalt für das gesamte Jahr angenommen. Die Zahlungen müssen Sie grundsätzlich anhand geeigneter Unterlagen belegen (Ausnahme: Person lebte bei Ihnen im Haushalt, vgl. Zeile 36). Erfolgte die Unterstützung nur für einen Teil des Jahres, wird ggf. der Jahreshöchstbetrag gekürzt. Die Höhe der (Basis-)Krankenversicherung oder Pflegepflichtversicherung der unterstützten Person, für die sie selbst Versicherungsnehmer ist, tragen Sie in die Zeilen 11, 13 bzw. 15 ein. Um diese Beiträge erhöht sich der bei Ihnen berücksichtigungsfähige Abzugshöchstbetrag. Nicht abzugsfähig ist der Beitragsanteil, aus dem sich ein Anspruch auf Krankengeld ergibt (ersichtlich aus der Bescheinigung der Krankenkasse). Deshalb sind – soweit zutreffend – die Eintragungen in den Zeilen 12, 14 bzw. 16 notwendig. Vertiefend siehe → Unterhaltszahlungen. Haben Sie als Versicherungsnehmer eine der genannten Versicherungen für eine unterstützte Person abgeschlossen, können Sie die Beiträge auf der Anlage Vorsorgeaufwand geltend machen.

→ ZEILEN 17–26
Unterstützte Person lebt im Ausland

Wenn die unterstützte Person im Ausland lebt, benötigen Sie zusätzlich aus dem Wohnsitzstaat eine in mehreren Sprachen (über die Formularverwaltung der Internetseiten des BMF abrufbar oder beim Finanzamt in Papierform erhältlich) sog. **Unterhaltserklärung** über die persönlichen Verhältnisse, das eigene Einkommen und das Vermögen der unterstützten Person (Eintragung in Zeilen 34, 64, 94). Diese müssen Sie auf Verlangen des Finanzamts vorweisen können. Ist die Person nicht Ihr Ehegatte und in erwerbsfähigem Alter (unter 65 Jahre), ist der Abzug von Unterhaltszahlungen im Regelfall nicht möglich (**Erwerbsobliegenheit**). Vertiefend siehe → Unterhaltszahlungen.

Bei Auslandssachverhalten gelten für den Nachweis der Unterhaltszahlungen erhöhte Anforderungen. Machen Sie die geforderten Angaben über den Zahlungsweg (Überweisung Zeile 17, Mitnahme anlässlich von Heimfahrten Zeilen 18–20). Die Bankbelege über die Abbuchung bzw. bei persönlicher Übergabe den Nachweis über die Geldabhebung, die Durchführung der Reise und eine detaillierte Bestätigung der unterstützten Person über die Übergabe für jeden einzelnen Betrag müssen Sie auf Anforderung des Finanzamts vorlegen können.

Erfolgte die Heimfahrt zum eigenen Haushalt im Ausland und lebte dort der Ehegatte, ist das eine Familienheimfahrt. Hier gelten Vereinfachungsregelungen. Für bis zu maximal vier Fahrten (Zeilen 21–25) im Kalenderjahr wird ein Nettomonatslohn

(Zeile 26) als mitgenommener Betrag ohne Nachweis akzeptiert. Je nach Staat wird der abzugsfähige Höchstbetrag nach der Ländergruppeneinteilung halbiert oder geviertelt. Vertiefend siehe → Unterhaltszahlungen.

8.3 Angaben zur ersten unterstützten Person (Seite 2)

→ ZEILEN 31–44
Angaben zur (ersten) unterstützten Person

Anhand der **Angaben** wird geprüft, ob ein Abzug von Unterhaltszahlungen an die **unterstützte** Person möglich ist. Falls die Bedingungen nicht das ganze Jahr über vorlagen, müssen Sie den Zeitraum genau angeben. Der für das Jahr abzugsfähige Höchstbetrag wird dann nur zeitanteilig berücksichtigt.

Gesetzlich unterhaltsberechtigte Person/gleichgestellte Person

Voraussetzung für einen Kostenabzug ist grundsätzlich, dass die unterhaltene Person Ihnen oder Ihrem Ehegatten gegenüber unterhaltsberechtigt ist (Ehegatte, geradlinig verwandte Personen, z. B. Eltern, Großeltern, Kinder, Enkel, anderer Elternteil eines gemeinsamen Kindes bis zu drei Jahren) oder einer solchen Person gleichgestellt ist (vgl. Erläuterungen zu Zeile 41). Unter den begünstigten Personenkreis fallen auch (Kriegs-)Flüchtlinge, die eine Aufenthalts- oder Niederlassungserlaubnis nach § 23 AufenthG haben. Dies trifft zzt. nur für Flüchtlinge aus Syrien zu. Vertiefend siehe → Unterhaltszahlungen.

→ ZEILE 36
Haushaltszugehörigkeit

Lebt die unterstützte Person bei Ihnen im Haushalt, wird – auch ohne nachgewiesene Zahlungen – vom Unterhalt in Höhe des gesetzlichen Höchstbetrags von 9.168 € (jährlich) ausgegangen. Außerdem ist die Haushaltszugehörigkeit für den Abzug von Unterhaltsleistungen an **gleichgestellte** Personen erforderlich (vgl. Erläuterungen zu Zeile 41).

→ ZEILE 37
Kindergeldanspruch

Für Zeiträume, in denen für die unterstützte Person Kindergeldanspruch bzw. Anspruch auf einen Kinderfreibetrag bestand, ist der Kindsunterhalt damit steuerlich berücksichtigt. Bei steuerlich nicht berücksichtigungsfähigen Kindern (Kinder, für die keine Anlage Kind ausgefüllt wird), z. B. arbeitslose Kinder über 21 Jahre oder über 25 Jahre alte Kinder in Berufsausbildung, ist der Abzug von Unterhalt über die Anlage Unterhalt möglich.

→ ZEILE 41
Eheähnliche Gemeinschaft/ Haushaltsgemeinschaft

Unterhaltszahlungen an nicht gesetzlich unterhaltsberechtigte Personen sind nur abzugsfähig, wenn die unterstützte Person eine **gleichgestellte Person** ist. Dies setzt zum einen voraus, dass die Person mit Ihnen in Hausgemeinschaft lebt, d. h. „ein Wirtschaften aus einem Topf" erfolgt (Zeile 36) und der Person wegen der Unterhaltsleistungen öffentliche Leistungen (Arbeitslosengeld II bzw. Hartz IV, Wohngeld etc.) gestrichen oder gekürzt werden. Infrage kommen z. B. der Partner in ehe-ähnlicher Gemeinschaft (ohne gemeinsames Kind oder älterem gemeinsamen Kind) sowie Verwandte (Geschwister) bzw. Verschwägerte. Vertiefend siehe → Unterhaltszahlungen.

→ ZEILE 42
Vermögen

Hatte die unterstützte Person außer Hausrat und einem angemessenen Hausgrundstück weiteres Vermögen von über 15.500 €, gilt sie nicht mehr als bedürftig mit der Folge, dass Unterstützungsleistungen steuerlich nicht abzugsfähig sind.

→ ZEILEN 43, 44
Mehrere
Zahlende

Wird die von Ihnen unterhaltene Person auch von anderen Personen unterstützt, vermerken Sie dies in Zeile 43 und geben in Zeile 44 den von anderen Personen geleisteten Unterhalt und den Unterhaltszeitraum an. In diesem Fall wird der abzugsfähige Betrag auf alle (im Inland lebenden) unterstützenden Personen aufgeteilt.

→ ZEILEN 45–54
Eigene Einkünfte
und Bezüge der
unterstützten
Person

Der Abzug von Unterstützungsleistungen für im Inland lebende Personen ist auf einen Höchstbetrag von 9.168 € jährlich (bei Personen im Ausland eventuell weniger) je unterstützter Person, ggf. erhöht um die Basiskranken- und Pflegepflichtversicherungsbeiträge der unterstützten Person, begrenzt. Der Höchstbetrag wird jedoch um die eigenen Einkünfte und Bezüge, soweit sie 624 € jährlich überschreiten und öffentlichen Ausbildungshilfen (BAföG-Zuschüsse), die die unterstützte Person während des Unterhaltszeitraums (vgl. Erläuterungen zu den Zeilen 7–10) hatte, gekürzt. Angerechnet wird nur das Einkommen, das auf **volle** Unterstützungsmonate („innerhalb des Unterstützungszeitraums") entfällt, nicht dagegen Einkommen „außerhalb des Unterstützungszeitraums". Hatte die unterstützte Person Kapitalerträge (Zinsen), die dem Abgeltungssteuersatz (25 %) unterlegen haben, handelt es sich um Bezüge (Eintragung in den Zeilen 51, 52), ansonsten liegen Einkünfte vor (Zeilen 49, 50).

8.4 Angaben zu weiteren unterstützten Personen (Seiten 3 und 4)

Auf den Seiten 3 und 4 werden für weitere im Haushalt lebende Personen dieselben Angaben wie für die erste Person verlangt.

✔ Checkliste Anlage Unterhalt

Folgende Abzugsmöglichkeit geprüft? Vgl. Ausfüllhinweise zur Zeile!

Sie haben eine der folgenden Personen unterstützt? ☐

- Eltern, Großeltern, Schwiegereltern
- erwachsene Kinder, für die Sie keine Anlage Kind ausgefüllt haben
- mit Ihnen in Haushaltsgemeinschaft lebende Geschwister (Zeile 41)
- den im Ausland lebenden Ehegatten oder Partner einer eingetragenen Lebenspartnerschaft (Zeile 39)
- den geschiedenen oder von Ihnen getrennt lebenden Ehegatten oder Ex-Partner einer (aufgelösten) Lebenspartnerschaft (Zeile 38)
- Ihren Partner in eheähnlicher Gemeinschaft (Zeilen 40, 42)
- die Mutter Ihres nichtehelichen Kindes

Die Person lebte bei Ihnen im Haushalt? ☐
Das Finanzamt erkennt ohne Nachweis 9.168 € Unterhalt an (Zeile 36). Der Höchstbetrag erhöht sich um die Basiskranken- und Pflegepflichtversicherungsbeiträge der unterstützten Person, wenn diese Versicherungsnehmer ist (Zeilen 11–16).

Sie haben für die bedürftige Person (Basis-)Kranken- und Pflegeversicherungs beiträge als Versicherungsnehmer übernommen? ☐
Sie können die Beiträge als eigene Sonderausgaben berücksichtigen, indem Sie sie auf der Anlage Vorsorgeaufwand (Zeile 40 ff.) eintragen.

Sie haben eine im Ausland lebende Person unterstützt? ☐
Sie benötigen in diesem Fall eine **amtliche Unterhaltserklärung** und den **lückenlosen Nachweis des Geldflusses** (Zeilen 17–26, 34).

9 Anlage R (Renten)

9.1 Allgemein

 WICHTIG

Anlage R für Renten, die nicht der Arbeitgeber bezahlt

Die **Anlage R** ist auszufüllen, wenn im Vz. eine oder mehrere Rente(n) bezogen wurden. Dies gilt nicht für Renten i. Z. m. Übertragung von Vermögen bei vorweggenommener Erbfolge (**Anlage SO, Zeile 4**) und Betriebsrenten bzw. Pensionen, die der Arbeitgeber zahlt (**Anlage N, Zeilen 5–16**). Ehegatten geben jeweils eine eigene **Anlage R** ab.

 ACHTUNG

1. Elektronisch gemeldete Daten müssen nicht eingetragen werden

Daten, die elektronisch an die Finanzverwaltung gemeldet wurden, z. B. durch Versicherungen oder durch den Arbeitgeber, müssen nicht mehr in die Steuererklärung eingetragen werden. Nur bei abweichenden Werten ist eine Eintragung erforderlich. Achten Sie bitte auf die unterschiedliche Einfärbung der einzelnen Zeilen in der Steuererklärung.

2. Laufende Nummer der Anlage

Die Anlage R 2019 sieht nur noch die Eintragung von zwei gleichartigen Renten auf einer Anlage vor. Sollten Angaben zu mehr als zwei Renten erforderlich werden, sind diese auf weiteren Anlagen R zu erklären und die Anlagen sind in der Zeile 3 fortlaufend zu nummerieren.

Überblick

Im Bedarfsfall ausfüllen	
Seite 1	**Leibrenten/Leistungen aus einer Pflichtversicherung und Rürup-Rente (Zeilen 4–13)** • Renten (z. B. Alters-, Erwerbsunfähigkeits-, Witwenrente) aus der **gesetzlichen** Rentenversicherung • Altersrenten aus landwirtschaftlichen Alterskassen • Renten aus berufsständischen Versorgungswerken • Rürup-Renten (aus **privaten, kapitalgedeckten**, nach 2004 abgeschlossenen Rentenversicherungsverträgen). **Private Leibrenten (Zeilen 14–20)** • Altersrenten aus **privaten** Versicherungsverträgen (ohne Rürup- u. Riester-Renten) • Renten aus privaten Versicherungen, die nur zeitlich befristet gezahlt werden (z. B. private Erwerbsunfähigkeits- und Hinterbliebenenrenten) • Renten i. Z. m. Vermögensveräußerungen
Seite 2	**Leistungen aus Altersvorsorgeverträgen und aus der betrieblichen Altersversorgung (Zeilen 31–53)** • staatlich geförderte Riester-Renten • Renten aus einer staatlich geförderten **betrieblichen** Altersversorgung (Pensionsfonds, Pensionskasse, Direktversicherung) • Renten aus Zusatzversorgungseinrichtungen des Bundes, der Länder, Kommunen und Kirchen (z. B. VBL- und ZVK-Renten) **Werbungskosten (Zeilen 21–22 und 54–60)** Für (alle) Renten erhalten Sie insgesamt einen Werbungskostenpauschbetrag i. H. v. 102 €, wenn Sie keine höheren Kosten eintragen.

Allgemeines

Renten gehören grundsätzlich zu den sonstigen Einkünften. Je nach Rentenart bzw. der steuerlichen Behandlung der Einzahlungen (Beiträge) in die jeweilige Versicherung wird die daraus folgende Rente unterschiedlich besteuert. Vertiefend siehe → Renten.

Pensionen/ Betriebsrenten

Beamtenpensionen und **Versorgungsbezüge** nach beamtenrechtlichen Vorschriften (einschl. Witwen- und Waisenbezüge) sowie **Betriebsrenten**, die der frühere Arbeitgeber zahlt, gehören zum Arbeitslohn (**Anlage N**).

 TIPP

Leistungsmitteilung vom Versorgungsträger beim Ausfüllen der Anlage R beachten

Ihr Versorgungsträger ist **auf Anforderung** verpflichtet, Ihnen jährlich eine Leistungsmitteilung über die Rente (Rentenbezugsmitteilung) zu übersenden. Dort werden insbesondere bei privaten Renten (Anlage R, Seite 1, Zeilen 14–20) sowie Renten aus der betrieblichen Altersversorgung und Riester-Renten (jeweils Anlage R, Seite 2, Zeilen 31–53) alle für die Steuererklärung notwendigen Angaben aufgeführt. Häufig ist dort jeweils vermerkt, in welcher Zeile bzw. unter welcher Kennzahl der Anlage R die Rente einzutragen ist. Bitte beachten Sie auf Seite 2 der Anlage R, dass im Text auf die Nummer der Leistungsmitteilung (1–11) verwiesen wird.

9.2 Gesetzliche Renten, Rürup-Renten (Seite 1)

→ ZEILE 4
Rente nach ausländischem Recht

Wird eine Rente aus einer ausländischen Versicherung oder einem ausländischen Rentenvertrag gezahlt liegen der Finanzverwaltung keine elektronischen Daten vor. Die Angaben zur Rente müssen Sie in den eZeilen 5 bis 10 erklären.

→ eZEILEN 5–10, ZEILEN 11–13
Leibrenten/Leistungen

Unter Leibrenten fallen alle Renten aus der gesetzlichen Rentenversicherung sowie aus landwirtschaftlichen Alterskassen und aus berufsständischen Versorgungseinrichtungen und Renten aus privaten kapitalgedeckten Versicherungen (Rürup-Renten). Bei diesen Renten wird ein Teil der Rente steuerfrei gestellt, der restliche sog. **Besteuerungsanteil** ist steuerpflichtig.

→ eZEILEN 5–6
Rentenbetrag, Rentenanpassungsbetrag

Einzutragen ist der Jahresbetrag der **Brutto**rente (eZeile 5). Dies ist nicht der ausgezahlte Betrag, sondern die zugesagte Rente, d. h. der Rentenbetrag ohne den (steuerfreien) Zuschuss der Rentenversicherung zur Krankenversicherung und vor Abzug der Kranken- und Pflegepflichtversicherungsbeiträge. Zu erfassen sind im **Jahr der Rentenauszahlung** auch Nachzahlungen für Vorjahre und Einmalzahlungen (z. B. Sterbegeld).

Der eingetragene Betrag (ohne den enthaltenen Rentenanpassungsbetrag laut eZeile 6) wird – abhängig vom Jahr des Rentenbeginns – nur zum Teil besteuert.

Der Rentenanpassungsbetrag (eZeile 6, in eZeile 5 zusätzlich enthalten), den Sie ebenfalls Ihrer Rentenbezugsmitteilung entnehmen können, ist die Summe aller Rentenerhöhungen ab dem dritten Rentenjahr (frühestens ab 2006) und ist in voller Höhe steuerpflichtig.

Kranken-/Pflege-versicherung	Die gezahlten Kranken- und Pflegeversicherungsbeiträge können Sie als Sonderausgabe (**Anlage Vorsorgeaufwand**, Zeilen 16–22) geltend machen. Vertiefend siehe → Versicherungen.
→ eZEILE 7 **Beginn der Rente**	In eZeile 7 ist der versicherungsrechtliche Beginn der Rente einzutragen. Nicht maßgebend ist der Zeitpunkt des Rentenantrags oder der erstmaligen Rentenauszahlung. Der Rentenbeginn bestimmt den Besteuerungsanteil, also die Höhe des steuerpflichtigen Teils der Rente in den ersten beiden Jahren. Bei Rentenbeginn vor 2006 sind 50 % der Rente des Jahres 2006 steuerpflichtig. Der Prozentsatz erhöht sich für jeden neuen Rentnerjahrgang um 2 %. Bei Neurentnern, die erstmals 2019 eine Rente beziehen, sind 78 % der Rente steuerpflichtig.
→ eZEILEN 8–9 **Vorhergehende Rente, Folge-rente**	Eine Rente (z. B. Witwenrente), eingetragen in den eZeilen 5–7, ist eine Folgerente, wenn ihr eine andere Rente aus derselben Versicherung (z. B. Altersrente des verstorbenen Ehegatten aus gesetzlicher Rentenversicherung) vorausgegangen ist (vorhergehende Rente). Der maßgebende Prozentsatz der Besteuerung für die neue Folgerente hängt dann auch von der Dauer der Vorgängerrente ab. Dies führt i. d. R. zu einer niedrigeren Besteuerung. Tragen Sie deshalb Beginn und Ende der Vorgängerrente in die eZeilen 8 und 9 ein.
→ eZEILE 10 **Rentennachzah-lung/Kapitalaus-zahlung**	Haben Sie Rentennachzahlungen für **mehrere** (mindestens zwei) vorangegangene Jahre erhalten, geben Sie den in den Rentenzahlungen (eZeile 5) enthaltenen Nachzahlungsbetrag hier nochmals zusätzlich an. Das Finanzamt prüft, ob derartige Nachzahlungen im Rahmen der sog. Fünftel-Regelung ermäßigt besteuert werden können. Eine ermäßigte Besteuerung kann auch für Teilkapitalauszahlungen gewährt werden. Erfolgt eine Nachzahlung nur für ein Jahr (z. B. bei verspäteter Rentenantragstellung), ist der Nachzahlungsbetrag nur in eZeile 5 und nicht in eZeile 10 einzutragen.
→ ZEILEN 11–13 **Öffnungsklausel**	In der gesetzlichen Rentenversicherung und den berufsständischen Versorgungseinrichtungen werden Beiträge nur bis zu einer Beitrags(bemessungs)grenze berechnet. Auf freiwilliger Basis ist es möglich, höhere Rentenversicherungsbeiträge einzuzahlen, um einen höheren Rentenanspruch zu erwerben. Wurden bis zum Jahr 2004 in bzw. für **mindestens zehn Jahre Beiträge über der Beitragsbemessungsgrenze** gezahlt, kann für einen Teil der Rente in den Zeilen 11–13 eine niedrigere Besteuerung beantragt werden. Ihr Versicherungsträger stellt

eine Bescheinigung aus, die aussagt, welcher Prozentanteil der Rente auf diese Beiträge entfällt. Tragen Sie den Prozentsatz in Zeile 11 ein und fügen Sie die Bescheinigung Ihrer Steuererklärung bei.

In dem Nachweis sind auch **Einmalzahlungen**, z. B. einmaliges Sterbegeld i. Z. m. einer monatlichen Witwenrente, bescheinigt. Der Teil der Einmalzahlung, der unter die Öffnungsklausel fällt, wird **nicht** besteuert. Tragen Sie deshalb, soweit zutreffend, die Einmalzahlung in Zeile 13 ein.

9.3 Private Leibrenten (Seite 1)

→ ZEILEN 14,
17–18,
eZEILEN 15–16,
19–20
**Andere
Leibrenten**

Die in Zeile 14 des Vordrucks genannten privaten Renten (ohne Riester- und Rürup-Renten) sind nur mit dem sog. **Ertragsanteil** steuerpflichtig.

Bitte tragen Sie die entsprechende Schlüsselkennzahl nur ein, wenn es keine gewöhnliche Rente aus der privaten Rentenversicherung ist. Hier liegen der Finanzverwaltung keine elektronischen Daten vor. Diese Renten müssen Sie in den Zeilen 15–20 erklären.

→ ZEILE 14
Art der Rente

→ eZEILE 15
Rentenbetrag

Den Rentenbetrag können Sie der Rentenmitteilung bzw. dem maßgebenden Vertrag entnehmen. Einzutragen ist der Jahresbetrag. Wurden Kranken- und Pflegepflichtversicherungsbeiträge einbehalten, ist der Rentenbetrag vor Abzug dieser Leistungen maßgeblich.

→ eZEILEN 16,
19, 20,
ZEILEN 17, 18
**Angaben zwecks
Ermittlung des
Ertragsanteils**

Die Angaben sind entscheidend für die Ermittlung des steuerpflichtigen Ertragsanteils der Rente. Handelt es sich um eine Leibrente auf Lebenszeit, ist für den Ertragsanteil der **versicherungsrechtliche** Beginn der Rente maßgebend (Eintragung in eZeile 16). Tragen Sie in Zeile 18 ein, an wessen Leben die Rentenzahlung anknüpft.

Handelt es sich um eine abgekürzte Leibrente (Höchstzeitrente), ist für die Höhe des Ertragsanteils die Höchstlaufzeit mit maßgebend. Tragen Sie in eZeile 19 ein, wann die Rente voraussichtlich enden (z. B. bei privaten Berufsunfähigkeitsrenten durch Erreichen des Pensionsalters) oder in eine andere Rente (z. B. gesetzliche Altersrente) umgewandelt wird. Vertiefend siehe → Renten.

→ eZEILE 20
Renten-
nachzahlungen

Rentennachzahlungen für **mehrere** (mindestens zwei) Vorjahre gehören zusätzlich in eZeile 20. Sie beantragen damit eine ermäßigte Besteuerung (vgl. Erläuterungen zu eZeile 10).

9.4 Riester-Renten und Renten aus betrieblicher Altersversorgung (Seite 2)

→ eZEILEN 31,
32, 36–43,
45–53, ZEI-
LEN 33–35, 44
Altersvorsorge-
vertragsrenten
(Riester-Ren-
ten), betriebli-
che Altersversor-
gung und VBL-/
ZVK-Renten

Die entsprechenden Daten wurden vom Auszahlenden elektronisch an die Finanzverwaltung übermittelt.

Vom Arbeitgeber selbst gezahlte Betriebsrenten, die zum Arbeitslohn gehören, werden in die **Anlage N, eZeilen 5–16,** eingetragen. Vertiefend siehe → Renten und → Pensionen/Betriebsrenten.

In der Anlage R sind die Renten aus einem Altersvorsorgevertrag (**Riester-Rente**) zu erklären. Soweit die eingezahlten Beiträge mit der Altersvorsorgezulage oder einem Sonderausgabenabzug staatlich gefördert worden sind, wird der entsprechende Teil der Rente in voller Höhe versteuert, im Übrigen mit dem Ertragsanteil. In die Anlage R gehören auch Renten aus der **betrieblichen Altersversorgung** (Pensionsfonds, Pensionskassen, Direktversicherungen) und Renten aus dem umlagefinanzierten Teil einer Zusatzversorgung, z. B. aus den Versorgungsanstalten des Bundes und der Länder (VBL-Renten) für Angestellte und Arbeiter im öffentlichen Dienst oder aus Zusatzversorgungskassen kirchlicher oder kommunaler Träger (ZVK-Renten). Je nachdem, wie die Beiträge bei der Einzahlung steuerlich gefördert wurden (z. B. steuerfrei oder pauschal besteuert), ist die Besteuerung der Rente unterschiedlich. Sie kann in voller Höhe steuerpflichtig sein oder (teilweise) nur mit dem Ertragsanteil besteuert werden. Die richtige Zeile des Eintrags entnehmen Sie bitte der **Leistungsmitteilung Ihres Anlageinstituts.**

→ eZEILE 53
Nachzahlungen
für Vorjahre

Haben Sie Rentennachzahlungen für **mehrere** (mindestens zwei) Vorjahre erhalten, geben Sie den Nachzahlungsbetrag **gesondert** an und beantragen damit für diese Beträge die ermäßigte Besteuerung („Fünftel-Regelung").

→ ZEILEN 21–22
UND 54–60
Werbungskosten

Ohne Nachweis von Einzelaufwendungen berücksichtigt das Finanzamt bei allen Renten und Unterhaltsleistungen (Zeile 6 der **Anlage SO**) den gesetzlichen Werbungskostenpauschbetrag i. H. v. 102 € (bei Ehegatten personenbezogen für jeden Ehegatten mit entsprechenden Einkünften).

Liegen höhere tatsächliche Werbungskosten (z.B. für einen
Rentenratgeber, Rechtsstreitigkeiten, Steuerberatungskosten)
vor, sind diese in der Anlage R einzutragen. Werbungskosten
zu den auf Seite 1 der Anlage R dargestellten Renten sind in
den Zeilen 21 und 22 einzutragen, während Werbungskosten zu
den auf Seite 2 vorliegenden Altersvorsorgeverträgen und der
betrieblichen Altersversorgung in die Zeilen 54–60 gehören.

✔ Checkliste Anlage R

Folgende Abzugsmöglichkeit geprüft? Vgl. Ausfüllhinweise zur Zeile!

Sie haben von Ihrer Versicherungsgesellschaft eine ☐
Leistungsmitteilung (Rentenbezugsmitteilung)
erhalten?
Übertragen Sie die Werte in die in der Leistungsmitteilung
genannten Anlagen der Steuererklärung unter der genannten Zeile oder Kennzahl.

Sie haben eine gesetzliche oder private Rente bezo- ☐
gen?
Für die bei Rentenauszahlung einbehaltenen Kranken- und
Pflegeversicherungsbeiträge (Eigenanteil) können Sie den
Sonderausgabenabzug beantragen (Anlage Vorsorgeaufwand).

Sie haben Rentennachzahlungen für mehrere ☐
(mindestens zwei) Vorjahre bekommen?
Beantragen Sie die ermäßigte Besteuerung (eZeilen 10,
20, 53).

Sie sind sich hinsichtlich der Besteuerung Ihrer Rente ☐
unsicher?
Fügen Sie, insbesondere im Erstjahr, der Steuererklärung
den Rentenbescheid bei.

Sie haben mit Ihrem Rententräger über die Rente ☐
gestritten?
Alle Aufwendungen im Zusammenhang damit (Anwaltskosten, Gerichtskosten, Fachliteratur, Fahrtkosten, Porto)
sind Werbungskosten (Zeilen 21, 22, 54–60).

10 Anlage N (Einkünfte aus nichtselbstständiger Arbeit)

 WICHTIG

Die **Anlage N** benötigen Sie in folgenden Fällen:

- Sie haben als Arbeitnehmer gearbeitet (keine pauschal versteuerte Aushilfstätigkeit oder Minijob).
- Sie haben eine Beamtenpension oder eine Betriebsrente bezogen.

Ehegatten müssen jeweils eine eigene Anlage N ausfüllen.

Eintragungen in den dunkelgrün unterlegten und mit „e" gekennzeichneten Zeilen (Seite 1) sind nur nötig, wenn die der Finanzverwaltung vom Arbeitgeber übermittelten Daten fehlerhaft sind.

Überblick

Im Bedarfsfall ausfüllen	
Seite 1	**Angaben zu Arbeitslohn, Versorgungsbezügen, Lohnersatzleistungen (Zeilen 5–28)** Die Angaben können Sie der Lohnsteuerbescheinigung entnehmen.
Seiten 2, 3	**Werbungskosten (Zeilen 31–87)** Hier können Sie Ihre mit dem Arbeitslohn aus einer aktuellen aktiven Beschäftigung im Zusammenhang stehenden Aufwendungen geltend machen. Ohne Eintragung wird bei aktiver Berufstätigkeit automatisch ein Arbeitnehmerpauschbetrag i. H. v. 1.000 € berücksichtigt.
Seite 4	**Werbungskosten in Sonderfällen (Zeilen 91–96)** Tragen Sie hier Ihre Ausgaben im Zusammenhang mit begünstigt besteuertem Arbeitslohn (Versorgungsbezüge wie z. B. Betriebsrente, Beamtenpension, Entschädigungen, Lohn für mehrere Jahre) ein. Im Zusammenhang mit Versorgungsbezügen (Betriebsrente, Beamtenpension) erhalten Sie automatisch einen Werbungskostenpauschbetrag von 102 €.

→ ZEILE 4
eTIN

Die Angabe der **e**lectronic **T**axpayer **I**dentification **N**umber (eTIN), u. U. aufgeführt in Ihrer LSt-Bescheinigung, ist nur notwendig, wenn keine Identifikationsnummer (Hauptvordruck, Zeilen 7, 16) vorhanden ist.

Die geforderten Angaben werden von Ihrem Arbeitgeber elektronisch an die Finanzverwaltung übermittelt und vom Finanz-

→ eZEILEN 5–20
Arbeitslohn

amt übernommen. Gleichzeitig bekommen Sie von Ihrem Arbeitgeber eine Lohnbescheinigung über die übermittelten Daten. Eintragungen müssen Sie nur noch vornehmen, wenn die übermittelten Daten nicht zutreffend sind.

→ eZEILEN 5–10
Normaler Arbeitslohn

Die geforderten Angaben zu Steuerklasse, Bruttoarbeitslohn, Lohnsteuer, Solidaritätszuschlag und Kirchensteuer können Sie aus der Lohnsteuerbescheinigung (Nr. 3–7) entnehmen. Mit Ausnahme des Bruttoarbeitslohns sind die Angaben mit Centbeträgen einzutragen. Haben Sie mehrere Lohnsteuerbescheinigungen, dann fassen Sie die Eintragungen der zweiten und aller weiteren (jeweils mit Steuerklasse VI) zusammen.

→ eZEILEN
11–16
Versorgungsbezüge

Versorgungsbezüge sind Zahlungen und Vorteile, die aufgrund eines früheren Dienstverhältnisses vom früheren Arbeitgeber gezahlt werden (z. B. **Beamtenpensionen,** Renten aufgrund beamtenrechtlicher Vorschriften sowie bestimmte **Betriebsrenten).** Die einzutragenden Angaben können Sie Ihrer Lohnsteuerbescheinigung (Nr. 8 ff.) entnehmen. Versorgungsbezüge sind teilweise steuerfrei. Die im Vordruck in den Zeilen 11–15 abgefragten Angaben dienen zur Berechnung des Versorgungsfreibetrags sowie des (steuerfreien) Zuschlags zum Versorgungsfreibetrag. Vertiefend siehe → Pensionen/Betriebsrenten.

Nachzahlungen, die **mehrere** Jahre betreffen (Nr. 9 der Lohnsteuerbescheinigung), übertragen Sie in Zeile 16. Dafür gilt wie für Entschädigungen eine ermäßigte Besteuerung.

→ eZEILEN
17–20
Lohn für mehrere Jahre/Entschädigungen

Steuerpflichtige Jubiläumszuwendungen, Entschädigungen oder Lohnnachzahlungen, die mehrere Jahre betreffen (vgl. Lohnsteuerbescheinigung Nr. 10, daraus abgeführte Steuern Nr. 11–14), werden steuerlich über die sog. Fünftel-Regelung ermäßigt besteuert. Die abgefragten Angaben dienen zur Berechnung der Steuer. Bei Entschädigungen (z. B. Abfindungen bei Auflösung des Dienstverhältnisses) müssen Sie die Vertragsunterlagen über Art, Höhe und Zeitpunkt der Zahlung beifügen.

→ ZEILE 27
Aufwandsentschädigung/ Übungsleiterpauschale

Waren Sie nebenberuflich (Arbeitszeit weniger als 1/3 einer Vollerwerbstätigkeit) in einem Arbeitsverhältnis bei einer staatlichen Stelle oder einem gemeinnützigen Verein als Übungsleiter, Ausbilder, Betreuer, Erzieher oder in einer vergleichbaren Tätigkeit, als Künstler oder als Pfleger alter, kranker oder behinderter Menschen (z. B. Erste-Hilfe-Kurse für das Rote Kreuz) beschäftigt, ist der dafür erhaltene Arbeitslohn (Aufwandsentschädigung) bei Ihnen bis zu 2.400 € steuerfrei (§ 3 Nr. 26 EStG). Wenn Sie kein weiteres Arbeitsverhältnis haben, erhalten Sie zusätzlich den Arbeitnehmerpauschbetrag von 1.000 €. Ausgaben im Zusammenhang mit der Tätigkeit können Sie allerdings regelmäßig nur geltend machen, soweit sie 3.400 € (2.400 € + 1.000 €) überschreiten. Vertiefend siehe → Ehrenamt.

Ehrenamts-freibetrag

Wenn Sie ehrenamtlich und nebenberuflich (z. B. als Vorstand, Vereinsmitglied, Platzwart, Hausmeister oder sonstiger Helfer) in einem gemeinnützigen Verein bzw. Verband oder im mild-tätigen bzw. kirchlichen Bereich tätig waren und dafür eine Aufwandsentschädigung (steuerfrei bis zu 720 €/Jahr; Ehren-amtsfreibetrag, § 3 Nr. 26a EStG) erhalten haben, gehört diese ebenfalls in Zeile 27. Auch hier ist der Abzug des Arbeitneh-merpauschbetrags (1.000 €) zusätzlich möglich, wenn Sie ihn noch nicht bei anderen Lohneinkünften verbraucht haben.

→ eZEILE 28
Lohnersatz-leistungen

Die im Vordruck genannten Lohnersatzleistungen werden regel-mäßig über den Arbeitgeber ausgezahlt (Nr. 15 der Lohnsteuer-bescheinigung) und dem Finanzamt elektronisch übermittelt, sodass Eintragungen nur bei unrichtig übermittelten Daten vorzunehmen sind. In Zeile 27 einzutragen sind nur über den Arbeitgeber ausgezahlte Lohnersatzleistungen (bescheinigt un-ter Nr. 15 der Lohnsteuerbescheinigung). Andere (als die im Vordruck genannten) Leistungen, z.B. Insolvenzgeld, sind in eZeile 38 des Hauptvordrucks einzutragen. I. d. R. werden auch diese Beträge dem Finanzamt elektronisch von der Stelle, die den Lohnersatz auszahlt, gemeldet. Lohnersatzleistungen sind zwar steuerfrei, erhöhen jedoch den Steuersatz für die steuer-pflichtigen Einkünfte (Progressionsvorbehalt).

→ ZEILEN 31–87
Werbungskosten

Werbungskosten sind Ausgaben, die im Zusammenhang mit der Berufstätigkeit bzw. mit Ihrer Pension oder Betriebsrente ste-hen. Sie werden vom Bruttoarbeitslohn abgezogen und mindern so die Steuerlast.

Arbeitnehmer-pauschbetrag

Aufgrund gesetzlicher Regelungen wird bei jedem Arbeitneh-mer, der in einem **aktiven** Dienstverhältnis steht oder der eine Betriebsrente, die (ausnahmsweise) **nicht zu den Versorgungs-bezügen** gehört, erhält, automatisch ein Betrag von 1.000 € berücksichtigt. Empfängern von Versorgungsbezügen (vgl. Nr. 8 und 9 Ihrer Lohnsteuerbescheinigung und Erläuterungen zu den Zeilen 11–16) steht lediglich ein Pauschbetrag von 102 € zu. Waren Sie einen Teil des Kalenderjahres noch berufstätig und haben Sie für einen (anderen) Teil (auch) Versorgungsbezüge erhalten, stehen Ihnen beide Pauschbeträge zu. Hatten Sie keine höheren tatsächlichen Werbungskosten, brauchen Sie den restlichen Teil der Anlage N nicht auszufüllen.

Im Vordruck sind nur die häufigsten und wichtigsten Werbungskosten aufgeführt. Vertiefend siehe → Werbungskosten, -pauschbeträge und -pauschalen.

Werbungskosten kommen auch in Betracht, wenn Sie nicht mehr in einem Arbeitsverhältnis stehen (nachträgliche Werbungskosten). Dazu gehören bei Betriebsrentnern und Pensionären z. B. auch Steuerberatungs- oder Rechtsberatungskosten sowie Anwalts- und Gerichtskosten anlässlich von Rechtsstreitigkeiten im Zusammenhang mit der Rente oder Fachbücher zum Thema Renten (Rentenratgeber, Steuerratgeber).

→ ZEILEN 91–96
Werbungskosten in Sonderfällen

Haben Sie im Zusammenhang mit **Versorgungsbezügen** (Betriebsrente, Beamtenpension) höhere Aufwendungen als 102 €, können Sie diese hier erfassen (Zeilen 91, 92). Denkbar sind z. B. Kosten der Rentenberatung oder Anwaltskosten. Hier sind auch Werbungskosten im Zusammenhang mit ermäßigt besteuerten Entschädigungszahlungen, z. B. im Zusammenhang mit der Auflösung des Dienstverhältnisses oder Arbeitslohn für mehrere Jahre, einzutragen. Diese dürfen nicht mit den Werbungskosten im Zusammenhang mit „normalem" Arbeitslohn (Seiten 2, 3) vermischt werden.

 Checkliste Anlage N

Folgende Abzugsmöglichkeit geprüft? Vgl. Ausfüllhinweise zur Zeile!

Sie waren ehrenamtlich, unentgeltlich oder gegen ☐ Aufwandsentschädigung für einen Verein oder eine gemeinnützige Organisation tätig?
Prüfen Sie, ob Ihnen der Ehrenamtsfreibetrag oder der Freibetrag für Übungsleiter zusteht (Zeile 27).

11 Anlage KAP (Einkünfte aus Kapitalvermögen)

11.1 Allgemein

 WICHTIG

Für das Vz. 2019 gibt es für die Erklärung von Kapitaleinkünften drei Vordrucke:

- Die Anlage KAP
- Die Anlage KAP-BET
- Die Anlage KAP-INV

Wann die Anlage KAP ausgefüllt werden muss

Durch die Einführung der Abgeltungsteuer (25 % Kapitalertragsteuer auf Kapitalerträge) ist die Besteuerung im Regelfall erledigt und die Abgabe der Anlage KAP nicht notwendig. Vertiefend siehe → Kapitalanlagen.

In folgenden (Ausnahme-)Fällen müssen bzw. sollten Sie die **Anlage KAP** aber ausfüllen:

- Ihr persönlicher (Spitzen-)Steuersatz liegt unter 25 % und Sie möchten die von der Bank zu hoch einbehaltene Kapitalertragsteuer erstattet bekommen („Günstigerprüfung").
- Sie haben im Veranlagungsjahr weniger als 801 € (Ehegatten 1.602 €) Kapitalerträge erzielt, aber weil Sie keinen bzw. einen zu niedrigen Freistellungsauftrag erteilt hatten, wurde von der Bank Steuer einbehalten.
- Sie haben mit Ihren Freistellungsaufträgen den Sparer-Pauschbetrag nicht ausgenutzt, sodass Steuer einbehalten wurde.
- Sie haben Verluste aus Börsengeschäften (z. B. Aktienverkäufen) erlitten, die von der Bank intern nicht mit Gewinnen verrechnet werden konnten.
- Sie haben steuerpflichtige Kapitalerträge bekommen, die nicht der Abgeltungsteuer unterlegen haben (z. B. aus privaten Darlehen oder ausländischen Geldanlagen).

- Sie wollen bisher von der Bank nicht berücksichtigte, ausländische Quellensteuer auf die Einkommensteuer anrechnen lassen.

- Sie haben, obwohl Sie kirchensteuerpflichtig sind, einen Sperrvermerk zur Mitteilung der Kirchensteuermerkmale eintragen lassen, sodass die Bank keine Kirchensteuer einbehalten hat.

- Sie wollen als Beteiligter an einer Kapitalgesellschaft (unternehmerische Beteiligung) die Erträge (freiwillig) nach dem Teileinkünfteverfahren mit der tariflichen Einkommensteuer besteuern lassen, um gleichzeitig hohe Ausgaben (insbesondere Finanzierungskosten) als Werbungskosten geltend machen zu können.

- Ihre Bank hat beim Steuerabzug eine zu geringe Ersatzbemessungsgrundlage angewandt.

- Sie haben Kapitalerträge erzielt, die zu einer anderen Einkunftsart (z. B. Einkünfte aus Gewerbebetrieb) gehören und für die anrechenbare Steuern angefallen sind.

- Sie haben bestandsgeschützte Alt-Investmentfonds-Anteile i. S. d. § 56 Abs. 6 Satz 1 Nr. 2 InvStG veräußert.

Wann die Anlage KAP-BET ausgefüllt werden muss

- Die Anlage KAP-BET ist auszufüllen, wenn Sie aus Beteiligungen stammende Einkünfte aus Kapitalvermögen und anrechenbare Steuern haben, die gesondert und einheitlich festgestellt werden.

Wann die Anlage KAP-INV ausgefüllt werden muss

- Die Anlage KAP-INV ist auszufüllen, wenn Sie Investmenterträge erzielt haben, die nicht dem inländischen Steuerabzug unterlegen haben.

Jeder Ehegatte benötigt eine eigene Anlage KAP sowie bei Bedarf die Anlagen KAP-BET und/oder KAP-INV.

Überblick

Im Bedarfsfall ausfüllen	
Anlage KAP Seite 1	**Kapitalerträge mit einbehaltener Kapitalertragsteuer (Anlage KAP Zeilen 7–11)** Tragen Sie hier die inländischen Kapitalerträge sowie die Erlöse aus der Veräußerung von Wertpapieren und anderen Börsengeschäften auf dem Kapitalmarkt ein, für die von der Bank Steuer einbehalten worden ist. **Angaben zum Sparer-Pauschbetrag (Anlage KAP Zeilen 12, 13)** **Kapitalerträge ohne Steuerabzug (Anlage KAP Zeilen 14–19)** Einzutragen sind alle Zinserträge, die mit dem Abgeltungsteuersatz von 25 % steuerpflichtig sind, bei denen aber keine Kapitalertragsteuer einbehalten wurde (z. B. Zinsen aus privaten Darlehen sowie Zinsen und Beteiligungserträge aus Geldanlagen bei ausländischen Banken). **Kapitalerträge mit persönlichem Steuersatz (Anlage KAP Zeilen 20–27)** Zinserträge aus stillen Gesellschaften und partiarischen Darlehen sowie auf Antrag Erträge aus der Beteiligung an einer Kapitalgesellschaft werden mit dem persönlichen Steuersatz bzw. dem Teileinkünfteverfahren besteuert.
Anlage KAP Seite 2	**Anzurechnende Steuern (Anlage KAP Zeilen 48–56)** Einzutragen sind von der Bank einbehaltene inländische und ausländische Steuern.
Anlage KAP-BET	**Erträge aus Beteiligungen (Anlage KAP-BET Zeilen 1–22) sowie dazugehörige Steuerabzugsbeträge (Anlage KAP-BET Zeilen 31–39)** Hierher gehören Kapitalerträge, die Ihnen als Beteiligter einer Gemeinschaft (z. B. Erbengemeinschaft) zugeflossen sind. Auch hier wird zwischen den oben genannten Gruppen unterschieden. Die Angaben sind dem Feststellungsbescheid der Gesellschaft zu entnehmen.
Anlage KAP-INV Seite 1	**Laufende Erträge aus Investmentanteilen, die nicht dem inländischen Steuerabzug unterlegen haben (Anlage KAP-INV Zeilen 1–13)** Die Angaben sind der Steuerbescheinigung der Depotbank zu entnehmen. **Gewinne aus der Veräußerung von Investmentanteilen, die nicht dem inländischen Steuerabzug unterlegen (Anlage Kap-INV Zeilen 14–28)** Die Ermittlung nehmen Sie auf Seite 2 vor. **Zwischengewinne nach dem Investmentsteuergesetz 2004 (Anlage KAP-INV Zeile 29)**
Anlage KAP-INV Seite 2	**Ermittlung der Vorabpauschalen (Anlage KAP-INV Zeilen 31–46)** **Ermittlung der Veräußerungsgewinne zu Zeilen 9–28 (Anlage KAP-INV Zeilen 47–57)**

Allgemeine Übersicht

Kapitalerträge sind Erträge aus der Überlassung von Kapital (z. B. Zinsen oder Dividende). Zu den Kapitalerträgen gehören auch Erlöse aus Börsengeschäften bzw. „Spekulationsgeschäften" (Wertpapierverkäufe, Optionen, Termingeschäfte, Futures etc.).

Als Einnahme auf der Anlage KAP ist im Normalfall die volle Höhe des Kapitalertrags einschließlich der eventuell einbehaltenen Steuern (Kapitalertrag-, Kirchen-, Quellensteuer) anzugeben (Anlage KAP Zeilen 7–47). Bei einigen Eintragungen (z.B. Zeilen 21 und 22) sind dagegen nur die Einkünfte (Einnahmen abzüglich Ausgaben) zu erfassen. Die einbehaltenen Steuern sind in den Zeilen 48–57 einzutragen.

Auf den Zinsbescheinigungen der Banken sind im Normalfall die Zeilen der **Anlage KAP** angegeben, in denen der jeweilige Kapitalertrag zu erfassen ist.

Steueranrech-nung, Steuer-bescheinigung

Falls eine Anrechnung der einbehaltenen Steuern auf die Einkommensteuer möglich ist, müssen Sie dazu die **Originalsteuerbescheinigungen** Ihrer Bank(en) beifügen.

→ ANLAGE KAP ZEILEN 4–6 **Grund für die Abgabe der Anlage KAP**

Sind Sie sich nicht sicher, ob Ihr Grenzsteuersatz niedriger als 25 % ist, dann füllen Sie die Anlage KAP aus, wenn die Bank bei Ihnen Steuer einbehalten hat. Das Finanzamt prüft, ohne dass Ihnen Nachteile entstehen. In diesem Fall (Eintrag „1" in Zeile 4), müssen Sie **sämtliche** Kapitalerträge angeben und auch insbesondere Angaben zum bisher in Anspruch genommenen Sparer-Pauschbetrag (= aufgrund eines Freistellungsauftrags freigestellte Zinsen) in Zeile 12 machen. Außerdem sind die bisher von der Bank einbehaltenen Steuern (Anlage KAP, Zeilen 48–53) anzugeben und die Steuerbescheinigungen beizufügen.

Die Anträge lt. den Zeilen 4, 5 und 24 können unabhängig voneinander gestellt werden. Der Antrag auf Günstigerprüfung (Zeile 4) ersetzt nicht den Antrag auf Anwendung der tariflichen Einkommensteuer (Zeile 24).

 TIPP

Von der Bank einbehaltene Kirchensteuer als Sonderausgaben

Machen Sie vorsorglich die von der Bank einbehaltene Kirchensteuer bei den Sonderausgaben (Hauptvordruck Zeile 43) geltend. Der Sonderausgabenabzug ist aber nur möglich, wenn die „Günstigerprüfung" erfolgreich war, d.h. die Steuer auf die Kapitalerträge nicht mit dem Abgeltungsteuertarif, sondern mit Ihrem individuellen Steuersatz versteuert wird

(aus dem Steuerbescheid erkennbar daran, dass die Kapitalerträge in die Berechnung des zu versteuernden Einkommens
einbezogen werden). Prüfen Sie Ihren Steuerbescheid entsprechend auf den korrekten Sonderausgabenabzug!

Den Antrag in Zeile 5 (Eintragung „1") stellen Sie z. B., wenn
Sie Ihre Freistellungsaufträge ungünstig verteilt haben und
Ihnen infolgedessen zu viel Abgeltungsteuer (Kapitalertrag-
steuer) einbehalten worden ist oder wenn Sie Verluste aus
Börsengeschäften erlitten haben, die bankintern nicht mit
Gewinnen verrechnet werden konnten. In diesen Fällen reicht
es aus, nur die „falsch" besteuerten Erträge (Anlage **KAP**
Zeilen 7–11; Spalte 1) und die von Ihnen korrigierten (z. B. um
Verluste geminderten) Erträge (Spalte 2) anzugeben (Erläuterungen bitte auf einem separaten Blatt beifügen). In diesen
Fällen sind Eintragungen bezüglich des bisher in Anspruch
genommenen Sparer-Pauschbetrags (freigestellte Beträge) in
den Zeilen 12 **und** 13 notwendig. Ebenso Eintragungen zu
bisher einbehaltenen Steuern (Anlage **KAP** Zeilen 48–53). Treffen mehrere der genannten Gründe zu, sind entsprechend
mehrere Eintragungen in den Zeilen 4–6 notwendig. In allen
anderen Fällen reicht es aus, auf der Anlage KAP nur die
Zeilen auszufüllen, die Kapitalerträge betreffen, bei denen
durch die Kapitalertragsteuer (Abgeltungsteuer) die Besteuerung nicht erledigt ist.

→ ANLAGE KAP
ZEILEN 7–11
Kapitalerträge
mit Steuerabzug

In den Zeilen 7–11 erklären Sie, soweit notwendig (s. o.), Ihre
Kapitalerträge, bei denen die Bank 25 % Kapitalertragsteuer
(Abgeltungsteuer) sowie Solidaritätszuschlag und ggf. Kirchensteuer einbehalten hat. Die Beträge können Sie i. d. R. der
Bescheinigung der Bank entnehmen. Dazu gehören auch Gewinne aus Börsengeschäften (Spekulationsgeschäfte). Vertiefend siehe → Spekulationsgeschäfte.

Hierzu gehören auch die Erträge aus Investmentfonds, soweit
die Depotbank dafür Abzugsteuern einbehalten hat. Nur wenn
Sie Erträge aus Investmentfonds erzielt haben, für die keine
Abzugsteuern einbehalten wurden, benötigen Sie die Anlage
KAP-INV.

Erträge aus Bausparverträgen (Zinsen, Bonus), die **nicht** i. Z. m.
einem vermieteten Objekt stehen, sind ebenfalls hier zu erfassen. Dagegen gehören Bausparzinsen in Zusammenhang z. B.

mit einem Mietshaus zu den Mieteinkünften (**Anlage V**, Zeile 19).

Zu den Veräußerungsgewinnen zählen z. B. Gewinne aus Aktienverkäufen (zusätzlich zu erfassen in Zeile 8) und dem Verkauf von GmbH-Anteilen sowie der Veräußerung von Zertifikaten und Futures, ebenso wie erhaltene Stillhalterprämien bei Optionsgeschäften. Gezahlte Glattstellungsprämien mindern die Einnahmen. Dies gilt aber nur, sofern die Anschaffung der Papiere bzw. das Geschäft nach 2008 erfolgt ist. Ansonsten sind die (Spekulations-)Erträge nicht steuerpflichtig.

Verkäufe von Aktien oder GmbH-Anteilen sind auf der **Anlage G** zu erfassen, wenn Sie zu mindestens 1 % an der Gesellschaft beteiligt sind. Sie unterliegen dem Teileinkünfteverfahren.

→ ANLAGE KAP
ZEILE 8a
**Veräußerung
bestands-
geschützter
Alt-Anteile**

Soweit in den Erträgen (Anlage KAP Zeile 7) Veräußerungsgewinne/-verluste aus bestandsgeschützten Alt-Anteilen enthalten sind) , sind diese hier einzutragen. Der Freibetrag von 100.000 € wird vom Finanzamt berücksichtigt.

Für die Erfassung der Kapitalerträge spielt es keine Rolle, ob es sich um in- oder ausländische Kapitalerträge handelt. Die ausländische Quellensteuer kann direkt auf die deutsche Steuer angerechnet werden (Anlage **KAP** Zeilen 51–53). Die **Anlage AUS** wird für ausländische Kapitalerträge nicht benötigt.

→ ANLAGE KAP
ZEILEN 10, 11
**Veräußerungs-
verluste**

Verluste aus der Veräußerung von Wertpapieren dürfen nur mit (zukünftigen) Gewinnen aus derartigen Geschäften verrechnet werden. Dabei ist zwischen Verlusten aus der Veräußerung von Aktien (Eintragung in Zeile 11) und Verlusten aus anderen Börsengeschäften (Eintragung in Zeile 10) zu unterscheiden.

→ ANLAGE KAP
ZEILEN 14–19
**Kapitalerträge
ohne Steuer-
abzug**

In diesen Zeilen sind Kapitalerträge zu erklären, bei denen keine Steuer einbehalten worden ist, die aber dem Abgeltungsteuersatz von 25 % unterliegen und deshalb im Rahmen der Einkommensteuerveranlagung nachversteuert werden müssen. Dazu zählen vor allem Zinsen, die Sie für privat gegebene Darlehen erhalten haben (Anlage KAP Zeile 14; vgl. aber auch Anmerkungen zu den Zeilen 20–25 bei Darlehen an Angehörige), von ausländischen Banken direkt (ohne eine inländische Bank) ausgezahlte Zinsen oder „Spekulationsgeschäfte", die über ausländische Banken abgewickelt wurden. Aktienverkäufe sind zusätzlich in Zeile 16 zu erklären. Vom Finanzamt erhaltene Erstattungszinsen für Steuererstattungen aus früheren Jahren sind ebenfalls mit dem Abgeltungstarif (25 %) zu versteuern (Anlage KAP Zeile 19).

Nicht hier zu erfassen sind Erträge aus Investmentfonds, für die keine Abzugsteuern einbehalten wurden. Hierfür benötigen Sie die Anlage KAP-INV.

11.2 Weitere Angaben

→ **ANLAGE KAP ZEILEN 20–25 Individueller Steuersatz, Darlehen an Angehörige, stille Gesellschaften, partiarische Darlehen**

Für die wenigen Kapitalerträge, die nicht dem Abgeltungsteuersatz von 25 % unterliegen, sondern mit dem persönlichen (tariflichen) Steuersatz, eventuell unter Berücksichtigung des Teileinkünfteverfahrens, versteuert werden müssen, sind die Zeilen 20–25 vorgesehen. Ausgaben i. Z. m. derartigen Erträgen können Sie als Werbungskosten geltend machen, wenn diese den Sparer-Pauschbetrag übersteigen. Einzutragen sind im Vordruck deshalb nicht die Erträge, sondern die nach Abzug der Ausgaben verbleibenden **Einkünfte.**

Zu dieser Gruppe gehören private Darlehen an Angehörige oder „eigene" Gesellschaften, aber nur, wenn derjenige, der das Darlehen bekommen hat, die Schuldzinsen steuerlich als Werbungskosten oder Betriebsausgaben geltend machen kann (sonst Zeile 14).

Sind Sie entweder zu mindestens 25 % an einer Kapitalgesellschaft (GmbH, AG) beteiligt oder zu mindestens 1 % und können durch Ihre berufliche Tätigkeit für die Gesellschaft maßgeblichen unternehmerischen Einfluss auf deren wirtschaftliche Tätigkeit nehmen (= unternehmerische Beteiligung), können Sie beantragen, dass die Kapitaleinkünfte, die Sie aus der Beteiligung erzielen (Gewinnausschüttungen, Veräußerungsgewinne), nicht mit dem Abgeltungsteuersatz von 25 %, sondern nach dem Teileinkünfteverfahren (nur 60 % der Einkünfte steuerpflichtig) mit dem persönlichen Steuersatz besteuert werden (Anlage KAP Zeile 24). Dies kann vorteilhaft sein, weil Sie gleichzeitig Werbungskosten (z. B. Finanzierungskosten) über den Sparer-Pauschbetrag hinaus geltend machen können. Der Antrag gilt immer für alle Erträge aus der Beteiligung und, wenn er nicht widerrufen wird, für fünf Jahre. Ab dem Jahr, in dem der Antrag widerrufen wird, ist kein neuer Antrag für diese Beteiligung mehr möglich. Deshalb ist die Kapitalgesellschaft namentlich anzugeben (Anlage KAP Zeile 25). Einzutragen sind jeweils die Einkünfte, also die um die Werbungskosten geminderten Einnahmen.

→ ANLAGE KAP ZEILE 23 **Erträge aus Lebensversiche- rungen**	Kapitalerträge aus nach dem 31.12.2004 abgeschlossenen Lebensversicherungen, deren Leistung nach Vollendung des 60. Lebensjahres und nach Ablauf von zwölf Jahren seit Vertragsabschluss ausgezahlt wurde, sind zur Hälfte steuerfrei. Einzutragen sind die gesamten Kapitalerträge; die Berücksichtigung des steuerfreien Teils erfolgt durch das Finanzamt. Bei fondsgebundenen Lebensversicherungen ist allerdings für die Wertsteigerungen ab 1.1.2019 eine Steuerfreistellung i. H. v. 15 % abzuziehen.
→ ANLAGE KAP ZEILEN 24, 25 **Antrag auf Anwendung der tariflichen Ein- kommensteuer**	Der Antrag auf Anwendung der tariflichen Einkommensteuer für die in Zeile 25 eingetragenen Beträge muss in Zeile 24 durch Eintragung einer „1" explizit gestellt werden. Der Antrag auf Günstigerprüfung (Zeile 4) ersetzt nicht den Antrag auf Anwendung der tariflichen Einkommensteuer (Zeile 24).
→ ANLAGE KAP ZEILE 26 **vGA**	Einzutragen sind erzielte verdeckte Gewinnausschüttungen, die bei der Kapitalgesellschaft als Betriebsausgabe geltend gemacht wurden.
→ ANLAGE KAP ZEILE 27 **Spezialfonds**	Soweit Sie Einkünfte aus Spezial-Investmentfonds bezogen haben, ist hier eine „1" einzutragen.
→ ANLAGE KAP ZEILEN 48–53 **Einbehaltene Steuern**	Tragen Sie hier die Höhe der Steuern ein, die von der Bank einbehalten und an das Finanzamt abgeführt wurden. Dazu gehört auch die ausländische Quellensteuer, die für ausländische Kapitalerträge einbehalten wurde. Sie kann direkt auf die deutsche Kapitalertragsteuer angerechnet werden. Ebenfalls einzurechnen sind die Abzugsteuern auf Erträge, die in der Anlage KAP-INV erklärt werden, nicht aber solche auf Erträge aus der Anlage KAP-BET. Die zu viel einbehaltene Abgeltungsteuer (z. B. aufgrund ungünstig erteilter Freistellungsaufträge) wird erstattet. Die einbehaltenen Steuern werden wie Steuervorauszahlungen angerechnet, aber nur sofern der Abgeltungsteuertarif nicht zur Anwendung kommt (z. B. erfolgreiche Günstigerprüfung).
→ ANLAGE KAP ZEILEN 54–56 **Steuer- anrechnung**	Gehören die Zinserträge zu einer anderen Einkunftsart (z. B. Zinsen für Mietkonto zur Einkunftsart Vermietung, betriebliche Zinserträge), sind die Zinsen auf der jeweiligen Anlage (z. B. Anlage V Zeile 16) zu erfassen. Sie werden nicht mit dem Abgeltungsteuersatz von 25 %, sondern mit dem persönlichen Steuersatz versteuert. Die von der Bank einbehaltenen Abgeltung-, Kirchensteuern und Solidaritätszuschlag (Anlage KAP

Zeile 54–56) werden bei Vorlage der Originalsteuerbescheinigung angerechnet.

→ ANLAGE KAP
ZEILE 57
Beschränkung des Kapitalertragsteuerabzugs

Nur drei Fünftel der Kapitalertragsteuer können angerechnet werden, wenn die Voraussetzungen des § 36a EStG nicht erfüllt sind. Dieser verlangt u.a., dass die Wertpapiere mindestens 45 Tage gehalten wurden und der Eigentümer nicht verpflichtet ist, die Kapitalerträge ganz oder überwiegend an andere Personen weiterzuleiten. Liegen diese Voraussetzungen nicht vor, ist in Zeile 57 eine 1 einzutragen.

Außerdem muss die entsprechende Kapitalertragsteuer in Zeile 48 bzw. 54 abgezogen werden, allerdings kann die nicht anrechenbare Kapitalertragsteuer auf Antrag bei der Ermittlung der Einkünfte abgezogen werden. Die jeweilige Ermittlung ist in einer gesonderten Aufstellung zu erläutern.

11.3 Anlage KAP-BET

→ ANLAGE KAP-
BET ZEILEN 1–39
Erträge aus Beteiligungen

Sind Ihnen aus einer Beteiligung (z.B. Erbengemeinschaft) Kapitalerträge zuzurechnen, wurden diese Einkünfte vom Finanzamt für alle Beteiligten einheitlich und gesondert festgestellt. Die auf Sie entfallenden Erträge sowie die anrechenbaren Steuern können Sie diesem Feststellungsbescheid entnehmen.

11.4 Anlage KAP-INV

In der Anlage KAP-INV sind Eintragungen für Investmenterträge vorzunehmen, die nicht dem inländischen Steuerabzug unterlegen haben. Diese sind nicht aus den Steuerbescheinigungen der (deutschen) Depotbanken ersichtlich.

→ ANLAGE KAP-
INV ZEILEN 4–13
Laufende Investmenterträge

Anzugeben sind die Ausschüttungen nach § 2 Abs. 11 InvStG, getrennt nach Art des Fonds (Assetklasse) vor Anwendung der jeweiligen Teilfreistellung.

Die Vorabpauschalen für 2018 gelten im Jahr 2019 als zugeflossen. Sie sind in den Zeilen 31–46 zu berechnen und das Ergebnis getrennt nach den verschiedenen Fondsarten in die Zeilen 9–13 zu übernehmen (vor Anwendung der jeweiligen Teilfreistellung). Die Zeilen 31–46 müssen nicht ausgefüllt werden, wenn die Werte einer Bescheinigung der Bank entnommen werden können.

→ ANLAGE
KAP-INV
ZEILEN 14–28
Veräußerung von
Investment-
anteilen

Für jede Fondsart sind ggf. drei Werte einzutragen: Der laufende Gewinn aus der Veräußerung von Investmentanteilen, die nicht dem inländischen Steuerabzug unterlegen haben, der darin enthaltene Teil, der auf bestandsgeschützte Alt-Anteile entfällt, sowie Gewinne oder Verluste aus der fiktiven Veräußerung der Bestände zum 31.12.2017.

→ ANLAGE
KAP-INV
ZEILEN 14, 17,
20, 23 UND 26
Veräußerungsge-
winne/-verluste

Soweit Gewinne bzw. Verluste aus der Veräußerung von Investmentanteilen, die nicht dem inländischen Steuerabzug unterlegen haben, angefallen sind, sind diese vor Anwendung der jeweiligen Teilfreistellung und getrennt nach Fondsarten zu erfassen. Die Berechnung der Gewinne soll auf Seite 2 der Anlage KAP-INV (Zeilen 47 bis 57) erfolgen.

→ ZEILEN 15, 18,
21, 24 UND 27
Bestandsge-
schützte Alt-
Anteile

Soweit in der jeweiligen Vorzeile Veräußerungsgewinne aus bestandsgeschützten Alt-Anteilen i.S.d. § 56 Abs. 6 Satz 1 Nr. 2 InvStG enthalten sind, sind diese hier zu vermerken, damit der personenbezogene Freibetrag von 100.000 € abgezogen und fortgeschrieben werden kann.

→ ANLAGE
KAP-INV
ZEILEN 16, 19,
22, 25 UND 28
Fiktive Veräuße-
rungsgewinne
zum 31.12.2017

Steuerlich gilt der Fondsbestand zum 31.12.2017 als verkauft und zum 1.1.2018 als wieder angeschafft. Der dabei entstehende Gewinn oder Verlust aus der fiktiven Veräußerung der Anteile wurde zum 31.12.2017 gesondert festgestellt, ist aber erst in dem Zeitpunkt zu versteuern, in dem die Alt-Anteile tatsächlich veräußert werden. Ist der Verkauf erfolgt, sind die festgestellten Gewinne und Verluste aus dieser fiktiven Veräußerung von Alt-Anteilen (§ 56 Abs. 2 i.V.m. Abs. 3 Satz 1 InvStG) gesondert einzutragen. Sie wirken sich im Jahr des tatsächlichen Verkaufs auf die Besteuerung aus. Für die Einkünfte aus der fiktiven Veräußerung von Alt-Anteilen wird keine Teilfreistellung berücksichtigt. Auch wird kein Freibetrag wie bei der Veräußerung der bestandsgeschützten Alt-Anteile gewährt.

→ ANLAGE
KAP-INV
ZEILE 29
Zwischengewinn
nach dem
Investment-
steuergesetz
2004

Bei Alt-Anteilen (vor dem 31.12.2017 erworben) ist der zum 31.12.2017 ermittelte Zwischengewinn im Zeitpunkt der tatsächlichen Veräußerung zu versteuern, unabhängig davon, ob es sich um bestandsgeschützte oder nicht bestandsgeschützte Alt-Anteile handelt. Der Zwischengewinn zum 31.12.2017 war vom Investmentfonds zu ermitteln und zu veröffentlichen. Diese Zwischengewinne sind in Zeile 29 zu erklären.

→ ANLAGE
KAP-INV
ZEILEN 47–57
Berechnung der Veräußerungsgewinne und -verluste

Die Ermittlung des Veräußerungsgewinns bzw. -verlustes ist für jeden Fonds getrennt vorzunehmen. Sollten Fondsanteile von mehr als 3 Fonds veräußert worden sein, so sind entsprechend viele Anlagen KAP-INV einzureichen. Hierzu ist in Anlage KAP-INV Zeile 3 eine laufende Nummer der jeweiligen Anlage zu vergeben.

In der Zeile 47 ist die internationale Wertpapierkennnummer ISIN (International Securities Identification Number) und in der Zeile 48 die Fondsbezeichnung anzugeben.

In der Zeile 49 ist die Art des Investmentfonds (Assetklasse) einzugeben:

1 = Aktienfonds

2 = Mischfonds

3 = Immobilienfonds

4 = (besonderer) Immobilienfonds

5 = sonstiger Investmentfonds

Die Eingabe ist erforderlich, um die Teilfreistellungssätze ermitteln zu können.

In der Zeile 50 ist die Anzahl der veräußerten Anteile des entsprechenden Investmentfonds einzutragen.

Die Zeilen 51 bis 55 dienen der Ermittlung des Gewinns. Besonders zu beachten ist, dass zur Vermeidung einer doppelten Besteuerung in Zeile 54 die seit 2019 bereits versteuerten Vorabpauschalen vom Veräußerungsgewinn abzuziehen sind.Ggf. muss nachgewiesen werden, dass die Vorabpauschale in der Steuererklärung angegeben wurde oder die gesamten Kapitaleinkünfte in den betreffenden Veranlagungszeiträumen den Sparer-Pauschbetrag nicht überschritten haben.

Die Zeilen 55–57 müssen nicht ausgefüllt werden, wenn die Werte einer Bescheinigung der Bank entnommen werden können.

Die sich für jede Fondsart ergebende Summe der Veräußerungsgewinne/-verluste ist in die Zeilen 14, 17, 20, 23 und 26 der ersten Anlage KAP-INV zu übertragen.

Für Investmentanteile, die vor dem 1.1.2009 angeschafft wurden, ist der in der Zeile 55 ermittelte Betrag in die Zeile 56 zu übertragen. Die sich für jede Fondsart ergebende Summe ist dann in die Zeilen 15, 18, 21, 24 und 27 der ersten Anlage KAP-INV einzutragen.

Für Investmentanteile, die nach dem 31.12.2008 aber vor dem 1.1.2018, angeschafft wurden ist der zum 31.12.2017 ermittelte Gewinn oder Verlust aus der fiktiven Veräußerung für jeden Fonds getrennt in der Zeile 57 zu erfassen. Die Summe der Veräußerungsgewinne aus der fiktiven Veräußerung von Alt-Anteilen ist in die Zeilen 16, 19, 22, 25 und 28 der ersten Anlage KAP-INV zu übertragen.

Checkliste Anlage KAP

Folgende Abzugsmöglichkeit geprüft? Vgl. Ausfüllhinweise zur Zeile!

Ihre Zinserträge betragen weniger als 801 € bzw. bei Ehegatten 1.602 €? ☐
Prüfen Sie, ob bei Zinsgutschrift von der Bank Kapitalertragsteuer einbehalten wurde. Füllen Sie die Anlage KAP aus und holen Sie sich die einbehaltenen Steuern zurück (Anlage KAP Zeile 5).

Sie haben Ihren Freistellungsauftrag ungünstig erteilt? ☐
Sie können den unrichtigen Steuerabzug der Banken durch Abgabe der Anlage KAP im Veranlagungsverfahren korrigieren lassen (Anlage KAP Zeile 5).

Ihr persönlicher Grenzeinkommensteuersatz liegt möglicherweise unter 25 %? ☐
Soweit Kapitalertragsteuer einbehalten wurde, geben Sie auf jeden Fall eine Anlage KAP ab und tragen Sie Ihre Zinserträge ein (Anlage KAP Zeile 4).

Folgende Abzugsmöglichkeit geprüft? Vgl. Ausfüllhinweise zur Zeile!

Sie sind an einer GmbH oder AG zu mindestens 25 % ☐
beteiligt oder zu mindestens 1 % und dort auch in
leitender Funktion tätig und haben die Beteiligung mit
Kredit finanziert?
Prüfen Sie, ob es sinnvoll ist, die Erträge nach dem Teileinkünfteverfahren zu versteuern. Dann müssen Sie zwar
60 % der Einkünfte mit dem tariflichen Steuersatz versteuern, können aber auch 60 % der Werbungskosten
(insbesondere Finanzierungskosten) steuerlich geltend
machen (Anlage KAP Zeilen 24 und 25).

Sie haben ausländische Kapitalerträge erzielt, für die ☐
bisher nur ausländische Quellensteuer einbehalten
wurde?
Die Zinsen unterliegen der deutschen Einkommensteuer im
Regelfall mit dem Abgeltungsteuersatz von 25 %. Die ausländische Steuer können Sie aber auf die deutsche Steuer
anrechnen lassen (Anlage KAP Zeilen 50–52).

Sie wollen einbehaltene Steuern anrechnen lassen? ☐
Dazu benötigen Sie stets die Originalsteuerbescheinigungen (Anlage KAP Zeilen 48–56).

12 Anlage V (Einkünfte aus Vermietung und Verpachtung)

12.1 Allgemein

 WICHTIG

Vermietungseinkünfte richtig erfassen

Die **Anlage V** benötigen Sie in folgenden Fällen:

- Sie haben Grundbesitz oder Teile davon (z.B. Haus, Wohnung, Zimmer, Garage etc.) vermietet.

- Sie sind Haus-/Wohnungseigentümer und haben vergeblich versucht, einen Mieter zu finden.

- Sie wollen ein Haus oder eine Wohnung bauen oder kaufen und beabsichtigen zu vermieten.

- Wenn Sie mehrere Objekte (Häuser, Eigentumswohnungen) haben, müssen Sie für jedes Objekt eine eigene Anlage V ausfüllen.

Überblick

Im Bedarfsfall ausfüllen	
Seite 1	**Allgemeine Angaben** zu Grundstück und Eigentümer **(Zeilen 1–8).** **Einnahmen aus bebauten Grundstücken (Zeilen 9–21)** Hier sind die Mieteinnahmen und Umlagen einzutragen. **Anteile an Vermietungseinkünften (Zeilen 25–29)** Eintragungen sind erforderlich bei Beteiligung an einer oder mehreren Grundstücksgemeinschaft(en) (eine Anlage V genügt), einer Erbengemeinschaft mit Grundbesitz oder einem Immobilienfonds.
Seite 2	**Andere Vermietungseinkünfte (Zeilen 31, 32)** Hierher gehört die Untervermietung von selbst angemieteten Räumen und Vermietung von unbebauten Grundstücken und (möblierten) Zimmern. **Werbungskosten (Zeilen 33–53)** Die Aufwendungen (z.B. Abschreibungen, Finanzierungskosten, Reparaturen, laufende Kosten) für das vermietete Objekt tragen Sie hier ein.

Eigengenutzte Wohnung

Die **Anlage V** ist nur für vermietete Objekte vorgesehen.

TIPP

Steuerermäßigung für haushaltsnahe Tätigkeiten im Zusammenhang mit eigengenutztem Wohnraum

Sie können für bestimmte Aufwendungen (z. B. Gartenarbeiten, haushaltsnahe Dienstleistungen und Handwerkerleistungen) im eigengenutzten Haus bzw. Ihrer eigengenutzten Wohnung evtl. eine **Steuerermäßigung** in Anspruch nehmen (**Anlage Haushaltsnahe Aufwendungen**). Vertiefend siehe → Haushaltsnahe Tätigkeiten/Dienstleistungen.

12.2 Einnahmen

→ ZEILEN 4–6
Einkünfte aus dem bebauten Grundstück

Tragen Sie die Lage des Grundstücks, den Anschaffungszeitpunkt (= Zeitpunkt des Übergangs von Nutzen, Lasten und der Gefahr des zufälligen Untergangs) und/oder den Zeitpunkt der **Fertigstellung** (= Bezugsfertigkeit) ein. Die Angaben haben Bedeutung für die Berechnung der Absetzung für Abnutzung (Zeile 33). Außerdem übertragen Sie bitte aus dem Einheitswertbescheid für das Grundstück das Einheitswert-Aktenzeichen mit max. 17 Stellen (Zeile 6).

→ ZEILEN 7–8 UND ZEILE 12
Ferienwohnung, kurzfristige Vermietung, Angehörigenvermietung, Gesamtwohnfläche

Bei Ferienwohnungen wird das Finanzamt, insbesondere wenn Sie diese auch selbst nutzen, genau prüfen, ob tatsächlich die Absicht besteht, Mietüberschüsse zu erzielen. Nur dann sind die Ausgaben steuerlich abzugsfähig.

Liegt eine kurzfristige Vermietung von Wohnraum, z. B. über eine Internetplattform vor, ist dies in Zeile 7 zu vermerken.

Bei der Vermietung an Angehörige wird das Mietverhältnis daraufhin geprüft, ob es wie unter Fremden vereinbart und durchgeführt worden ist. Außerdem wird die verbilligte Überlassung (tatsächliche Miete < 66 % der ortsüblichen Miete) geprüft.

Soweit keine Mieteinnahmen vorliegen und auch nicht erkennbar sind oder es sich um eine verbilligte Überlassung handelt, können die Aufwendungen nicht als Werbungskosten geltend gemacht werden. Die Ausgaben sind dann im Verhältnis der Einzelflächen zur Gesamtfläche aufzuteilen und so nur anteilig als Werbungskosten abziehbar. Vertiefend siehe → Vermietung/Immobilien.

→ ZEILEN 9–14 Mieteinnahmen	Geben Sie hier die Anzahl der Wohnungen, aufgeteilt auf die einzelnen Geschosse, die Wohnungsgrößen und die Ihnen tatsächlich zugeflossenen (Kalt-)**Mieten** an. Die vereinnahmten Umlagen für Nebenkosten wie Strom, Wasser ... (laufende und Nachzahlungen für Vorjahre) erfassen Sie in Zeile 13. Soweit Sie Umlagen (aus Vorjahren) an Mieter zurückgezahlt haben, kürzen Sie den Umlagebetrag entsprechend. Die Einnahmen aus der Vermietung von Wohnraum an Angehörige müssen gesondert in Zeile 12, die von Angehörigen gezahlten Umlagen in Zeile 14 eingetragen werden (s. a. Zeile 8).
→ ZEILE 15 Mietnachzahlung	Mietnach- oder -vorauszahlungen sind in dem Jahr zu versteuern, in dem sie zugeflossen sind.
→ ZEILE 16 Garagen und andere vermietete Grundstücksflächen	Hier tragen Sie die erhaltenen Garagenmieten und Entgelte z. B. für das Aufstellen von Reklameträgern, Automaten, Kiosken, Mobilfunkantennen oder Solaranlagen ein.
→ ZEILEN 17–18 Umsatzsteuer	Wenn Sie Ihr Grundstück umsatzsteuerpflichtig vermietet haben, gehören auch die vom Mieter zusätzlich zur Miete gezahlte Umsatzsteuer und die vom Finanzamt erstattete Vorsteuer i. Z. m. dem Grundstück zu den Einnahmen.
→ ZEILE 19 Bausparzinsen, Zuschüsse	In die Zeile 19 sind Guthabenzinsen aus Bausparverträgen einzutragen, wenn der Vertrag durch Zwischenfinanzierung in einem direkten Zusammenhang mit der Anschaffung, Herstellung oder Reparatur des (vermieteten) Gebäudes steht. Eventuell von der Bank abgezogene Kapitalertragsteuer (Abgeltungsteuer) können Sie auf die Einkommensteuer anrechnen lassen (**Anlage KAP**).
	Andere Bausparzinsen gehören zu den Kapitaleinnahmen. Öffentliche Zuschüsse zur Instandhaltung (z. B. für Wärmedämmung, Solaranlagen etc.) sind auch als Einnahmen zu erfassen. Die Kosten für derartige Maßnahmen sind Erhaltungsaufwendungen und damit abziehbare Werbungskosten (Zeilen 40–43).
→ ZEILEN 21–24 Einkunftsermittlung	Bei einem „Verlust" versehen Sie den Betrag mit einem Minuszeichen. Gehört das Grundstück beiden Ehegatten, sind die ermittelten Einkünfte in Zeile 24 entsprechend den Eigentumsverhältnissen auf die Ehegatten zu verteilen.
→ ZEILEN 25–29 Beteiligungen an Grundstücksgesellschaften	Sind Sie an einer Grundstücks-, Erbengemeinschaft mit Vermietungseinkünften, Bauherren- oder Erwerbergemeinschaft oder einem geschlossenen Immobilienfonds beteiligt, dann haben Sie von der Gesellschaft eine Mitteilung über die Höhe Ihres Anteils und darüber, bei welchem Finanzamt und unter welcher

Steuernummer die Gesellschaft erfasst ist, erhalten. Tragen Sie diese Angaben – je nach Art der Gesellschaft – in die Zeilen 25–29 ein. Die Einkünfte der Gesellschaft bzw. Gemeinschaft sowie die Verteilung auf die einzelnen Beteiligten werden aufgrund der eingereichten Steuererklärung der Gesellschaft (Feststellungserklärung mit eigener Anlage V) vom dafür zuständigen Finanzamt gesondert und einheitlich festgestellt und den Finanzämtern der Beteiligten mitgeteilt.

 ACHTUNG

Einzelaufwendungen eines Beteiligten

Sollten Ihnen i. Z. m. den Beteiligungen Aufwendungen entstanden sein, müssen Sie diese der Gesellschaft mitteilen, da die Ausgaben nur im Rahmen der gesonderten und einheitlichen Feststellung, nicht aber in Ihrer Einkommensteuererklärung berücksichtigt werden können.

→ ZEILEN 31–32
Sonstige Vermietungen

In die Zeilen 31 und 32 gehören die Einkünfte aus der Untervermietung von Räumen oder der Vermietung von unbebauten Grundstücken (z. B. Lager-, Kfz-Stellplatz ohne Wohnungsvermietung) oder von möblierten Zimmern oder erhaltene Erbbauzinsen. Stellen Sie Ihre Einnahmen und Ausgaben (Werbungskosten) auf einem gesonderten Blatt zusammen und übertragen Sie die Einkünfte (Einnahmen – Werbungskosten = Einkünfte) in den Vordruck.

12.3 Werbungskosten

→ ZEILEN 33–53
Werbungskosten

Wenn bzw. soweit Sie ein Grundstück oder einen Teil davon unentgeltlich überlassen, zu eigenen Wohnzwecken oder zu eigenen beruflichen oder betrieblichen Zwecken nutzen, können Sie keine Werbungskosten aus V+V geltend machen. Vertiefend siehe → Vermietung/Immobilien.

Nur bei entgeltlicher Vermietung sind die Aufwendungen als Werbungskosten abziehbar.

Gemischt genutzte Grundstücke

Bei gemischt genutzten Gebäuden müssen die Ausgaben erst insgesamt ermittelt werden (Spalte 1) und anschließend, soweit möglich, den einzelnen Nutzungen direkt zugeordnet (Spalten 2 und 4) oder flächenmäßig aufgeteilt (Spalten 3 und 4) werden. In Spalte 4 erscheint der **abzugsfähige Teil** der Aufwendungen.

Ausgaben i. Z. m. beruflich genutzten Räumen (häusliches Arbeitszimmer, Praxis, Kanzlei, Lagerraum, Büro …) werden grundsätzlich bei der jeweiligen Einkunftsart berücksichtigt (**Anlage N**, Seite 2: Werbungskosten; **Anlagen G** und **S:** Betriebsausgaben in der Gewinnermittlung). Ist das gesamte Objekt vermietet, reicht es aus, die Eintragungen in Spalte 4 vorzunehmen.

→ ZEILEN 33–36
Absetzung für Abnutzung (AfA)/Abschreibung

Die Zeilen sind für die AfA vorgesehen, die sich aus den AK bzw. HK des Gebäudes und anderer Wirtschaftsgüter ermittelt. Soweit Sie erstmals AfA geltend machen, müssen Sie eine Aufstellung der entstandenen AK oder HK (Art und Betrag) sowie die von Ihnen vorgenommene AfA-Berechnung auf einem gesonderten Blatt beifügen. Das Finanzamt wird in vielen Fällen auf die Vorlage der Einzelbelege (Bauordner) verzichten.

→ ZEILE 33
Normale Gebäude-AfA

In Zeile 33 tragen Sie die „normale" lineare oder degressive Gebäude-AfA ein. Bei umsatzsteuerpflichtiger Vermietung mit Vorsteuerabzug gehört die gezahlte Umsatzsteuer nicht zu den AK oder HK. Vertiefend siehe → Abschreibungen/Gebäude.

→ ZEILE 34
Sonderabschreibung für Mietwohnungsneubau

Die Sonderabschreibung nach § 7b EStG kann für Baumaßnahmen zur Herstellung einer neuen, bisher nicht vorhandenen Wohnung in Anspruch genommen werden. Die Wohnung muss aufgrund eines nach dem 31.8.2018 gestellten Bauantrags oder einer entsprechenden Bauanzeige geschaffen und nach der Fertigstellung zehn Jahre entgeltlich zu Wohnzwecken überlassen werden. Vertiefend siehe → Abschreibungen/Gebäude.

→ ZEILE 35
Baudenkmäler und Gebäude in Sanierungsgebieten

Für Baudenkmäler und Häuser in Sanierungsgebieten oder städtebaulichen Entwicklungsbereichen sind erhöhte Abschreibungen möglich. Vertiefend siehe → Abschreibungen/Gebäude.

→ ZEILE 36
AfA für andere Wirtschaftsgüter

Haben Sie zusammen mit einem Haus oder einer Wohnung andere Wirtschaftsgüter (z. B. Einbauküche/Möbel, Rasenmäher, Mülltonnen oder Gartengeräte) mitvermietet, können Sie die Brutto-AK dieser Wirtschaftsgüter (netto höchstens 800 €) im Jahr der Anschaffung sofort als Werbungskosten abziehen. Betragen die AK einschließlich Umsatzsteuer mehr als 952 € je Wirtschaftsgut, ist der Kostenabzug aber nur im Wege der AfA, verteilt auf die individuelle Nutzungsdauer, möglich.

→ ZEILEN 37, 38
Schuldzinsen
Geldbeschaf-
fungskosten

Zu den **Schuldzinsen** gehören auch von der Bank einbehaltene Zinsvorauszahlungen (Damnum, Disagio) und zu zahlende Erbbauzinsen, nicht jedoch von Ihnen geleistete Darlehensrückzahlungen (Tilgung). Stellen Sie die einzelnen Beträge auf einem gesonderten Blatt zusammen.

Geldbeschaffungskosten sind z. B. Bankgebühren, Fahrtkosten, Porto i. Z. m. der Kreditaufnahme, Notar- und Grundbuchgebühren i. Z. m. der Bestellung und Eintragung einer Grundschuld oder Hypothek. Vertiefend siehe → Vermietung/Immobilien.

→ ZEILE 39
Renten/dauernde
Lasten

Haben Sie das vermietete Grundstück gegen Zahlung einer Rente oder dauernden Last erworben, ist der Rentenbetrag zum Teil (= Barwert der Verpflichtung) als AK des Grundstücks und zum Teil (Zinsanteil) als Werbungskosten zu behandeln. Wenn Sie erstmals derartige Aufwendungen geltend machen, benötigt das Finanzamt zur Prüfung/Ermittlung des Zinsanteils den Übergabevertrag.

→ ZEILEN 40–41
Reparaturen/
Erhaltungsauf-
wendungen

Reparaturkosten (auch Erhaltungsaufwendungen oder Instandhaltungskosten genannt) stellen Sie auf einem gesonderten Blatt mit Angabe der durchgeführten Maßnahme, des Namens des Zahlungsempfängers und der Höhe des gezahlten Betrags zusammen. Beiträge zur Instandhaltungsrücklage bei Eigentumswohnungen (enthalten in den Hausgeldzahlungen) sind erst abziehbar, wenn damit konkret durchgeführte Reparaturen bezahlt worden sind.

Bei gemischt genutzten Gebäuden müssen Sie zwischen den dem vermieteten Teil direkt zuordenbaren Reparaturen (Zeile 39) und den das gesamte Gebäude betreffenden Kosten (Zeile 40), die nur anteilig abziehbar sind, unterscheiden. Vertiefend siehe → Reparaturen.

→ ZEILEN 42–47
Verteilung grö-
ßerer Reparatur-
aufwendungen

Bei (größeren) Reparaturaufwendungen an zu Wohnzwecken vermieteten Objekten können Sie die Kosten anstelle des vollständigen Abzugs im Jahr der Bezahlung auf Antrag gleichmäßig auf zwei bis fünf Jahre verteilen. Das ist sinnvoll, wenn Ihre Einkünfte eher niedrig sind und sich die Kosten wegen des niedrigen Steuersatzes steuerlich wenig oder gar nicht auswirken. Bei einem hohen persönlichen Grenzsteuersatz (< 45 %) kann eine Verteilung der Aufwendungen auf mehrere Jahre zu insgesamt höheren Erstattungen führen. Die Kostenverteilung beantragen Sie, indem Sie die Aufwendungen nicht in den Zeilen 39 oder 40, sondern in Zeile 41 (Gesamtaufwand und der im Jahr 2019 abzuziehende Betrag) und die Anzahl der Jahre, auf die verteilt werden soll, in Zeile 42 eintragen. Vertiefend siehe → Vermietung/Immobilien. Haben Sie bereits für Reparaturaufwendungen der Jahre 2015–2018 die Verteilung beantragt, schreiben Sie den für 2019 abzugsfähigen Teil der Kosten in die Zeilen 43–46.

→ ZEILEN 48, 49 UND 51
Weitere Werbungskosten

Im Vordruck sind einige typische Aufwendungen benannt. Die Kosten für Heizung und Warmwasser, Müllabfuhr und andere Umlagen können Sie geltend machen, wenn Sie die von den Mietern dafür bezahlten Beträge in den Einnahmen (Zeilen 13, 14) erfasst haben. Zu den Hausversicherungen (Zeile 47) gehören neben der Gebäudehaftpflicht- auch die Gebäudebrand- und Elementarschadenversicherung, eine Glasbruch- und die Leitungswasserschadenversicherung. Verwaltungskosten (Zeile 48) sind insbesondere Zahlungen an den Hausverwalter, Porto, Telefon und Reisekosten (Fahrtkosten, Verpflegungsmehraufwendungen und Übernachtungskosten i. Z. m. Reparaturen, Behördengängen, Handwerkerbesprechungen oder Grundstückskontrollen).

Zu „Sonstiges" (Zeile 50) gehören z. B. Mitgliedsbeiträge zum Haus- und Grundbesitzerverein, Kosten für die Mietersuche (Makler, Zeitungsanzeigen), Anwalts-, Mahn-, Gerichtskosten, Kontoführungsgebühren (pauschal 16 €) und Steuerberatungskosten. Vertiefend siehe → Steuerberatungskosten und → Vermietung/Immobilien.

→ ZEILEN 50, 53
Bezahlte Umsatzsteuer

Haben Sie umsatzsteuerpflichtig vermietet, gehört die von Ihnen bezahlte **Umsatzsteuer** aus den Handwerkerrechnungen zu den sofort abziehbaren Werbungskosten. Der Abzug erfolgt über die Bruttobeträge in den Zeilen 33–49. In Zeile 53 sind die gesamten **abziehbaren Vorsteuerbeträge** nochmals einzutragen. Die an das Finanzamt abgeführten Umsatzsteuerzahlungen gehören in Zeile 50.

→ ZEILE 54
Zuschüsse

Haben Sie zu den Baukosten (HK) oder dem Kaufpreis (AK) öffentliche Zuschüsse erhalten, mindern diese die Abschreibungsbemessungsgrundlage.

✓ Checkliste Anlage V

> **Folgende Abzugsmöglichkeit geprüft? Vgl. Ausfüllhinweise zur Zeile!**

Leer stehende Mietwohnung? ☐
Sie können auch die während des Leerstehens angefallenen Kosten (z. B. AfA, Reparaturen, Grundsteuer, Versicherungen) als Werbungskosten geltend machen, wenn Sie die Absicht der Vermietung gegenüber dem Finanzamt (z. B. durch Zeitungsannoncen, Maklerbeauftragung) glaubhaft darlegen.

Haben Sie an den Abzug folgender Kosten gedacht? ☐

- **Schornsteinfegergebühren**, Wartungsverträge (Zeile 48)
- alle **Versicherungen** und **Kosten für die Verwaltung** (Zeile 49)
- **Kleinreparaturen** (Material, Fahrtkosten bei Reparatur in Eigenregie) (Zeilen 40, 48)

Ist größerer Erhaltungsaufwand (Reparaturen) angefallen? ☐
Eine Verteilung der Kosten auf mehrere Jahre kann zu einer insgesamt höheren Steuererstattung führen (Zeilen 42 ff.).

Reparaturen, Wartungskosten, Gartenarbeiten rund um die selbst bewohnte Wohnung? ☐
Dafür können Sie eine Steuerermäßigung erhalten (Anlage Haushaltsnahe Aufwendungen).

13 Anlage SO (Sonstige Einkünfte)

13.1 Allgemein

 WICHTIG

Sonstige Einkünfte sind erhaltene Unterhaltszahlungen und Spekulationsgewinne

Die **Anlage SO** ist für folgende Fälle gedacht:

* Sie haben vom geschiedenen oder dauernd getrennt lebenden Ehegatten/Lebenspartner Unterhalt erhalten bzw. er hat Ihre Kranken- oder Pflegeversicherungsbeiträge gezahlt und Sie haben der Versteuerung zugestimmt. Vertiefend siehe → Unterhaltszahlungen.

* Sie haben Einkünfte aus sonstigen Leistungen (z. B. gelegentliche Vermittlung von Versicherungen oder Bausparverträgen oder Vermietung von beweglichen Gegenständen, wie z. B. Fahrzeugen) von über 255 € im Jahr erzielt.

* Sie haben private Wirtschaftsgüter (z. B. Grundstücke, Wertgegenstände, Oldtimer etc.), die nur kurze Zeit in Ihrem Eigentum waren, verkauft und einen Gewinn von über 599 € (je Ehegatte) erzielt. Vertiefend siehe → Spekulationsgeschäfte.

Veräußerungserlöse aus dem Verkauf von Wertpapieren (Aktien, Optionen, Futures, Warentermingeschäfte) gehören zu den Einkünften aus Kapitalvermögen und unterliegen der Abgeltungsteuer (Anlage KAP). Ehegatten geben eine gemeinsame Anlage SO ab.

Überblick

Im Bedarfsfall ausfüllen	
Seite 1	**Wiederkehrende Bezüge/Unterhalt (Zeilen 4–9)** Dieser Abschnitt betrifft in erster Linie Personen, die vom geschiedenen oder dauernd getrennt lebenden Ehegatten Unterhaltszahlungen erhalten haben. **Leistungen (Zeilen 10–15)** Einkünfte aus gelegentlichen Vermittlungsgeschäften oder Vermietung beweglicher Güter unterliegen nur der Besteuerung, wenn sie die Freigrenze von 255 € übersteigen. Auch Verluste sind berücksichtigungsfähig.

Überblick

Im Bedarfsfall ausfüllen	
Seite 2	**Private Veräußerungsgeschäfte (Zeilen 31–52)** Zu erfassen sind Verkäufe von privaten Wirtschaftsgütern (Grundstücke, private Wertgegenstände wie Münzen, Schmuck, Oldtimer etc.), wenn diese nur kurze Zeit in Ihrem Eigentum waren. Beträgt der Gewinn nicht mehr als 599 € im Jahr, ist nichts zu versteuern. Auch Verluste aus solchen Geschäften können Sie geltend machen.

13.2 Wiederkehrende Bezüge, Unterhalt, Leistungen (Seite 1)

→ ZEILE 4
Wiederkehrende Bezüge

In Zeile 4 sind im Wesentlichen Versorgungsleistungen aufgrund von Vermögensübertragungen, Altenleistungen in der Land- und Forstwirtschaft oder Aufwendungen aufgrund eines schuldrechtlichen Versorgungsausgleichs, wenn der Zahlende die Zahlungen als Sonderausgaben abziehen will, einzutragen. Soweit die Einkünfte dem Teileinkünfteverfahren unterliegen, sind die Einnahmen in Zeile 8, darauf entfallende Werbungskosten in Zeile 9 einzutragen.

→ ZEILE 5
Ausgleichszahlungen zur Vermeidung des Versorgungsausgleichs

Einzutragen sind **erhaltene** Ausgleichsleistungen zur Vermeidung des Versorgungsausgleichs, soweit der Zahlungspflichtige (geschiedener Ehegatte/Lebenspartner) die Ausgleichsleistungen zur Vermeidung des Versorgungsausgleichs mit Zustimmung als Sonderausgaben abzieht.

→ ZEILE 6
Ehegattenunterhalt

Zeile 6 betrifft Unterhaltszahlungen bzw. „Basis"-Kranken- bzw. Pflegepflichtversicherungsbeiträge, die ein Geschiedener/ dauernd getrennt Lebender von seinem (ehemaligen) **Ehegatten/Lebenspartner** bekommen hat. Wenn der Unterhaltsempfänger auf der **Anlage U** zugestimmt hat, dass der Leistende die Zahlungen als Sonderausgaben abziehen kann, ist er damit gleichzeitig einverstanden, dass er die Zahlungen als sonstige Einkünfte versteuert. Vertiefend siehe → Unterhaltszahlungen. Soweit die Einkünfte dem Teileinkünfteverfahren unterliegen, sind die Einnahmen in Zeile 8, darauf entfallende Werbungskosten in Zeile 9 einzutragen.

→ ZEILEN 10–15
Andere Leistungen, Werbungskosten, Freigrenze, Verluste

Andere Einnahmen, die unter die sonstigen Einkünfte fallen, sind z. B. die gelegentliche Vermittlung von Kauf- und Tauschgeschäften sowie die gelegentliche Vermietung einzelner beweglicher Gegenstände (z. B. Fahrzeug, Motorjacht, Wohnmobil, Klavier, einzelne Maschinen), aber auch im Rahmen einer Fahrgemeinschaft für die Mitnahme von Kollegen erhaltene Fahrtgelder. Zu den abzugsfähigen Werbungskosten (Zeile 13) gehören z. B. Aufwendungen für Zeitungsanzeigen, Werbung, Fahrtkosten oder die Abschreibung. Sind die in Zeile 14 ermittelten Einkünfte (Unterschiedsbetrag aus Einnahmen und Werbungskosten) nicht höher als 255 € (bei Ehegatten gilt die Grenze bei jedem für seine Einkünfte), bleiben sie steuerfrei. Liegen sie über dieser Freigrenze, muss der gesamte Gewinn versteuert werden.

Verluste aus solchen Geschäften können nur mit Gewinnen aus gleichartigen Leistungen im selben Jahr, im Vorjahr (Verlustrücktrag) oder in folgenden Jahren (Verlustvortrag) verrechnet werden.

→ ZEILEN 16–42
Abgeordneten-
bezüge

Hinweis: Wichtiges zum Thema „Abgeordnetenbezüge" finden Sie auf http://mybook.haufe.de unter „Weiterführende steuerliche Informationen".

13.3 Private Veräußerungsgeschäfte (Seite 2)

→ ZEILEN 31–52
Private
Veräußerungs-
geschäfte

In den Zeilen 31 bis 52 sind Gewinne bzw. Verluste aus sog. „Spekulationsgeschäften" zu erfassen. Vertiefend siehe → Spekulationsgeschäfte.

Gewinne aus derartigen Verkäufen bleiben steuerfrei, wenn sie im Jahr nicht mehr als 599 € betragen. Dieser Betrag gilt bei Eheleuten getrennt für die Geschäfte des jeweiligen Ehegatten.

→ ZEILEN 31–41
Grundstücke

Die Zeilen 31 bis 41 betreffen Grundstücke, die Sie **innerhalb von zehn Jahren** (Datum der Kaufverträge maßgebend!) angeschafft und veräußert haben. Dies kann auch für geerbte oder geschenkte Grundstücke infrage kommen.

Wurde das gesamte Grundstück bis zum Verkauf bzw. im Veräußerungsjahr und in den letzten beiden Jahren davor nur zu eigenen Wohnzwecken genutzt (Zeile 33), liegt kein steuerpflichtiges Veräußerungsgeschäft vor. Weitere Angaben sind dann nicht mehr erforderlich. Anderes gilt jedoch für ein im selbst genutzten Haus befindliches Arbeitszimmer oder einen vermieteten Gebäudeteil. Veräußerungsgewinne aus solchen Gebäudeteilen (Angaben in Zeile 34) sind genauso (anteilig) steuerpflichtig wie der Verkauf von vermieteten Häusern und Wohnungen. Machen Sie die gefragten Angaben in den folgenden Zeilen 34–41. Bei einem gemischt genutzten Gebäude sind nur die Angaben bezüglich des steuerpflichtig veräußerten Grundstückteils notwendig.

→ ZEILEN 35–39 **Gewinnermittlung**	Zu versteuern ist grundsätzlich der Unterschiedsbetrag zwischen dem Veräußerungspreis (Zeile 35) und den AK zzgl. Nebenkosten (Zeile 36) des Grundstücks. Sofern Sie auf dem Grundstück Gebäude oder Außenanlagen errichtet, ausgebaut oder erweitert haben, erhöhen die dabei angefallenen Aufwendungen Ihre AK. Soweit Sie eine Abschreibung (AfA) für das Grundstück bei einer Einkunftsart (z. B. Vermietung) steuerlich geltend gemacht haben (Eintragung in Zeile 37), werden Ihre AK um diese AfA-Beträge gekürzt. Zu den abzugsfähigen Werbungskosten (Zeile 38) gehören alle Kosten i. Z. m. der Veräußerung wie z. B. Inserate, Fahrtkosten, Maklergebühren. Der ermittelte Gewinn (Zeile 39) muss wegen der Freigrenze dem Eigentümer-Ehegatten zugeordnet werden (Zeile 40). Vertiefend siehe → Spekulationsgeschäfte.
→ ZEILEN 42–49 **Andere Wirtschaftsgüter**	Die Veräußerung von anderen Wirtschaftsgütern des Privatvermögens (Zeile 42) ist steuerpflichtig, wenn Anschaffung und Veräußerung **innerhalb eines Jahres** (Zeile 43) erfolgt sind. Hierzu gehören auch Gewinne bzw. Verluste aus dem Verkauf von Fremd-, Kryptowährungen. Bei Wirtschaftsgütern, mit denen steuerpflichtige Einnahmen erzielt wurden (z. B. Vermietung von beweglichen Wirtschaftsgütern), gilt ein Zehnjahreszeitraum. Nicht steuerpflichtig ist der Verkauf von Gegenständen des täglichen Bedarfs (z. B. Pkw). Der ermittelte Gewinn ist bei Ehegatten wegen der Freigrenze dem zutreffenden Ehegatten zuzuordnen.
→ ZEILEN 50, 51 **Gemeinschaften**	Waren Sie an einer Gemeinschaft, z. B. Erbengemeinschaft, beteiligt, die derartige Geschäfte getätigt hat, musste die Gemeinschaft eine eigene Steuererklärung abgeben, aufgrund derer das Finanzamt die Gewinne ermittelt und auf alle Beteiligten aufgeteilt hat. Ihren Anteil am Gewinn erfassen Sie, soweit er Ihnen bekannt ist, in den Zeilen 50 und 51.
→ ZEILE 52 **Verluste**	Verluste, die Sie aus privaten Veräußerungsgeschäften erlitten haben, können nur mit gleichartigen Gewinnen des Vorjahres oder in Folgejahren verrechnet werden. Auch eine Begrenzung des Verlustrücktrags zugunsten eines Vortrags auf künftige Gewinne ist möglich. Tragen Sie hier ein, wenn Sie Verluste aus 2019 nicht bzw. nur begrenzt mit Gewinnen in 2018 verrechnen lassen wollen.

Checkliste Anlage SO

Folgende Abzugsmöglichkeit geprüft? Vgl. Ausfüllhinweise zur Zeile!

Ausgleichszahlungen zur Vermeidung des Versorgungsausgleichs (Zeile 5) bzw. Ehegattenunterhalt (Zeile 6) versteuern? ☐
Machen Sie Ihre notwendige Zustimmung am besten von vornherein davon abhängig, dass Ihr geschiedener Ehepartner/Lebenspartner die bei Ihnen zu zahlende Steuer übernimmt. Sie können die Zustimmung zur Versteuerung des Unterhalts für künftige Jahre widerrufen bzw. betragsmäßig auch so begrenzen, dass bei Ihnen keine Mehrsteuer anfällt.

Spekulationsverluste aus Vorjahren? ☐
Sie können die Verluste eventuell auch mit Veräußerungsgewinnen aus Kapitaleinkünften verrechnen
(**Anlage KAP**).

14 Anlage AUS (Ausländische Einkünfte)

14.1 Allgemein

 WICHTIG

Im Inland steuerpflichtige ausländische Einkünfte

Die **Anlage AUS** benötigen Sie in folgenden Fällen:

Sie haben Einkünfte (**außer Kapitalerträge**) aus dem Ausland bezogen, die

- auch im Inland **steuerpflichtig** sind und wollen die ausländische Steuer auf Ihre Einkommensteuer anrechnen lassen;

- in Deutschland **steuerfrei sind**, aber den Steuersatz der inländischen Einkünfte verändern (Progressionsvorbehalt).

Liegen Einkünfte aus Kapitalvermögen vor, kommt eine Eintragung in der Anlage AUS nur in Betracht, wenn die tarifliche Einkommensteuer Anwendung findet (Eintragungen in den Zeilen 20 bis 27 und 60 der Anlage KAP bzw. in den Zeilen 19 bis 24 der Anlage KAP-BET).

Jeder Ehegatte mit ausländischen Einkünften benötigt eine eigene Anlage AUS. Die Angaben müssen für jeden Staat und jede Einkunftsart getrennt vorgenommen werden.

Überblick

Im Bedarfsfall ausfüllen	
Seite 1	**Steuerpflichtige ausländische Einkünfte (Zeilen 4–11)** Im Inland steuerpflichtige Einkünfte sind auf den Anlagen der entsprechenden Einkunftsart (z. B. Anlage V) einzutragen. Durch die Eintragung der ausländischen Einkünfte auf der Anlage AUS **(Zeilen 12–13)** beantragen Sie die Anrechnung der ausländischen Steuer auf die deutsche Einkommensteuer.

Überblick

Im Bedarfsfall ausfüllen	
Seite 2	**Nicht nach DBA steuerfreie negative Einkünfte i.S.d. § 2a Abs. 1 EStG (Zeilen 31–35)** Durch eine Eintragung erreichen Sie eine Verrechnung ausländischer Verluste mit positiven gleichartigen Einkünften aus demselben Land in Vor- oder Folgejahren. **Nach DBA steuerfreie Einkünfte/Progressionsvorbehalt (Zeilen 36–44)** Diese Einkünfte sind nur auf der Anlage AUS einzutragen. Sie beeinflussen den Steuersatz der in Deutschland steuerpflichtigen Einkünfte (Progressionsvorbehalt). **Einkünfte i.S.d. § 32b EStG i.V.m. privaten Veräußerungsgeschäften nach § 23 EStG (Zeilen 45–46)** Eintragungen sind notwendig, wenn ausländisches unbewegliches Vermögen innerhalb von 10 Jahren nach dem Erwerb wieder veräußert wird und diese Einkünfte nach dem DBA steuerfrei sind. Sie unterliegen dann dem Progressionsvorbehalt. **Nach DBA steuerfreie negative Einkünfte i.S.d. § 2a Abs. 1 EStG (Zeilen 47–51)** Hier beantragen Sie die Verrechnung von ausländischen Verlusten mit entsprechenden positiven Vorjahreseinkünften.

14.2 Kurzinformation zu ausländischen Einkünften

Ausländische Einkünfte sind im Inland grundsätzlich steuerpflichtig, und zwar unabhängig davon, ob mit dem ausländischen Staat ein Abkommen zur Vermeidung einer Doppelbesteuerung (DBA) besteht oder nicht. Deshalb müssen die steuerpflichtigen ausländischen Einkünfte bei der jeweiligen Einkunftsart (z.B. Mieteinkünfte auf der **Anlage V**) erfasst werden.

Bei den Einkünften aus Kapitalvermögen ist die Einkommensteuer grundsätzlich durch den Steuerabzug abgegolten. Deshalb kommt eine Eintragung in den Zeilen 4 bis 14 nur in den Fällen des § 32d Abs. 2 EStG in Betracht. Vertiefend siehe → Kapitalanlagen.

Soweit die ausländischen Einkünfte dem Teileinkünfteverfahren unterliegen (Gewinnanteile und Veräußerungsgewinne aus Beteiligungen), sind sie außer in Zeile 7 noch in Zeile 8 einzutragen. Ggf. sind in Zeile 9 die Teilfreistellungsbeträge nach §§ 20, 21 InvStG einzutragen. Die ausländische Steuer kann, soweit sie auf im Inland zu versteuernde Einkünfte entfällt und wenn sie der deutschen Einkommensteuer entspricht, in bestimmtem Umfang steuerlich berücksichtigt werden. Der Umfang der Berücksichtigung muss für jeden ausländischen Staat gesondert ermittelt werden. Deshalb müssen Sie die Einnahmen nach Staaten getrennt angeben. Infrage kommt für die ausländische Steuer zum einen die direkte Anrechnung auf die deutsche Einkommensteuer (Eintragung Anlage AUS, Zeile 12, Eintragungen in Zeile 13, wenn nicht die tatsächlich gezahlte, sondern nur eine fiktive, im DBA bestimmte ausländische Steuer angerechnet wird) oder der Abzug der Steuer wie Betriebsausgaben oder Werbungskosten (Berücksichtigung bei der Ermittlung der Einkünfte in Zeile 7).

Erträge aus einem Investmentfonds im Betriebsvermögen sind für jeden einzelnen Fonds getrennt in voller Höhe aufzuführen. Gleiches gilt für die darauf entfallenden Steuern. Kommt das Teileinkünfteverfahren zur Anwendung, wird die ausländische Steuer nur zu 60 % berücksichtigt.

Fügen Sie Ihrer Anlage AUS die **ausländischen Steuerbescheinigungen** bei. Besteht mit dem ausländischen Staat ein DBA, dann kann dort außerdem geregelt sein, dass die ausländischen Einkünfte im Inland steuerfrei sind. Dann sind sie nur auf der Anlage AUS (Zeilen 36–43) einzutragen. In diesem Fall bewirken sie jedoch eine Veränderung des Steuersatzes für die im Inland steuerpflichtigen Einkünfte (Progressionsvorbehalt).

Die **Anlage AUS** dient also im Wesentlichen dazu, die Anrechnung der ausländischen Steuer zu beantragen bzw. die Veränderung des inländischen Steuersatzes im Wege des Progressionsvorbehalts sicherzustellen.

Arbeitslohn

Ausländische Einkünfte aus nichtselbstständiger Arbeit sind grundsätzlich nur in den Anlagen N und N-AUS anzugeben, es sei denn, es wird die Anrechnung im Ausland gezahlter Steuern gewünscht. In diesem Fall sind die ausländischen Einkünfte und die darauf entfallende ausländische Steuer zusätzlich in der Anlage AUS zu erklären (Ausnahme: schweizerische Abzugsteuer, vgl. Zeile 26 der Anlage N).

Soweit ausländische **Lohneinkünfte** im Inland steuerfrei sind, ist eine Eintragung auf der **Anlage N** (Zeilen 22–24) und auf der Anlage N-AUS vorzunehmen.

→ ZEILEN 21–22
Sondervergütungen von ausländischen Personengesellschaften

§ 50d Abs. 10 EStG regelt die Besteuerung grenzüberschreitend gezahlter Sondervergütungen bei Personengesellschaften (Darlehenszinsen, Miet- und Pachtzinsen, Tätigkeitsvergütungen etc.). Diese Einkünfte sind in Zeile 21 einzutragen, die darauf entfallenden anrechenbaren Steuern in Zeile 22. Die Steuern sind durch Vorlage der Steuerbescheinigungen bzw. des ausländischen Steuerbescheids mit Zahlungsnachweis zu belegen.

Checkliste Anlage AUS

Folgende Abzugsmöglichkeit geprüft? Vgl. Ausfüllhinweise zur Zeile!

Sie möchten ausländische Steuer anrechnen lassen? ☐
Dazu benötigen Sie stets die ausländische Steuerbescheinigung. Regelmäßig ist die direkte Anrechnung (Zeilen 12–13) günstiger als der Abzug als Werbungskosten bzw. Betriebsausgaben (Zeile 7).

Wegweiser

Anhand des Wegweisers können Sie sich auf einen Blick informieren, an welcher Stelle des Buches Sie nützliche Tipps und Hinweise zu bestimmten Problemkreisen finden.

Sonstiges

Abgeltungsteuer

Die Abgeltungsteuer wird nicht nur auf Zins- und Dividendeneinnahmen, sondern u. a. auch auf Spekulationsgewinne angewandt. Dafür werden diese Erträge regelmäßig nicht im Einkommensteuerbescheid erfasst.

§§ 43, 43a EStG, § 32d EStG

Alle wichtigen Informationen haben wir für Sie im Stichwort → Kapitalanlagen zusammengefasst.

Abschreibungen/Gebäude

Nutzen Sie ein Gebäude, eine Eigentumswohnung oder einen im Teileigentum stehenden Gebäudeteil zur Erzielung von Einkünften, können Sie die AK bzw. HK im Wege der Absetzungen für Abnutzung (AfA) auf einen bestimmten Zeitraum steuermindernd verteilen.

§§ 7 Abs. 4 bis 5a, 7b EStG

Vertiefend siehe → Vermietung/Immobilien und → Reparaturen.

1 Allgemeines

Die Absetzungen für Abnutzung (kurz: Abschreibungen oder AfA) beschränken sich nur auf das Gebäude. Die AK für Grund und Boden sind nicht absetzbar.

Absetzungsberechtigt ist im Allgemeinen der bürgerlich-rechtliche oder der wirtschaftliche Eigentümer. Das ist regelmäßig derjenige, der die AK oder HK getragen hat und den Tatbestand der Einkünfteerzielungsabsicht erfüllt.

Wurde das Gebäude bereits vor 2019 erworben bzw. fertiggestellt und wurden mindestens im Vorjahr 2018 Abschreibungen vorgenommen, ist die lineare oder degressive AfA fortzuführen.

2 Erwerb/Fertigstellung 2019

Abschreibungsmethoden

Wurde das Objekt neu hergestellt oder angeschafft, kann der Bauherr/Käufer nur die **lineare Gebäude-AfA** in Anspruch nehmen.

Abschreibungsbeginn

Ein Bauherr kann mit der Abschreibung des Gebäudes ab dem Zeitpunkt der Fertigstellung (= Bezugsfertigkeit) beginnen. Für den Erwerber beginnt die Abschreibung mit dem im Kaufvertrag vereinbarten Zeitpunkt des Übergangs von Besitz, Nutzen, Lasten und Gefahr (Erwerb des wirtschaftlichen Eigentums). Im ersten Jahr wird die lineare

113

AfA zeitanteilig nach Monaten berechnet.

Unentgeltlicher Erwerb

Soweit das Gebäude unentgeltlich durch Schenkung oder Erbschaft erworben wurde, bleiben die AK oder HK des Rechtsvorgängers (Schenker, Erblasser) maßgebend. Der Rechtsnachfolger (Beschenkter, Erbe) setzt die durch den Vorgänger begonnene Abschreibung fort. Anders kann es sein, wenn das Gebäude bisher zum Privatvermögen und nun zum Betriebsvermögen gehört (siehe Punkt 4).

Gegenstand der Abschreibung

Besteht ein Gebäude aus **mehreren selbstständigen Gebäudeteilen**, ist jeder Gebäudeteil für sich abzuschreiben. Dabei können unterschiedliche Abschreibungssätze in Betracht kommen.

Mehrere selbstständige Gebäudeteile liegen immer dann vor, wenn ein Gebäude unterschiedlich genutzt wird. So kann ein Gebäude teils **eigenbetrieblich**, teils **fremdbetrieblich**, teils für **fremde** oder teils für **eigene Wohnzwecke** genutzt werden. Jede dieser Nutzungen führt zu einem selbstständigen Gebäudeteil.

 BEISPIEL

Selbstständige Gebäudeteile

Der Steuerpflichtige besitzt ein Dreifamilienhaus.

- Fall 1: Sämtliche Wohnungen sind zu Wohnzwecken vermietet.

- Fall 2: Das EG und das 2. OG sind zu Wohnzwecken, das 1. OG ist an einen Rechtsanwalt (Büro) vermietet.

Im ersten Beispielsfall liegt eine einheitliche Nutzung und damit **ein** Wirtschaftsgut (Gebäude) vor.

Im zweiten Fall handelt es sich um zwei selbstständige Gebäudeteile (EG/2. OG sowie 1. OG) und damit um **zwei** Wirtschaftsgüter. Die Gesamt-AK/HK sind im Verhältnis der Nutzflächen auf die beiden Gebäudeteile zu verteilen. Anschließend ist jeder Gebäudeteil für sich abzuschreiben.

Für zu eigenen Wohnzwecken genutzte oder unentgeltlich an andere überlassene Gebäude(teile) ist der Abzug einer AfA als Werbungskosten mangels Einnahmen nicht möglich. Wegen der AfA bei späterer Vermietung siehe Punkt 4.

3 Abschreibungen im Einzelnen

Wirtschaftsgebäude und andere Gebäude

Innerhalb der linearen AfA sind zwei Arten von Gebäuden zu unterscheiden:

- **Wirtschaftsgebäude** sind Gebäude(teile),

  - die zum Betriebsvermögen gehören,

  - nicht Wohnzwecken dienen und

  - für die der Bauantrag nach März 1985 gestellt wurde.

- **Andere Gebäude** sind Gebäude(teile), die die Voraussetzungen für Wirtschaftsgebäude nicht erfüllen.

Lineare Abschreibung

Bei Inanspruchnahme der linearen AfA werden die AK oder HK gleichmäßig auf die vom Gesetz vorgesehene Nutzungsdauer (ND) verteilt. Die lineare AfA ist grundsätzlich bei allen Arten von Gebäuden im Inland oder Ausland anwendbar (§ 7 Abs. 4 EStG).

Wirtschaftsgebäude (teile)

Personenkreis	Bauherr oder Erwerber
Bauantrag/Kaufvertrag	a) nach März 1985 und vor 2001 b) nach 2000
AfA-Satz (unterstellte Nutzungsdauer)	a) **4 %** (ND 25 Jahre) b) **3 %** (ND 33,3 Jahre)
Bemessungsgrundlage	AK/HK
AfA im Erstjahr	zeitanteilig

Gebäude (teile), die keine Wirtschaftsgebäude sind

Personenkreis		Bauherr oder Erwerber
AfA-Satz (auch bei Erwerb)	Fertigstellung a) vor 1.1.1925	2,5 %
	b) nach 31.12.1924	2 %
Bemessungsgrundlage		AK/HK
AfA im Erstjahr		zeitanteilig

Sonderabschreibungen beim Mietwohnungsneubau

Für die Anschaffung (spätestens bis zum Ende des Jahres der Fertigstellung) oder Herstellung neuer Wohnungen kann nach § 7b EStG unter folgenden **Voraussetzungen** eine Sonderabschreibung als BA oder WK geltend gemacht werden:

- Bauantrag nach 31.8.2018 und vor 1.1.2022.

- Eine bisher nicht vorhandene Wohnung – auch in einem bereits bestehenden Gebäude – wird geschaffen.

- Die AK/HK für die Wohnung einschließlich der Nebenräume überschreiten die Baukostenobergrenze in Höhe von 3.000 € je Quadratmeter Wohnfläche nicht. Unter die Baukostenobergrenze fallen auch nachträgliche AK/HK innerhalb von drei Jahren nach Anschaffung/Herstellung der Wohnung.

- Die Wohnung wird zehn Jahre entgeltlich zu Wohnzwecken vermietet und stellt keine Ferienwohnung dar.

Bemessungsgrundlage für die Sonder-AfA sind die tatsächlichen AK/HK, höchstens 2.000 € je Quadratmeter Wohnfläche.

Die **Sonderabschreibung** beträgt im Jahr der Anschaffung/Herstellung und in den drei Folgejahren jeweils bis zu 5 % der Bemessungsgrundlage und kann neben der linearen Gebäude-AfA steuerlich geltend gemacht werden. In Anschaffungsfällen kann die Sonder-AfA nur vom Erwerber in Anspruch genommen werden.

Entfallen die Voraussetzungen nachträglich oder wird die Wohnung innerhalb von zehn Jahren steuerfrei veräußert, entfällt die Sonderabschreibung rückwirkend und bereits ergangene

Steuerfestsetzungen sind rückgängig zu machen.

Degressive Gebäudeabschreibung

Eine degressive AfA ist seit 2006 (Bauantrag oder Kaufvertrag) in Neufällen nicht mehr möglich. Degressive Abschreibungen aus früheren Jahren werden aber mit den bei Beginn der Abschreibung jeweils vorgesehenen Abschreibungssätzen fortgeführt (§ 7 Abs. 5 EStG). Auf eine Darstellung der zahlreichen Abschreibungsvarianten wird hier verzichtet.

Abschreibung von Gebäuden in Sanierungsgebieten und von Baudenkmalen

Für Gebäude in Sanierungsgebieten und städtebaulichen Entwicklungsbereichen sowie für denkmalgeschützte Gebäude gelten besondere Vorschriften (§§ 7h, 7i, 10f EStG). Bitte erkundigen Sie sich ggf. bei Ihrem Finanzamt.

4 Wechsel der Abschreibungsmethoden und Nutzungsänderungen

Ein Übergang von der linearen zur degressiven Gebäude-AfA oder umgekehrt bzw. ein Wechsel des AfA-Satzes innerhalb der degressiven AfA ist grundsätzlich unzulässig.

Bei Gebäuden sind die Abschreibungsmethoden nur zu wechseln, wenn der Eigentümer

- ein zu einem Betriebsvermögen gehörendes Gebäude ins Privatvermögen überführt und vermietet (**Entnahme**)

bisherige Bemessungsgrundlage	AK/HK
bisherige AfA	linear oder degressiv
Entnahmewert	Teilwert
künftige Bemessungsgrundlage	Teilwert
künftige AfA	linear 2 %
Summe der weiteren AfA	bis zum Teilwert

oder

- ein zum Privatvermögen gehörendes bisher vermietetes Gebäude in einem späteren Jahr zu eigenbetrieblichen Zwecken nutzt (**Einlage**).

bisherige Bemessungsgrundlage	AK/HK
bisherige AfA	linear oder degressiv
Einlagewert	Teilwert
künftige Bemessungsgrundlage § 7 Abs. 1 Satz 5 EStG	1. Einlagewert > AK/HK: → Einlagewert abzgl. bereits in Anspruch genommene AfA 2. Einlagewert < AK/HK und > fortgeführte AK/HK: → fortgeführte AK/HK 3. Einlagewert (Teilwert) < fortgeführte AK/HK: → Einlagewert
künftige AfA	linear 3 %, wenn Bauantrag des Gebäudes nach März 1985, sonst 2 %
Summe der weiteren AfA	bis zum Einlagewert

Wird ein Gebäude zunächst vom Eigentümer selbst zu eigenen Wohnzwecken genutzt oder unentgeltlich an andere zu Wohnzwecken überlassen und erfolgt zu einem späteren Zeitpunkt eine Vermietung, bemisst sich die Abschreibung nach den ursprünglichen AK/HK und dem für das Gebäude maßgebenden AfA-Satz. In der Folgezeit kann die AfA aber nur bis zur Höhe des Restwerts abgezogen werden, der von den AK oder HK verbleibt, nachdem die fiktive AfA, die auf die Zeit der Selbstnutzung oder unentgeltlichen Überlassung entfällt, abgezogen wurde.

5 Anschaffungs- oder Herstellungskosten

Anschaffungs- und Herstellungskosten

Bemessungsgrundlage für die Gebäude-AfA sind die AK oder HK des Gebäudes. Wird ein bebautes Grundstück angeschafft, müssen die AK auf Grund und Boden einerseits sowie das Gebäude andererseits aufgeteilt werden. Das BFM hat dazu eine **Arbeitshilfe zur Aufteilung der AK für ein bebautes Grundstück (Kaufpreisaufteilung)** veröffentlicht.

Nachträgliche Anschaffungs- und Herstellungskosten

Nachträgliche AK oder HK erhöhen die bisherige Bemessungsgrundlage des Gebäudes für die AfA. Sie sind von den Erhaltungsaufwendungen abzugrenzen. Nachträgliche HK liegen vor, wenn an einem bestehenden Gebäude Aufwendungen für dessen **Erweiterung (Anbau, Aufstockung, Vergrößerung der Wohn- oder Nutzfläche, Substanzmehrung) oder eine über den ur-**sprünglichen Zustand hinausgehende **wesentliche Verbesserung** anfallen. Vertiefend siehe → Reparaturen und → Vermietung/Immobilien.

Bei Nettoaufwendungen bis 4.000 € je Baumaßnahme kann aus Vereinfachungsgründen sofort abziehbarer Erhaltungsaufwand angenommen werden, außer es handelt sich um eine Maßnahme, die der endgültigen erstmaligen Fertigstellung des Gebäudes dient. Vertiefend siehe → Reparaturen und → Vermietung/Immobilien.

Nachträgliche AK oder HK sind im Entstehungsjahr so zu behandeln, als ob sie schon zu Beginn des Kalenderjahres vorgelegen hätten. Es ist **keine zeitanteilige Berechnung** der Abschreibung vorzunehmen. Der Abschreibungszeitraum verlängert sich und endet erst mit der vollen Absetzung der gesamten AK oder HK.

 BEISPIEL

Nachträgliche HK

Die jährliche Abschreibung betrug bisher 2 % von 400.000 €. Im **August** 2019 entstehen nachträgliche HK i.H.v. 10.000 €. Die Abschreibung ab 2019 beträgt 2 % von 410.000 € = 8.200 € für 12 Monate.

Keine nachträglichen HK, sondern HK für ein anderes Wirtschaftsgut entstehen, wenn das bisherige Gebäude im Wesen geändert und so tief greifend umgestaltet oder in einem solchen Ausmaß erweitert wird, dass die eingefügten neuen Teile dem neuen Gebäude das Gepräge geben und die verwendeten Altteile bedeutungs- und wertmäßig untergeordnet erscheinen.

Ebenfalls keine nachträglichen HK, sondern die Herstellung eines neuen, selbstständigen Gebäudeteils liegt vor, wenn durch Erweiterung des Gebäudes zu einer vorhandenen Nutzung eine andere Nutzung hinzukommt.

 BEISPIEL

Neuer Gebäudeteil

Der Steuerpflichtige besitzt ein Gebäude, das bisher ausschließlich zu betrieblichen Zwecken vermietet wird. Durch eine Aufstockung des Gebäudes wird eine Wohnung eingebaut, die (auch evtl. an den Mieter der Betriebsräume) vermietet wird.

Die Aufwendungen für die Wohnung sind keine nachträglichen HK des bisherigen Gebäudes, sondern stellen erstmalige HK für einen neuen, selbstständigen Gebäudeteil (siehe Punkt 2) dar, der unabhängig vom bisherigen Gebäude abgeschrieben wird. Im Jahr der Fertigstellung der Wohnung ist die AfA zeitanteilig nach Monaten zu berechnen.

6 Abschreibung anderer Wirtschaftsgüter

Solaranlagen/Fotovoltaikanlagen

Vertiefend siehe → Solaranlagen und Co. und → Vermietung/Immobilien.

Altersentlastungsbetrag

Versorgungsbezüge, allgemeine Leibrenten und bestimmte Leistungen aus Altersvorsorgeverträgen werden durch spezielle steuerliche Vergünstigungen, z. B. in Form von Freibeträgen oder ermäßigter Besteuerung, gefördert. Für die restlichen Einkünfte wird bei einem Steuerpflichtigen, der älter als 64 Jahre ist, ein Altersentlastungsbetrag berücksichtigt.

§ 24a EStG

1 Persönliche und sachliche Voraussetzungen

Grundvoraussetzung für den Altersentlastungsbetrag im Steuerjahr 2019 ist, dass der Steuerpflichtige **vor Beginn** des Kalenderjahres 2019 das 64. Lebensjahr vollendet hat, d. h. vor dem 2.1.1955 geboren wurde.

Außerdem müssen

- **Arbeitslohn aus einem gegenwärtigen (aktiven) Dienstverhältnis** oder

- **andere Einkünfte,** die in der **Summe positiv** sind,

vorhanden sein.

Arbeitslohn in Form von Versorgungsbezügen (Pensionen, Betriebsrenten) und Leibrenten, die nur teilweise (mit dem Besteuerungsanteil oder Ertragsanteil) besteuert werden, werden bei der Berechnung des Altersentlastungsbetrags nicht einbezogen.

Kapitalerträge, die durch den Kapitalertragsteuerabzug der Bank oder im Rahmen einer Einkommensteuerveranlagung mit dem besonderen Steuersatz von 25 % besteuert werden, sind ebenfalls bei der Berechnung nicht zu berücksichtigen. Kapitalerträge, die tariflich (mit dem persönlichen Steuersatz) besteuert werden, sind dagegen begünstigt.

 TIPP

Kapitalerträge

Liegt Ihr persönlicher Steuersatz unter 25 % und haben Sie Einkünfte aus Kapitalvermögen, die dem **Steuerabzug durch Kapitalertragsteuer mit 25 %** unterlegen haben, sollten Sie einen **Antrag auf Günstigerprüfung** nach § 32d Abs. 6 EStG stellen. Dies hat zwei positive Auswirkungen: Zum einen werden Ihre Kapitaleinkünfte mit dem niedrigeren persönlichen Steuersatz besteuert und zum anderen wird für die Kapitaleinkünfte der Altersentlastungsbetrag steuermindernd berücksichtigt, wenn der Abzugshöchstbetrag noch nicht erreicht war.

2 Höhe des Altersentlastungsbetrags

Der Entlastungsbetrag berechnet sich nach einem bestimmten Prozentsatz, begrenzt auf einen Höchstbetrag. Prozentsatz und Höchstbetrag verringern sich **für jeden neu hinzukommenden Altersjahrgang, bis der Entlastungsbetrag für diejenigen, die ab 2040 das 64. Lebensjahr vollenden, vollständig entfällt.**

Maßgebend für die Berechnung des Entlastungsbetrags ist das auf die Vollendung des 64. Lebensjahres folgende Kalenderjahr, also das Jahr, für das der Entlastungsbetrag erstmals möglich ist. Daraus ergibt sich (auszugsweise):

Voraussetzung erstmals erfüllt im Jahr	in % der Einkünfte	Höchstbetrag in €
2005	40,0	1.900
...	...	...
2019	17,6	836
2020	16,0	760
...	...	...
2039	0,8	38
2040	0,0	0

Der erstmals festgelegte maßgebliche Prozentsatz und der Höchstbetrag bleiben für alle Folgejahre unverändert, also auch für Jahre nach 2040, erhalten.

3 Berechnung

Der Altersentlastungsbetrag wird in folgenden Schritten berechnet:

- jeweiliger Prozentsatz des **Arbeitslohns** aus einer **aktiven** Tätigkeit (ohne Versorgungsbezüge) und

- jeweiliger Prozentsatz aus der **positiven Summe** der **übrigen Einkünfte** (ohne Leibrenten und ohne Kapitalerträge, die mit 25 % ESt Abgeltungstarif belastet und nicht im zu

119

versteuernden Einkommen enthalten sind),

- max. entsprechender Höchstbetrag.

 BEISPIEL

Berechnung

Karl K. hat im Laufe des Jahres 2018 das 64. Lebensjahr vollendet. Im Kalenderjahr 2019 beträgt sein Arbeitslohn 24.000 €, davon entfallen 16.000 € auf Versorgungsbezüge (Betriebsrente oder Pension). Außerdem hat er Einkünfte aus einer freiberuflichen Nebentätigkeit in Höhe von 2.000 € und einen Verlust aus Vermietung von 2.500 €.

Der Altersentlastungsbetrag wird erstmals für 2019 wie folgt berechnet: 17,60 % des Arbeitslohns aus dem **aktiven** Dienstverhältnis (24.000 € –

16.000 €) 8.000 € = 1.408 €, höchstens jedoch **760 €**. Die freiberuflichen Einkünfte und die Vermietungseinkünfte werden bei die Berechnung des Altersentlastungsbetrags nicht berücksichtigt, weil ihre **Summe (– 500 €) negativ** ist. Sie wären auch ohne Auswirkung, weil der Höchstbetrag bereits über den Arbeitslohn erreicht ist.

4 Zusammenveranlagung

Bei Zusammenveranlagung von Ehegatten/eingetragenen Lebenspartnern wird der Altersentlastungsbetrag personenbezogen beim jeweiligen Ehegatten/eingetragenen Lebenspartner, der die persönlichen Voraussetzungen erfüllt, aus dessen Einkünften berechnet.

Ausbildung und Studium

Kosten der Ausbildung oder eines Studiums sind je nachdem, ob es sich um eine erste oder weitere Ausbildung handelt und ob die Ausbildung im Rahmen eines Arbeitsverhältnisses erfolgt oder nicht, als Sonderausgaben oder vorweggenommene Werbungskosten bzw. Betriebsausgaben abzugsfähig.

§§ 9 Abs. 6, 4 Abs. 9, 10 Abs. 1 Nr. 7 EStG

1 Werbungskosten oder Sonderausgaben

Ausbildungsdienstverhältnis

Erfolgt die Ausbildung im Rahmen eines **Dienstverhältnisses** (Berufsausbildungsvertrag mit Arbeitslohn), sind die Ausbildungskosten, egal ob es sich

um eine Erstausbildung bzw. ein Erststudium (duales Studium mit Wechsel zwischen Theoriephasen an der Berufsakademie und berufspraktischen Phasen in einem Unternehmen oder einer sozialen Einrichtung bei Bezug von Gehalt) oder eine andere Ausbildung (z. B.

betriebliche Ausbildung) handelt, der Höhe nach unbegrenzt (vorweggenommene) Werbungskosten. Wirken sich die Kosten in einem Jahr mangels Einkünften steuerlich nicht aus, wird der Verlust festgestellt (Verlustfeststellung) und kann mit Einkünften späterer Jahre verrechnet werden.

Erstmalige Berufsausbildung (ohne Dienstverhältnis)

Aufwendungen für die eigene erstmalige Berufsausbildung bzw. ein Erststudium an einer Hochschule (Universität, pädagogische Hochschule, Kunsthochschule, Fachhochschule, andere Bildungseinrichtungen, die nach Landesrecht einer staatlichen Hochschule entsprechen, einschließlich entsprechender kirchlicher und privater Bildungseinrichtungen) **außerhalb** eines Dienstverhältnisses sind aufgrund gesetzlicher Regelung keine Werbungskosten bzw. Betriebsausgaben, sondern (nur) als Sonderausgaben, begrenzt auf maximal 6.000 € jährlich, abzugsfähig. Sonderausgaben sind nicht in spätere Jahre übertragbar, sodass die Kosten in vielen Fällen ohne steuerliche Auswirkung bleiben.

 ACHTUNG

„Erste Berufsausbildung"

Der Begriff „Berufsausbildung" ist gesetzlich definiert als eine auf der Grundlage von Rechts- oder Verwaltungsvorschriften geordnete Ausbildung mit einer vorgesehenen Mindestdauer von zwölf Monaten bei vollzeitiger Ausbildung und mit einer durchgeführten Abschlussprüfung. Ist

eine Abschlussprüfung nach dem Ausbildungsplan nicht vorgesehen, gilt die Ausbildung mit der tatsächlichen planmäßigen Beendigung als abgeschlossen. Sofern nur eine Prüfung abgelegt wird, ohne zuvor die Berufsausbildung durchlaufen zu haben, ist dies ebenfalls als abgeschlossene Ausbildung anzusehen. Sind die dargestellten Anforderungen nicht erfüllt, ist die Bildungsmaßnahme als „Anlernphase" und Bestandteil der ersten Ausbildung anzusehen.

Ein **Erststudium** liegt vor, wenn weder ein anderes durch einen berufsqualifizierenden Abschluss beendetes Studium noch eine andere abgeschlossene nichtakademische Berufsausbildung vorangegangen ist.

Zweite Berufsausbildung

Aufwendungen für eine zweite Berufsausbildung (z. B. Erststudium oder Umschulung nach einer abgeschlossenen Ausbildung, Ergänzungsstudium und Aufbaustudium, wenn das vorhergehende Studium zu einem berufsqualifizierenden Abschluss geführt hat, Masterstudiengang nach Bachelorabschluss, Zweitstudium) sind **Betriebsausgaben oder Werbungskosten**, wenn ein konkreter Zusammenhang mit der Erzielung künftiger steuerpflichtiger Einnahmen besteht, was normalerweise der Fall ist. Dabei spielt es keine Rolle, ob die Ausbildung innerhalb oder außerhalb eines Ausbildungsarbeitsverhältnisses erfolgt.

Ein Rentner/Pensionär, der im Ruhestand ein Studium beginnt, kann die Ausbildungskosten nur steuerlich gel-

121

tend machen, wenn er nicht nur die beabsichtigte Einkunftserzielungsabsicht glaubhaft macht, sondern auch darlegen kann, dass er voraussichtlich insgesamt höhere Einnahmen erzielen wird, als Kosten angefallen sind bzw. anfallen (Überschussprognose).

Kosten für den Besuch allgemeinbildender Schulen (Abendrealschule, Abendgymnasium) sind auch nach einer abgeschlossenen ersten Berufsausbildung nicht als Werbungskosten, sondern nur als Sonderausgaben, begrenzt auf 6.000 €, abziehbar.

 TIPP

Werbungskostenabzug sichern

Überlegen Sie, ob vor Beginn eines langen und kostenträchtigen Studiums eine zwölfmonatige Vollzeitausbildung mit einer Abschlussprüfung absolviert werden kann (z. B. vor Medizinstudium Ausbildung zum Rettungssanitäter). Dadurch wird das Studium zur Zweitausbildung, und die möglichen Werbungskosten (Verlustvortrag) können mit späteren positiven Einkünften verrechnet werden und führen zu nicht unerheblichen Steuererstattungen.

Praktika

Kosten in Zusammenhang mit Praktika **während** eines Studiums werden entsprechend den Kosten des zugrunde liegenden Studiums als Werbungskosten oder Sonderausgaben eingeordnet. Im Grundsatz ist dabei die Universität als erste Tätigkeitsstätte anzusehen,

sodass für die Praktika der Reisekostenabzug gilt.

Vor- und Nachpraktika (Student noch nicht oder nicht mehr immatrikuliert) begründen ein eigenständiges Beschäftigungsverhältnis, sodass der Ort des Praktikums regelmäßig eine erste Tätigkeitsstätte (ohne Reisekostenabzug) ist. Bei auswärtiger Unterbringung ist u. U. der Kostenabzug für eine doppelte Haushaltsführung möglich.

 TIPP

Kosten der ersten Ausbildung

Ob das (rückwirkende) gesetzliche Verbot des Werbungskostenabzugs für die Kosten einer ersten Berufsausbildung verfassungsgemäß ist, wird zzt. vom BVerfG in mehreren Verfahren geprüft (z. B. 2 BvL 23/14–27/14). Machen Sie deshalb die Kosten der Erstausbildung immer als Werbungskosten geltend. Sofern Sie bisher noch keine Steuererklärung abgegeben haben, ist dies rückwirkend noch bis zum Jahr 2015 möglich. Die Finanzämter sind angewiesen, die Bescheide insoweit vorläufig (§ 165 AO) zu erlassen, sodass ein Einspruch nicht nötig ist.

Prüfschema

2 Abzugsfähige Kosten

Abziehbar sind insbesondere Schul-, Kurs- und Studiengebühren, Kosten für Fachliteratur und Lernmaterial, Kosten eines Arbeitszimmers, Abschreibungen für z. B. Schreibtisch, Computer und Software, Druck- und Kopierkosten, Zulassungs- und Prüfungsgebühren sowie Zinsen für ein Studiendarlehen (nicht für BAföG-Darlehen).

Die Ermittlung der Kosten ist beim Abzug als Werbungskosten und Sonderausgaben identisch. Wesentliche Unterschiede bestehen dagegen beim Abzug von Fahrtkosten, Übernachtungskosten und Verpflegungsmehraufwendungen.

Erfolgt die Ausbildung im Rahmen eines Ausbildungsdienstverhältnisses, besteht im Regelfall am Betriebssitz des Arbeitgebers eine erste Tätigkeitsstätte.

Der Besuch einer auswärtigen Bildungseinrichtung im Rahmen des Ausbildungsdienstverhältnisses ist eine Auswärtstätigkeit mit Reisekostenabzug.

Dasselbe gilt, wenn eine (zweite) Ausbildung neben der Berufstätigkeit (am Abend, am Wochenende, Fernstudium, berufsbegleitend) erfolgt.

Wird die Bildungseinrichtung (z. B. Universität) **außerhalb** eines Dienstverhältnisses in **Vollzeit** (dies unterstellt die Verwaltung, wenn neben der Ausbildung keine oder nur eine regelmäßige Beschäftigung von wöchentlich maximal 20 Stunden oder ein Minijob ausgeübt wird) aufgesucht, gilt die Bildungseinrichtung als erste Tätigkeitsstätte mit der Folge, dass grundsätzlich nur die Fahrten zur Bildungseinrichtung mit der einfachen Entfernung, nicht aber Reisekosten abzugsfähig sind. Bei auswärtiger Unterbringung ist u. U. der Kostenabzug für eine doppelte Haushaltsführung möglich, wenn der Auszubildende neben der Studienunterkunft einen eigenen Hausstand führt.

Außergewöhnliche Belastung

Aufwendungen wegen außergewöhnlicher Belastung allgemeiner Art sind abziehbar, wenn sie die zumutbare Eigenbelastung übersteigen. In typisierten Einzelfällen ist der Abzug von Höchst-, Pausch- oder Freibeträgen ohne Anrechnung einer zumutbaren Belastung möglich.

§§ 33, 33a und 33b EStG

1 Allgemeines

Soweit die Aufwendungen zu den Betriebsausgaben, Werbungskosten (z. B. berufsbedingte Krankheit) oder Sonderausgaben gehören, werden sie dort (vorrangig) berücksichtigt.

Außergewöhnliche Belastungen teilen sich in zwei große Gruppen auf:

2 Typisierte Einzelfälle

Unterhalt

Aufwendungen für den **Unterhalt**/die Berufsausbildung einer Ihnen oder Ihrem Ehegatten gegenüber gesetzlich unterhaltsberechtigten Person, für die niemand einen Anspruch auf Kindergeld oder Kinderfreibetrag hat. Vertiefend siehe → Unterhaltszahlungen.

Ausbildungsfreibetrag

Aufwendungen für die **Berufsausbildung** eines **auswärtig untergebrachten volljährigen Kindes**, für das Sie einen Kinderfreibetrag oder Kindergeld erhalten.

Behinderte Menschen/ Pflegepauschbetrag

Vertiefend siehe → Behinderte Menschen.

3 Allgemeine Vorschrift

Abzugsvoraussetzungen

Haben Sie **zwangsläufig** höhere Aufwendungen als die überwiegende Mehrzahl der Personen gleicher Einkommensverhältnisse, gleicher Vermögensverhältnisse und gleichen Familienstandes **(= außergewöhnlich)**, liegen außergewöhnliche Belastungen nach § 33 EStG vor. Abzugsfähig sind die Aufwendungen nur, soweit sie eine zumutbare Eigenbelastung (s. u.) übersteigen. Zu den außergewöhnlichen Belastungen gehören vor allem Krankheitskosten, Pflegeaufwendungen, Bestattungskosten, behinderungsbedingte Ausgaben, Sanierungskosten

schadstoffbelasteter Gebäude, Wiederbeschaffung von Hausrat nach Unwetter, Überflutung oder Sturm (Einzelfälle s. u.).

Bei Ehegatten mit Zusammenveranlagung erfolgt der Abzug gemeinsam. Es kommt nicht darauf an, welcher Ehegatte gezahlt hat.

Belastung

Eine Belastung liegt vor, wenn Sie ein Ereignis in der persönlichen Lebenssphäre zu Ausgaben zwingt, die Sie selbst endgültig zu tragen haben. Deshalb werden die Aufwendungen um Ersatzleistungen von dritter Seite (z. B. dem Arbeitgeber, Beihilfe bei Beamten, Versicherungsersatz) unabhängig vom Erstattungszeitpunkt gemindert. Werden mögliche Ersatzansprüche gegen Dritte nicht geltend gemacht (z. B. Kostenbelege werden bei der Versicherung nicht eingereicht, um eine Beitragsrückerstattung zu erhalten oder höhere Beiträge zu vermeiden), ist kein Abzug möglich.

Zwangsläufigkeit

Zwangsläufig entstehen Aufwendungen, wenn sie notwendig sind, man sich ihnen also aus **rechtlichen, tatsächlichen oder sittlichen Gründen** nicht entziehen kann und soweit sie der Höhe nach angemessen sind. Damit sind regelmäßig nur Kosten abzugsfähig, die die eigene Person, den Ehegatten oder nahe Angehörige betreffen.

Zumutbare Belastung

Die Aufwendungen wirken sich steuerlich nur aus, soweit sie die Grenze der zumutbaren Belastung übersteigen. Die Höhe der zumutbaren Belastung errechnet sich nach einem bestimmten Prozentsatz, abhängig vom Gesamtbetrag der Einkünfte.

Die zumutbare Belastung beträgt für einen Gesamtbetrag der Einkünfte	Steuerbürger ohne Kinder		Steuerbürger mit Kindern	
	unverheiratet	verheiratet	1 oder 2 Kinder	3 oder mehr Kinder
bis 15.340 €	5 %	4 %	2 %	1 %
von 15.341 € bis 51.130 €	6 %	5 %	3 %	1 %
über 51.130 €	7 %	6 %	4 %	2 %
	des Gesamtbetrags der Einkünfte			

Als Kinder zählen berücksichtigungsfähige Kinder, also solche, für die Sie Freibeträge oder Kindergeld erhalten.

 BEISPIEL

Berechnung der Eigenbelastung

Eheleute ohne Kinder haben einen gemeinsamen Gesamtbetrag der Einkünfte von 60.000 €.

Die zumutbare Eigenbelastung berechnet sich stufenweise:

Gesamtbetrag		
1 bis 15.340 €:	4 % von 15.340 €	= 613 €
15.340 € bis 51.130 €:	5 % von 35.790 €	= 1.789 €
51.131 € bis 60.000 €:	6 % von 8.869 €	= 532 €
zumutbare Eigenbelastung		2.934 €

Nur soweit die geltend gemachten Kosten höher sind, wirken sie sich steuerlich aus.

Abzugszeitpunkt

Die Aufwendungen sind im Kalenderjahr der Zahlung zu berücksichtigen (Abflussprinzip). Auch wenn sich bei hohen Kosten wegen geringer Einkünfte keine volle steuerliche Auswirkung ergibt, ist eine Verteilung der Aufwendungen auf mehrere Jahre – im Wege der Billigkeit – nicht zulässig (BFH, Urteil v. 12.7.2017, VI R 36/15).

4 Einzelfälle

Adoption: keine außergewöhnlichen Belastungen (BFH, Urteil v. 10.3.2015, VI R 60/11)

Allergie: → Krankheitskosten

Behinderungsbedingte Ausgaben: Vertiefend siehe → Krankheitskosten und → Behinderte Menschen.

Bestattungskosten/Grabbesuch/ Grabinstandhaltung: Beerdigungskosten für Angehörige sind abziehbar, soweit sie nicht aus dem Nachlass bezahlbar sind. Anzurechnen sind Versicherungsleistungen (Sterbegeld, Lebensversicherung). Abziehbar sind die Kosten für die Grabstätte, den Sarg, Blumen und Kränze, Trauerkarten, Todesanzeigen, Überführung und Aufbahrung, nicht dagegen Aufwendungen für die Bewirtung der Trauergäste, Fahrtkosten zur Beerdigung, Aufwendungen für Trauerkleidung, Grabbesuch sowie Kosten für Grabinstandsetzung und Grabpflege.

Diätverpflegung: Vertiefend siehe → Krankheitskosten.

Elektrosmog: Aufwendungen für Schutzmaßnahmen gegen z. B. Mobilfunkwellen sind nur abziehbar, wenn die von den Gegenständen ausgehende konkrete Gesundheitsgefährdung durch ein technisches Gutachten nachgewiesen wird. Vertiefend siehe → Krankheitskosten.

Eltern-Kind-Verhältnis: Aufwendungen des nicht sorgeberechtigten Elternteils zur Kontaktpflege sind nicht außergewöhnlich.

Flutschaden/Hochwasser/Katastrophenschäden: Aufwendungen wie z. B. die Reparatur eines selbst genutzten Hauses oder die Ersatzbeschaffung von Hausrat anlässlich von unabwendbaren Ereignissen (Erdbeben, Überschwemmungen, Sturm, Brand, Hagel) sind berücksichtigungsfähig. Soweit durch die Erneuerung eine Wertsteigerung des Gebäudes eingetreten ist, werden die abzugsfähigen Kosten entsprechend gemindert. Vertiefend siehe → Orkanschäden/Naturkatastrophen.

Hausumbau/Sanierung: Die Sanierungskosten des selbst bewohnten Hauses sind abzugsfähig, wenn vom Gebäude eine akute Gesundheitsgefährdung (d. h. gesetzliche Schadstoff-grenzwerte sind überschritten) ausgeht (z. B. Gefahr durch Holzschutzmittel, Formaldehyd, Dioxin, Asbest, Elektrosmog, Mobilfunkwellen) oder wenn die Sanierung durch ein unausweichliches Ereignis (z. B. bei Hochwasser, Sturm etc.) oder wegen konkreter Einsturzgefahr durch Hausschwamm notwendig geworden ist. Eine rein vorsorgliche Sanierung ist nicht begünstigt. Dasselbe gilt für Aufwendungen zur Beseitigung von Baumängeln, selbst wenn dabei auch konkrete Gesundheitsgefährdungen beseitigt werden (BFH, Beschluss v. 29.3.2018, VI B 106/17). Weitere Voraussetzungen für eine Berücksichtigung der Sanierungskosten sind, dass der Grund für die Sanierung beim Kauf des Hauses noch nicht erkennbar war, es sich nicht um übliche, alterstypische Reparaturen handelt, den Steuerpflichtigen kein eigenes Verschulden trifft (z. B. Schimmelbildung wegen unsachgemäßen Lüftens) und Schadensersatzansprüche gegenüber Dritten nicht durchsetzbar sind. Erfährt das Haus durch die Maßnahmen eine Wertsteigerung, weil Bausubstanz erneuert wurde, ist die Wertsteigerung bei der Berechnung der abzugsfähigen Kosten zu kürzen. In allen Fällen reicht der einfache Nachweis aus, also z. B. ein Gutachten durch einen Fachmann (BFH, Urteil v. 29.3.2012, VI R 21/11; BFH, Urteil v. 29.3.2012, VI R 47/10; BFH, Urteil v. 29.3.2012, VI R 70/10).

Zu behinderungsbedingten Umbaukosten → Behinderte Menschen.

Heimunterbringung: → Pflegekosten/Heimunterbringung

Bei krankheitsbedingter Unterbringung → Krankheitskosten.

Künstliche Befruchtung: → Krankheitskosten

Kurkosten: → Krankheitskosten

Pflegeaufwendungen: → Pflegekosten/Heimunterbringung

Prozesskosten/Scheidung: Kosten für Strafprozesse sind keine außergewöhnlichen Belastungen. Zivilprozesskosten sind aufgrund gesetzlicher Regelung ebenfalls nicht mehr als außergewöhnliche Belastungen abzugsfähig. Die gesetzliche Ausnahme für Fälle, in denen der Steuerpflichtige ohne den Rechtsstreit Gefahr liefe, seine Existenzgrundlage zu verlieren und seine lebensnotwendigen Bedürfnisse im üblichen Rahmen nicht mehr befriedigen zu können, hat der BFH bisher nur bei einem Arzthaftungsprozess angenommen, für den Fall, dass eine Zivilklage auf eine Erwerbsunfähigkeitsrente oder eine existenziell wichtige Entschädigung als Ersatz für entgangene oder entgehende Einnahmen zielt und ein Werbungskostenabzug der streitigen Aufwendungen nicht in Betracht kommt (BFH, Urteil v. 17.12.2015, VI R 78/13). Kosten in Zusammenhang mit einer Scheidung sind nicht abzugsfähig (BFH, Urteile v. 18.5.2017, u. a. VI R 9/16, VI R 19/15). Ob das auch für Prozesskosten bei Streitigkeiten über das Umgangsrecht der Eltern mit ihren Kindern gilt, muss der BFH noch entscheiden (Az. beim BFH VI R 27/18.)

Vermögensverluste: Wertverluste, die infolge von Diebstahl oder Zerstörung an Gegenständen des privaten Vermögens eingetreten sind, können nicht als außergewöhnliche Belastungen abgezogen werden. Aufwendungen für deren Wiederbeschaffung sind i. d. R. we-gen des vorhandenen Gegenwerts auch nicht abziehbar. Ausnahme:

Wiederbeschaffung von Hausrat und Kleidung: Derartige Aufwendungen sind eine außergewöhnliche Belastung, wenn Hausrat oder Kleidung durch ein unabwendbares Ereignis wie Brand, Hochwasser, Unwetter, Kriegseinwirkung, Vertreibung oder politische Verfolgung verloren gegangen ist und wiederbeschafft werden muss. Die Aufwendungen sind nur in Höhe der notwendigen und angemessenen Kosten abzugsfähig und werden nur berücksichtigt, soweit sie den (Rest-)Wert des Gegenstands vor dem Schadenseintritt nicht übersteigen.

Weitere Voraussetzung für den Kostenabzug ist, dass der Geschädigte eine allgemein übliche und zumutbare Versicherung (z. B. Hausratversicherung, Elementarversicherung für ein Gebäude) abgeschlossen hat.

 TIPP

Aus Billigkeit lässt, wenn durch ein Naturereignis (z. B. Überflutung, Unwetter) viele Menschen betroffen sind, die Finanzverwaltung den Abzug aber auch zu, wenn keine Versicherung abgeschlossen wurde.

Baukindergeld

Mit dem Baukindergeld fördern die KfW-Bank und das Bundesministerium des Inneren den „Ersterwerb" von selbst genutzten Wohnimmobilien und Wohnungen für Familien mit Kindern. Die Rahmenbedingungen der Förderung ergeben sich allein aus dem KfW-Programm „Baukindergeld" (424).

1 Fördervoraussetzungen

Folgende Bedingungen müssen für eine Förderung erfüllt sein:

- Eigentum am Förderobjekt
- Eigennutzung zu Wohnzwecken
- nur ein Immobilienbesitz (Erstwohnung)
- zum Haushalt gehörende minderjährige Kinder mit Kindergeldberechtigung
- Einkunftsgrenze
- zeitliche Voraussetzungen

Die Förderung ist für Neubauten und Bestandsimmobilien und sowohl für ein gekauftes als auch ein selbst gebautes Wohnobjekt möglich. Die Immobilie muss im Eigentum bzw. mind. 50%igem Miteigentum des Antragstellers stehen und von der Familie selbst bewohnt werden. Die Miteigentumsanteile des Ehegatten, Lebenspartners, eheähnlichen Partners des Antragstellers oder eines in Haushaltsgemeinschaft lebenden Kindes werden mitgezählt. Keine Förderung gibt es für Ferienhäuser, Ferienwohnungen und Wohnungen, die als Nebenwohnsitz gelten.

Im Zeitpunkt des Kaufs (maßgebend: Datum des Kaufvertrags) oder der erteilten Baugenehmigung bzw. Bauanzeige des Förderobjekts darf der oben genannte Personenkreis **kein weiteres Wohneigentum** besitzen. Sowohl eine zu diesem Zeitpunkt vorhandene (bisher) selbst genutzte wie auch eine vermietete Immobilie schließt die Förderung für das (weitere) neue Objekt aus.

 BEISPIEL

Erstwohnung

Familie K, zwei minderjährige Kinder, wohnt in einer kleinen Eigentumswohnung (ETW), die der Ehefrau gehört. Die Ehegatten kaufen mit Vertrag vom 1.12.2019 eine größere ETW, in die sie am 1.1.2020 einziehen. Zur Finanzierung verkauft die Ehefrau die kleine ETW

a) vor dem 1.12.2019.

b) nach dem 1.12.2019.

Im Fall a) ist für die neue ETW Baukindergeld möglich, denn im Zeitpunkt des Kaufs besaß niemand in der Familie eine weitere Immobilie; die erworbene Wohnung ist damit Erstobjekt im Sinne der Förderung.

Im Fall b) gehörte die kleine ETW im Zeitpunkt des Kaufs noch der Ehefrau. Damit ist die neu erworbene ETW ein Zweitobjekt, das nicht gefördert wird.

Außerdem muss die Baugenehmigung für das Objekt zwischen dem 1.1.2018 und dem 31.12.2020 erteilt bzw. der notarielle Kaufvertrag innerhalb dieses Zeitraums geschlossen werden. Eine geerbte oder geschenkte Immobilie wird nicht gefördert. Wird nur der Grund und Boden unentgeltlich erworben, kann die Förderung für ein darauf errichtetes Gebäude beansprucht werden. Baukindergeld gibt es nur für in der Immobilie im **Zeitpunkt der Antragstellung** wohnende minderjährige Kinder (Haushaltszugehörigkeit), für die der Antragsteller entweder kindergeldberechtigt ist oder bei denen die kindergeldberechtigte Person mit dem Antragsteller im Haushalt lebt (Ehegatte, Lebenspartner, eheähnlicher Partner).

 BEISPIEL

Kinderzahl

Peter und Petra Meier sind in jeweils zweiter Ehe miteinander verheiratet. Beide haben Kinder aus ihrer ersten Ehe. Peter Meiers Sohn Jürgen, 17 Jahre alt, wohnt bei seiner Mutter, Peter Meiers geschiedener Frau. Peter Meier zahlt den gesetzlichen Unterhalt. Seine Tochter Frieda aus erster Ehe, 15 Jahre alt, und Petras Sohn Fabian aus erster Ehe, 19 Jahre alt, leben beide im Haushalt der Eheleute Meier. Außerdem leben dort die zwei gemeinsamen drei und sechs Jahre alten Kinder Max und Moritz.

Die Eheleute Meier können für alle in ihrem Haushalt wohnenden minderjährigen Kinder, für die einer von ihnen Anspruch auf Kindergeld hat, Baukindergeld bekommen. Das sind Max, Moritz und Frieda. Für Jürgen besteht kein Anspruch. Er ist zwar minderjährig und Peter Meier hat den hälftigen Kindergeldanspruch, lebt aber nicht im Haushalt. Für Fabian besteht zwar ein Anspruch auf Kindergeld und er lebt im Haushalt, ist aber volljährig.

Außerdem darf das z. v. E. der Eltern im zweiten und dritten Jahr vor Antragstellung (bei Antragstellung 2019: maßgebend Einkommen 2016 und 2017) im Durchschnitt der beiden Jahre 90.000 € (mit einem Kind) nicht übersteigen. Für jedes weitere minderjährige Kind erhöht sich dieser Betrag um 15.000 €, sodass das z. v. E einer Familie mit zwei Kindern bis zu 105.000 € jährlich betragen darf.

2 Höhe der Förderung

Die Förderung beträgt 1.200 € pro Jahr für jedes im geförderten Objekt lebende, im Zeitpunkt der Antragstellung minderjährige Kind über einen Zeitraum von maximal zehn Jahren, also bis zu 12.000 € je Kind, wenn das Wohneigentum ununterbrochen zehn Jahre selbst genutzt wird.

Änderungen nach Antragstellung (z. B. Geburt eines weiteren Kindes, Erreichen der Volljährigkeit) sind ohne Bedeutung. Der Anspruch auf Baukindergeld endet, wenn die geförderte Immobilie nicht mehr selbst bewohnt wird.

Baukindergeld wird nur so lange gezahlt, wie die bereitgestellten Bundesmittel reichen. Es besteht kein Rechtsanspruch auf die Förderung.

3 Antrag

Der Antrag muss bei der staatlichen KfW-Bank spätestens drei Monate nach Einzug (maßgebend: amtliche Meldebestätigung) bzw. beim Kauf einer bereits selbst genutzten Wohnung spätestens drei Monate nach Unterzeichnung des notariellen Kaufvertrags online unter www.kfw.de/zuschussportal gestellt werden.

Nach Antragseingangsbestätigung müssen innerhalb von drei Monaten die ESt-Bescheide der beiden maßgebenden Jahre, die amtliche Meldebestätigung über den Einzugstag und ein Grundbuchauszug über den Eigentumserwerb bzw. die Auflassungsvormerkung elektronisch übermittelt werden.

4 Auszahlung

Die Auszahlung erfolgt in jährlichen Raten. Dazu erhält der Antragsteller eine Auszahlungsbestätigung, in der der Zeitpunkt der ersten Ratenzahlung genannt ist. Die Auszahlung der weiteren Raten soll jährlich jeweils im gleichen Monat wie die Auszahlung der ersten Rate erfolgen. Weitergehende Informationen finden Sie auf dem Internetportal der KfW-Bank unter www.kfw.de/baukindergeld.

Behinderte Menschen

Behinderte Menschen können typische Mehraufwendungen, die ihnen durch ihre Behinderung entstehen, entweder über den Abzug eines Pauschbetrags oder in tatsächlicher Höhe nach Berücksichtigung der zumutbaren Eigenbelastung bei den außergewöhnlichen Belastungen geltend machen. Besondere Einzelaufwendungen können neben dem Pauschbetrag berücksichtigt werden.

§§ 33, 33b EStG

1 Pauschbetrag

Allgemeiner Pauschbetrag

Der Pauschbetrag deckt die Kosten für die Hilfe bei den regelmäßig wiederkehrenden Verrichtungen des täglichen Lebens, die Pflege sowie für den erhöhten Wäschebedarf ab.

Er richtet sich nach dem amtlich festgestellten Grad der Behinderung. Bei einem Grad der Behinderung von mindestens 50 % ist immer ein Pauschbetrag möglich, bei weniger als 50 %, aber mind. 25 % ist zusätzlich erforderlich, dass

- dem behinderten Menschen wegen der Behinderung nach gesetzlichen Vorschriften Renten oder andere laufende Bezüge zustehen oder

- die Behinderung zu einer dauernden Einbuße der körperlichen Beweglichkeit geführt hat oder

- die Behinderung auf einer typischen Berufskrankheit beruht.

131

Der Pauschbetrag beträgt bei einem Grad der Behinderung:

von 25 und 30 %	310 €
von 35 und 40 %	430 €
von 45 und 50 %	570 €
von 55 und 60 %	720 €
von 65 und 70 %	890 €
von 75 und 80 %	1.060 €
von 85 und 90 %	1.230 €
von 95 und 100 %	1.420 €

Für behinderte Menschen, die **hilflos** sind, und für **Blinde** erhöht sich der Pauschbetrag auf **3.700 €**. Es handelt sich dabei stets um einen Jahresbetrag, der nicht zeitanteilig berechnet wird, wenn die Behinderung erst im Laufe des Jahres eingetreten oder weggefallen ist. Ändert sich der Grad der Behinderung, ist der jeweils höchste Grad im Jahr maßgebend.

 WICHTIG

Pauschbetrag oder Pflegekosten?

Wenn Sie den Pauschbetrag für behinderte Menschen in Anspruch nehmen, können Sie für Pflegekosten oder Heimunterbringungskosten keinen Abzug als außergewöhnliche Belastungen und auch keine Steuerermäßigung für Pflegeleistungen bei den haushaltsnahen Dienstleistungen mehr geltend machen. Prüfen Sie deshalb genau, ob der Abzug der tatsächlichen Aufwendungen (s. u.) nicht günstiger ist.

Nachweis der Behinderung

Ab einem Grad der Behinderung von 50 % ist beim ersten Mal die Vorlage des Schwerbehindertenausweises erforderlich. Im Ausweis stehen ggf. auch die Merkmale „blind (Bl)" oder „hilflos (H)". Dem Merkzeichen „H" steht die Einstufung in die Pflegegrade 4 oder 5 durch den Medizinischen Dienst der Krankenversicherung gleich. Eine Gehbehinderung wird durch die Merkmale „G" oder „aG" bescheinigt.

Beträgt der Grad der Behinderung zwischen 25 % und weniger als 50 %, benötigt das Finanzamt eine Bescheinigung des Versorgungsamts bzw. bei Rentenzahlung aufgrund der Behinderung den Rentenbescheid als Nachweis.

Tatsächliche Aufwendungen

Statt des Pauschbetrags können die tatsächlichen **laufenden** und **typischen pflege- oder behindertenbedingten Aufwendungen** nach § 33 EStG als außergewöhnliche Belastungen berücksichtigt werden. Dazu gehören erhöhte Kosten für Wäsche und Hygieneartikel, Hilfe bei den gewöhnlichen und regelmäßig wiederkehrenden Arbeiten des täglichen Lebens, Diätkosten und Stärkungsmittel, ein Blindenhund, ambulante Pflege (angestellte Pflegerin oder Pflegedienst), Kurzzeit-, Tages- oder Nachtpflege sowie Pflege und Unterbringung im Heim. Allerdings wird der Gesamtaufwand um die zumutbare Eigenbelastung gekürzt. Vertiefend siehe → Außergewöhnliche Belastung.

Abzug neben Pauschbetrag

Zusätzlich zum Pauschbetrag können unter Beachtung der zumutbaren Eigenbelastung berücksichtigt werden:

Krankheitskosten, Kurkosten

Darunter fallen Zahlungen für Heilbehandlungen (Operationen, Heilbehandlungen, Arzneimittel, Arztbesuche), auch soweit diese durch die Behinderung bedingt sind, sowie die Kosten einer Heilkur. Vertiefend siehe → Krankheitskosten.

Begleitperson

Sind Sie wegen Ihrer Behinderung auf ständige Begleitung angewiesen (Merkzeichen „H" oder Pflegegrade 4 bzw. 5 bzw. amtsärztliches Gutachten oder Bescheinigung des Medizinischen Dienstes der Krankenversicherung erforderlich), können Sie Mehraufwendungen (Fahrtkosten, Unterbringung, Verpflegung), die Ihnen auf einer Urlaubsreise für eine Begleitperson entstehen, in angemessenem Umfang geltend machen. Das gilt nicht, soweit es sich um einen Familienurlaub mit einem behinderten Kind handelt oder die Begleitperson, insbesondere wenn es sich um den Ehegatten handelt, aus eigenem Interesse teilgenommen hat (BVerfG, Beschluss v. 15.5.2014, 2 BvR 295/14).

Behinderungsgerechter Umbau

Werden spezielle, auf die Behinderung abgestellte Vorrichtungen eingebaut (z. B. Treppenschräglift, Badewannenlift, Haltegriffe, Sitzerhöhung, Spezialrauchmelder für gehörlose Menschen, Hausnotruf), handelt es sich um **medi**zinisch notwendige Hilfsmittel, die als Krankheitskosten abzugsfähig sind.

Umbaumaßnahmen, die das Gebäude selbst betreffen, wie z. B. elektrisches Garagentor, Rollstuhlrampe, Aufzug, Türverbreiterung, behindertengerechtes Bad (bodengleiche Dusche, Sitzwanne), und die auch für nicht behinderte Personen angenehm sind, können dagegen nur berücksichtigt werden, soweit ein Käufer dafür keinen höheren Kaufpreis zahlen würde, denn nur insoweit liegt ein durch die Behinderung verursachter (verlorener) Aufwand vor. Für den Kostenabzug ist es unerheblich, ob die behinderungsbedingten Mehrkosten im Rahmen eines Neubaus oder einer Modernisierung bzw. eines Umbaus angefallen sind. Ebenso ist es ohne Bedeutung, ob die Aufwendungen situationsbedingt zwangsläufig waren (Umbau nach unvorhersehbarer Krankheit, z. B. Schlaganfall) oder infolge schleichender Erkrankung (BFH, Urteil v. 24.2.2011, VI R 16/10). Eine Verteilung hoher Kosten auf mehrere Jahre ist nicht möglich (BFH, Urteil v. 12.7.2017, VI R 36/15).

Die Zwangsläufigkeit der Umbaukosten kann z. B. durch Bescheid eines gesetzlichen Trägers der Sozialversicherung über die Bewilligung eines Zuschusses oder ein Gutachten des Medizinischen Dienstes der Krankenversicherung (MDK), des Sozialmedizinischen Dienstes (SMD) oder der Medicproof Gesellschaft für Medizinische Gutachten mbH nachgewiesen werden.

Kfz-Kosten

Erläuterungen zu den Kfz-Kosten finden Sie unten bei „Fahrtkosten".

2 Behinderte Kinder

Kinder, die wegen körperlicher, geistiger oder seelischer Behinderung **außerstande sind, sich selbst zu unterhalten**, können, unabhängig vom Alter, bei den Eltern steuerlich berücksichtigt werden, vorausgesetzt, die Behinderung ist vor Vollendung des 25. Lebensjahres eingetreten. Den Eltern stehen alle kindabhängigen Steuervergünstigungen (z. B. Kindergeld, Freibeträge, Betreuungskosten etc.) zu.

Der dem Kind zustehende Behindertenpauschbetrag ist auf die Elternteile auf Antrag beliebig übertragbar, wenn ihn das Kind mangels eigener (geringer) Einkünfte nicht in Anspruch nimmt. Zusätzlich – neben dem Pauschbetrag – sind bei den Eltern die nicht laufenden behinderungsbedingten Aufwendungen (s. o.) abzugsfähig. Dazu gehören auch die Kosten für den Führerschein eines Kindes mit schwerer Geh- und Stehbehinderung sowie der behindertengerechte Umbau eines Kfz.

Auch ohne Übertragung des Pauschbetrags können die Eltern ihre eigenen zwangsläufigen Aufwendungen für das Kind (z. B. Fahrtkosten in Zusammenhang mit der Betreuung des Kindes im Heim, Kosten, die durch die persönliche Pflege und Betreuung des Kindes in der elterlichen Wohnung entstehen) nach § 33 EStG abziehen, denn durch den Pauschbetrag werden nur die Aufwendungen des behinderten Kindes abgegolten.

3 Fahrtkosten

Berufliche Fahrten

Behinderte Menschen können für Fahrten mit dem eigenen Kfz zwischen Wohnung und erster Tätigkeitsstätte oder Betrieb statt der Entfernungspauschale die **tatsächlichen Kosten** als Werbungskosten bzw. Betriebsausgaben abziehen, wenn ein Grad der Behinderung vorliegt von

- mind. 70 % oder

- mind. 50 % und zusätzlich eine erhebliche Gehbehinderung (Merkzeichen „G" oder „aG" im Ausweis).

Ohne Einzelnachweis sind bei Benutzung eines Pkw für eine arbeitstägliche Fahrt pauschal 0,30 € je **gefahrenen** Kilometer (0,60 € je Ekm) als Werbungskosten abzugsfähig. Es kann allerdings nur einheitlich entweder mit der Entfernungspauschale oder den tatsächlichen Kosten abgerechnet werden.

Auch Familienheimfahrten bei doppelter Haushaltsführung sind in entsprechender Höhe absetzbar.

 TIPP

Fahrten zur ersten Tätigkeitsstätte

Wird der behinderte Arbeitnehmer von seinem Ehegatten zu seiner ersten Tätigkeitsstätte gebracht und abgeholt, können pro Tag zwei Hin- und Rückfahrten abgerechnet werden, wenn der behinderte Mensch keinen Führerschein hat oder aus Gründen der Behinderung von der Fahrerlaubnis keinen Gebrauch macht.

Andere beruflich veranlasste Fahrten (z. B. infolge einer Auswärtstätigkeit) können wie bei nicht behinderten Menschen auch in tatsächlicher Höhe abgezogen werden.

Privatfahrten behinderter Menschen

Personen mit einem Grad der Behinderung von

- mind. 80 % oder

- mind. 70 % und Merkzeichen „G"

können angemessene Kraftfahrzeugkosten (max. 0,30 €/km) für durch die Behinderung veranlasste unvermeidbare private Fahrten bis max. 3.000 km jährlich neben dem Pauschbetrag abziehen.

Bei

- außergewöhnlich gehbehinderten Menschen **(Merkzeichen „aG")** oder

- **blinden** (Merkzeichen „Bl") oder

- **hilflosen** (Merkzeichen „H" oder Pflegegrade 4 bzw. 5) Menschen

werden grundsätzlich alle privaten Fahrten, also auch Erholungs-, Freizeit- und Besuchsfahrten, bis zu 15.000 km jährlich berücksichtigt. Zusätzlich abzugsfähig sind Kosten für den behinderungsgerechten Umbau des Kfz, nicht dagegen Aufwendungen durch einen verschleißbedingten Motorschaden (BFH, Urteil v. 19.1.2017, VI R 60/14).

 TIPP

Fahrten zum Arzt

Zusätzlich sind die Fahrtkosten zum Arzt als Krankheitskosten abziehbar (BFH, Urteil v. 16.6.2010, VI B 11/10).

4 Heimunterbringung/ Haushaltshilfe

Leben behinderte Menschen im eigenen Haushalt, können sie für Hilfe und Dienstleistungen im Haushalt eine Steuerermäßigung erhalten. Vertiefend siehe → Haushaltsnahe Tätigkeiten/ Dienstleistungen.

Bei krankheits-, pflege- oder behinderungsbedingter Heimunterbringung können statt des Pauschbetrags für behinderte Menschen die gesamten tatsächlichen Aufwendungen (ohne Kosten des typischen Unterhalts) als Krankheitskosten berücksichtigt werden. Vertiefend siehe → Krankheitskosten.

5 Pflegepauschbetrag

Pflegen Sie **persönlich** einen nicht nur vorübergehend **hilflosen** Menschen (Merkzeichen „H" oder Pflegegrade 4 bzw. 5) in Ihrer oder in seiner Wohnung, erhalten Sie für jede gepflegte Person einen Pflegepauschbetrag von **924 €** im Jahr (§ 33b Abs. 6 EStG). Alternativ können Sie die Ihnen tatsächlich durch die Pflege entstandenen Kosten als allgemeine außergewöhnliche Belastungen unter Berücksichtigung der zumutbaren Eigenbelastung (§ 33 EStG) geltend machen.

Wird eine pflegebedürftige Person von mehreren Personen gepflegt, ist der Pauschbetrag gleichmäßig aufzuteilen.

Wird die Pflegeperson für die Pflege bezahlt, kann sie keinen Pauschbetrag erhalten. Auch ein weitergegebenes Pflegegeld aus der Pflegeversicherung ist schädlich. Lediglich das an die **Eltern** eines behinderten Kindes für die Pflege des Kindes ausgezahlte Pflegegeld ist unbeachtlich.

Beteiligungen/Erben- und Grundstücksgemeinschaften

Hier erfahren Sie alles Wissenswerte über das Besteuerungsverfahren von Erben- und Grundstücksgemeinschaften und den daran beteiligten Personen.

1 Die Gemeinschaft

Erben- und Grundstücksgemeinschaften versteuern ihre Erträge nicht selbst. Die Besteuerung erfolgt stattdessen durch die einzelnen Beteiligten. Die Einkünfte werden dazu in einem sog. **Feststellungsbescheid gesondert** vom Einkommensteuerveranlagungsverfahren und bei mehreren Beteiligten für alle **einheitlich** festgestellt.

Dazu müssen die Beteiligten (i.d.R. durch einen Bevollmächtigten) eine **Erklärung zur gesonderten und einheitlichen Feststellung von Grundlagen für die Einkommensbesteuerung** (Feststellungserklärung; Grundvordruck ESt 1 B) abgeben. In der Feststellungserklärung benennen die Beteiligten einen gemeinsamen Empfangsbevollmächtigten. Die erteilte Empfangsvollmacht wirkt auch für künftige Feststellungszeiträume, sofern sie nicht geändert oder widerrufen wird.

Zusätzlich ist für jeden Gesellschafter die **Anlage FB** nötig, denn sie enthält Angaben über die Art der Beteiligung und die Verteilung der Besteuerungsgrundlagen (Aufteilungsquote). Die erstmalige Nummerierung der Beteiligten in den Anlagen FB ist auch in Folgejahren unbedingt beizubehalten, denn die Daten werden mit den gespeicherten Daten der Vorjahre elektronisch abgeglichen. Außerdem muss die Gemeinschaft für jede vorliegende Einkunftsart eine Anlage mit der Ermittlung der Einkünfte abgeben. Vermietet eine Erben- oder Grundstücksgemeinschaft z.B. Grundbesitz, gibt sie für jedes Grundstück eine **Anlage V** ab.

Zusätzlich muss u.U. die **Anlage FE 1** ausgefüllt werden. Sie wird benötigt, wenn ein Beteiligter Zahlungen über seinen Anteil hinaus erhalten hat, z.B. für das Ausfüllen der Steuererklärung der Gesellschaft oder für Verwaltungsaufgaben (Sondereinnahmen). In der Anlage FE 1 sind auch Ausgaben zu erfassen, die zwar die Gesellschaft betreffen, die aber ein Beteiligter allein getragen hat (Sonderwerbungskosten), wie z. B. Finanzierungskosten.

WICHTIG

Wahl des Steuererklärungsvordrucks

Alle Ausgaben im Zusammenhang mit der Beteiligung müssen in der Feststellungserklärung erfasst werden. Sie gehören nicht in die Einkommensteuererklärung.

Die **Anlage FE 2** ist erforderlich, wenn in den erklärten Einkünften auch solche aus Veräußerungsgeschäften enthalten sind. Gegebenenfalls ist auch die **Anlage FE 3** einzureichen, wenn die Gesellschaft oder ein Gesellschafter Spenden aus Gesellschaftsmitteln getätigt hat.

Bei Kapitalerträgen ist die Abgabe der **Anlage FE-KAP 1** trotz abgeltendem Steuerabzug erforderlich, weil die von der Gesellschaft/Gemeinschaft erzielten Kapitalerträge immer gesondert und einheitlich festzustellen sind. Sind in den Kapitalerträgen auch ausländische Investmenterträge enthalten, ist zusätzlich die **Anlage FE-KAP-INV** einzureichen.

Bei gemeinsamen gewerblichen Einkünften (z. B. gemeinsamer Betrieb einer Fotovoltaikanlage) oder gemeinschaftlich ausgeübter selbstständiger Arbeit (z. B. Praxisgemeinschaft) ist die **Anlage FG** abzugeben.

Zuständig für die Feststellungserklärung ist bei Vermietungs-, Kapital- und sonstigen Einkünften das Finanzamt, in dessen Bezirk derjenige wohnt, der die Erträge verwaltet und die Gemeinschaft als Bevollmächtigter vertritt. Bei Gewinneinkünften ist das Betriebsstättenfinanzamt Ansprechpartner.

Aufgrund der Feststellungserklärung erlässt das zuständige Finanzamt einen **Bescheid über die gesonderte und einheitliche Feststellung von Einkünften.** Die in diesem Bescheid getroffenen Regelungen (Höhe der Einkünfte, Zurechnung der Einkünfte auf die Beteiligten) werden dem Empfangsbevollmächtigten der Gemeinschaft und den Wohnsitzfinanzämtern der Beteiligten mit Bindungswirkung mitgeteilt. Ist für einen Beteiligten bereits ein Einkommensteuerbescheid mit abweichenden Werten ergangen, kann dieser aufgrund der Mitteilung jederzeit geändert werden.

WICHTIG

Einspruch

Wenn ein Beteiligter mit den für die Gesellschaft getroffenen Regelungen (z. B. Höhe der Einkünfte, Höhe seines Anteils) nicht einverstanden ist, muss er innerhalb eines Monats direkt gegen den **Feststellungsbescheid** für die Gemeinschaft Einspruch erheben. Ein insoweit gegen den nachfolgenden Einkommensteuerbescheid erhobener Einspruch ist unbegründet.

Ein Feststellungsbescheid ergeht nicht, wenn die Gemeinschaft nur aus Ehegatten besteht, die **zusammen** zur Einkommensteuer veranlagt werden.

2 Ermittlung der Einkünfte der Gemeinschaft

Einnahmen und Werbungskosten sind den Miteigentümern grundsätzlich nach dem Verhältnis der bürgerlich-rechtlichen Beteiligungsverhältnisse (§ 722 BGB) zuzurechnen. **Abweichende Vereinbarungen** sind nur maßgebend, wenn sie zivilrechtlich wirksam sind und für sie wirtschaftliche Gründe vorliegen. Finanziert z. B. ein Miteigentümer seinen Teil der AK aus Eigenkapital, der andere Miteigentümer seinen Anteil aber mit Fremdmitteln, stellen die fälligen Schuldzinsen, da sie nur von einem Miteigentümer getragen werden, bei Letzterem Sonderwerbungskosten dar.

Zwischen Angehörigen müssen Vereinbarungen wie zwischen fremden Dritten vorliegen und auch tatsächlich umgesetzt werden.

Abschreibungen und andere WK

Abschreibungen kann nur der Miteigentümer in Anspruch nehmen, der die AK oder HK getragen hat. Trägt ein Miteigentümer höhere Aufwendungen als seinem Anteil entsprechend, werden ihm diese Aufwendungen nur dann als Werbungskosten aus V+V im Rahmen der gesonderten und einheitlichen Feststellung zugerechnet, wenn er die anderen Miteigentümer nicht bereichern wollte (keine Schenkung) und kein durchsetzbarer Ausgleichsanspruch (keine lediglich vorläufige Kostentragung, z. B. Kreditgewährung) gegenüber den Miteigentümern besteht.

Trägt ein Miteigentümer Aufwendungen über seinen Beteiligungsanteil hinaus, steht ihm nach § 426 BGB gegenüber den anderen Miteigentümern grundsätzlich ein Anspruch auf Ersatz dieser Kosten zu. Eine überquotale Zurechnung auf den zahlenden Miteigentümer ist dann nicht möglich. Ein Ausgleichsanspruch kann ggf. dadurch befriedigt werden, dass der zahlende Miteigentümer einen höheren Anteil an den zukünftigen Erträgen oder am Veräußerungserlös des gemeinschaftlichen Grundstücks erhält.

Nach dem Urteil des BFH (BFH, Urteil v. 18.5.2004, IX R 49/02) ist bei der Zurechnung von Mieteinkünften wie folgt vorzugehen:

- Zunächst ist bei Miteigentümern festzustellen, **wer** den objektiven Tatbestand der Einkunftsart V+V verwirklicht hat. Bei Miteigentümern muss geprüft werden, ob die Miteigentümer gemeinschaftlich oder ein Miteigentümer allein das Objekt oder einen Teil davon vermietet bzw. verpachtet. Treten die Miteigentümer gemeinsam als Vermieter auf, haben sie den Einkunftstatbestand grundsätzlich gemeinschaftlich verwirklicht. Schließt nur ein Miteigentümer den Mietvertrag über eine Wohnung ab, hat er allein Vermietungseinkünfte i. S. v. § 21 EStG.

- Es ist zu prüfen, **wem** die Einkünfte zuzurechnen sind. Haben die Miteigentümer gemeinschaftlich das Objekt vermietet bzw. verpachtet, sind ihnen die Einkünfte entsprechend ihren Miteigentumsanteilen zuzurechnen. Das gilt unabhängig davon, ob und in welchem Umfang der bzw. die Miteigentümer andere Wohnungen selbst nutzen.

BEISPIEL

Einkunftsaufteilung bei einer Grundstücksgemeinschaft

An einem Zweifamilienhaus sind die Mutter A zur Hälfte und die Kinder B und C zu je einem Viertel im Rahmen einer Erbengemeinschaft beteiligt. Eine Wohnung wird von A ohne Mietvertrag zu eigenen Wohnzwecken genutzt. Die andere Wohnung wird **durch die Grundstücksgemeinschaft** vermietet.

Die durch einen Mieterwechsel anfallenden Renovierungskosten für die vermietete Wohnung in Höhe von 5.000 € werden ausschließlich von B und C bezahlt, da A kein weiteres Vermögen und nur geringe Renteneinkünfte hat.

Die Renovierungskosten können nur **entsprechend den Beteiligungsverhältnissen** auf die Miteigentümer verteilt werden, da die Grundstücksgemeinschaft als Vermieter insgesamt auftritt und B und C jeweils einen Ausgleichsanspruch gegen A haben. Dieser kann über eine höhere Einnahmenbeteiligung oder einen Ausgleich nach Verkauf des Grundstücks verwirklicht werden.

Zu einem anderen Ergebnis kommt man, wenn der zahlende Miteigentümer wegen Zahlungsunfähigkeit und Vermögenslosigkeit der anderen Miteigentümer voraussichtlich keinen Ersatz bekommen wird. Die Aufwendungen sind dann allein dem die Kosten tragenden Miteigentümer zuzurechnen.

3 Besteuerung des Beteiligten

Der jeweilige Beteiligte macht in seiner Einkommensteuererklärung auf der Anlage zur jeweiligen Einkunftsart (Grundstücksgemeinschaften, z. B. **Anlage V**) Angaben über Art und Namen der Beteiligung (z. B. „Erbengemeinschaft Mustermann") und trägt den auf ihn entfallenden Anteil der Einkünfte ein. Ggf. kann ein entsprechender Vermerk angebracht werden, wenn die Höhe der Beteiligungseinkünfte nicht bekannt ist.

4 Kein Verlustvortrag bei Erbschaft

Ein Erbe kann einen vom Verstorbenen (Todestag nach dem 12.3.2008) nicht ausgenutzten Verlustabzug nicht bei seiner eigenen Veranlagung zur Einkommensteuer geltend machen, d. h. ein Verlustvortrag ist nicht vererblich (BFH, GrS 2/04).

Der Erbe kann aber die noch offene Kirchensteuer des Erblassers im Jahr der Zahlung als Sonderausgabe abziehen (BFH, Urteil v. 21.7.2016, X R 43/13).

Ehegattenveranlagung

Bei Ehegatten und Partnern einer eingetragenen Lebenspartnerschaft ist zu prüfen, in welcher Form die Einkommensteuerveranlagung durchzuführen ist.

1 Allgemeines

Die Ausführungen in diesem Buch zu Ehegatten und Ehen gelten auch für eingetragene Lebenspartner und eingetragene Lebenspartnerschaften.

Grundsätzlich ist jeder Steuerpflichtige nach § 25 EStG einzeln zur Einkommensteuer zu veranlagen. Die tarifliche Einkommensteuer berechnet sich nach dem **Grundtarif**.

Eine Ausnahme von der Einzelveranlagung ist die Ehegattenveranlagung nach § 26 Abs. 1 EStG. Diese liegt vor, wenn

- eine rechtsgültige Ehe vorliegt,

- beide Ehegatten unbeschränkt einkommensteuerpflichtig sind,

- nicht dauernd getrennt leben und

- diese Voraussetzungen an mindestens einem Tag im Jahr vorliegen.

Die Ehegattenveranlagung unterscheidet zwischen der

- **Zusammenveranlagung** von Ehegatten (§ 26b EStG) mit Splittingtarif und der

- **Einzelveranlagung von Ehegatten auf Antrag** (§ 26a EStG) mit Grundtarif.

Erfüllen die Ehegatten die Voraussetzungen für die Ehegattenveranlagung nicht, ist eine (normale) Einzelveranla-gung (§ 25 EStG) mit dem Grundtarif durchzuführen.

In besonderen Fällen kann noch eine Einzelveranlagung mit Splittingtarif für das Jahr der Auflösung der Ehe durch Tod in Betracht kommen.

2 Veranlagung von Ehegatten

Das Wahlrecht zwischen Zusammenveranlagung und Einzelveranlagung nach § 26a EStG besteht, wenn alle vorgenannten Voraussetzungen an mindestens einem Tag im Jahr erfüllt sind. Es reicht also aus, wenn die Ehe spätestens am 31. Dezember zivilrechtlich geschlossen wurde. Ist ein Ehegatte im Laufe des Jahres verstorben, kann das Wahlrecht durch den überlebenden Ehegatten und die Erben ausgeübt werden.

Nicht dauerndes Getrenntleben

Wenn sich Ehegatten im Laufe des Jahres auf Dauer trennen, ist eine Ehegattenveranlagung für das Jahr der Trennung noch möglich, weil sie zu Beginn des Jahres noch nicht dauernd getrennt gelebt haben. Ab dem folgenden Jahr kommt die Ehegattenveranlagung nicht mehr in Betracht, da die Ehegatten das gesamte Jahr dauernd getrennt gelebt haben. Es ist eine Einzelveranlagung nach § 25 EStG mit Anwendung des **Grundtarifs** durchzuführen.

Eine nur **vorübergehende** räumliche **Trennung** (z. B. ein Ehegatte ist vorübergehend im Ausland beschäftigt, längere Zeit im Krankenhaus oder verbüßt eine mehrjährige Haftstrafe) ist kein dauerndes Getrenntleben, wenn zumindest eine Wirtschaftsgemeinschaft (wirtschaftliche Fragen werden gemeinsam erledigt; über die Verwendung des Familieneinkommens wird gemeinsam entschieden) bestehen bleibt und die Wiederherstellung der häuslichen Lebensgemeinschaft angestrebt wird. Hier liegen die Voraussetzungen für eine Ehegattenveranlagung noch vor.

Wie wird das Ehegattenwahlrecht ausgeübt?

Ehegatten werden zusammen veranlagt, wenn beide die Zusammenveranlagung wählen. Wird das Wahlrecht nicht oder bzgl. einer Einzelveranlagung auf Antrag nicht wirksam ausgeübt, unterstellt das Finanzamt die Zusammenveranlagung. Die zur Ausübung des Wahlrechts erforderliche Erklärung kann grundsätzlich noch bis zur Unanfechtbarkeit des Steuerbescheids, d. h. auch noch im Rechtsbehelfs- und Klageverfahren, nicht aber im Revisionsverfahren, abgegeben werden.

Zusammenveranlagung

Bei Zusammenveranlagung geben die Ehegatten eine gemeinsame Steuererklärung ab, die von beiden eigenhändig zu unterschreiben ist. Die Zusammenveranlagung ist auch dann möglich, wenn nur eine Person Einkünfte bezogen hat. Das Finanzamt berechnet die Einkünfte der Eheleute zunächst getrennt, errechnet dann aber einen gemeinsamen Gesamtbetrag der Einkünfte und ein gemeinsames z. v. E. Die Steuer wird nach dem **Splittingverfahren** (§ 32a Abs. 5 EStG) festgelegt. Dabei wird unterstellt, dass beide gleich hohe Einkünfte erzielt haben. Deshalb wird das gemeinsame z. v. E. je zur Hälfte auf die Ehegatten verteilt. Die Steuer wird für jede Hälfte des z. v. E. nach dem Grundtarif ermittelt und die beiden Steuerbeträge werden zur gemeinsamen tariflichen Einkommensteuer aufaddiert. Bei unterschiedlich hohen Einkünften der Personen wird dadurch sichergestellt, dass jeder Ehegatte seinen Grundfreibetrag (2019: 9.168 €) und die niedrigen Steuersätze voll ausnutzen kann.

 BEISPIEL

Grundfall: nicht verheiratetes Paar

A, Freiberufler, z. v. E. 50.000 €, und B, Studentin, keine Einkünfte, leben 2019 als nicht verheiratetes Paar zusammen.

Für A ist eine Einzelveranlagung (§ 25 EStG) durchzuführen. Die Steuer beträgt nach dem Grundtarif 12.295 €. B wird nicht zur Einkommensteuer veranlagt.

Abwandlung 1: A und B heiraten

Heiraten A und B im Jahr 2019, können sie im Wege der Ehegattenveranlagung die Zusammenveranlagung wählen. Unterstellt, das gemeinsame z. v. E. beträgt ebenfalls 50.000 €, wird die Steuer für jede Person aus dem hälftigen Anteil des z. v. E. (25.000 €) über den Grundtarif mit 3.791 € ermittelt. Die gemeinsame tarifliche Einkommensteuer beträgt deshalb in der Summe 7.582 €. Dies hat im Vergleich zum nicht verheirateten Paar eine Ersparnis von 4.713 € zur Folge.

Abwandlung 2: A und B haben gleich hohe Einkünfte

Die nicht verheirateten Steuerpflichtigen A und B haben jeweils ein z.v.E. i.H.v. 25.000 €. Für jeden wird eine Einzelveranlagung mit Grundtarif durchgeführt. Die tarifliche Steuer der jeweiligen Person beträgt 3.791 €.

Durch eine Heirat würden A und B zwar zusammen zur Einkommensteuer veranlagt. Ein Steuervorteil ergibt sich hier aber nicht, weil die gemeinsame Steuer nach dem Splittingverfahren in der Summe ebenfalls 7.582 € betragen würde.

Das bei der Zusammenveranlagung anzuwendende Splittingverfahren bringt also nur dann einen Vorteil, wenn die Eheleute unterschiedlich hohe Einkünfte haben und der zu versteuernde Anteil mindestens einer Person unter dem Spitzensteuersatz versteuert wird.

Einzelveranlagung auf Antrag von Ehegatten

Eine Einzelveranlagung auf Antrag nach § 26a EStG kommt in Betracht, wenn

- mindestens ein Ehegatte den Antrag auf Einzelveranlagung stellt und

- jeder eine eigenhändig unterschriebene Steuererklärung mit seinen Einkünften abgibt.

Jeder erhält seinen Steuerbescheid. Die Steuer wird nach der Grundtabelle festgesetzt.

Bei der Einzelveranlagung von Ehegatten auf Antrag werden

- → Sonderausgaben,

- → Außergewöhnliche Belastung und

- die Steuerermäßigung nach § 35a EStG (→ Haushaltsnahe Tätigkeiten/ Dienstleistungen)

grundsätzlich demjenigen zugerechnet, der die Aufwendungen wirtschaftlich getragen hat. Insoweit unterscheidet sich die Einzelveranlagung von Ehegatten auf Antrag (§ 26a EStG) nicht von der Einzelveranlagung unverheirateter Personen (§ 25 EStG).

Auf **übereinstimmenden Antrag** der Ehegatten werden die vorgenannten Aufwendungen und die Steuerermäßigung nach § 35a EStG **jeweils zur Hälfte** bei den Ehegatten abgezogen. Eine von der Hälfte abweichende Verteilung der Aufwendungen ist nicht möglich.

Hat nur ein Ehegatte die Aufwendungen wirtschaftlich getragen, reicht sein Antrag in begründeten Einzelfällen allein aus. Ein solcher begründeter Einzelfall ist anzunehmen, wenn der andere Ehegatte z.B. krank oder verstorben ist oder der andere Ehegatte sich wegen Meinungsverschiedenheiten nicht zu einer gemeinsamen Erklärung bereit erklärt. Liegen außergewöhnliche Belastungen i.S.d. § 33 EStG vor, wird die zumutbare Belastung nach dem Gesamtbetrag der Einkünfte des jeweiligen Ehegatten bestimmt.

In welchen Fällen bietet die Einzelveranlagung auf Antrag Vorteile?

Die Einzelveranlagung kann Vorteile bieten, wenn ein Ehegatte z. B

- nur oder hohe steuerfreie Lohnersatzleistungen (z. B. Arbeitslosengeld, Kurzarbeitergeld, Mutterschaftsgeld, Elterngeld) oder andere steuerfreie (z. B. nach DBA steuerfreie ausländische) Einkünfte bezieht, die dem Progressionsvorbehalt unterliegen,

- die sog. Fünftelregelung nach § 34 EStG (evtl. bei Arbeitnehmerabfindung) oder einen anderen ermäßigten Steuersatz anwenden kann,

- Verluste erzielt hat und durch den Verlustausgleich Freibeträge des anderen wegfallen würden,

- selbstständig ist und der andere Arbeitnehmer die Arbeitgeberleistungen zur gesetzlichen Rentenversicherung des Arbeitnehmers kürzt ggf. den Höchstbetrag der Altersvorsorgeaufwendungen,

- Nebeneinkünfte bezieht, für die der Härteausgleich nach § 46 Abs. 3 EStG möglich wäre,

- einen Anspruch auf den Entlastungsbetrag für Alleinerziehende für einen Teil des Veranlagungszeitraums hat.

In den meisten Fällen wird eine Zusammenveranlagung mit dem Splittingtarif aber günstiger sein.

Sonderfall: Einzelveranlagung mit Splittingtarif

Eine Einzelveranlagung bedeutet normalerweise immer Besteuerung nach dem Grundtarif. Nur in zwei Ausnahmefällen wird die Einzelveranlagung mit dem Splittingtarif durchgeführt:

Tod eines Ehegatten

Eine Ehegattenveranlagung wird noch für das Jahr durchgeführt, in dem der Ehegatte verstorben ist. Im Folgejahr (Kalenderjahr **nach** dem Tod) wird das Einkommen des Überlebenden im Rahmen einer Einzelveranlagung nach § 25 EStG noch ein weiteres Mal mit dem **Splittingtarif** nach § 32a Abs. 6 Nr. 1 EStG versteuert, wenn der Steuerpflichtige und sein verstorbener Ehegatte im Zeitpunkt seines Todes die Voraussetzungen für die Ehegattenveranlagung nach § 26 Abs. 1 EStG erfüllt haben. Sämtliche Freibeträge (z. B. Sparerfreibetrag) und die abzugsfähigen Sonderausgaben werden jedoch einfach in Abzug gebracht. In den Folgejahren ist der Grundtarif anzuwenden.

Trennung/Scheidung

Wird eine Ehe im Laufe des Jahres geschieden, ist wegen des im Scheidungsrecht geltenden Scheiterungsprinzips (mindestens ein Jahr getrennt lebend) davon auszugehen, dass die Eheleute während des ganzen Jahres dauernd getrennt gelebt haben. Sie werden einzeln veranlagt mit Grundtarif.

Kann das Paar glaubhaft machen, dass es zu Beginn des Jahres noch nicht dauernd getrennt gelebt hat (eher selten), liegen die Voraussetzungen für das Ehegattenwahlrecht grundsätzlich vor. Heiratet einer der beiden im selben Jahr wieder und erfüllt mit seinem neuen Partner ebenfalls die Voraussetzungen für die Ehegattenveranlagung, darf das Wahlrecht nur für die neue Ehe ausgeübt werden. Der andere, nicht wieder Verheiratete wird einzeln veranlagt mit **Splittingtarif** nach § 32a Abs. 6 Nr. 2 EStG.

3 Steuerklassenwahl

Ehegatten, die beide Einkünfte aus nichtselbstständiger Arbeit erzielen, können wählen, ob beide nach Steuerklasse IV (Grundsatz) besteuert werden wollen oder der Besserverdienende nach Steuerklasse III und der andere nach Steuerklasse V. Die Steuerklassenkombination III/V bietet sich an, wenn der besser verdienende Ehegatte (III) ca. 60 %, der andere (V) ca. 40 % des Gesamtarbeitslohns erzielt. In diesem Fall besteht aber die Verpflichtung, nach Ablauf des Jahres eine Einkommensteuererklärung abzugeben.

Für Doppelverdienerpaare gibt es auch die Möglichkeit, ein „optionales Faktorverfahren" in Anspruch zu nehmen. Ehepaare können auf Antrag jeweils nach Steuerklasse IV unter Berücksichtigung eines Faktors, den das Finanzamt berechnet und der Unterschiede in den Einkünften ausgleichen soll, besteuert werden. Dieses Faktorverfahren bietet sich bei sehr unterschiedlich hohen Arbeitslöhnen an. Es kann gegenüber III/V hohe Nachzahlungen und gegenüber IV/IV einen zu hohen Lohnsteuereinbehalt vermeiden.

Ehrenamt

Viele Steuerpflichtige sind ehrenamtlich z. B. als Übungsleiter, Vereinsvorstand oder im Stadtrat tätig und erhalten hierfür eine kleine Vergütung. Wir zeigen Ihnen, wie Sie hier steuerlich am günstigsten fahren.

§§ 4, 9, 19, 15, 18 EStG

1 Steuerbefreiung für Übungsleiter, Ausbilder, Erzieher

Nebenberufliche Tätigkeiten bleiben bis zu 2.400 € pro Jahr steuerfrei, wenn folgende Voraussetzungen erfüllt sind (§ 3 Nr. 26 EStG):

- **Art der (nebenberuflichen) Tätigkeit**

Insbesondere Übungsleiter, Ausbilder, Erzieher oder Ausübende künstlerischer Tätigkeiten sind begünstigt.

- **Für wen erfolgt die Tätigkeit?**

Die Tätigkeit muss im Dienst bzw. Auftrag einer inländischen juristischen Person des öffentlichen Rechts oder einer gemeinnützigen, mildtätigen oder kirchlichen Zwecken dienenden Einrichtung erfolgen. Es handelt sich somit insbesondere um Tätigkeiten für die Kammern (z. B. IHK, Steuerberaterkammer, Sparkassenverbände, Kirchen, Universitäten, Volkshochschulen, gemeinnützige Vereine, Wohlfahrtsverbände).

Auch für die Tätigkeit bei einer vergleichbaren Organisation im Ausland gilt der Steuerfreibetrag (BFH, Urteil v. 22.7.2008, VIII R 101/02).

Die Vorschriften zum → Mindestlohn sind bei ehrenamtlich Tätigen nicht zu beachten.

Nachfolgend einige Beispiele aus der Praxis:

Ärzte im Behinderten- und Koronarsport, Ausbilder

Chorleiter

Dirigenten

Erste-Hilfe-Ausbilder

Fahrer und Beifahrer im Behindertenfahrdienst (OFD Koblenz, Verfügung v. 8.5.2008, S 2121 A – St 32 2)

Feuerwehrangehörige, die ausbildend tätig werden

Fortbildungstätigkeit für die Anwalts- oder Ärztekammer

Jugendwarte

Kinderbetreuer, Kirchenmusiker

Lehrtätigkeit

Mannschaftsbetreuer

Prüfungsausschussmitglieder

Sanitäts- und Rettungsdienst, Schwimmlehrer, Sportwarte

Stadtführer

Telefonseelsorger

Trainer (allerdings nicht Tiertrainer)

Unterrichtstätigkeit (z. B. IHK)

Vortragstätigkeit (z. B. an Volkshochschulen)

Weitere Beispiele und Hinweise siehe z. B. Bayerisches Landesamt für Steuern, Verfügung v. 8.9.2011, S. 2121.1.1 – 1/33 St32.

Nicht begünstigt sind z. B. Tätigkeiten als Büttenredner, Hausmeister, Hallen-, Geräte- und Platzwart, Reinigungskraft, Vorstandsmitglied, Verbandsfunktionär, Helfer bei Wohlfahrtsorganisationen, Helfer beim Mahlzeitendienst karitativer Verbände sowie Tätigkeiten für Gewerkschaften, Arbeitgeberverbände und Parteien.

Auch müssen die Themen eines Vortragenden noch der Fortbildung dienen, sie dürfen nicht allgemeiner Art sein (FG Köln, Urteil v. 19.10.2017, 15 K 2006/16).

Erhalten Feuerwehrleute eine Entschädigung für ihre ehrenamtliche Tätigkeit, ist 1/3 (mind. 200 €) nach § 3 Nr. 12 EStG steuerfrei, zusätzlich kommt für Ausbilder noch die Steuerbefreiung nach § 3 Nr. 26 EStG in Betracht. Der Umfang der Steuerfreiheit ist davon abhängig, ob die Vergütung auch einen Ausbildungsanteil enthält. Für Zug- und Gruppenführer beträgt dieser z. B. 80 %, für Jugendfeuerwehrwarte und Sicherheitsbeauftragte 100 % (FinMin Mecklenburg-Vorpommern, Erlass v. 27.9.2017, IV 301 – S 2337 – 10/96 – 004, FinMin Nordrhein-Westfalen, Erlass v. 3.12.2013, S 2337 – 32 – V B 3). Ob Fahrer, die nebenberuflich für eine Einrichtung der teilstationären Tagespflege im Fahrdienst tätig sind, die Steuerbefreiung geltend machen können, ist strittig (FG Baden-Württemberg, Urteil v. 8.3.2018 3 K 888/16, Rev. beim BFH, Az. VI R 9/18).

Weitere Einzelheiten zu diversen Tätigkeiten ergeben sich aus R 3.26 LStR sowie der Verfügung der OFD Frankfurt/M. v. 22.3.2018, S 2245 A – 2 – St 213.

 TIPP

Tätigkeitsumfang

Eine **nebenberufliche Tätigkeit** liegt vor, wenn diese nicht mehr als 1/3 der Arbeitszeit eines vergleichbaren Vollzeiterwerbs in Anspruch nimmt. Auf die Höhe der Vergütung kommt es hierbei nicht an. Es ist nicht erforderlich, dass noch eine andere (Haupt-)Tätigkeit ausgeübt wird, sodass z. B. auch Rentner, Studenten, Hausfrauen, Arbeitslose oder Vermieter eine nebenberufliche Tätigkeit ausüben können.

 TIPP

Tätigkeit als Arbeitnehmer

Noch günstiger ist es, wenn Sie die Tätigkeit als Arbeitnehmer auf Lohnsteuerkarte ausüben. Dann bleiben weitere 1.000 € (Arbeitnehmerfreibetrag) steuerfrei, wenn Sie nicht noch anderweitig nichtselbstständig tätig sind. Die nach § 3 Nr. 26 EStG steuerfreien Einnahmen sind auch sozialversicherungsfrei (§ 14 SGB IV). Erhalten Sie den Freibetrag nach § 3 Nr. 26 EStG nicht, sollten Sie prüfen, ob Sie die Voraussetzung für den Freibetrag nach § 3 Nr. 26a EStG erfüllen.

Wenn Sie mehrere begünstigte Nebentätigkeiten ausüben, erhalten Sie den Freibetrag nur einmal pro Jahr.

 BEISPIEL

Entgelt übersteigt den Freibetrag

Sie trainieren die A-Jugend des örtlichen Fußballvereins und erhalten dafür im Jahr pauschal 2.800 €.

Von den 2.800 € bleiben 2.400 € steuerfrei. Die übersteigenden 400 € müssen versteuert werden. Ein Abzug von Aufwendungen ist nicht möglich, da diese mit dem Abzug des steuerfreien Betrags abgegolten sind. Wenn Ihre Aufwendungen mehr als 2.400 € betragen, können Sie diese anstelle des Freibetrags abziehen.

 TIPP

Verlustberücksichtigung

Auch ein Verlust kann steuerlich geltend gemacht werden, sofern die Tätigkeit mit Einkünfteerzielungsabsicht ausgeübt wird. Unabhängig von den Motiven, aus denen der Einzelne einer Beschäftigung nachgeht, ist eine Gewinn-/Überschusserzielungsabsicht dann anzunehmen, wenn tatsächlich in der Regel Überschüsse aus der Beschäftigung erzielt werden. Umgekehrt ist von dem Fehlen einer Gewinn-/Überschusserzielungsabsicht auszugehen, wenn die Einnahmen in Geld oder Geldeswert lediglich dazu dienen, in pauschalierender Weise die Selbstkosten zu decken (BFH, Urteil v. 20.12.2017, III R 23/15). Das gilt auch dann, wenn die Einnahmen den Freibetrag nach § 3 Nr. 26 EStG in Höhe von 2.400 € pro Jahr nicht übersteigen (BFH, Urteil v. 20.11.2018, VIII R 17/16).

Das gilt auch für Tätigkeiten, für die andere Freibeträge (z. B. Freibetrag für Einnahmen aus sonstigen nebenberuflichen Tätigkeiten oder für ehrenamtliche Vormünder, Pfleger oder Betreuer) gewährt werden.

Tätigkeit für denselben Arbeitgeber

Keine begünstigte Nebentätigkeit liegt vor, wenn diese und die Haupttätigkeit für denselben Arbeitgeber in einem sachlichen und wirtschaftlichen Zusammenhang stehen. Das ist der Fall, wenn die zu erfüllenden Aufgaben beider Tätigkeiten sich entsprechen, die Tätigkeiten für denselben Dienstherrn ausgeübt werden oder die Nebentätigkeit eine faktische oder rechtliche Verpflichtung aus der Haupttätigkeit darstellt (BFH, Beschluss v. 11.12.2017, VI B 75/17). Das gilt selbst dann, wenn die Tätigkeit Ausfluss der hauptberuflichen Fähigkeiten ist, auch wenn keine Verpflichtung dazu vorlag und eine Anzeigepflicht für „Nebentätigkeiten" bestand (FG Köln, Urteil v. 19.10.2017, 15 K 2006/16).

2 Freibetrag für Einnahmen aus nebenberuflichen Tätigkeiten

Der Freibetrag des § 3 Nr. 26a EStG begünstigt Einnahmen aus nebenberuflichen Tätigkeiten im gemeinnützigen, mildtätigen oder kirchlichen Bereich von bis zu 720 € im Jahr. Das gilt auch für die Sozialversicherung.

 TIPP

Begünstigte Tätigkeiten

Die „**Ehrenamtspauschale**" können z. B. geltend machen:

- Vorstandsmitglieder

- Eltern, die Fahrdienste im Sportverein verrichten

- Reinigungspersonal oder Platzwarte

- ehrenamtliche Schiedsrichter im Amateursport

Zahlungen von pauschalen Vergütungen für Arbeits- oder Zeitaufwand (Tätigkeitsvergütungen) an den Vorstand sind nur dann zulässig, wenn dies durch die Satzung ausdrücklich zugelassen ist. Ein Verein, der nicht ausdrücklich die Bezahlung des Vorstands regelt und dennoch Tätigkeitsvergütungen zahlt, verstößt gegen das Gebot der Selbstlosigkeit. Der Ersatz tatsächlich entstandener Aufwendungen ist unkritisch. Weitere Einzelheiten siehe BMF, Schreiben v. 21.11.2014, IV C 4 – S 2121/07/0010 032.

Zahlungen an Mitglieder dürfen nicht unangemessen hoch sein, d. h. höchstens den Zahlungen an Nichtmitglieder entsprechen.

Sollen höhere tatsächliche Betriebsausgaben oder Werbungskosten geltend gemacht werden, müssen diese nachgewiesen werden.

Die Inanspruchnahme der Aufwandspauschale schließt die Aufwandsentschädigung aus öffentlichen Kassen und auch den Übungsleiterfreibetrag aus.

 TIPP

Inanspruchnahme verschiedener Freibeträge

Allerdings können Sie sowohl den Freibetrag für nebenberufliche Tätigkeiten im gemeinnützigen, mildtätigen oder kirchlichen Bereich als auch den Übungsleiterfreibetrag für zwei verschiedene Tätigkeiten erhalten.

 BEISPIEL

Unterschiedliche Tätigkeiten

A ist als Jugendtrainer für den örtlichen Sportverein tätig. Hierfür erhält er 2.000 € jährlich. Für seine Tätigkeit als Buchhalter der Kirchengemeinde erhält er 400 € Aufwandsentschädigung jährlich.

Für die Jugendtrainertätigkeit kann A die Regelung des § 3 Nr. 26 EStG (Übungsleiterfreibetrag) in Anspruch nehmen. Die andere Tätigkeit ist nach § 3 Nr. 26a EStG begünstigt.

3 Freibetrag ehrenamtlicher Vormünder, Pfleger oder Betreuer

Für Personen, die ehrenamtlich als Vormund, Pfleger oder Betreuer tätig sind und eine Aufwandsentschädigung nach § 1835a BGB erhalten, gibt es einen Freibetrag von bis zu 2.400 € (§ 3 Nr. 26b EStG). Allerdings gibt es für alle in § 3 Nr. 26 und Nr. 26b genannten Tätigkeiten insgesamt nur einmal einen Freibetrag von 2.400 €.

Kann der Steuerfreibetrag nicht in Anspruch genommen werden, können Betriebsausgaben von 25 % der Einnahmen pauschal von den Einnahmen abgezogen werden, soweit keine höheren Ausgaben nachgewiesen werden können (FinMin Niedersachsen, Schreiben v. 10.12.2010, S 2121/43/3341).

4 Ehrenamtliche Richter/Schöffen

Die Entschädigung für Verdienstausfall (§ 18 JVEG) ist eine steuerbare Einnahme nach § 24 Nr. 1 Buchst. a. Ist der Schöffe Arbeitnehmer, dann ist die Entschädigung in der Anlage N (Zeile 21) einzutragen. Ein Gewerbetreibender oder Selbstständiger muss die Beträge in seiner Gewinnermittlung erfassen. Die Entschädigung für Zeitversäumnis (§ 16 JVEG) ist dagegen nicht steuerbar. Steuerbefreiungen nach § 3 Nr. 12 Satz 1 und 2, § 3 Nr. 26 und § 3 Nr. 26a EStG kommen nicht in Betracht (BFH, Urteil v. 31.1.2017, IX R 10/16).

5 Ratsmitglieder und andere ehrenamtliche Tätigkeiten

Unter engen Voraussetzungen sind Aufwandsentschädigungen nach § 3 Nr. 12 EStG steuerfrei,

- wenn es sich um aus einer Bundes- oder Landeskasse gezahlte Bezüge handelt, die gesetzlich als Aufwandsentschädigung gezahlt und im Haushaltsplan ausgewiesen werden (§ 3 Nr. 12 Satz 1 EStG) oder

- wenn es sich um andere Bezüge handelt, die als Aufwandsentschädigung aus öffentlichen Kassen an öffentliche Dienste leistende Personen gezahlt werden, soweit nicht festgestellt wird, dass sie für Verdienstausfall oder Zeitverlust gewährt werden oder den Aufwand, der dem Empfänger erwächst, offenbar übersteigen (§ 3 Nr. 12 Satz 2 EStG).

Die meisten Bundesländer wenden untereinander abgestimmte Regelungen an, die pauschale Entschädigungen und Sitzungsgelder für ehrenamtliche Mitglieder eines Gemeinderats (Ratsmitglieder) bis zur folgenden Höhe steuerfrei belassen:

In einer Gemeinde oder Stadt mit	monatlich	jährlich
bis zu 20.000 Einwohnern	104 €	1.248 €
bis zu 50.000 Einwohnern	166 €	1.992 €
bis zu 150.000 Einwohnern	204 €	2.448 €
bis zu 450.000 Einwohnern	256 €	3.072 €
mehr als 450.000 Einwohnern	306 €	3.672 €

Je nach Bundesland erhöhen sich diese Beträge für z. B. Rats- oder Fraktionsvorsitzende (zweifach) und deren Stellvertreter (eineindrittelfach) und auch für Vertreter des hauptamtlichen Bürgermeisters (zweifach).

Der steuerfreie Betrag beträgt mindestens 200 € monatlich (R 3.12 Abs. 3 LStR 2015).

Für ehrenamtliche Mitglieder eines Kreistags gelten folgende Freibeträge:

In einem Landkreis mit	monatlich	jährlich
bis zu 250.000 Einwohnern	204 €	2.448 €
mehr als 250.000 Einwohnern	256 €	3.072 €

Liegen keine besonderen länderspezifischen Regelungen vor, gelten die R 3.12 Abs. 3 bis 5 LStR:

- Ist die Aufwandsentschädigung durch Gesetz oder Rechtsverordnung geregelt, ist bei ehrenamtlich tätigen Personen 1/3 der gewährten Aufwandsentschädigung steuerfrei, monatlich aber mind. 200 €.

- Beruht die Zahlung nicht auf Gesetz oder Rechtsverordnung, kann i. d. R. ohne weiteren Nachweis ein steuerlich anzuerkennender Aufwand von 200 € monatlich angenommen werden, höchstens aber der tatsächlich geleistete Betrag.

Für ehrenamtliche Bürgermeister und ihre Stellvertreter ist die Rechtslage wegen der abweichenden Aufgabenbereiche in den Bundesländern unterschiedlich. Der BFH hat die Tätigkeit grundsätzlich der „sonstigen selbstständigen Arbeit" i. S. d. § 18 Abs. 1

Nr. 3 EStG zugeordnet, soweit der Bürgermeister nach den einschlägigen kommunalrechtlichen Bestimmungen ausschließlich Mitglied und Vorsitzender eines Organs der Selbstverwaltung ist (BFH, Urteil v. 3.12.1987, IV R 41/85; BFH, Beschluss v. 13.6.2013, III B 156/12). Das gilt u. a. für Schleswig-Holstein (FG Schleswig-Holstein, Urteil v. 17.12.2015, 5 K 127/13) und für stellvertretende Bürgermeister in NRW (s. hierzu BFH, Urteil v. 3.12.1987, IV R 41/85). Beinhaltet die Funktion eigene Verwaltungsbefugnisse, bezieht er Arbeitslohn (BFH, Urteil v. 5.2.1971, VI R 82/68).

Bei einer gelegentlichen ehrenamtlichen Tätigkeit sind die steuerfreien monatlichen Mindest- und Höchstbeträge für einen Monat zu gewähren.

Soweit der steuerfreie Monatsbetrag von 200 € nicht ausgeschöpft wird, ist eine Übertragung in andere Monate desselben Kalenderjahres für diese Tätigkeit möglich.

Hat der Steuerpflichtige höhere Betriebsausgaben bzw. Werbungskosten, muss er diese nachweisen. Der die Aufwandsentschädigung übersteigende Betrag ist dann als Werbungskosten oder Betriebsausgaben abziehbar.

Die Beträge, die nicht steuerfrei sind, müssen als Einkünfte aus „sonstiger selbstständiger Arbeit" versteuert werden (§ 18 Abs. 1 Nr. 3 EStG). Nur gelegentliche Tätigkeiten (z. B. im Rahmen der Zensusbefragung) fallen unter die sonstigen Einkünfte i. S. d. § 22 Nr. 3 EStG. Hierbei ist zu beachten, dass Einkünfte (d. h. die um Kosten geminderten Einnahmen) nach § 22 Nr. 3 EStG nicht einkommensteuerpflichtig sind,

wenn sie weniger als 256 € im Kalenderjahr betragen haben.

6 Umsatzsteuer

Da bis zu einem Umsatz von 17.500 € keine Besteuerung stattfindet, dürften die meisten Ehrenamtler nicht umsatzsteuerpflichtig sein. Folgende Hinweise gelten für Betroffene, die aus anderen Gründen schon Unternehmer sind (z. B. Gewerbetreibende).

Steuerfreiheit

Die ehrenamtliche Tätigkeit ist bei der Umsatzsteuer steuerfrei, wenn sie für juristische Personen des öffentlichen Rechts ausgeübt wird oder wenn das Entgelt für diese Tätigkeit nur in Auslagenersatz und einer angemessenen Entschädigung für Zeitversäumnisse besteht.

Begünstigt sind nur Tätigkeiten, die

- in einem anderen Gesetz als dem UStG ausdrücklich als ehrenamtlich bezeichnet werden,
- man im allgemeinen Sprachgebrauch als „ehrenamtlich" bezeichnet oder
- vom materiellen Begriff des Ehrenamts umfasst werden.

Das setzt voraus, dass die Tätigkeit für eine fremdnützig bestimmte Einrichtung ausgeübt wird und weder dem eigenen Erwerb dient, noch hauptberuflich erfolgt (BMF, Schreiben v. 27.3.2013, IV D 3 – S 7185/09/10001-04).

Damit sind z. B. Tätigkeiten in Gremien der Sparkassen oder sparkassennahen Einrichtungen nicht umsatzsteuerbefreit, da das Sparkassengesetz die Ehrenamtlichkeit nicht ausdrücklich regelt (BMF, Schreiben v. 8.6.2017, III C 3 – S 7185/09/10001-06, BStBl 2017 I S. 858; Abschnitt 4.26.1. Abs. 1 UStAE).

Angemessenheit

Eine Entschädigung ist i. H. v. bis zu 50 € je Tätigkeitsstunde regelmäßig als angemessen anzusehen, sofern die Vergütung für die gesamten ehrenamtlichen Tätigkeiten den Betrag von 17.500 € im Jahr nicht übersteigt (Abschnitt 4.26.1 Abs. 4 Umsatzsteuer-Anwendungserlass). In diese Beträge ist ein Auslagenersatz, der für tatsächlich entstandene und nachgewiesene Aufwendungen erfolgt, nicht einzubeziehen. Andernfalls ist die Angemessenheit nach den Verhältnissen des Einzelfalls zu beurteilen.

Zeitaufwand

Der tatsächliche Zeitaufwand ist nachvollziehbar zu dokumentieren. Eine vom tatsächlichen Zeitaufwand unabhängige (z. B. laufend gezahlte pauschale bzw. monatlich oder jährlich laufend gezahlte pauschale) Vergütung führt zur Nichtanwendbarkeit der Befreiungsvorschrift mit der Folge, dass sämtliche für diese Tätigkeit gezahlten Vergütungen – auch soweit sie daneben in Auslagenersatz oder einer Entschädigung für Zeitaufwand bestehen – der Umsatzsteuer unterliegen. Diese Regelung ist für denjenigen von besonderem Interesse, der ohnehin als Unternehmer anzusehen ist.

 TIPP

Vermeidung der Steuerpflicht möglich

Die Steuerpflicht kann vermieden werden, wenn z. B. die Satzung oder der Vorstandsbeschluss zwar eine Pauschale vorsieht, aber zugleich vereinbart ist, dass durchschnittlich eine bestimmte Anzahl an Stunden geleistet und die Betragsgrenzen nicht überschritten werden. Der tatsächliche Zeitaufwand muss dann glaubhaft gemacht werden.

Ohne weitere Prüfung kann die Steuerbefreiung gewährt werden, wenn der Jahresgesamtbetrag der Entschädigungen den Freibetrag nach § 3 Nr. 26 EStG (2.400 €) nicht übersteigt.

 BEISPIEL

Umfang des Unternehmens

U ist selbstständiger Rechtsanwalt und Mitglied des Stadtrats. Beide Tätigkeiten gehören zum Umfang seines Unternehmens. Wenn keine Steuerbefreiung vorliegt, sind auch die Einnahmen aus der Stadtratstätigkeit der Umsatzsteuer zu unterwerfen.

Elektromobilität

Insbesondere durch das Gesetz zur Förderung der Elektromobilität sind für Elektro- und Hybridelektrofahrzeuge Steuererleichterungen geregelt. Auch für die Berechnung der privaten Nutzung von betrieblichen Fahrzeugen (Firmenwagen/Dienstwagen) gelten günstigere Sonderregelungen.

§§ 3 Nr. 46, 40 Abs. 2 EStG, BMF, Schreiben v. 14.12.2016, IV C 5-S 2334/14/10002-03, 2016/1120002 und vom 26.10.2017, IV C 5-S 2334/14/10002-06

1 Kfz-Steuerbefreiung

Elektrofahrzeuge, die im Zeitraum vom 18.5.2011 bis zum 31.12.2020 erstmals zugelassen werden, sind ab dem Tag der erstmaligen Zulassung für zehn Jahre von der Kfz-Steuer befreit (§ 3d Abs. 1 Satz 2 KraftStG). Die Befreiung gilt auch für technisch angemessene, verkehrsrechtlich genehmigte Elektroumrüstungen (§ 9 Abs. 2 KraftStG) ab dem Tag der von den Zulassungsstellen festgestellten Einhaltung aller Voraussetzungen.

Seit Juli 2016 kann für Elektroautos eine Kaufprämie als direkte Förderung beantragt werden. Für rein elektrisch betriebene Fahrzeuge beträgt dieser sog. Umweltbonus 4.000 €, für Plug-in-Hybride 3.000 €. Für Anträge auf die Prämie sowie deren Auszahlung ist das Bundesamt für Wirtschaft und Ausfuhrkontrolle zuständig.

2 Lohnsteuerbefreiung und -pauschalierung für Ladestrom/-vorrichtungen

 ACHTUNG

Grundvoraussetzung für die Vergünstigung

Sowohl die Steuerbefreiung als auch die Möglichkeit der Pauschalierung der Lohnsteuer setzt voraus, dass die Vorteile vom Arbeitgeber zusätzlich zum ohnehin geschuldeten Arbeitslohn gewährt werden. Eine Umwandlung von bereits zustehendem Gehalt ist damit nicht begünstigt.

Aufladung an betrieblicher Ladeeinrichtung

Vom Arbeitgeber gewährte Vorteile für das elektrische Aufladen (unentgeltlich oder verbilligt gestellter Ladestrom) eines Elektro- oder Hybridfahrzeugs (Codierung im Feld 10 der Zulassungsbescheinigung 0004, 0015, 0016–0019, 0025–0031 bzw. E-Kennzeichen) an einer ortsfesten betrieblichen Einrichtung des Arbeitgebers und die zur privaten Nutzung überlassene betriebliche

Ladeinfrastruktur einschließlich Zubehör sowie in diesem Zusammenhang erbrachter Dienstleistungen (z. B. Installation, Inbetriebnahme, Wartung der Anlage) sind beim Arbeitnehmer **steuerfreier** Arbeitslohn (§ 3 Nr. 46 EStG). Begünstigt ist sowohl das Aufladen privater Fahrzeuge als auch die Aufladung von Dienstwagen, die der Arbeitnehmer auch privat nutzen darf. Auch die Aufladung von Elektrofahrrädern ist steuerfrei. Dies gilt sowohl für große E-Bikes (Motorunterstützung auch bei Geschwindigkeiten über 25 km/h, Kennzeichen- und Versicherungspflicht) als auch – aus Billigkeit – für kleine E-Bikes (Pedelecs).

Übereignung einer Ladevorrichtung an Arbeitnehmer

Kauft der Arbeitgeber seinem Arbeitnehmer eine Ladevorrichtung, liegt in Höhe der Aufwendungen (Anschaffung, Installation usw.) steuerpflichtiger Arbeitslohn vor. Die dafür anfallende Lohnsteuer kann der Arbeitgeber pauschal mit 25 % (Arbeitgeberlohnsteuer) berechnen und übernehmen (§ 40 Abs. 2 Satz 1 Nr. 6 EStG).

Zuschüsse des Arbeitgebers für private Ladevorrichtungen

Erwirbt der Arbeitnehmer eine Ladevorrichtung privat und trägt die Aufwendungen der Nutzung (Wartung, Betrieb, Miete für Starkstromzähler), kann der Arbeitgeber die Kosten (nicht jedoch die Aufwendungen für den Ladestrom) bezuschussen oder vollständig übernehmen. Die Kostenübernahme bzw.

der Zuschuss ist steuerpflichtiger Arbeitslohn. Die anfallende Lohnsteuer kann der Arbeitgeber pauschal mit 25 % (Arbeitgeberlohnsteuer) berechnen und übernehmen. Voraussetzung für die mögliche Pauschalierung ist, dass die Aufwendungen für die Nutzung regelmäßig wiederkehren und vom Arbeitnehmer für einen repräsentativen Zeitraum von drei Monaten im Einzelnen nachgewiesen werden.

3 Privatnutzung

Dienstwagen des Arbeitnehmers

Die Erstattung der vom Arbeitnehmer selbst getragenen Stromkosten durch den Arbeitgeber ist beim Arbeitnehmer lohnsteuerfreier **Auslagenersatz** (§ 3 Nr. 50 EStG). Die Verwaltung akzeptiert bei Kfz eine monatliche Pauschale von 20 € (Hybrid 10 €), wenn eine Lademöglichkeit beim Arbeitgeber besteht, ansonsten 50 € (Hybrid 25 €).

Die **Privatnutzung** des Kfz und die Nutzung für **Wege von der Wohnung zur ersten Tätigkeitsstätte** ist steuerpflichtiger Arbeitslohn (geldwerter Vorteil).

Wird der lohnsteuerpflichtige Vorteil aus der Privatnutzung nach der 1%-Methode berechnet, ist der Bruttolistenpreis bei Anschaffung des Kfz vor 2019 um die Kosten des Batteriesystems zu mindern, wenn die Batterie miterworben wurde. Die Kürzung wird pauschal ermittelt und ist vom Anschaffungsjahr des Kfz und der Leistung der Batterie abhängig. Dasselbe gilt für die pauschale Bewertung (0,03%-Regelung) der Wege zwischen Wohnung und erster Tätigkeitsstätte. Wurde das Fahrzeug zwischen dem 1.1.2019 und dem 31.12.2021 angeschafft, erfolgt die Berechnung jeweils aus dem **hälftigen** Bruttolistenpreis einschließlich Batteriesystems. Die Neuregelung gilt auch für ein vor 2019 angeschafftes Kfz, wenn dieses dem Arbeitnehmer **erstmals** ab 2019 überlassen wurde.

Erfolgt die Ermittlung über die tatsächlichen Kosten (Fahrtenbuchmethode), wird der AfA-Anteil für die Privatfahrten und die Wege zwischen Wohnung und erster Tätigkeitsstätte bei Anschaffung des Kfz vor 2019 aus den Anschaffungskosten ohne das Batteriesystem berechnet bzw. bei Anschaffung oder erstmaliger Überlassung an den Arbeitnehmer zwischen 1.1.2019 und 31.12.2021 aus den **hälftigen** Anschaffungskosten bzw. Miet- oder Leasingraten. Die hälftige Berechnung gilt für Hybridfahrzeuge nur, wenn deren Kohlendioxidausstoß max. 50 g/km oder Reichweite bei ausschließlicher Nutzung des Elektromotors mindestens 40 km beträgt.

E-Bike des Arbeitnehmers

Nutzt ein Arbeitnehmer ein betriebliches (großes) E-Bike (Motorunterstützung auch über 25 km/h hinaus; mit Nummernschild), gelten für die Privatnutzung und die Wege zwischen Wohnung und erster Tätigkeitsstätte dieselben Regelungen wie für Kfz.

Bei einem (kleinen) E-Bike (ohne Nummernschild) ist der geldwerte Vorteil aus der Überlassung für private Fahrten und für Wege zwischen Wohnung und erster Tätigkeitsstätte für den Zeitraum vom 1.1.2019 bis 31.12.2021 steuerfrei (§ 3 Nr. 37 EStG), wenn die Überlassung

zusätzlich zum geschuldeten Arbeitslohn (keine Entgeltumwandlung) erfolgt. Dies gilt unabhängig davon, ob das E-Bike vor 1.1.2019 oder danach angeschafft wurde.

Darf ein Arbeitnehmer sein **privates** E-Bike beim Arbeitgeber kostenlos aufladen, ist dieser geldwerte Vorteil bei allen Arten von E-Bikes steuerfrei (§ 3 Nr. 46 EStG).

Privatnutzung durch den Betriebsinhaber

Die Ermittlungen des Privatanteils und der nicht abzugsfähigen Kosten für Wege zwischen Wohnung und Betrieb erfolgen wie beim Arbeitnehmer (s. o.). Bei der Fahrtenbuchmethode zählen die Stromkosten nicht zu den Gesamtkosten (steuerfrei, § 3 Nr. 46 EStG).

4 Überlassung von Leasing-Pedelecs

Arbeitgeber bieten ihren Arbeitnehmern inzwischen vermehrt an, ein Pedelec auch für die private Nutzung über den Arbeitgeber zu leasen und die Leasinggebühren vom Gehalt einzubehalten. Damit lässt sich der Bruttolohn verringern und der Steuerabzug sowie Sozialversicherungsbeiträge lassen sich reduzieren.

 BEISPIEL

Pedelec-Leasing

Eine Firma least ein Pedelec im Wert von 2.500 € und überlässt es dem Arbeitnehmer auch für private Fahrten. Die monatlichen Leasingraten des Arbeitgebers (75 €) werden vom

Lohn des Arbeitnehmers (monatlicher Bruttolohn 4.000 €, Steuerklasse 1) einbehalten. Die steuerliche Entlastung durch diese Gehaltsumwandlung zeigt folgende Vergleichsberechnung:

	ohne Pedelec	mit Pedelec
Bruttolohn Privatnutzung Pedelec (1 % v. 2.500 €)	4.000 €	(– 75 €) 3.925 € 25 €
steuerpflichtiger Lohn	4.000 €	3.950 €
– LSt, Solz, KiSt, Sozialabgaben	1.663,05 €	1.612,19 €
monatl. Leasingrate 75 € – 50 € (Minderung stpfl. Lohn)		–25 €
Nettolohn	2.336,95 €	2.312,81 €

Damit reduziert sich die monatliche Leasingrate, die der Arbeitnehmer zu tragen hat, durch die Abgabenersparnis auf ca. 50 €.

Erwirbt der Arbeitnehmer das Pedelec nach Ablauf der Leasingdauer, egal ob vom Arbeitgeber oder dem Leasinggeber, kann ein geldwerter Vorteil (Arbeitslohn) zu versteuern sein, wenn nur ein vergünstigter Kaufpreis gezahlt wird. Dieser wird wie folgt ermittelt:

	Restwert E-Bike (40 % des UVP oder Einzelgutachten)
–	Zuzahlung des Arbeitnehmers
=	geldwerter Vorteil

Finanzierungskosten

Finanzierungskosten (z. B. Zinsen, Geldbeschaffungskosten, Damnum/ Disagio) sind steuerlich abzugsfähig, wenn sie mit einer Einkunftsart zusammenhängen. Insbesondere im Immobilienbereich kann man durch eine überlegte Gestaltung Steuern sparen.

§ 9 Abs. 1 Nr. 1 EStG

1 Finanzierungskosten für Mietwohngrundstücke

Sie vermieten ein Haus/eine Eigentumswohnung

Finanzierungskosten (insbesondere Darlehenszinsen) für eine private, vermietete Immobilie (z. B. Darlehen zum Hausbau bzw. -kauf, zur Finanzierung von Reparaturmaßnahmen) stellen Werbungskosten bei den Einkünften aus V+V dar.

Damnum, Disagio, Bearbeitungs- und Auszahlungsgebühren

Bei diesen Gebühren sind drei Gruppen zu unterscheiden:

- Das Darlehen, für das die Gebühren gezahlt werden, hat eine Laufzeit von maximal fünf Jahren.
- Die Laufzeit des Darlehens beträgt mehr als fünf Jahre, und die Gebühren sind marktüblich.
- Die Laufzeit des Darlehens beträgt mehr als fünf Jahre, und die Gebühren sind nicht marktüblich.

In den ersten beiden Fällen sind die Aufwendungen im Jahr der Zahlung als Werbungskosten abziehbar. Von der Marktüblichkeit kann ausgegangen werden, wenn für ein Darlehen mit einem Zinsfestschreibungszeitraum von mindestens fünf Jahren ein Damnum in Höhe von bis zu 5 % vereinbart worden ist.

Wird ein nicht marktübliches Disagio vereinbart, ist die Regelung des § 11 Abs. 2 Satz 3 EStG anzuwenden, d. h. die Aufwendungen sind gleichmäßig auf die Laufzeit des Darlehens zu verteilen.

Abzug von Schuldzinsen für ein gescheitertes Bauvorhaben

Hat ein Steuerpflichtiger zur Finanzierung eines Mietobjekts ein Darlehen aufgenommen und kündigt er den Vertrag mit dem Bauträger wegen drohenden Konkurses, so sind die Finanzierungskosten als vergebliche Werbungskosten abzugsfähig (FG Nürnberg, Urteil v. 10.4.2001, I R 178/98).

Kauf eines unbebauten Grundstücks

Wird der Kauf eines unbebauten Grundstücks durch ein Darlehen finanziert, sind die anfallenden Aufwendungen nur dann abzugsfähig, wenn eine konkrete Bauabsicht vorliegt und ein Mietwohngrundstück errichtet werden soll. Auch wenn Bauerwartungsland erworben wird und mit einer Baugenehmigung in absehbarer Zeit zu rechnen ist, ist ein Abzug möglich.

Vorzeitige Ablösung einer Schuld

Das Objekt wird weiter vermietet

Verlangt die Bank eine Vorfälligkeitsentschädigung, weil ein Darlehen vorzeitig gekündigt wurde (z. B. wegen Umfinanzierung), ist diese als Werbungskosten abzugsfähig, wenn das Darlehen mit einem Mietwohngrundstück zusammenhängt.

Grundstücksveräußerung ohne Neubau/-erwerb

Wird die Darlehensschuld vorzeitig abgelöst, um ein bisher vermietetes Objekt lastenfrei verkaufen zu können, kann eine Vorfälligkeitsentschädigung nicht als Werbungskosten abgezogen werden (BFH, Urteil v. 23.9.2003, IX R 20/02).

Grundstücksveräußerung und Neubau/-erwerb

Eine im Zusammenhang mit einer Grundstücksveräußerung gezahlte Vorfälligkeitsentschädigung gehört (mit dem entsprechenden Anteil) zu den Finanzierungskosten eines neuen Mietobjekts, wenn der nach der Darlehenstilgung verbleibende Restkaufpreis zur Finanzierung dieses Objekts tatsächlich verwendet wurde (BFH, Urteil v. 14.1.2004, IX R 34/01).

Sie verkaufen Ihr Grundstück

Für die Berücksichtigung nachträglicher Schuldzinsen bei den Einkünften i. S. d. § 21 Abs. 1 Satz 1 Nr. 1 EStG ist maßgeblich, was mit dem Erlös aus der Veräußerung des mit einem Darlehen fremdfinanzierten Vermietungsobjekts geschieht (BFH, Urteil v. 6.12.2017, IX R 4/17).

 TIPP

Erlös reicht nicht aus

Wird eine Immobilie verkauft und reicht der Erlös nicht aus, um die Schulden zu tilgen, können die Schuldzinsen für die Restschuld dauerhaft als nachträgliche Werbungskosten geltend gemacht werden. Das gilt unabhängig davon, ob der Verkauf innerhalb oder nach Ablauf der zehnjährigen Spekulationsfrist erfolgt, und betrifft auch Refinanzierungs- oder Umschuldungsdarlehen, nicht aber Vorfälligkeitsentschädigungen (BFH, Urteil v. 8.4.2014, IX R 45/13; BFH, Urteil v. 11.2.2014, IX R 42/13).

Voraussetzung für den Zinsabzug ist, dass die Einkünfteerzielungsabsicht nicht bereits vor dem Verkauf aufgegeben wurde. Wurde das Mietverhältnis aufgelöst, um das Haus besser verkaufen zu können, sind die Finanzierungskosten ab Auszug des Mieters nicht mehr absetzbar.

Wurde jedoch eine während der Vermietung durchgeführte Reparatur durch ein Darlehen finanziert, sind die hierfür nach der Veräußerung ggf. noch anfallenden Schuldzinsen als nachträgliche Werbungskosten bei den Einkünften aus V+V abzugsfähig, sofern der Verkauf vor dem 1.1.2014 erfolgte. Seit 2014 soll das nur dann gelten, wenn der Veräußerungserlös nicht ausreicht, um das Darlehen abzulösen (BMF, Schreiben v. 27.7.2015, IV C 1 – S 2211/11/10001).

Wird ein bisher fremdfinanziertes Gebäude verkauft und der Verkaufserlös nur teilweise für den Erwerb eines anderen Gebäudes unter Verwendung der bisherigen Finanzierung benötigt, können die Schuldzinsen für dieses Darlehen in vollem Umfang als Werbungskosten geltend gemacht werden (BMF, Schreiben v. 3.5.2006, IV C 3 – S 2211 – 11/06).

Finanzierungskosten im Zusammenhang mit der eigengenutzten Wohnung

Stehen die Finanzierungskosten im Zusammenhang mit der eigengenutzten Privatwohnung, ist ein steuerlicher Abzug nicht möglich.

Finanzierungskosten im Zusammenhang mit „gemischt genutzten Grundstücken"

Betrifft ein Darlehen ein Gebäude, das unterschiedlich genutzt wird (z. B. für eigene Wohnzwecke und Vermietung), sind die Finanzierungskosten normalerweise im Verhältnis der Nutzflächen den jeweiligen Gebäudeteilen zuzuordnen.

Können die HK (soweit möglich) den einzelnen Gebäudeteilen zugeordnet werden, kann man nach der BFH-Rspr. erreichen, dass ein Großteil der Zinsaufwendungen steuerlich abzugsfähig ist (BFH, Urteil v. 9.7.2002, IX R 40/01).

- Lassen Sie sich getrennte Handwerkerrechnungen für die konkret zuordenbaren HK pro Wohnung sowie die allgemeinen HK geben.

- Richten Sie zur Abwicklung der Baukosten für die einzelnen Gebäudeteile getrennte Baukonten ein.

- Schließen Sie getrennte Darlehensverträge ab und legen Sie darin fest, für welchen Gebäudeteil der Vertrag gedacht ist.

 TIPP

Auszahlung

Lassen Sie die Beträge aus den verschiedenen Darlehen keinesfalls auf dasselbe Konto auszahlen, sonst funktioniert das ganze System nicht mehr und alle Finanzierungskosten werden zwingend nach dem Verhältnis der Wohnflächen aufgeteilt (BFH, Urteil v. 1.4.2009, IX R 35/08).

- Vermeiden Sie auf jeden Fall das Zusammenführen von Eigen- und Fremdmitteln auf einem Konto.

Auch in **Erwerbsfällen** sind die vorstehenden Grundsätze anzuwenden – am besten durch eine angemessene vertraglich vereinbarte Aufteilung des Kaufpreises. Andernfalls ist das Verhältnis der Nutz-/Wohnflächen der beiden Teile maßgebend. Für die zu vermie-

tende Einheit sollte ein Darlehen aufgenommen und damit nur die darauf entfallenden AK bezahlt werden; die AK für den eigengenutzten Teil sollten getrennt davon bezahlt werden. Auch eine Abwicklung über ein Notaranderkonto ist möglich.

Einfacher wird es, wenn Sie Wohnungs-/Teileigentum erwerben bzw. erstellen. Wenn Sie ein Gebäude als Bauherr erstellen, sollten Sie vor Baubeginn beim Grundbuchamt eine Teilungserklärung einreichen.

Mitfinanzierung durch Ehegatten

 BEISPIEL

Mitfinanzierung

Der Ehefrau gehört ein geerbtes Mietshaus. Für eine umfangreiche Renovierung nimmt der Ehemann ein Darlehen auf.

Die Zinsen für das Darlehen sind nicht als Werbungskosten abziehbar, da der Ehemann nicht (Mit-)Eigentümer ist und die Eigentümerin nicht (Mit-)Schuldnerin (BFH, Urteil v. 26.6.2008, X R 36/05).

Hat der Ehegatte aber eine gesamtschuldnerische Mithaftung für das Darlehen übernommen, sind die Zinsen abzugsfähig (BFH, Urteil v. 20.6.2012, IX R 29/11).

Gehört das Haus beiden Ehegatten und nutzt einer allein die Wohnung zu beruflichen Zwecken, kann er AfA und Schuldzinsen nur entsprechend seinem

Miteigentumsanteil geltend machen (BFH, Urteil v. 6.12.2017, VI R 41/15). Nutzt dieser jedoch nur einen Raum, z. B. als Arbeitszimmer, können die gesamten auf diesen Raum entfallenden Kosten von diesem Ehegatten abgesetzt werden (Großer Senat des BFH, Beschluss v. 23.8.1999, GrS 5/97).

 TIPP

Alleineigentümer

Ist ein Ehegatte Alleineigentümer, sollte dieser als Darlehensschuldner auftreten, oder die Ehegatten nehmen ein gesamtschuldnerisches Darlehen auf. Dann steht einem Werbungskostenabzug garantiert nichts im Wege.

2 Finanzierungskosten für Wertpapiere

Informationen dazu finden Sie im Stichwort → Kapitalanlagen.

3 Darlehen bei Verwandten

Mittels Darlehensverträgen zwischen nahen Angehörigen können u. U. Steuern gespart werden. Das gilt insbesondere, wenn der Empfänger der Zinsen nicht oder nur gering versteuern muss. Allerdings muss der Darlehensvertrag i. d. R. einem Fremdvergleich standhalten, insbesondere wenn die Darlehensmittel zuvor vom Darlehensnehmer geschenkt wurden oder z. B. bei Arbeitsverhältnissen durch Stehenlassen aufgelaufen sind. Keine strenge Prüfung ist vorzunehmen, wenn das Darlehen unmittelbar durch die Einkunftserzie-

lung veranlasst ist, z. B. der Anschaffung von Anlagegütern dient. Voraussetzung ist aber, dass tatsächlich Zinsen gezahlt werden (BFH, Urteil v. 22.10.2013, X R 26/11). Keinesfalls darf dies durch private Zuwendungs- oder Unterhaltsüberlegungen (§ 12 Nr. 1 und 2 EStG) motiviert sein.

Das sollten Sie beachten:

- Schließen Sie einen schriftlichen Darlehensvertrag ab.

- Regeln Sie im Vertrag die Laufzeit des Darlehens, die Tilgungsmodalitäten und die Höhe der Verzinsung.

- Halten Sie die Vereinbarungen ein (pünktliche Zins-/Tilgungszahlungen).

- Bei einer Laufzeit von mehr als sechs Monaten und einem Darlehensbetrag von mindestens 25.000 € ist es i. d. R. erforderlich, dass der Darlehensnehmer Sicherheiten stellt (z. B. Eintragung einer Grundschuld, Sicherungsübereignung, Bürgschaft).

- Es sollte sich eindeutig nachvollziehen lassen, dass der Darlehensbetrag aus dem Vermögen des Darlehensgebers stammt.

Darlehen mit Kindern

Obwohl der BFH entschieden hat, dass ein Vertrag nicht allein wegen einer zivilrechtlichen Unwirksamkeit (z. B. zunächst fehlender Genehmigung des Ergänzungspflegers) steuerlich unwirksam ist, geht das BMF von strengeren Kriterien aus. Die Vertragspartner müssen nachweisen, dass sie zeitnah nach dem Auftauchen von Zweifeln alle erforderlichen Maßnahmen ergriffen haben, um die zivilrechtliche Wirksamkeit des Vertrags herbeizuführen, und dass ihnen die Unwirksamkeit nicht anzulasten ist (BMF, Schreiben v. 23.12.2010, IV C 6 – S 2144/07/10004).

 TIPP

Darlehen mit Kindern

Zinszahlungen der Eltern an minderjährige Kinder sollten bis zur Volljährigkeit des Kindes fest auf dessen Namen angelegt werden. Wenn Sie die Zinserträge für den eigenen Lebensunterhalt bzw. für den des Kindes ausgeben, könnte das Finanzamt sonst zu dem Ergebnis kommen, dass das Darlehensverhältnis steuerlich nicht anzuerkennen ist.

Erst schenken und dann leihen

Wenn Sie Ihrem Kind Geld schenken und anschließend über dieses Geld ein Darlehen vereinbaren, werden weder die Schenkung noch das Darlehensverhältnis steuerlich anerkannt.

⚡ ACHTUNG

Kriterien der Schädlichkeit

Schädlich ist

- die Vereinbarung von Schenkung und Darlehen in einem Vertrag,

- die Vereinbarung in mehreren Verträgen innerhalb kurzer Zeit,

- die Schenkung unter der Auflage, das Geld als Darlehen zur Verfügung zu stellen,

- das Schenkungsversprechen unter der aufschiebenden Bedingung der Rückgabe als Darlehen.

4 Was gehört alles zu den Finanzierungskosten?

Neben den Zinsaufwendungen und dem Damnum/Disagio (= Unterschiedsbetrag zwischen der Darlehenssumme und dem verminderten Auszahlungsbetrag) gehören z.B. folgende Aufwendungen zu den Finanzierungskosten: Bankspesen, Fahrtkosten im Zusammenhang mit der Erledigung von Finanzierungsangelegenheiten (bei Pkw 0,30 €/km bzw. die tatsächlichen Kosten), Kreditvermittlungsgebühren, Aufwendungen für Porto, Telefon, Schätzgutachten (falls dieses für Kreditgewährung verlangt wird), Notar- und Grundbuchkosten für die Eintragung von Grundschulden und Hypotheken, Kosten im Zusammenhang mit Bürgschaften.

Haushaltsnahe Tätigkeiten/ Dienstleistungen

Für im eigenen Haushalt erhaltene Haushalts-, Betreuungs- und Pflegeleistungen sowie Handwerkerleistungen und für vergleichbare Haushaltsdienstleistungen bei Unterbringung in einem Pflegeheim sind Steuerermäßigungen möglich.

§ 35a EStG

1 Allgemeines

Vorrang anderer steuerlicher Abzugsmöglichkeiten

Soweit Aufwendungen für die Beschäftigung einer Person im Haushalt, Betreuungsleistungen oder Handwerkerleistungen als **Betriebsausgaben, Werbungskosten** oder **Sonderausgaben** abzugsfähig sind (z. B. Reinigungsarbeiten in beruflich genutzten Räumen), ist keine weitere Steuerermäßigung als „haushaltsnahe Dienstleistung" möglich.

Werden Aufwendungen als **außergewöhnliche Belastungen** abgezogen, können

- der Teil der Aufwendungen, der durch den Ansatz einer **zumutbaren Belastung** nicht als außergewöhnliche Belastung berücksichtigt wird, sowie

- der den Höchstbetrag nach § 33a EStG **übersteigende Teil der Unterhaltsaufwendungen**

über die Steuerermäßigung berücksichtigt werden.

Kinderbetreuungskosten sind im Rahmen des § 10 Abs. 1 Nr. 5 EStG zwar nur teilweise als Sonderausgaben abziehbar. Gleichwohl ist eine Steuerermä-

ßigung für den nicht abzugsfähigen Teil nicht möglich.

Berechtigter Personenkreis

Arbeitgeber eines haushaltsnahen Beschäftigungsverhältnisses oder Auftraggeber einer haushaltsnahen Dienstleistung, einer Pflege- oder Betreuungsleistung oder eines Handwerkers können eine **Steuerermäßigung** (direkter Abzug von der tariflichen Einkommensteuer) erhalten.

 TIPP

Steuerermäßigung auch als Mieter

Sie erhalten die Steuerermäßigung auch als **Mieter**, wenn Sie z. B. Ihre Wohnung durch einen Malerbetrieb renovieren lassen, oder für entsprechende Aufwendungen, die Ihnen vom Vermieter in Rechnung gestellt werden.

Ort der Tätigkeit

Die Tätigkeit muss in einem in der EU oder im Europäischen Wirtschaftsraum (EWR = EU-Mitgliedstaaten plus Island, Norwegen und Liechtenstein) liegenden

eigengenutzten Haushalt ausgeübt werden.

Pflege- und Betreuungsdienstleistungen können auch in der **Wohnung der zu pflegenden Person** durchgeführt werden. Bei einer Heimunterbringung ist Voraussetzung, dass das Heim oder der Ort der dauernden Pflege in der EU oder im EWR liegt.

Aufwendungen in **Zweit-, Wochenend- und Ferienwohnungen im Inland oder EU-/EWR-Ausland** sind ebenfalls zu berücksichtigen, wenn diese Wohnungen tatsächlich selbst genutzt werden. Die Steuerermäßigung kann aber für alle Wohnungen **insgesamt nur einmal** bis zum jeweiligen Höchstbetrag abgezogen werden.

Nachweis und Abzugszeitpunkt

Voraussetzung für den Abzug dieser Steuerermäßigung ist, dass der Steuerpflichtige eine **Rechnung** erhalten hat und die **Zahlung auf das Konto des Leistenden** (unbar, d. h. durch Überweisung, Verrechnungsscheck, Dauerauftrag, Einzugsermächtigung oder Onlinebanking) erfolgt ist.

Die Steuerermäßigung erfolgt für das **Jahr der Zahlung.**

Nicht begünstigt sind:

- Aufwendungen für die Erteilung von **Unterricht** (z. B. Nachhilfeunterricht), die **Vermittlung besonderer Fähigkeiten**, sportliche und andere **Freizeitbetätigungen**

- **personenbezogene Dienstleistungen** (z. B. Friseur- und Kosmetikleistungen), wenn diese nicht zu den

Pflege- und Betreuungsleistungen gehören

- die Beschäftigung von **im Haushalt** lebenden Ehegatten, Lebensgefährten oder Kindern

 TIPP

Betreuung durch Oma oder Opa

Wenn Sie z. B. Ihre Eltern zur Kinderbetreuung in der Weise einsetzen, dass diese den Fahrdienst für Kinder, die das 14. Lebensjahr bereits vollendet haben, übernehmen, und Ihre Eltern erhalten zwar keinen Lohn, aber Sie erstatten ihnen die Fahrtkosten, können Sie den Fahrtkostenersatz steuerlich geltend machen. Voraussetzungen sind allerdings eine vertragliche Vereinbarung, eine Rechnung sowie die unbare Zahlung.

2 Minijobs

Begünstigt sind Aufwendungen für haushaltsnahe geringfügige Beschäftigungsverhältnisse (Minijobs) i. S. d. § 8a SGB IV, die in einem inländischen Haushalt ausgeübt werden. Die Anmeldung erfolgt über den „Haushaltsscheck" (Formular) bei der Minijob-Zentrale in Essen.

Begünstigt sind die Aufwendungen für typische Tätigkeiten im Haushalt. Dazu gehören z. B. die Reinigung der Wohnung, die Zubereitung von Mahlzeiten, die Gartenpflege und die Versorgung und Betreuung von Kindern, sofern es sich nicht um Kinderbetreuungskosten handelt.

Die **Steuerermäßigung** (direkter Abzug von der Steuer) beträgt 20 % der tatsächlichen Aufwendungen (Bescheinigung der Minijob-Zentrale), höchstens 510 €. Bei Minijobs mit Haushaltsscheckverfahren gehören die pauschalen Abgaben, die bis zum 15. Januar des Folgejahres bezahlt werden, noch zu den Aufwendungen des Vorjahres.

3 Andere Beschäftigungsverhältnisse, Dienst- und Pflegeleistungen

Begünstigte Aufwendungen sind solche in Zusammenhang mit

- einem **sozialversicherungspflichtigen Beschäftigungsverhältnis**,

- der Inanspruchnahme von **haushaltsnahen Dienstleistungen**,

- der Inanspruchnahme von **Pflege- und Betreuungsleistungen und**

- der **Unterbringung in einem Heim** oder **zur dauernden Pflege**, soweit dadurch Aufwendungen für Dienstleistungen anfallen, die mit denen einer Hilfe im Haushalt vergleichbar sind.

Umfang der Förderung

Für alle diese Aufwendungen kann **insgesamt** eine Steuerermäßigung in Anspruch genommen werden. Diese beträgt 20 % der **gesamten** Aufwendungen, höchstens 4.000 €.

Sozialversicherungspflichtige Beschäftigungsverhältnisse

Bei den sozialversicherungspflichtigen Beschäftigungsverhältnissen gehören neben dem Bruttoarbeitslohn (einschließlich Arbeitnehmeranteile zur Sozialversicherung, Lohn- und Kirchensteuer sowie Solidaritätszuschlag) auch die Arbeitgeberanteile zur Sozialversicherung zu den begünstigten Aufwendungen.

Haushaltsnahe Dienstleistungen

Zu den haushaltsnahen Dienstleistungen gehören nur Tätigkeiten,

- die nicht zu den handwerklichen Leistungen gehören,

- die gewöhnlich durch Haushaltsmitglieder erledigt werden können und

- für die ein externer selbstständiger Dienstleister in Anspruch genommen wird.

Begünstigt sind danach z. B. Gebäudereiniger, Fensterputzer, Schneeräumdienste, Hausmeisterdienste bzw. Gartenpflegearbeiten oder Kosten für von Umzugsspeditionen durchgeführte, privat veranlasste Umzüge. Bei Umzügen sind sowohl Kosten in Zusammenhang mit der „alten" als auch der „neuen" Wohnung berücksichtigungsfähig. Auch Aufwendungen für **Tierbetreuung** sind begünstigt, sofern die Betreuung im Rahmen des Haushalts (auch „Gassi"-Gehen) erfolgt (BFH, Urteile v. 3.9.2015, VI R 13/15 und v. 25.9.2017, VI B 25/17). Nicht berücksichtigungsfähig ist dagegen die externe (urlaubsbedingte) Unterbringung und Betreuung in Tierpensionen.

Selbst die Inanspruchnahme von Dienstleistungen (Handwerkerleistungen), die jenseits der Grundstücksgrenze auf fremdem, beispielsweise öffentlichem Grund erbracht werden, ist begünstigt, wenn sie in unmittelbarem räumlichem Zusammenhang zum Haushalt durchgeführt werden und dem Haushalt dienen (BFH, Urteile v. 20.3.2014, VI R 55/12 und VI R 56/12). Darunter fallen z. B. Kehrdienst, Schneeräumdienst auf Gehwegen sowie das Verlegen des Hausanschlusses für Telefon, Kabel bzw. Breitbandinternet oder Fernwärme etc.

Leistungen, bei denen die Entsorgung im Vordergrund steht (z. B. Müllgebühren), sind nicht begünstigt. Ist die Entsorgung nur Nebenleistung (z. B. Grünschnittabfuhr bei Gartenpflege), sind neben dem Lohnaufwand auch die Entsorgungskosten absetzbar. Aufwendungen für Verbrauchsmittel (z. B. Reinigungsmittel und Streugut) sind stets begünstigt, nicht jedoch Materialkosten.

 BEISPIEL

Aufteilung des Gesamtbetrags

Sie haben einen Cateringservice mit der Durchführung Ihrer Gartenparty beauftragt. Speisen und Getränke werden angeliefert, Geschirr und Besteck werden zur Verfügung gestellt und Personal, das die Speisenausgabe übernimmt, ist für drei Stunden vor Ort.

Nur die Kosten der Personalgestellung vor Ort sind als haushaltsnahe Dienstleistung anzusehen. Die Steuerermä-

ßigung errechnet sich aus dem Arbeitskostenanteil.

Es reicht aus, wenn der Rechnungsaussteller den Arbeitslohnanteil in der Rechnung nur prozentual ausweist.

Pflege-/Betreuungsleistungen

Abzugsfähig sind sowohl Aufwendungen für die Betreuung (z. B. Hausaufgabenbetreuung) von Kindern (über 14 Jahren) im Haushalt, da insoweit kein Sonderausgabenabzug möglich ist, als auch die Betreuung und Pflege älterer Menschen. Die Feststellung oder der Nachweis einer Pflegebedürftigkeit sind nicht erforderlich. Begünstigt sind Dienstleistungen zur Grundpflege, d. h. zur unmittelbaren Pflege am Menschen (Körperpflege, Ernährung und Mobilität), oder zur Betreuung. Dazu gehören auch die Kosten für ein mit der Betreuungspauschale abgegoltenes Notrufsystem, das innerhalb der Wohnung im Rahmen des betreuten Wohnens Hilfeleistung rund um die Uhr sicherstellt (BFH, Urteil v. 3.9.2015, VI R 18/14). Wird das Notrufsystem (Rotes-Kreuz-/Caritas-Notknopf) als eigenständige (alleinige) Bereitschaftsleistung erbracht, erkennt die Verwaltung die Kosten bisher nicht an.

Pflege durch Angehörige

Die Steuerermäßigung können auch **Angehörige** erhalten, wenn sie für Pflege- bzw. Betreuungsleistungen im eigenen Haushalt oder im Haushalt der zu pflegenden Person aufkommen. Die Leistungen der Pflegeversicherung sind mit Ausnahme des Pflegegeldes anzurech-

Haushaltsnahe Tätigkeiten/Dienstleistungen

nen. Nimmt die zu pflegende Person oder der Angehörige den Pflegepauschbetrag oder den Behindertenpauschbetrag in Anspruch, schließt dies eine Steuerermäßigung für haushaltsnahe Beschäftigungsverhältnisse und Dienstleistungen im Abgeltungsbereich des Pauschbetrags aus. Auch der von einem Kind auf den Steuerpflichtigen übertragene Behindertenpauschbetrag führt zum Ausschluss. Vertiefend siehe → Behinderte Menschen. Die Steuerermäßigung ist haushaltsbezogen und wird nur einmal gewährt, wenn zwei pflegebedürftige Personen in einem Haushalt gepflegt werden.

Heimunterbringung

Begünstigt ist auch eine Heimunterbringung wegen Alters oder zur dauernden Pflege (z. B. Altenheim, Pflegeheim, Wohnstift). Nicht begünstigt sind Studentenwohnheime oder andere Ausbildungswohnheime. Wegen der zu berücksichtigenden Aufwendungen ist zu unterscheiden, ob im Heim ein **eigenständiger und abgeschlossener Haushalt** (Bad, Küche, Wohn- und Schlafbereich) vorliegt und eine eigene Wirtschaftsführung des Bewohners gegeben ist oder nicht.

	kein abgeschlossener Haushalt im Heim	abgeschlossener Haushalt im Heim
Grundpflege:		
Pflege- und Betreuungsleistungen	ja	ja
Reinigung des Zimmers	ja	ja
Reinigung der Gemeinschaftsflächen (Flure, Treppenhaus, Gemeinschaftsräume)	ja	ja
Zubereitung von Mahlzeiten in der hauseigenen Küche des Heims	ja	ja
Servieren von Mahlzeiten (auch im Speisesaal)	ja	ja
Wäscheservice, soweit er im Heim erfolgt	ja	ja
Sonstiges:		
Miete im Altenheim/Wohnstift	nein	nein
Hausmeisterarbeiten	nein	ja
Gartenpflege	nein	ja
Handwerkerleistungen	nein	ja
Dienstleistungen des Haus- und Etagenpersonals (Empfang von Besuchern, kleine Botengänge)	nein	ja

Aufwendungen, die im Voraus geleistet werden, um bei Bedarf bestehende Pflege- und Betreuungsleistungen in Anspruch zu nehmen, sind nur begünstigt, wenn die Dienstleistung tatsächlich in Anspruch genommen wurde.

4 Handwerkerleistungen

Eine Steuerermäßigung gibt es auch für handwerkliche Tätigkeiten im Privathaushalt.

Umfang der Steuerermäßigung

Die Steuerermäßigung beträgt 20 % der Aufwendungen, höchstens 1.200 € jährlich. Sie kann im **Jahr der Zahlung** in Anspruch genommen werden.

Begünstigte Aufwendungen

Zu den **begünstigten Aufwendungen** gehören insbesondere Arbeiten am Dach, an der Fassade, an Garagen, die Reparatur oder der Austausch von Fenstern oder Türen und Bodenbelägen, Maler- und Tapezierarbeiten, Wartung oder Austausch von Heizungsanlagen sowie die Modernisierung des Badezimmers, Aufwendungen für Mess- und Überprüfungsarbeiten (Dichtigkeitsprüfung einer Abwasserleitung, Legionellenprüfung, Kontrolle von Aufzügen oder Blitzschutzanlagen und andere technische Prüfdienste) sowie Maßnahmen zur Feststellung der Ursache von Gebäudeschäden, nicht jedoch Gutachterkosten.

Der Abzug ist nur für Dienstleistungen in Form von **Arbeitslohn, Fahrt- und Maschinenkosten sowie** Kosten für **Verbrauchsmittel** (z. B. Befestigungsmaterial in geringem Umfang oder Streugut) möglich, nicht dagegen **Material- oder Warenkosten**. Bei der Erneuerung der Einbauküche bzw. der Reparatur von Haushaltsgeräten (z. B. Waschmaschine, Herd, Fernseher, PC) sind deshalb auch nur die Arbeitskos-

ten, die auf Arbeiten im Haushalt entfallen, abziehbar.

Nicht begünstigt sind z. B. Aufwendungen für den Architekten, da es sich um keine handwerkliche Leistung handelt. Auch (Lohn-)Kosten, die in einer Werkstatt anfallen, sind nach derzeitiger Rechtsauffassung nicht begünstigt, auch wenn sie einen Gegenstand des Haushalts betreffen. Ob dies (weiterhin) gilt, muss der BFH in einem anhängigen Verfahren (Az. beim BFH VI R 44/18) überprüfen.

Ebenfalls ausgeschlossen ist eine Steuerermäßigung für Maßnahmen, die z. B. über zinsverbilligte Darlehen (z. B. der KfW-Bank) oder steuerfreie Zuschüsse öffentlich gefördert wurden. Dies gilt auch für den Teil der Aufwendungen, der sich, z. B. wegen Überschreitung des Förderhöchstbetrags, im Rahmen der öffentlichen Förderung nicht auswirkt.

Neubaumaßnahme/Erweiterung

Aufwendungen im Rahmen einer **Neubaumaßnahme** (erstmalige Erstellung eines Haushalts bis zu dessen erstmaliger Fertigstellung) sind nicht begünstigt. Ein Gebäude gilt dann als fertiggestellt, wenn alle wesentlichen Bauarbeiten abgeschlossen sind und der Bau so weit errichtet ist, dass der Bezug der Wohnung zumutbar ist. Aufwendungen für eine Maßnahme sind dann begünstigt, wenn sie im räumlichen Zusammenhang eines **vorhandenen** Haushalts erbracht werden. Dazu gehören z. B. Restarbeiten am Haus, am Außenputz und an der Gartenanlage, die **nach dem Bezug** eines Neubaus anfallen.

Auch Aufwendungen für eine **Erweiterung,** z. B. Anbau, Ausbau des Dachgeschosses oder Einbau einer Dachgaube, Bau eines Wintergartens, Erstellung eines Carports oder einer Garage, sind begünstigt. Ob es sich bei den Aufwendungen für eine einzelne Maßnahme steuerlich um Erhaltungs- oder Herstellungsaufwand handelt, ist ohne Bedeutung.

Wohnungswechsel

Bei Umzug in eine andere Wohnung kann eine Steuerermäßigung sowohl für die Renovierung im bisherigen als auch im neuen Haushalt in Anspruch genommen werden. Der Höchstbetrag verdoppelt sich aber nicht.

 TIPP

Abschlagszahlungen

Vereinbaren Sie mit Ihrem Handwerker Teil- oder Abschlagszahlungen in verschiedenen Jahren, dann können Sie die Steuerermäßigung für die jeweilige Zahlung in verschiedenen Jahren in Anspruch nehmen. Voraussetzung ist aber jeweils eine Rechnung für die betreffende Teil- oder Abschlagszahlung.

5 Eigentümergemeinschaft

Liegt eine Beteiligung an einem Grundstück in Form von Wohnungs- oder Teileigentum vor, kann die Steuerermäßigung für haushaltsnahe Beschäftigungsverhältnisse oder vergleichbare Dienstleistungen (z. B. Hausmeister) und Handwerkerleistungen an diesem Grundstück in Anspruch genommen werden.

Geringfügige Beschäftigungsverhältnisse, die eine Wohnungseigentümergemeinschaft abschließt, sind – anders als solche, die von einzelnen Wohnungseigentümern abgeschlossen wurden – nicht begünstigt, da eine Teilnahme am Haushaltsscheckverfahren nicht möglich ist. Die Aufwendungen sind aber im Rahmen der haushaltsnahen Dienstleistungen abziehbar.

Erforderlich ist die Vorlage einer Jahresabrechnung der Wohnungseigentümergemeinschaft. In der Abrechnung müssen die verschiedenartigen Begünstigungen aufgelistet und der auf den Steuerpflichtigen entfallende Kostenanteil ausgewiesen sein.

Die Kosten für die Hausverwaltung durch einen externen Hausverwalter sind keine haushaltsnahen Dienstleistungen, da sie nicht auf dem Grundstück ausgeübt werden.

6 Mehrfache Förderung

Sie können die verschiedenen Steuerermäßigungen **nebeneinander** in Anspruch nehmen, der Höchstbetrag pro Förderart wird allerdings nur einmal gewährt.

 BEISPIEL

Mehrere Haushaltsleistungen

Fall 1

Für eine Hilfe im Haushalt werden Sozialversicherungspflichtbeiträge bezahlt. Die Gesamtkosten belaufen sich auf 12.000 € im Jahr. Außerdem wird ein Malermeister mit der Renovierung der Hausfassade beauftragt und es werden 4.000 € Lohnkosten bezahlt. Für die Wartung der Heizungsanlage fallen 150 € Arbeitslohn an.

Die Steuerermäßigung beträgt für die Haushaltshilfe 2.400 €, für die Handwerkerleistungen 830 €.

Fall 2

Ein Landschaftsgärtner erledigt Arbeiten im Garten. Die Arbeiten umfassen Schnittarbeiten an Hecken und Sträuchern, den Austausch von Büschen und anderen Pflanzen sowie das Fällen eines größeren Baumes. In der Rechnung i. H. v. 7.000 € sind 4.700 € Lohnaufwand, 2.000 € Materialkosten (Pflanzen und Erde) sowie 300 € Transportkosten enthalten.

Die Materialkosten sind nicht begünstigt. Die Lohnkosten können in haushaltsnahe Dienstleistungen (Gartenpflegearbeiten) – 20 %, höchstens 4.000 € – und Handwerkerleistungen

(Fällen größerer Bäume, Rodungen, Um-/Neugestaltung des Gartens) – 20 %, höchstens 1.200 € – aufgeteilt werden. Die Entgelte müssen in der Rechnung gesondert ausgewiesen sein.

Haushaltsbezogene Höchstbeträge

Die Höchstbeträge sind haushaltsbezogen. Ehegatten, Partner einer eingetragenen Lebensgemeinschaft, die einzeln veranlagt werden, oder Alleinstehende, die zusammen in einem Haushalt leben, können die Steuerermäßigung aus ihren jeweiligen Aufwendungen bis zum hälftigen Höchstbetrag in Anspruch nehmen oder gemeinsam eine andere Aufteilung des Höchstbetrags beantragen. Wird ein gemeinsamer Haushalt im Laufe des Jahres begründet oder beendet und lebt der Steuerpflichtige die übrige Zeit des Jahres allein in seinem Haushalt, kann er die vollen Höchstbeträge in Anspruch nehmen.

7 Zusammenfassung

Art der begünstigten Tätigkeit	Abzugsbetrag
geringfügig beschäftigte Haushaltshilfe (Minijob)	20 % der Aufwendungen, höchstens 510 €
sozialversicherungspflichtige Haushaltshilfe	20 % der gesamten Aufwendungen, höchstens 4.000 €
haushaltsnahe Dienstleistungen	
haushaltsnahe Pflege- und Betreuungsleistungen	
Unterbringung im Heim oder zur dauernden Pflege bzgl. Aufwendungen, die denen einer Hilfe im Haushalt vergleichbar sind	
Handwerkerleistungen	20 % der Kosten (ohne Material), höchstens 1.200 €

Kapitalanlagen

Durch die Abgeltungsteuer unterliegen die meisten Kapitaleinkünfte nicht mehr der Regelbesteuerung. Es gilt aber vieles zu beachten.

§§ 20, 9, 3c, 24c, 32d EStG, R 20.1–20.3 EStR

1 Allgemeines

Kapitalerträge von Privatpersonen unterliegen regelmäßig nicht mehr dem normalen (progressiven) Einkommensteuertarif. Stattdessen muss z. B. die auszahlende Bank eine 25%ige Abgeltungsteuer einbehalten. Mit dieser ist die Steuerschuld des Anlegers regelmäßig abgegolten. Die Anrechnung der einbehaltenen Steuerbeträge im Rahmen der Veranlagung entfällt. Es gibt jedoch Ausnahmen, bei denen die Erträge im Rahmen der Einkommensteuerveranlagung zu erfassen sind.

 WICHTIG

Teilweise Abschaffung der Abgeltungsteuer

Der Koalitionsvertrag vom 7.2.2018 sieht vor, dass die Abgeltungsteuer auf Zinserträge abgeschafft werden soll. Verbunden werden soll dies mit der Einführung eines automatischen Informationsaustausches. Weitere Informationen zum genauen Vorhaben oder Termin liegen noch nicht vor.

Erfassung durch die Abgeltungsteuer

Was fällt darunter?

Fast alle Kapitalerträge sind mit der Abgeltungsteuer zu belegen, z. B.:

- Zinsen auf Spareinlagen

- Zinsen auf festverzinsliche Wertpapiere

- Erträge auf Anteile an Investmentfonds

- Dividendenzahlungen

- Gewinne aus der Veräußerung von privaten Kapitalanlagen (→ Spekulationsgeschäfte)

Die wichtigsten Ausnahmen

- Erträge, die im Rahmen eines Betriebs (gewerblich, freiberuflich) anfallen

- Gläubiger und Schuldner sind nahestehende Personen und die Zahlungen sind beim Schuldner Betriebsausgaben oder Werbungskosten (s. a. BFH, Urteil v. 28.1.2015, VIII R 8/14).

- Einnahmen z. B. aus Darlehen, sofern der Gläubiger oder eine ihm nahestehende Person zu mehr als 10 % beteiligt ist (s. a. BFH, Urteil v. 29.4.2014, VIII R 23/13). Bei einer mittelbaren Beteiligung gilt das nur dann, wenn auch die zwischengeschaltete Kapitalgesellschaft beherrscht wird (BFH, Urteil v. 20.10.2016, VIII R 27/15).

Werden z. B. Zinsen an Familienangehörige gezahlt, ist der Abgeltungsteuersatz nicht unbedingt ausgeschlossen, denn ein lediglich aus der Familienangehörigkeit abgeleitetes persönliches Interesse reicht nicht aus. Erforderlich ist ein Beherrschungsverhältnis zwischen dem Darlehensgeber und dem Anteilseigner (BFH, Urteil v. 14.5.2014, VIII R 31/11).

Werbungskosten können in diesen Fällen in vollem Umfang geltend gemacht werden.

Veranlagungsoption

Der Steuerpflichtige kann beantragen, dass die Einkünfte in die Veranlagung einzubeziehen sind (Günstigerprüfung). Dies liegt dann in seinem Interesse, wenn seine Steuerbelastung geringer ist als 25 %. Das Finanzamt prüft dann, ob der persönliche Grenzsteuersatz günstiger ist als die Abgeltungsteuer. In diesem Fall wird die einbehaltene Kapitalertragsteuer auf die Einkommensteuer angerechnet.

 BEISPIEL

Abgeltungsteuer günstiger

E hat 2019 ein z. v. E. von 24.500 € erzielt. Darauf entfällt eine Jahressteuer von 3.648 €. Das entspricht einem Steuersatz von 14,89 %. Trotzdem bleibt die Abgeltungsteuer günstiger. Vergleichsmaßstab ist der Grenzsteuersatz. Das ist der Steuersatz, der auf den letzten Euro des z. v. E. angewandt wird. Im Beispiel

beträgt dieser Satz 28,40 % und übersteigt damit den besonderen Steuersatz von 25 %.

 TIPP

Nutzen Sie die Günstigerprüfung

In Fällen, in denen Sie die Günstigerprüfung nutzen wollen, müssen Sie dies unbedingt durch ein Kreuz in der Anlage KAP beantragen. Nur dann führt das Finanzamt die Prüfung durch. Außerdem sollten Sie Ihren Steuerbescheid daraufhin kontrollieren.

Veranlagungsantrag bei Anteilseignern

Auf Antrag können Anteilseigner von Kapitalgesellschaften ihre Erträge der individuellen Einkommensteuer unterwerfen, wenn sie mindestens zu

- 25 % beteiligt sind oder

- 1 % beteiligt und beruflich für die Gesellschaft tätig sind sowie durch eine berufliche Tätigkeit für diese maßgeblichen unternehmerischen Einfluss auf deren wirtschaftliche Tätigkeit nehmen können.

In diesen Fällen sind die Erträge im Rahmen der Einkommensteuererklärung anzusetzen und unterliegen dem persönlichen Steuersatz. Die einbehaltenen Steuern werden angerechnet. Auch in diesen Fällen können alle Werbungskosten in vollem Umfang geltend gemacht werden.

TIPP

Antrag zusammen mit Steuererklärung

Der Veranlagungsantrag muss spätestens mit Abgabe der Einkommensteuererklärung gestellt werden (BFH, Urteil v. 28.7.2015, VIII R 50/14). Allerdings hat der BFH einem steuerlich nicht beratenen Steuerpflichtigen die Wiedereinsetzung in die Antragsfrist gewährt, weil ihm nicht vorzuwerfen sei, dass er die komplizierten, unvollständigen und zum Teil irreführenden amtlichen Anleitungen zur Anlage KAP nicht verstanden habe (BFH, Urteil v. 29.8.2017, VIII R 33/15).

Sonstige Veranlagungsanträge

 TIPP

Berechnung der Abgeltungsteuer prüfen lassen

Daneben können Sie insbesondere in folgenden Fällen noch beantragen, die Berechnung der Abgeltungsteuer im Rahmen der Einkommensteuerveranlagung zu überprüfen:

- bei einem nicht vollständig ausgeschöpften Sparerpauschbetrag

- zur Anwendung der Ersatzbemessungsgrundlage bei nicht nachzuweisenden AK (§ 43a Abs. 2 Satz 7 EStG)

- bei einem noch zu berücksichtigenden Verlust, der z. B. bei einer anderen Bank entstanden ist und dort nicht ausgeglichen werden konnte

- bei einem Verlustvortrag nach § 20 Abs. 6 EStG

- bei noch nicht berücksichtigten ausländischen Steuern

- zur Überprüfung des Steuereinbehalts dem Grunde oder der Höhe nach

Auf diese Einkünfte wird der Abgeltungsteuersatz (25 %) angewandt. Der persönliche Grenzsteuersatz kommt nur auf Antrag zum Einsatz, wenn dieser günstiger ist.

 HINWEIS

Antragsvoraussetzungen

Der Antrag kann nur

- für alle der Abgeltungsteuer unterliegenden Erträge und

- von Ehegatten gemeinsam

gestellt werden.

Der über die Pauschbeträge hinausgehende Werbungskostenabzug ist allerdings ausgeschlossen.

Die Finanzverwaltung vertritt in diesem Zusammenhang die Rechtsauffassung, dass derartige Wahlrechte fristgebunden sind und nur bis zum Eintritt der Bestandskraft ausgeübt werden können. Dies hat zur Folge, dass nachträgliche Korrekturen grundsätzlich ausgeschlossen sind, unabhängig davon, ob der Steuerpflichtige die Ausübung des Wahlrechts grob fahrlässig oder versehentlich unterlassen hat.

Außerdem können Sie beantragen, dass im Rahmen der Einkommensteuererklärung der Einbehalt der Abgeltungsteuer überprüft wird. Das ist in den Fällen interessant, in denen Sie den Sparerpauschbetrag durch einen Freistellungsauftrag nicht oder nicht richtig gestellt haben.

 BEISPIEL

Günstigerprüfung

S hat Konten bei der A- und bei der B-Bank. Er gibt einen Freistellungsauftrag nur bei der B-Bank ab. Dort erzielt er Zinseinnahmen von 500 €. Die A-Bank behält von den dort erzielten Zinseinnahmen i. H. v. 600 € Abgeltungsteuer ein. S hat seinen Sparerpauschbetrag i. H. v. (801 –

500 =) 301 € nicht ausgenutzt. Wenn er keinen Antrag stellt, verliert er bares Geld.

Beantragt er dagegen die Günstigerprüfung im Rahmen der Einkommensteuererklärung, erhält er 75,25 € (25 % von 301 €) zurück.

Veräußerungsgewinne

Unter die Einnahmen aus Kapitalvermögen und damit auch unter die Abgeltungsteuer fallen seit 2009 auch Vorgänge, die bisher als „Spekulationsgewinne" bezeichnet wurden und regelmäßig nur bei Verkäufen innerhalb einer Frist von einem Jahr steuerpflichtig wurden.

Es handelt sich um folgende Vorgänge:	Gilt für
Veräußerung von Anteilen an Körperschaften (z. B. Aktien)	Anteile, die nach dem 31.12.2008 erworben wurden
Veräußerung von Dividenden- und Zinsscheinen ohne Stammrecht	Veräußerungen nach dem 31.12.2008
Gewinne und Verluste aus Termingeschäften	Rechte, die nach dem 31.12.2008 erworben wurden
Veräußerung eines Anteils an einer stillen Gesellschaft bzw. eines partiarischen Darlehens	entsprechende WG, Rechte oder Rechtspositionen, deren Anschaffung oder Erstellung nach dem 31.12.2008 erfolgte
Rechtsübertragung bei Hypotheken, Grundschulden, Renten	
Veräußerung einer Rechtsposition i. S. d. § 20 Abs. 1 Nr. 9 EStG (z. B. Anspruch aus Gewinnausschüttung)	
Veräußerung einer Kapitallebensversicherung	Abschluss des Versicherungsvertrags nach dem 31.12.2004; Veräußerung nach dem 31.12.2008
Veräußerung von sonstigen Kapitalforderungen	Zufluss nach dem 31.12.2008; Ausnahmen

Für die anderen Vorgänge gelten die Altregelungen. Vertiefend siehe → Spekulationsgeschäfte.

Dazu gehört auch der Erlös aus dem Verkauf von Genussrechten, die vor dem 1.1.2009 erworben wurden (BFH,

Urteil v. 12.12.2012, I R 27/12). Ein Entgelt für die vorzeitige Beendigung des Genussrechtsverhältnisses gehört dagegen zu den Einkünften aus Kapitalvermögen (BFH, Urteil v. 11.2.2015, VIII R 4/12).

 BEISPIEL

Wann gilt die Altregelung?

- Aktien am 5.1.2008 erworben, am 15.10.2019 veräußert – Altregelung, nicht steuerpflichtig

- Grundstücksveräußerung – keine Aufzählung in § 20 EStG – Altregelung

Berechnung der Veräußerungsgewinne

Die Berechnung der Gewinne erfolgt nach folgender Methode:

Veräußerungspreis
– AK
– Veräußerungskosten
= Veräußerungsgewinn/Veräußerungsverlust

Veräußerungskosten dürfen entgegen dem Werbungskostenabzugsverbot abgezogen werden. Auch bei der Gewinnermittlung für Termingeschäfte sind die Aufwendungen im Zusammenhang mit diesen abziehbar.

Bei der Veräußerung von Wertpapieren wird unterstellt, dass die zuerst angeschafften Wertpapiere auch zuerst veräußert wurden.

Eine Veräußerung ist nicht von der Höhe der Gegenleistung und der anfallenden Veräußerungskosten abhängig.

Damit ist auch die Überlassung wertloser Anteile zwischen fremden Dritten ohne Gegenleistung steuerlich wirksam (BFH v. 12.6.2018, VIII R 32/16). Auch die ersatzlose Ausbuchung endgültig wertlos gewordener Aktien durch die das Depot führende Bank führt als „ausbleibende Rückzahlung" zu einem einkommensteuerlich berücksichtigungsfähigen Verlust aus Kapitalvermögen (FG Rheinland-Pfalz, Urteil v. 12.12.2018, 2 K 1952/16; Rev. BFH, Az. VIII R 5/19). Das gilt auch für „Knock-out-Zertifikate" (BFH, Urteil v. 20.11.2018, VIII R 37/15).

 TIPP

Bankabrechnung prüfen

Kontrollieren Sie die Abrechnung Ihrer Bank insbesondere dann, wenn Sie Wertpapiere nach einem Depotwechsel verkaufen. Hat die übergebende Bank den Erwerbszeitpunkt und die AK nicht korrekt mitgeteilt, kann es dazu kommen, dass zu viele Abgaben einbehalten werden. Sie können solche Fehler in der Steuererklärung korrigieren!

Aber: Fehler, die z. B. die Bank bei Einbehalt und Abführung der KapESt macht und die erst nach Ablauf eines Kalenderjahres aufgedeckt werden, dürfen nach § 20 Abs. 3a Satz 1 EStG im Rahmen des Veranlagungsverfahrens nur mit Wirkung für die Zukunft korrigiert werden. Nach dieser Regelung ist die Fehlerkorrektur nur im Jahr der Aufdeckung des Fehlers vorzunehmen. Der Steuerpflichtige muss durch eine Bescheinigung der zum KapESt-Abzug verpflichteten Stelle nachweisen, dass diese die Korrektur nicht vorgenommen hat und auch in Zukunft nicht vornehmen wird. Eine Antragsveranlagung nach § 32d Abs. 4 oder 6 EStG, durch die eine rückwirkende Fehlerkorrektur vorgenommen werden soll, ist nicht zulässig.

Termingeschäfte/Optionen

Die Anschaffung einer Option und der Ausgang des Optionsgeschäfts sind grundsätzlich als Einheit zu behandeln. Dementsprechend ist der Ausgang des Optionsgeschäfts – auch bei einem Verlust – in vollem Umfang steuerbar (BFH, Urteile vom 12.1.2016, IX R 48/14, IX R 49/14 und IX R 50/14). Zu beachten ist allerdings die eingeschränkte Möglichkeit der Verlustnutzung.

Fremdwährungsgeschäfte

Bei Fremdwährungsgeschäften sind die Einnahmen im Zeitpunkt der Veräußerung und die AK im Zeitpunkt der Anschaffung in Euro umzurechnen. Das bedeutet, dass alle Fremdwährungsgewinne der Abgeltungsteuer unterliegen.

 BEISPIEL

Gewinn oder Verlust?

L kauft am 5.1.2019 100 Stück Aktien für 130 USD. Der Kurs beträgt 1,20 €. L zahlt somit 15.600 €. Er verkauft die Aktien am 20.10.2019 für 120 USD, Kurs 1,40 € und erhält 16.800 €. Obwohl K auf Dollarbasis

einen Verlust erzielt hat, muss er 1.200 € versteuern.

Unentgeltlicher Erwerb

Bei unentgeltlichem Erwerb (z. B. Erbschaft, Schenkung) sind die Anschaffungswerte des Rechtsvorgängers maßgebend.

Erfassung im Rahmen der Einkommensteuerveranlagung

Folgende Einnahmen sind im Rahmen der Einkommensteuerveranlagung zu erfassen:

Einnahmen, die nicht unter die Abgeltungsteuer fallen/Besteuerung auf Antrag

Inländische Einnahmen, die nicht unter die Abgeltungsteuer fallen (s. unter „Die wichtigsten Ausnahmen") müssen immer in der ESt-Erklärung aufgeführt werden. Auch wenn ein Veranlagungsantrag gestellt wird oder die Günstigerprüfung erfolgen soll, müssen die Einnahmen in der Steuererklärung angegeben werden.

Dasselbe gilt für den Antrag, den Anteilseigner von Kapitalgesellschaften stellen können. Außerdem sind im Veranlagungsverfahren alle ausländischen Einnahmen zu erklären.

Gehören Dividenden zu den Einnahmen, gilt hierfür das Teileinkünfteverfahren. Es werden nur 60 % der Einnahmen versteuert.

Steuererstattungszinsen

Zinsen auf Steuererstattungen gehören zu den steuerpflichtigen Einnahmen. Das Ergebnis ist für die Steuerzahler unbefriedigend: Erstattungszinsen müssen versteuert werden, während Nachzahlungszinsen nicht abziehbar sind.

Kapitallebensversicherungen

Einnahmen aus Kapitallebens- und Rentenversicherungen unterliegen der „normalen" Versteuerung. Dabei gilt:

- Die Ertragsanteile aus Verträgen, die bis 2004 geschlossen wurden, sind steuerfrei, wenn die Mindestlaufzeit von zwölf Jahren erfüllt ist.

- Erträge aus Kapitallebensversicherungen, die nach dem 31.12.2004 abgeschlossen werden, müssen versteuert werden. Steuerpflichtig ist die Differenz zwischen Ablaufleistung und den gezahlten Beiträgen.

- Erfolgt die Auszahlung nach Vollendung des 60. Lebensjahres und nach Ablauf von zwölf Jahren seit dem Vertragsabschluss, sind die Erträge nur zur Hälfte steuerpflichtig.

Diese Regelung gilt entsprechend für Erträge aus fondsgebundenen Lebensversicherungen, für Erträge im Erlebensfall bei Rentenversicherungen ohne Kapitalwahlrecht, soweit keine lebenslange Rentenzahlung vereinbart und erbracht wird, und für Erträge bei Rückkauf des Vertrags bei Rentenversicherungen ohne Kapitalwahlrecht.

Wird eine Kapitallebensversicherung mit Rentenwahlrecht abgeschlossen, erfolgt auch bei Ausübung der Renten-option eine Besteuerung der Erträge aus der Anspar- bzw. Aufschubphase.

Ausgenommen von diesen Regelungen sind sog. vermögensverwaltende Versicherungsverträge. Diese liegen vor, wenn in einem Versicherungsvertrag eine gesonderte Verwaltung von speziell für diesen Vertrag zusammengestellten Kapitalanlagen vereinbart ist.

Rentenversicherungen

 HINWEIS

Riester-Rente

Erträge aus Riester-Renten sind nicht als Einnahmen aus Kapitalvermögen, sondern als „Sonstige Einkünfte" zu versteuern.

Rentenversicherungen mit Kapitalwahlrecht, bei denen der Versicherungsnehmer die Rentenzahlung wählt, sind nicht als Kapitaleinkünfte, sondern als sonstige Einkünfte nach § 22 Nr. 1 Satz 3, Buchst. a, Doppelbuchst. aa EStG mit dem Ertragsanteil zu versteuern.

Nimmt der Versicherungsnehmer jedoch die Kapitalauszahlung in Anspruch, muss der Zinsanteil versteuert werden.

 WICHTIG

Rentenzahlung – Voraussetzungen

Voraussetzungen für das Vorliegen einer Rentenzahlung sind:

- gleichbleibender oder steigender wiederkehrender Bezug (das gilt auch bei Zahlung eines gleichbleibenden oder steigenden Sockelbetrags zzgl. einer jährlich schwankenden Überschussbeteiligung)

- zeitlich unbeschränkte Gültigkeit für die Lebenszeit der versicherten Person (lebenslange Leibrente)

In vollem Umfang zu versteuern sind Renten, wenn eine Höchstlaufzeit (abgekürzte Leibrente) oder eine festgelegte Dauer (Zeitrente) vereinbart wird. Bei einer Mindestlaufzeit (verlängerte Leibrente) erfolgt eine volle Versteuerung nur dann, wenn die Rentengarantiezeit über die mittlere Lebenserwartung des Versicherten bei Rentenbeginn hinausgeht. In den anderen Fällen gilt die Ertragsanteilsbesteuerung auch für den Erben.

 TIPP

Lebenslange Rente

Die Auszahlung in Form einer lebenslangen Rente ist steuerfrei, soweit die darin enthaltenen Zinsen die Ansparzeit (Vertragsschluss bis Rentenbeginn) betreffen. Nicht begünstigt ist die Auszahlung durch Einmalbetrag oder mehrere Teilbeträge.

Steuerpflichtig sind aber die Zinsen aus der Zeit vom Rentenbeginn bis zur tatsächlichen Auszahlung (Ertragsanteil).

 BEISPIEL

Rentenversicherung mit Kapitalwahlrecht

A hat eine Rentenversicherung mit Kapitalwahlrecht abgeschlossen. Mit Vollendung des 64. Lebensjahres kann er wählen, ob er eine Einmalzahlung erhält oder lebenslang einen gleichbleibenden Betrag. Wählt A die Auszahlung als **Rente**, bleiben die Beträge steuerfrei, nur der Zinsanteil, der auf die Zeit vom Beginn der Rentenzahlung bis zur Auszahlung eines jeden einzelnen Rentenbetrags anfällt, ist steuerpflichtig. Wählt er dagegen eine Kapitalauszahlung, muss er alle Erträge versteuern.

Hat A vereinbart, dass die Auszahlung in Form einer konstanten Anzahl von Investmentfondsanteilen erfolgen soll, ist der Grundsatz, dass es sich um eine gleichbleibende Rente handeln muss, nicht gewahrt, da die Fondsanteile Wertschwankungen oder einem totalen Wertverlust unterliegen können und es dadurch zu einem zumindest zeitweise sinkenden Bezug kommen kann.

 ACHTUNG

Spätere Kapitalauszahlung

Wählt A zunächst die Rentenzahlung und lässt sich später den Restbetrag als Einmalbetrag auszahlen, ist dieser Betrag noch steuerpflichtig.

BEISPIEL

Abgekürzte Leibrente

B hat eine Rentenversicherung abgeschlossen, die ihm ab Vollendung des 64. Lebensjahres bis zum Tod, längstens aber 20 Jahre, eine Rente zahlt. Begrifflich handelt es sich hier um eine **abgekürzte Leibrente**. Die Auszahlung ist in vollem Umfang steuerpflichtig.

 BEISPIEL

Zeitrente

C hat ebenfalls eine Rentenversicherung abgeschlossen, die ihm ab Vollendung des 64. Lebensjahres für 20 Jahre eine Rente zahlt. Die Auszahlung der **Zeitrente** ist in vollem Umfang steuerpflichtig.

 BEISPIEL

Verlängerte Leibrente

E hat eine Rentenversicherung abgeschlossen, die ihm ab Vollendung des 64. Lebensjahres bis zum Tod, mindestens aber zwölf Jahre, eine Rente zahlt. Sollte er vorher versterben, erhalten seine Erben die Rente bis zum Ablauf der Laufzeit.

Es handelt sich um eine **verlängerte Leibrente**, die steuerfrei bleibt. Wäre jedoch die Mindestlaufzeit mit 20 Jahren vereinbart worden, müsste E (und bei Versterben vor Ablauf dieses Zeitraums auch seine Erben) die Rentenzahlungen im vollen Umfang versteuern. In diesem Fall wäre nämlich die Mindestlaufzeit länger als die Lebenserwartung von E.

Zinsen aus Rentennachzahlungen

Als Folge der Rechtsprechung des BFH gehören Zinsen aus Rentennachzahlungen nicht mehr zu den Leistungen i. S. d. § 22 EStG, sondern sind nach § 20 Abs. 1 Nr. 7 EStG als Kapitaleinkünfte (Erträge aus sonstigen Kapitalforderungen) zu erfassen (BFH, Urteil v. 9.6.2015, VIII R 18/12; H 20.2 EStR).

Verzugszinsen

Zivilrechtliche Verzugs- oder Prozesszinsen unterliegen nicht der Besteuerung (BFH, Urteil v. 24.5.2011, VIII R 3/09).

Bitcoins

Der Gewinn oder Verlust aus der Veräußerung von Bitcoins führt zu sonstigen Einkünften aus privaten Veräußerungsgeschäften, sofern Erwerb und Veräußerung der Bitcoins innerhalb eines Jahres stattfanden (§ 22 Nr. 2 EStG i. V. m. § 23 Abs. 1 Satz 1 Nr. 2 EStG). Vertiefend siehe → Spekulationsgeschäfte.

2 Sparerpauschbetrag/ Werbungskosten

Unterliegen die Einnahmen dem Abgeltungsteuersatz, wird der Sparerpauschbetrag gewährt. Dieser beträgt

- 801 € für Alleinstehende bzw.
- 1.602 € für zusammen veranlagte Ehegatten.

Damit sind sämtliche Werbungskosten (z. B. Depotgebühren, Fremdfinanzierungszinsen etc.) abgegolten. Auch bei der Günstigerprüfung kommt ein Abzug der tatsächlich entstandenen Werbungskosten nicht in Betracht (BFH, Urteil v. 28.1.2015, VIII R 13/13).

Die tatsächlichen Werbungskosten können nur in den Ausnahme- und Antragsfällen in vollem Umfang bzw. bei Dividenden nur zu 60 %, geltend gemacht werden. In den Fällen, in denen die tatsächlichen Werbungskosten geltend gemacht werden können, kommt der Sparerpauschbetrag nicht zur Anwendung (FG Münster, Urteil v. 16.7.2014, 10 K 2637/11 E).

Etwas anderes gilt nur, wenn die Einnahmen dem Betriebsvermögen zufließen („Einnahmen im Betriebsvermögen") oder wenn Anteilseigner von Kapitalgesellschaften einen Antrag auf Einbeziehung der Einkünfte in die Regelbesteuerung stellen.

 TIPP

Wertpapiere in den Betrieb einlegen

Sofern für Ihre Kapitaleinkünfte hohe Kosten anfallen, z. B. Zinsen für fremdfinanzierte Wertpapiere, können Sie diese in Abgeltungsteuerfällen nur dann geltend machen, wenn Sie die Wertpapiere in den betrieblichen Bereich einlegen. Sofern Sie keinen Betrieb haben, kommt u. U. die Gründung einer gewerblich geprägten Personengesellschaft in Betracht.

3 Freistellungsauftrag

Der Einbehalt der Abgeltungsteuer kann durch den Sparerpauschbetrag (für Ledige 801 € bzw. für Ehegatten 1.602 €) ganz oder teilweise verhindert werden. Hierzu muss der Anleger seiner Bank o. Ä. einen schriftlichen Freistellungsauftrag erteilen. Dieser muss dem amtlichen Muster entsprechen; das Kreditinstitut hat entsprechende Formblätter. Liegt ein Freistellungsauftrag vor, so braucht das Kreditinstitut den Zinsabschlag nicht vorzunehmen. Der Freistellungsauftrag kann nicht auf einzelne Konten oder Depots einer Bank beschränkt werden. Er gilt somit immer für alle Konten und Depots dieser Bank.

Sie dürfen Freistellungsaufträge mehrfach und an mehrere Kreditinstitute erteilen. Insgesamt dürfen durch die Freistellungsaufträge die Grenzen von 801/1.602 € nicht überschritten werden.

4 Verluste

Verluste aus den Einkünften, die der Abgeltungsteuer unterliegen, können nicht mit anderen positiven Einkünften verrechnet werden. Diese werden jedoch auf zukünftige Erträge vorgetragen.

Eine weitere Einschränkung gilt für Aktienveräußerungen: Aktienveräußerungsverluste dürfen nur mit Aktienveräußerungsgewinnen ausgeglichen bzw.

verrechnet werden (§ 20 Abs. 6 Satz 5 EStG).

 BEISPIEL

Gewinne und Verluste

A hat Zinserträge i. H. v. 2.000 € bezogen. Daneben hat er aus der Veräußerung von Aktien Gewinne i. H. v. 500 € und Verluste von 1.200 € erzielt.

Die Zinserträge unterliegen in vollem Umfang der Abgeltungsteuer. Die Aktienveräußerungsgewinne werden mit den Verlusten verrechnet. Der Restbetrag von 700 € wird vorgetragen auf das nächste Jahr.

Verluste und Gewinne bei verschiedenen Banken

Hat der Anleger Verluste und Gewinne bei verschiedenen Banken, muss er bis zum 15.12. des entsprechenden Jahres bei seiner Bank eine Bescheinigung über die angefallenen Verluste anfordern. Der Verlusttopf wird daraufhin bei dieser Bank geleert und die Verluste im Rahmen der Einkommensteuerveranlagung angerechnet.

Verluste im Ausland

Verluste, die bei ausländischen Banken entstanden sind, müssen ebenfalls bei der Veranlagung geltend gemacht werden.

Verlustvortrag aus Altjahren

Seit 2014 dürfen auch Altverluste lediglich mit Gewinnen aus § 23 EStG (Spekulationsgewinne) verrechnet werden. Vertiefend siehe → Spekulationsgeschäfte.

5 Die neue Fondsbesteuerung ab 2018

Ab 2018 wurde die Fondsbesteuerung (ausgenommen Rentenfonds) vollkommen umgestellt. Steuerlich gilt der Fondsbestand zum 31.12.2017 als verkauft und zum 1.1.2018 als wieder angeschafft. Der dabei entstehende Gewinn oder Verlust aus der fiktiven Veräußerung der Anteile ist erst zu dem Zeitpunkt zu versteuern, zu dem die Alt-Anteile tatsächlich veräußert werden. Die wichtigsten weiteren Änderungen:

- Deutsche Fonds zahlen 15 % Körperschaftsteuer, was zu einer Verringerung des Ausschüttungsvolumens führt.

- Der Anleger erhält zum Ausgleich je nach Art des Fonds eine Steuerfreistellung für in- und ausländische Fonds.

Teilfreistellungssätze	natürliche Personen (Privatvermögen)	natürliche Personen (Betriebsvermögen)	Körperschaften
Aktienfonds (mindestens 51 % in Kapitalbeteiligungen angelegt)	30 %	60 %	80 %
Mischfonds (mindestens 25 % in Kapitalbeteiligungen angelegt)	15 %	30 %	40 %
Immobilienfonds			
• mindestens 51 % in Immobiliengesellschaften angelegt	60 %	60 %	60 %
• mindestens 51 % in Auslandsimmobilien angelegt	80 %	80 %	80 %

Ausgenommen von der Freistellung sind Fonds, die in Swaps investieren (Fully-funded Swaps). Die Steuerfreistellung gilt sowohl für laufende Erträge als auch für Gewinne bzw. Verluste, die bei einem Verkauf anfallen.

Laufende Einkünfte ausschüttender Fonds

Bei ausschüttenden Fonds unterliegen die so geminderten Ausschüttungen der Abgeltungsteuer.

Laufende Einkünfte thesaurierender Fonds

Für thesaurierende Fonds wird eine „Vorabpauschale" berechnet. Diese gilt am 1.1. des Folgejahres als zugeflossen. Der Wert des Fondsanteils am Jahresanfang wird mit 70 % des von der Deutschen Bundesbank zum Jahresanfang errechneten Basiszinssatzes multipliziert. Der Basiszinssatz für 2018 ist mit 0,87 % festgestellt worden (BMF, Schreiben v. 4.1.2018, IV C 1 – S 1980-1/14/10001 :038), für 2019 mit

0,52 % (BMF, Schreiben v. 9.1.2019, IV C 1 – S 1980-1/14/10001: 038).

 BEISPIEL

Laufende Besteuerung eines thesaurierenden Fonds

Der Wert des Fondsbestandes (Aktienfonds > 51 % Aktien) am 1.1.2018 beträgt 50.000 €, am 31.12. 52.000 €.

Die Vorabpauschale beträgt somit 304,50 € (50.000 × 0,87 % × 0,7).

Verglichen wird die Vorabpauschale mit dem Zuwachs, den der Fonds bis zum 31.12. erzielt hat. Ist der Zuwachs geringer als die Vorabpauschale, wird dieser für die Abgeltungsteuer zugrunde gelegt.

Die so ermittelten fiktiven Einkünfte werden um die Steuerfreistellung von 30 % gekürzt. Der verbleibende Betrag von 213,15 € unterliegt der Abgeltungsteuer (25 % = 53,29 €). Als Zuflusszeitpunkt gilt der 1.1.2019.

Den Steuerbetrag muss der Anleger der Bank zur Verfügung stellen. I. d. R. wird dazu ein Verrechnungskonto vereinbart oder es erfolgt ein Teilverkauf der Fondsanteile. Der Anleger kann dieser Belastung widersprechen, muss dann aber die Erträge in seiner Steuererklärung angeben.

Verkauf von Fondsanteilen

Werden Fondsanteile eines ausschüttenden Fonds verkauft, ist der Differenzbetrag zwischen Verkaufserlös und Anschaffungskosten steuerpflichtig. Bei einem thesaurierenden Fonds trifft dies auch zu, allerdings werden die bereits versteuerten Vorabpauschalen angerechnet, sodass eine Doppelbesteuerung vermieden wird. In beiden Fällen erfolgt die Teilfreistellung des Unterschiedsbetrags.

Wird ein Fonds mit Verlust verkauft, erhöht sich der Verlust bei einem thesaurierenden Fonds um die Vorabpauschalen. Auch hier ist der Verlust nur mit dem Betrag steuerwirksam, der nicht der Teilfreistellung unterliegt.

Verkauf von Fondsanteilen – Altbestand vor 2009

Für Altbestände, die bereits vor Einführung der Abgeltungsteuer am 1.1.2009 angeschafft wurden und bei denen der Verkauf vor dem 1.1.2018 steuerfrei gewesen wäre (bestandsgeschützte Alt-Anteile), ist die Neuregelung u. U. von Nachteil. Anleger erhalten für diese Bestände beim Verkauf auf den Gewinn, der zwischen dem 31.12.2017 und dem Zeitpunkt der Veräußerung angefallen ist, einen Freibetrag von 100.000 € (Ehegatten doppelt). Ein darüber hi-

nausgehender Ertrag ist allerdings zu versteuern. Voraussetzung für den Freibetrag ist, dass die Alt-Anteile seit der Anschaffung nicht im Betriebsvermögen gehalten wurden.

 BEISPIEL

Verkauf von Fondsanteilen – Altbestand

Der Fondsbestand eines Aktienfonds wurde 2006 für 200.000 € erworben. Zum 31.12.2017 betrug der Wert 250.000 €, verkauft wurde der Fonds für 400.000 €. Vom Veräußerungsgewinn bleibt der Betrag von 50.000 €, der bis zum 31.12.2017 angefallen ist, außer Betracht. Vom Restbetrag (150.000 €) wird der Freibetrag von 100.000 € abgezogen. Der verbleibende Gewinn von 50.000 ist zu 70 % steuerpflichtig (Teilfreistellung). Es verbleibt eine Steuerschuld von 8.750 € (50.000 × 70 % × 25 %).

 WICHTIG

Freibetrag

Der persönliche Freibetrag von 100.000 € ist nur in der Veranlagung und nicht bei der Erhebung der Kapitalertragsteuer anzuwenden. Das bedeutet, dass die Bank zunächst einmal die volle Abgeltungsteuer einbehalten muss. Eine Erstattung gibt es dann mit dem Steuerbescheid.

Unterliegen die Erträge aus Investmentfonds im Rahmen der endgültigen Besteuerung nicht dem besonderen Steuersatz (§ 32d EStG), z. B. weil sie im Betriebsvermögen gehalten werden, können darauf entfallende Betriebsausgaben nur anteilig abgezogen werden, soweit die Teilfreistellung nicht gilt.

Weitere Auswirkungen: Die Anrechnung im Ausland gezahlter ausländischer Quellensteuern entfällt.

Rentenfonds sind von der Neuregelung nicht betroffen.

Für die steuerliche Behandlung der Einkünfte aus einem Spezial-Investmentfonds gelten abweichende Regeln: Der gesonderte Steuertarif nach § 32d EStG ist nicht anzuwenden und entfaltet somit keine Abgeltungswirkung; damit ist ein Abzug der tatsächlichen Werbungskosten nach § 20 Abs. 9 EStG möglich. Auf die Einkünfte ist der individuelle Steuersatz anzuwenden.

6 Einnahmen im Betriebsvermögen

Die Erträge werden im Rahmen der Gewinnermittlung erfasst und unterliegen somit der normalen Versteuerung (Einkommen- bzw. Körperschaftsteuer). Nach dem „Teileinkünfteverfahren" sind Dividenden und ähnliche Erträge zu 60 % steuerpflichtig. Es erfolgt eine Anrechnung der einbehaltenen Steuerbeträge. Außerdem sind Betriebsausgaben, die mit den Einnahmen in Zusammenhang stehen, in dem Verhältnis abzugsfähig, in dem sie steuerpflichtig sind.

7 Kirchensteuerpflicht

Die Bank muss einmal jährlich beim Bundeszentralamt für Steuern (BZSt) nachfragen, ob der Steuerpflichtige am

31.8. kirchensteuerpflichtig ist und auf Basis der erteilten Auskunft die Kirchensteuer einbehalten und abführen. Das Ergebnis der Abfrage ist für die Bank bindend. Ändern sich später die Verhältnisse des Steuerpflichtigen, weil dieser z.B. nach dem 31.8. aus der Kirche austritt, können diese Änderungen nur mit der Steuererklärung geltend gemacht werden.

Durch einen Sperrvermerk kann verhindert werden, dass das BZSt der Bank Auskünfte erteilt. Anträge müssen bis zum 30. Juni beim BZSt eingegangen sein. Der Sperrvermerk verpflichtet dann aber zur Abgabe einer Steuererklärung.

Besteht Kirchensteuerpflicht, ermäßigt sich die Abgeltungsteuer um 25 % der auf die Kapitalerträge entfallenden Kirchensteuer. Die Steuer berechnet sich nach folgender Formel:

$$\frac{\text{Einkommen} - (\text{anr. ausl. Steuern} \times 4)}{4 + \text{Kirchensteuersatz}}$$

 BEISPIEL

Kirchensteuer bei Zinserträgen

A erzielt bei der B-Bank Zinserträge von 1.000 €. Ein Freistellungsauftrag besteht nicht. Der Kirchensteuersatz beträgt 9 %.

Die Einkommensteuer für die Kapitalerträge beträgt 244,50 € (1.000/4,09). An Kirchensteuer werden 22 € (9 % von 244,50 €) einbehalten.

TIPP

Kirchensteuer als Sonderausgabe

Kirchensteuer, die im Rahmen des besonderen Einkommensteuersatzes anfällt, ist nicht als Sonderausgabe abzugsfähig. Kommt nachträglich die Günstigerprüfung zur Anwendung, ist die Kirchensteuer als Sonderausgabe abzugsfähig. Achten Sie darauf, dass diese im ESt-Bescheid berücksichtigt ist.

8 Nichtveranlagungsbescheinigung

Bei Vorliegen der Voraussetzungen und auf besonderen Antrag bescheinigt das Finanzamt, dass Steuerbürger nicht zur Einkommensteuer veranlagt werden (Nichtveranlagungsbescheinigung oder NV-Bescheinigung). Die Bescheinigung wird widerruflich i.d.R. für drei Jahre ausgestellt.

Bei Vorlage einer NV-Bescheinigung können die Kreditinstitute von der Erhebung des Zinsabschlags absehen (§ 44a EStG). Von Bedeutung ist die NV-Bescheinigung für Schüler, Studierende und Rentner. Während ein Freistellungsauftrag nur bis zur Höhe der Freibeträge von 801 € bzw. 1.602 € gilt, entfällt der Zinsabschlag bei Vorlage einer Freistellungsbescheinigung für sämtliche Kapitaleinkünfte.

9 Ausfall einer privaten Darlehensforderung

 TIPP

Darlehensausfall berücksichtigen

Mit seiner Entscheidung, dass der endgültige Ausfall einer Kapitalforderung i.S.d. § 20 Abs. 1 Nr. 7 EStG einem Verkauf der Forderung gleichzusetzen ist und in der privaten Vermögenssphäre zu einem steuerlich anzuerkennenden Verlust führen kann, hat der BFH die Trennung von Vermögens- und Ertragsebene für Einkünfte aus Kapitalvermögen aufgegeben. Durch die Vorschriften zur Abgeltungsteuer können danach alle Wertveränderungen im Zusammenhang mit Kapitalanlagen erfasst werden, sowohl positiv als auch negativ.

Ein Verlust liegt vor, wenn die Rückzahlung der Kapitalforderung unter dem Nennwert des hingegebenen Darlehens bleibt. Die Zinszahlungen bleiben dabei außer Betracht. Allerdings verlangt der BFH den endgültigen Forderungsausfall, d.h. dass weitere Rückzahlungen nicht mehr zu erwarten sind. Die Eröffnung eines Insolvenzverfahrens reicht hierfür in der Regel nicht aus, bei einer Ablehnung der Eröffnung des Insolvenzverfahrens mangels Masse sind die Voraussetzungen erfüllt.

Auch derartige Verluste unterliegen der Verlustverrechnungsbeschränkung für Kapitaleinkünfte (§ 20 Abs. 6 EStG).

Ob auch ein Verzicht auf eine Darlehensforderung steuerlich zu berücksichtigen ist, hat der BFH ausdrücklich offengelassen (BFH, Urteil v. 24.10.2017, VIII R 13/15).

10 Veräußerung von Anteilen an Kapitalgesellschaften

Ein Gewinn oder Verlust aus der Veräußerung von Anteilen an einer Kapitalgesellschaft (z.B. GmbH) gehört nach § 17 EStG zu den Einkünften aus Gewerbebetrieb, wenn der Veräußerer irgendwann innerhalb der letzten fünf Jahre am Kapital der Gesellschaft unmittelbar oder mittelbar zu mind. 1 % beteiligt war. § 17 EStG greift also auch dann, wenn der Beteiligungsumfang zum Zeitpunkt der Veräußerung nicht mehr als 1 % beträgt, aber im Fünfjahreszeitraum eine Beteiligung von mind. 1 % vorgelegen hat. Steuerpflichtig ist dann auch der Verkauf eines Anteils von weniger als 1 %.

Der Veräußerungsgewinn/-verlust unterliegt dem Teileinkünfteverfahren (§ 3 Nr. 40 Satz 1 EStG) und wird dem Einkommen nur mit 60 % zugerechnet. Das gilt auch bei Anteilsveräußerungen nach § 17 EStG gegen wiederkehrende Bezüge (BFH, Urteil v. 18.11.2014, IX R 4/14).

Ein Verlust entsteht auch, wenn dem Gesellschafter bei Liquidation der Gesellschaft keine oder nur geringere Liquidationserlöse zufließen, als er an AK für die Anteile aufgewandt hat.

Zu den AK einer Beteiligung an einer Kapitalgesellschaft rechnen auch nachträgliche Aufwendungen auf die Beteiligung. Dazu konnten z.B. auch Darle-

hen gehören, die in der Krise hingegeben wurden, Finanzplandarlehen oder krisenbestimmte Darlehen (BMF, Schreiben v. 21.10.2010, IV C 6 – S 2244/08/10001, BStBl 2010 I S. 832). Auch die Inanspruchnahme aus einer Bürgschaft gehörte bisher dazu. Mit der Aufhebung des Eigenkapitalersatzrechts durch das MoMiG stellen nur noch solche Aufwendungen nachträgliche Anschaffungskosten dar, die nach handels- und bilanzsteuerrechtlichen Grundsätzen zu einer offenen und verdeckten Einlage in das Kapital der Gesellschaft führen. Hierzu zählen insbesondere Nachschüsse (§§ 26 ff. GmbHG) und sonstige Zuzahlungen (§ 272 Abs. 2 Nr. 4 HGB) wie Einzahlungen in die Kapitalrücklage, Barzuschüsse oder der Verzicht auf eine werthaltige Forderung. Aufwendungen aus Fremdkapitalhilfen wie der Ausfall eines Darlehens oder der Ausfall mit einer Bürgschaftsregressforderung führen hingegen grundsätzlich nicht mehr zu Anschaffungskosten der Beteiligung. Die bisherigen Grundsätze sind aber weiter anzuwenden, wenn der Gesellschafter eine eigenkapitalersetzende Finanzierungshilfe bis zum 27.9.2017 geleistet hat oder wenn eine solche eigenkapitalersetzend geworden ist (BFH, Urteil v. 11.7.2017, IX R 36/15; BMF, Schreiben v. 5.4.2019, IV C 6 – S 2244/17/10001).

Die Gewinnermittlung ist nicht nach dem Zuflussprinzip, sondern zum Zeitpunkt der Veräußerung vorzunehmen. Fallen nachträglich noch Änderungen an, weil z.B. ein eigenkapitalersetzendes Darlehen ausfällt, muss der Einkommensteuerbescheid des Veräußerungsjahres geändert werden, auch wenn dieser bereits bestandskräftig ist (BFH, Urteil v. 16.6.2015, IX R 30/14).

Für den steuerpflichtigen Teil des Veräußerungsgewinns sieht § 17 Abs. 3 EStG einen Veräußerungsfreibetrag vor. Dieser beträgt 9.060 € bei einer 100%igen Beteiligung. Bei einem geringeren Anteil wird der Freibetrag nur anteilig gewährt (z. B. bei einer 30%igen Beteiligung 2.718 €). Beträgt der Veräußerungsgewinn mehr als 36.100 €, wird der Freibetrag um den übersteigenden Betrag gekürzt. Auch Verluste sind zu 60 % steuerwirksam.

 TIPP

Keine Verlustverrechnungs-beschränkung

Zu beachten ist, dass für derartige Verluste die Beschränkungen des § 20 Abs. 6 EStG (Verlustverrechnungs-beschränkung) nicht gelten, da die Einkünfte unter § 17 EStG fallen.

Nachträgliche Schuldzinsen für die Anschaffung einer im Privatvermögen gehaltenen wesentlichen Beteiligung, die auf Zeiträume nach der Veräußerung der Beteiligung entfallen, können seit 2009 nicht als nachträgliche Werbungskosten bei den Einkünften aus Kapitalvermögen abgezogen werden (BFH, Urteil v. 21.10.2014, VIII R 48/12).

11 Lohnt es sich, Zinseinkünfte auf Kinder zu verlagern?

Durch die Abgeltungsteuer ist die Vermögensübertragung auf Kinder aus steuerlichen Gründen unattraktiver geworden. Der Abgeltungsteuersatz ist für alle gleich, unabhängig von der Höhe der Einkünfte. Zwar könnte für die Kinder noch eine Berücksichtigung im Rahmen der Veranlagung beantragt werden, aber dann wird sich das Finanzamt sicher intensiv damit beschäftigen, ob eine anzuerkennende Übertragung vorliegt.

Wollen Sie trotzdem Vermögen übertragen, müssen Sie folgende Grundsätze beachten:

- Nach der Vermögensübertragung müssen die Kapitalanlagen auf den Namen des Kindes laufen.

- Außerdem muss der endgültige Übergang feststehen. Der Wille der Eltern sollte für die Bank eindeutig erkennbar sein (z. B. durch ausdrückliche Regelungen zur Begünstigung und Gläubigerstellung des Kindes).

- Für die steuerrechtliche Zurechnung der Kapitalerträge ist es erforderlich, dass die Eltern das Geldvermögen der Kinder wie fremdes Vermögen behandeln.

- Auslegungsschwierigkeiten können vermieden werden, wenn bei Errichten des Sparkontos klargestellt ist, dass eine Verfügungsbefugnis der Eltern nur auf dem elterlichen Sorgerecht (entspr. §§ 1626 ff. BGB) beruht und tatsächlich entsprechend verfahren wird.

- Die Zinseinkünfte sollten bei minderjährigen Kindern vorsorglich bis zur Volljährigkeit stehen gelassen werden. Schädlich ist es, wenn die Erträge für den Unterhalt des Kindes oder für Belange der Eltern verwendet werden. Bei volljährigen Kindern können die Eltern verlangen, dass das Kind die Erträge und das Vermögen zur Bestreitung seines Unterhalts einsetzt.

12 Automatisierter Kontenabruf durch das Finanzamt und andere Behörden

Derzeit sind inländische Kreditinstitute zum Zweck des Kontenabrufs verpflichtet, für jedes inländische Konto/Depot eine Datei mit folgenden Stammdaten anzulegen: Kontonummer, Datum der Einrichtung und Auflösung des Kontos, Name und Geburtsdatum des Kontoinhabers, Name und Geburtsdatum eines Verfügungsberechtigten/wirtschaftlich Berechtigten. Kontenstände und Kontenbewegungen sind nicht Teil der Stammdaten. Sie können jedoch grundsätzlich durch ein Auskunftsersuchen nach § 92 Satz 2 Nr. 1 AO und § 93 Abs. 1 AO bei der betreffenden Bank abgefragt werden.

Krankheitskosten

Krankheitskosten gehören zu den außergewöhnlichen Belastungen allgemeiner Art. Sie mindern, soweit sie eine zumutbare Eigenbelastung übersteigen, das zu versteuernde Einkommen.

§ 33 EStG

Vertiefend siehe → Außergewöhnliche Belastung und → Behinderte Menschen.

1 Abzugsvoraussetzungen

Der steuerliche Abzug von Krankheitskosten setzt voraus, dass die Aufwendungen infolge einer tatsächlichen Erkrankung angefallen sind und nicht lediglich gesundheitsfördernde Vorbeuge- oder Folgekosten darstellen. Da diese Abgrenzung schwierig sein kann, muss die Notwendigkeit der Kosten (Zwangsläufigkeit) auf Anforderung des Finanzamts nachgewiesen werden.

Nachweise

Nach § 64 EStDV ist als Beleg für die Zwangsläufigkeit der Ausgaben grundsätzlich ein **einfacher** Nachweis in Form einer Verordnung durch einen Arzt oder einen Heilpraktiker erforderlich. In bestimmten Fällen ist ein **qualifizierter** Nachweis in Form eines amtsärztlichen Gutachtens oder einer ärztlichen Bescheinigung des Medizinischen Dienstes der Krankenversicherung (MDK) vorgeschrieben.

Der qualifizierte Nachweis muss stets vor Beginn der Maßnahme vorliegen. Er ist erforderlich bei

- Bade- und Heilkuren,

- psychotherapeutischer Erst- oder Fortsetzungsbehandlung,

- einer medizinisch erforderlichen auswärtigen Unterbringung eines an Legasthenie oder einer anderen Behinderung leidenden Kindes (dasselbe gilt für den auswärtigen Schulbesuch eines hochbegabten Kindes oder für Aufwendungen zur Behandlung von Lese- und Rechtschreibschwäche oder für logopädische Therapien),

- der Notwendigkeit der Betreuung einer volljährigen Person (bei Begleitung minderjähriger Kinder genügt der einfache Nachweis) durch eine Begleitperson z. B. im Urlaub oder während einer Kur, sofern nicht bereits das Merkzeichen „H" (hilflos) im Behindertenausweis eingetragen ist,

- medizinischen Hilfsmitteln, die als allgemeine Gebrauchsgegenstände des täglichen Lebens angesehen werden (z. B. Garagenrolltor, Fahrstuhl, Auffahrrampe, Bewegungsbad),

- wissenschaftlich nicht anerkannten Behandlungsmethoden, d. h. wenn Qualität und Wirksamkeit nicht dem allgemein anerkannten Stand der medizinischen Erkenntnisse entsprechen (BFH, Urteil v. 26.6.2014, VI R 51/13). Aufwendungen sind bei einem Erkrankten mit nur noch begrenzter Lebenserwartung auch dann zwangsläufig, wenn die Methoden aus schulmedizinischer oder naturheilkundlicher Sicht nicht anerkannt

sind. Dies gilt z. B. für Frisch- und Trockenzellenbehandlung, Sauerstoff-, Chelat- und Eigenbluttherapie, immunbiologische Krebsabwehrtherapie, Kosten eines Wasserionisierers oder eine Delfin- oder Reittherapie, Liposuktion (operative Fettabsaugung, BFH, Urteil v. 18.6.2015, VI R 68/14, BFH/NV 2015 S. 1480) sowie Reikibehandlung (BFH, Beschluss v. 21.2.2018, VI R 11/16).

In allen anderen Fällen reicht der einfache Nachweis, also z. B. bei medizinischen Hilfsmitteln (Brille, Hörgerät, Zahnersatz, Treppenschräglift, Sitzerhöhung, Badewannenlift, Haltegriffe, Hausnotruf bei behinderten Menschen, Spezialrauchmelder bei Gehörlosen), Austausch von Möbeln wegen Gesundheitsgefährdung (z. B. bei Hausstauballergie oder Formaldehydbelastung, Allergikerbettwäsche), Aufwendungen für eine künstliche Befruchtung, Kosten einer Laseroperation am Auge, einer Zahnbehandlung oder bei der Notwendigkeit von Besuchsfahrten zu Ehegatten oder Kindern im Krankenhaus zur Heilung bzw. Linderung einer Krankheit. Einzelheiten und weitere Einzelfälle s. u.

Bei einer dauerhaften Erkrankung mit anhaltendem Verbrauch bestimmter Medikamente oder Hilfsmittel reicht die einmalige Vorlage der (ärztlichen) Verordnung. Die Nachweise müssen nur auf Anforderung des Finanzamts vorgelegt werden.

TIPP

Berufskrankheiten

Handelt es sich um eine typische Berufskrankheit (Staublunge eines Bäckers oder Bergmanns) oder besteht ein eindeutiger Zusammenhang mit dem Beruf (z. B. Strahlenschäden bei einem medizinisch-technischen Assistenten) oder wurde die Krankheit durch den Beruf verursacht (z. B. HIV-Infektion bei der Berufsausübung), sind die Krankheitskosten Werbungskosten oder Betriebsausgaben. Burnout ist keine typische Berufskrankheit (BFH, Beschluss v. 9.11.2015, VI R 36/13).

Einzelfälle

Absetzbar sind die unmittelbar angefallenen Krankheitskosten, insbesondere:

- Kosten für **ärztliche stationäre oder ambulante Behandlung** – auch für einen teuren Spezialarzt – oder einen **Heilpraktiker**

- **Arznei-, Heil- und medizinische Hilfsmittel** (einschließlich Rezeptgebühr) **nach Verordnung durch Arzt oder Heilpraktiker.** Nicht rezeptpflichtige Medikamente sind ebenfalls nur nach entsprechender Verordnung abziehbar. Bei länger andauernden Erkrankungen reicht die einmalige Vorlage einer Verordnung. Aufwendungen für **medizinische Fachliteratur** sind nicht abziehbar, selbst wenn sie dazu dient, die Entscheidung für eine bestimmte Therapie oder die Auswahl eines bestimmten Facharztes zu treffen.

- **Krankenhauskosten** (auch Ein- oder Zweibettzimmer, Chefarztbehandlung, nicht jedoch die Kosten für Telefon oder Fernseher). Es erfolgt keine Kürzung der Krankenhauskosten um eine Haushaltsersparnis.

- Aufwendungen für die **krankheitsbedingte Unterbringung** der eigenen Person in einem Heim. Sämtliche Kosten (einschließlich Unterbringung und Verpflegung) sind als Krankheitskosten zu behandeln. Eine Haushaltsersparnis ist nicht zu berücksichtigen. Ebenso abzugsfähig sind die Kosten aufgrund der **krankheitsbedingten Unterbringung eines nahen Angehörigen** im Pflegeheim.

Weitere Einzelfälle:

- **Aids:** Aufwendungen zur Behandlung von Aids sind abziehbar.

- **Allergie:** Kosten für den Austausch allergieauslösender Möbel (Asthma, Formaldehydbelastung) sind abzugsfähig, ebenso Aufwendungen für das Fällen der das Wohnhaus umgebenden Bäume, wenn dies wegen Pollenallergie notwendig ist (einfacher Nachweis ausreichend).

- Aufwendungen für den **behindertengerechten Umbau** einer Wohnung oder eines Gebäudes. Vertiefend siehe → Behinderte Menschen.

- **Aufwendungen für den krankheitsbedingten Umbau** einer Wohnung oder eines Gebäudes z. B. wegen Schadstoffbelastung. Vertiefend siehe → Außergewöhnliche Belastung.

- **Burn-out:** abzugsfähige Krankheitskosten mit qualifiziertem Nachweis

(BFH, Beschluss v. 9.11.2015, VI R 36/13)

- **Diätverpflegung:** Mehraufwendungen für eine Diätverpflegung sind abzugsfähig, wenn es sich bei den Präparaten um Arzneimittel i.S.d. § 2 AMG (Arzneimittelgesetz) handelt, nicht dagegen Nahrungsergänzungsmittel (BFH, Urteil v. 15.4.2015, VI R 89/13). Hier gilt das gesetzliche Abzugsverbot.

- **Gesundheitssport:** Die Aufwendungen sind – ohne ärztliche Verordnung – auch dann nicht abziehbar, wenn sie wegen einer Erkrankung besonders notwendig oder ratsam sind (z.B. „Rückenschule" oder „Aktivwoche 55+").

- **Fahrtkosten** in Zusammenhang mit ärztlichen Behandlungen sind abzugsfähig. Kosten, die anfallen, um einen kranken Angehörigen, der in seinem eigenen Haushalt lebt, zu betreuen und zu versorgen, können unter besonderen Umständen abziehbar sein bzw. über den Pflegepauschbetrag erfasst werden. Auch behinderte Menschen können Fahrtkosten geltend machen. Vertiefend siehe → Behinderte Menschen.

- **heileurythmische Behandlung:** Kosten sind grundsätzlich abzugsfähig, einfacher Nachweis ausreichend, da anerkannte Behandlungsmethode (BFH, Urteil v. 26.2.2014, VI R 27/13).

- **künstliche Befruchtung:** Der Kostenabzug ist möglich, wenn die jeweilige Insemination der gezielten medizinisch indizierten Behandlung zum Zwecke der Heilung oder Linderung der Empfängnisunfähigkeit der Frau bzw. Zeugungsunfähigkeit des Mannes (Ersatz der gestörten Körperfunktion) erfolgt. Abzugsvoraussetzung ist aber immer, dass die Maßnahme mit den (inländischen) Richtlinien der Berufsordnungen für Ärzte und dem Embryonenschutzgesetz (ESchG) in Einklang steht (BFH, Beschluss v. 19.4.2017, VI R 20/15). Unter dieser Voraussetzung wird der Kostenabzug bei homologischer Insemination (Samenspende vom Ehegatten) und bei heterologischer Insemination (Samen eines Dritten) anerkannt. Dies gilt für eine In-vitro-Fertilisation (IVF) und eine intrazytoplasmatische Spermieninjektion (ICSI), auch wenn sie im Ausland durchgeführt wird. Ein Verstoß gegen deutsches Recht liegt nicht vor, wenn zwar mehr als drei Eizellen befruchtet werden, aber lediglich ein oder zwei entwicklungsfähige Embryonen entstehen sollen (sog. deutscher Mittelweg) (BFH, Urteil v. 17.5.2017, VI R 34/15). Der Abzug ist auch bei einer in gleichgeschlechtlicher Partnerschaft lebenden unfruchtbaren Frau möglich (BFH, Urteil v. 5.10.2017, VI R 47/15).

- **Kur:** Die Aufwendungen für die Kur sind nur dann abziehbar, wenn die Kur zur Heilung oder Linderung einer festgestellten Krankheit notwendig ist und eine andere Behandlungsweise nicht oder kaum Erfolg versprechend erscheint. Ein qualifizierter Nachweis ist erforderlich.

Höhe der Kuraufwendungen:

- **Arzt- und Kurmittelkosten** (Bäder, Packungen, Massagen etc.) sind auch abzugsfähig, wenn die Notwendigkeit der Kur nicht nachgewiesen wurde, die Heilmittel aber ärztlich verordnet waren.

- **Unterbringungskosten** sind in tatsächlicher und angemessener Höhe abzugsfähig.

- **Verpflegungsmehraufwendungen** sind gekürzt um die Haushaltsersparnis (20 % der Aufwendungen) abzugsfähig.

- Kosten für **öffentliche Verkehrsmittel**, nur ausnahmsweise (entsprechend Behinderung) sind eigene Kfz-Kosten abziehbar.

Bei **Auslandskuren** werden nur die Kosten einer vergleichbaren Inlandskur anerkannt.

Bei **behinderten Menschen** können Aufwendungen für eine Heilkur auch dann geltend gemacht werden, wenn der Behindertenpauschbetrag abgezogen wird.

Bei **Heilkur eines Kindes** muss das Kind während der Kur in einem Kinderheim untergebracht sein. Findet die Unterbringung nicht in einem Heim statt und wird das Kind von einem Elternteil begleitet, muss die vor Kurantritt ausgestellte amtsärztliche Bescheinigung beinhalten, dass und warum der Kurerfolg auch bei einer Unterbringung außerhalb des Kinderheims gewährleistet ist. Bei minderjährigen Kindern sind dann auch die Kosten einer Begleitperson abzugsfähig. Es genügt der einfache Nachweis (BFH, Urteil v. 5.10.2011, VI R 88/10; BFH, Urteil v. 1.11.2010, VI R 17/09).

- **Legasthenie:** Die Aufwendungen zur Behandlung einer Lese- und Rechtschreibschwäche sind abziehbar, wenn diese krankheitsbedingt ist. Ein qualifizierter Nachweis ist erforderlich.

- **naturheilkundliche Behandlung:** Für Angehörige besteht weder eine rechtliche noch eine sittliche Verpflichtung, eine von der Krankenkasse nicht bezahlte naturheilkundliche Krebsnachbehandlung in Höhe eines größeren Betrags für einen krankenversicherten Elternteil zu tragen.

- **Operationen** gehören zu den abzugsfähigen Krankheitskosten, nicht jedoch kosmetische und Schönheitsoperationen (z. B. Haartransplantationen), es sei denn, sie sind aus psychischen Gründen notwendig.

- **Pflegepersonal:** Pflegen Sie Angehörige selbst, erhalten Sie u. U. den Pflegepauschbetrag. Aufwendungen für eine ambulante Pflegekraft sind zusätzlich als Krankheitskosten abziehbar.

- **Privatschulbesuch:** Die Kosten sind abzugsfähig, wenn der Schulbesuch mit individueller Förderung wegen der Behinderung eines Kindes begründet (Lese- und Rechtschreibschwäche) wird, weil eine geeignete öffentliche oder private Schule nicht zur Verfügung steht oder nicht in zumutbarer Weise erreicht werden kann. Dasselbe gilt für den auswärtigen Schulbesuch eines (kranken) hochbegabten Kindes. In allen Fällen ist ein qualifizierter Nachweis notwendig (BFH, Urteil v. 12.5.2011, VI R 37/10; BFH, Urteil v. 19.11.2015, VI R 45/11).

- **Trinkgeld an Ärzte, Praxisteam oder Krankenhauspersonal** ist nicht abzugsfähig.

2 Ersatz von dritter Seite

Von den Krankheitskosten sind Ersatzleistungen (Zahlungen der Krankenkasse, Beihilfen, Unterstützungen, Schadensersatz Dritter) abzuziehen, wenn mit der Erstattung (z. B. aufgrund der abgeschlossenen Krankenversicherung) gerechnet werden konnte, unabhängig davon, wann die Erstattung erfolgte. Wegen einer möglichen Beitragsrückerstattung der Krankenversicherung nicht geltend gemachte Kosten sind nicht abzugsfähig.

Leistungen aus der **Krankenhaustagegeldversicherung** sind bis zur Höhe der Krankenhauskosten anzurechnen, nicht dagegen **Krankentagegelder**, denn diese werden als Ersatz für entgangene Einnahmen wegen Arbeitsunfähigkeit gezahlt.

Kur

Aufwendungen für eine Kur (Kosten der Heilbehandlung, Fahrtkosten, Unterkunft, Verpflegung) können wie Krankheitskosten als außergewöhnliche Belastung abgezogen werden, wenn sie zur Heilung oder Linderung einer Krankheit nachweislich notwendig sind.

§ 33 EStG

Vertiefend siehe → Krankheitskosten.

Mindestlohn

Seit dem 1.1.2015 hat jeder Arbeitnehmer einen gesetzlichen Anspruch auf Zahlung eines Mindestlohns. Der Arbeitgeber muss zum Nachweis der Voraussetzungen Aufzeichnungen führen.

MiLoG (Mindestlohngesetz)

1 Allgemeines

Das Mindestlohngesetz ist auf alle Arbeitsverhältnisse im Inland anwendbar. Der gesetzliche Mindestlohn beträgt für 2019 **9,19 €** (Bruttolohn) je Zeitstunde und **ab 1.1.2020 9,35 €**.

Das MiLoG enthält keine Regelungen zur Einbeziehung anderer Vergütungsbestandteile. Damit dürfen Zulagen, die

191

nicht zeitbezogen vergütet werden, nicht einbezogen werden. Ein Leistungsbonus ist jedoch in die Berechnung des Mindestlohns einzubeziehen (ArbG Düsseldorf, Urteil v. 20.4.2015, 5 Ca 1675/15). Das gilt auch für monatlich anteilig ausgezahltes Weihnachts- und Urlaubsgeld (BAG, Urteil v. 25.5.2016, 5 AZR 135/16).

Das Unterschreiten der Lohnuntergrenze stellt u. U. einen Straftatbestand dar.

2 Ausnahmen

Ausgenommen sind folgende Personengruppen:

- Praktikanten (ausbildungsbezogenes Pflichtpraktikum, Praktikum von max. drei Monaten zur beruflichen Orientierung, ausbildungs- oder studienbegleitendes Praktikum von max. drei Monaten, Einstiegsqualifizierung bzw. Berufsausbildungsvorbereitung)

- Kinder und Jugendliche ohne abgeschlossene Berufsausbildung

- Auszubildende im Sinne des Berufsbildungsgesetzes

- Langzeitarbeitslose im Sinne des § 18 Abs. 1 SGB III

- ehrenamtlich Tätige

Besonders zu beachten ist die Dokumentationspflicht für Praktikanten. Unverzüglich nach Abschluss des Praktikumsvertrags, auf jeden Fall vor Aufnahme der Praktikantentätigkeit, sind die wesentlichen Vertragsbedingungen schriftlich niederzulegen, die Niederschrift zu unterzeichnen und dem Praktikanten auszuhändigen.

3 Besondere Aufzeichnungspflichten

Besondere Aufzeichnungs- und Dokumentationspflichten bestehen insbesondere für Arbeitgeber, die Arbeitnehmer in Wirtschaftszweigen des § 2a SchwarzArbG (Bau-, Gaststätten- und Beherbergungs-, Transport- und Personenbeförderungs-, Gebäudereinigungs- und Schaustellergewerbe, Forstwirtschaft, Fleischwirtschaft) oder nach § 8 Abs. 1 SGB IV (Minijobber und kurzfristig Beschäftigte) beschäftigen. Für diese Beschäftigten müssen mindestens Beginn, Ende und Dauer der täglichen Arbeitszeit aufgezeichnet und mindestens zwei Jahre aufbewahrt werden.

 HINWEIS

Minijobber im Privathaushalt

Der Mindestlohn gilt auch für geringfügig Beschäftigte in Privathaushalten, nicht aber die Aufzeichnungs- und Dokumentationspflichten.

Minijobs

Für alle, die etwas nebenbei verdienen wollen, bieten sich die Regelungen zum Minijob an. Bei Minijobverhältnissen zahlt man entweder keine bzw. geringe Abgaben. Auch ist der so erzielte Arbeitslohn nicht in der Steuererklärung anzugeben, da der Arbeitgeber alle Abgaben leistet. In diesem Beitrag finden Sie das Wichtigste, was Sie als Arbeitnehmer dazu wissen müssen. Für den Fall, dass Sie z.B. eine Reinigungskraft beschäftigen, lernen Sie hier auch das Haushaltsscheckverfahren aus Sicht des Arbeitgebers kennen.

§§ 8, 8a SGB IV, § 168 SGB VI, §§ 40a, 35a EStG

Vertiefend siehe → Haushaltsnahe Tätigkeiten/Dienstleistungen.

1 Geringfügig entlohnte Beschäftigung

Die Bedeutung der Entgeltgrenze

Bei der geringfügig entlohnten Beschäftigung darf der durchschnittliche Verdienst 450 € je Monat nicht überschreiten. Dabei sind die Vorschriften zum → Mindestlohn zu beachten. Neben dem Arbeitsentgelt zu zahlende zusätzliche Beträge (z.B. Urlaubs- und Weihnachtsgeld) sind bei der Durchschnittsberechnung mit einzubeziehen, wenn die Zahlung mit hinreichender Sicherheit (Tarifvertrag, betriebliche Übung) erfolgen wird.

 BEISPIEL

Entgeltgrenze

A erhält ein monatliches Entgelt von 440 € sowie ein tarifliches Weihnachtsgeld von 300 €.

Das Gesamtentgelt beträgt 5.580 €, durchschnittlich also 465 € je Monat. Da die Arbeitsentgeltgrenze von 450 € überschritten wird, ist der Ar-

beitnehmer von Beginn an sozialversicherungspflichtig.

Ein nur gelegentliches und nicht vorhersehbares Überschreiten der Arbeitsentgeltgrenze ist unschädlich.

Bei schwankendem Arbeitslohn ist die Prognose des Arbeitslohns maßgeblich. Ist danach von einer Beschäftigung unter 450 € auszugehen und tritt aufgrund nicht vorhersehbarer Umstände eine Änderung ein, bleibt es bei der Versicherungsfreiheit. Es reicht aus, eine Jahresprognose zu erstellen (Obergrenze 5.400 €), ohne die zu erwartenden monatlichen Arbeitsentgelte zu schätzen.

 TIPP

Übungsleiterpauschale

Die nach § 3 Nr. 26 und Nr. 26a EStG steuerfreien Einnahmen von max. 2.400 € (Übungsleiterpauschale) und 720 € (Ehrenamtsfreibetrag) bleiben auch bei der sozialversicherungsrechtlichen Beurteilung außer Be-

tracht. Vertiefend siehe → Zusatzeinkünfte und → Ehrenamt.

Mehrere Minijobs

Übt der Arbeitnehmer mehrere Minijobs
nebeneinander aus, ist durch
Zusammenrechnung des Arbeitslohns
aller geringfügigen Beschäftigungsverhältnisse zu prüfen, ob die 450-Euro-
Grenze überschritten wird.

 BEISPIEL

Mehrere Minijobs

C verdient bei X monatlich 300 €. Ab
September arbeitet er zusätzlich bei W
für 180 € monatlich.

Ab September besteht Versicherungspflicht für **beide** Arbeitsverhältnisse,
da die Grenze überschritten ist.

Minijobs neben einer Haupttätigkeit

Übt ein Arbeitnehmer neben einer ver-
sicherungspflichtigen Haupttätigkeit
noch mehrere Minijobs aus, bleibt der
zuerst aufgenommene Minijob versicherungsfrei. Alle weiteren Minijobs werden für die Renten-, Kranken- und Pflegeversicherung, nicht jedoch für die
Arbeitslosenversicherung zusammengerechnet.

Beamte und Minijobs

Das Beamtenverhältnis wird aufgrund
der Versicherungsfreiheit nicht mit Minijobs zusammengerechnet. Für die
Renten- und Arbeitslosenversicherung
werden die Minijobs so behandelt, als

ob es keine Hauptbeschäftigung gäbe.
Bei der Kranken- und Pflegeversicherung herrscht jedoch absolute Versicherungsfreiheit.

 BEISPIEL

Beamte

Der Beamte D geht neben seiner
Haupttätigkeit (monatlich 1.800 €)
noch zwei Minijobs mit 200 € bzw.
280 € nach.

Beide Minijobs bleiben grundsätzlich
kranken- und pflegeversicherungsfrei.
Da das Entgelt der Minijobs 450 €
übersteigt, fallen aber Pflichtbeiträge
zur Renten- und Arbeitslosenversicherung an.

Nachträgliche Erhöhung des Arbeitsentgelts

Erhöht sich das Arbeitsentgelt nachträglich, z. B. durch eine rückwirkende
Tariferhöhung, und wird dadurch die
450-Euro-Grenze überschritten, hat
dies Auswirkungen nur für die Zukunft.

Rentenversicherungspflicht

Minijobs waren bis 2012 grundsätzlich
sozialversicherungsfrei. Für bestehende
Arbeitsverhältnisse gilt dies auch weiter, solange der Arbeitslohn die bisherige Grenze von 400 € nicht übersteigt.

 TIPP

Übergang auf neues Recht

Erhöht sich allerdings das regelmäßige monatliche Arbeitsentgelt

auf einen Betrag zwischen 400 € und 450 €, gilt für die alte Beschäftigung das neue Recht. Dann tritt bei dem bisher versicherungsfreien Minijob Versicherungspflicht in der Rentenversicherung ein. Der Minijobber kann sich jedoch von der Versicherungspflicht in der Rentenversicherung befreien lassen (schriftlicher Antrag an den Arbeitgeber).

Wurden hingegen bereits vor dem 1. Januar 2013 Rentenversicherungsbeiträge aufgestockt, bleibt der Minijobber weiterhin versicherungspflichtig. In diesem Fall ist die Befreiung von der Rentenversicherungspflicht nicht möglich.

 WICHTIG

Rentenversicherungspflicht

Minijobs, die neu aufgenommen werden, sind versicherungspflichtig in der gesetzlichen Rentenversicherung. Dieser Personenkreis kann sich aber von der Versicherungspflicht in der Rentenversicherung befreien lassen.

Hierfür muss der Beschäftigte dem Arbeitgeber schriftlich mitteilen, dass er die Befreiung wünscht. Dann zahlt der Arbeitgeber weiterhin den Pauschalbeitrag zur Rentenversicherung, der Minijobber zahlt keinen eigenen Beitrag. Den Antrag des Arbeitnehmers muss der Arbeitgeber zu den Entgeltunterlagen nehmen, aber nicht an die Minijob-Zentrale senden. Ein Musterantrag zur Befreiung von der Rentenversicherungspflicht ist auf der Internetseite der Minijob-Zentrale zu finden.

Die Befreiung wirkt ab dem Kalendermonat des Eingangs beim Arbeitgeber, frühestens ab dem Beschäftigungsbeginn. Voraussetzung ist, dass der Arbeitgeber der Minijob-Zentrale die Befreiung innerhalb von sechs Wochen nach Eingang des Befreiungsantrags meldet.

Beiträge

Liegt eine geringfügig entlohnte Tätigkeit vor, muss der **Arbeitgeber** Beiträge zur Renten- und i.d.R. auch zur Krankenversicherung zahlen. Dabei ist zwischen

- Arbeitnehmern, die ausschließlich im Privathaushalt beschäftigt sind, und

- sonstigen Arbeitnehmern im gewerblichen Bereich

zu unterscheiden.

Gleitzone/Übergangsbereich

Während Arbeitnehmer mit einem Arbeitslohn von bis zu 450 € je Monat versicherungsfrei bleiben, sind Beschäftigte mit einem Lohn von mehr als 450 € (ggf. Summe aus mehreren Dienstverhältnissen) versicherungspflichtig. Die Gleitzonenregelung wird angewendet, wenn der Arbeitslohn im Monat zwischen 450,01 € und 850 € liegt. Der Arbeitgeber hat in der Gleitzone den vollen Beitragssatz zu leisten, der Beitragssatz des Arbeitnehmers steigt mit der Höhe des Entgelts an. Ab Juli 2019 wird die Obergrenze für den Midi-Job auf 1.300 € angehoben. Die Gleitzone heißt zukünftig „Übergangsbereich".

2 Haushaltsscheck

Liegt eine **ausschließliche Beschäftigung im privaten Haushalt** vor und handelt es sich um Tätigkeiten, die sonst durch Haushaltsmitglieder erledigt werden (z. B. Reinigungs- oder Gartenarbeiten, Pflegetätigkeiten – auch Tagesmütter), gelten die Besonderheiten des **Haushaltsscheckverfahrens.**

Der Haushaltsscheck dient der Anmeldung von Sozialabgaben und der Pauschsteuer bei der Deutschen Rentenversicherung Knappschaft-Bahn-See (Minijob-Zentrale).

Den Haushaltsscheck muss der Arbeitgeber zu Beginn und zum Ende jeder Beschäftigung eines Arbeitnehmers sowie dann abgeben, wenn sich dessen Entgelt ändert. Ist ein fester Lohn vereinbart, gilt die Beginnmeldung als Dauerbeleg. Schwankt die Höhe des Arbeitslohns, muss der Arbeitgeber der Minijob-Zentrale jeweils bis zum 30.6. und 31.12. auf einem Vordruck die gezahlten Löhne des vorangegangenen Halbjahres melden.

Auf der Basis dieser Angaben errechnet die Einzugsstelle den Beitrag und zieht diesen am 31. Juli bzw. 31. Januar für die jeweils vorhergehenden sechs Monate im Lastschriftverfahren ein.

Verzichtet der Arbeitnehmer auf die Rentenversicherungsfreiheit, muss er die Differenz zum Regelbeitrag (Aufstockungsbetrag) in Höhe von 13,6 % (Minijob im Haushalt) selbst tragen. Diese wird beim Arbeitgeber zusammen mit den Pauschalsätzen eingezogen. Hier ist die Mindestbemessungsgrundlage zu beachten, denn der zu zahlende monatliche Rentenversicherungsbeitrag ist von mind. 175 € zu berechnen.

 BEISPIEL

Haushaltsscheckverfahren

Die Haushaltshilfe H verdient im Monat 100 €. Sie ist rentenversicherungspflichtig. Der Arbeitgeber (Privathaushalt) muss folgende Abgaben leisten:

Krankenversicherung (5 %)	5,00 €
Rentenversicherung AG-Anteil 5 % von 100 €	5,00 €
Rentenversicherung AN-Anteil 18,6 % von 175 € (32,55 €) abzgl. AG-Anteil (5,00 €)	27,55 €
Umlage U1 (Lohnfortzahlung bei Krankheit) 0,9 %	0,90 €
Umlage U2 (wegen Schwangerschaft/Mutterschaft) 0,24 %	0,24 €
Unfallversicherung	1,60 €
Steuer	2,00 €

Der Arbeitnehmer bekommt noch (100 € – 27,55 € =) 72,45 € ausbezahlt. Der Arbeitgeber zahlt den Arbeitnehmeranteil von 27,55 € und den eigenen Anteil von 14,74 € an die Minijob-Zentrale.

Ist der Arbeitnehmer von der Rentenversicherungspflicht befreit, bekommt er 100 € ausbezahlt und der Arbeitgeber zahlt nur 14,74 € an die Minijob-Zentrale. (Alle Beitragssätze nach dem Stand von 2019; die Sätze für 2020 lagen bei Redaktionsschluss noch nicht vor.)

Vordrucke

Vordrucke sind erhältlich bei der Deutschen Rentenversicherung Knappschaft-Bahn-See, Minijob-Zentrale, 45115 Essen, und im Internet.

3 Steuerermäßigung bei haushaltsnahen Beschäftigungen/ Dienstleistungen

Zur Steuerermäßigung bei einer geringfügigen oder sozialversicherungspflichtigen Beschäftigung im Haushalt (Minijob) bzw. zur Beschäftigung durch eine Wohnungseigentümergemeinschaft siehe → Haushaltsnahe Tätigkeiten/ Dienstleistungen.

Orkanschäden/Naturkatastrophen

Bei Schäden infolge von Naturkatastrophen wie z.B. Orkan, Starkregen, Hagel oder Überflutung, versucht die Finanzverwaltung, den Betroffenen durch entsprechende Verwaltungserlasse über steuerliche Erleichterungen zu helfen.

1 Mögliche steuerliche Erleichterungen

Zu den möglichen Maßnahmen gehören:

- zinslose Stundung fälliger Steuerschulden

- Verzicht auf Säumniszuschläge bei verspäteter Zahlung

- Billigkeitsmaßnahmen bei Verlust von Buchführungsunterlagen und sonstigen Aufzeichnungen

- Sonderabschreibung für betrieblich neu angeschaffte Wirtschaftsgüter

- Sonderabschreibungen für vermietete Gebäude

- Abzug der Reparaturkosten eines selbst genutzten Hauses und der Wiederbeschaffungskosten für durch das Ereignis verloren gegangenen oder unbrauchbar gewordenen Hausrat als → Außergewöhnliche Belastung.

Pensionen/Betriebsrenten

Beamtenpensionen und Betriebsrenten, die der frühere Arbeitgeber zahlt, gehören als Arbeitslohn zu den Einkünften aus nichtselbstständiger Arbeit. Soweit es sich dabei um einen Versorgungsbezug handelt, bleibt ein Teil davon steuerfrei.

§ 19 Abs. 2 EStG

1 Beamtenpensionen

Beamtenpensionen sind Bezüge des öffentlichen Dienstes aus einem früheren Dienstverhältnis und stets **Versorgungsbezüge.** Dazu gehören auch Zahlungen, die als Ruhegehalt, Witwen- oder Waisengeld, Unterhaltsbeiträge oder als gleichartige Bezüge aufgrund beamtenrechtlicher oder entsprechender gesetzlicher Vorschriften oder nach beamtenrechtlichen Grundsätzen von Körperschaften, Anstalten oder Stiftungen des öffentlichen Rechts oder öffentlich-rechtlichen Verbänden von Körperschaften geleistet werden, sowie Sterbegelder und Bezüge der Beamten im einstweiligen Ruhestand (§ 19 Abs. 2 Nr. 1 EStG).

2 Betriebsrenten/ Werkspensionen

Betriebsrenten bzw. Werkspensionen sind Bezüge aus dem privaten Dienst. Hierunter fallen Bezüge und Vorteile aus früheren Dienstleistungen, z. B. auch Leistungen aus einer betrieblichen Unterstützungskasse des ehemaligen Arbeitgebers oder Vorruhestandsleistungen. Werden diese ab dem Erreichen einer Altersgrenze (Vollendung des 63. Lebensjahres oder als schwer behinderter Mensch – Grad der Behinderung > 50 % – Vollendung des 60. Le-

bensjahres) gezahlt oder wegen Berufsunfähigkeit, Erwerbsunfähigkeit oder als Hinterbliebenenbezüge gewährt, handelt es sich ebenfalls um **Versorgungsbezüge** (§ 19 Abs. 2 Nr. 2 EStG).

HINWEIS

Andere Renten

Renten aus der gesetzlichen Rentenversicherung (z. B. gesetzliche Altersrente), aus berufsständischen Versorgungswerken, Direktversicherungsverträgen, Pensionsfonds, Pensionskassen sowie Rürup- und Riester-Renten gehören zu den sonstigen Einkünften (§ 22 EStG), für die eine andere Besteuerung gilt. Vertiefend siehe → Renten.

3 Versorgungsfreibetrag und Zuschlag

Versorgungsbezüge bleiben über einen Versorgungsfreibetrag und einen Zuschlag zum Freibetrag teilweise steuerfrei.

Die Höhe des Versorgungsfreibetrags und des Zuschlags richtet sich nach dem Jahr, in dem erstmals ein Versorgungsbezug vorlag. War dies 2005 oder früher, beträgt der Freibetrag 40 % der

Versorgungsbezüge, höchstens 3.000 € jährlich, und der Zuschlag 900 €. Freibetrag und Zuschlag werden für jeden ab 2006 in den Ruhestand tretenden Rentnerjahrgang abgeschmolzen. Liegt der Versorgungsbeginn im Jahr 2019, beträgt der Freibetrag nur noch 17,6 % des Versorgungsbezugs, max. 1.320 € zuzüglich eines Zuschlags von 396 €. Bemessungsgrundlage für den Freibetrag ist das Zwölffache des Versorgungsbezugs für den **ersten vollen Monat** des Versorgungsbezugs (frühestens Januar 2005).

Der im Erstjahr so ermittelte Jahresversorgungsfreibetrag und der Zuschlag gelten grundsätzlich **für die gesamte Laufzeit des Versorgungsbezugs**. Die jeweils gültigen Prozentsätze, Höchstbeträge und Zuschläge ergeben sich aus einer Tabelle in § 19 Abs. 2 EStG.

Werden Versorgungsbezüge nur für einen Teil des Kalenderjahres gezahlt, sind der auf das Kalenderjahr hochgerechnete Freibetrag und der Zuschlag zeitanteilig zu berücksichtigen.

 BEISPIEL

Werkspension

Ein verheirateter Steuerpflichtiger (64 Jahre), der seit Juni 2019 (= erster Versorgungsmonat) im Ruhestand ist, bekommt ab da vom früheren Arbeitgeber eine Werkspension von monatlich 450 €.

Bei der Werkspension handelt es sich um Arbeitslohn, der wegen Überschreitens der Altersgrenze (63 Jahre) als Versorgungsbezug begünstigt besteuert wird. Der Versorgungsfreibetrag ermittelt sich mit: 12 × 450 € = 5.400 €, davon 17,6 % = 951 € (maximal 1.320 €) + Zuschlag 396 € = 1.347 €. Ab dem folgenden Jahr (2020) bleiben von der Werksrente, auch wenn sie sich erhöht, jährlich 1.347 € steuerfrei. Für 2019 beträgt der steuerfreie Teil (ab Juni) 7/12 von 1.347 € = 787 €. Damit sind 2019 4.613 € (5.400 € – 787 €) steuerpflichtiger Arbeitslohn.

4 Werbungskosten

Bezieher von Versorgungsbezügen erhalten einen **Werbungskostenpauschbetrag von 102 €**, wenn sie keine höheren tatsächlichen Ausgaben, z. B. Beratungs- oder Prozesskosten in Zusammenhang mit dem Versorgungsbezug, nachweisen.

Wurde neben dem Versorgungsbezug auch anderer Arbeitslohn bezogen, sind der Arbeitnehmerpauschbetrag (1.000 €) und der Werbungskostenpauschbetrag (102 €) **nebeneinander** zu berücksichtigen, wenn jeweils keine tatsächlich höheren Aufwendungen vorliegen.

Beziehen **beide Ehegatten** Versorgungsbezüge, erhält jeder seinen Freibetrag und seinen Werbungskostenpauschbetrag.

TIPP

Vereinfachte Steuererklärung

Haben Sie außer Renten und Pensionen keine weiteren Einkünfte, können Sie eine vereinfachte Steuererklärung – die „Erklärung zur Veranlagung von Alterseinkünften", die nur aus einem zweiseitigen Vordruck besteht, abgeben.

Pflegekosten/Heimunterbringung

Aufwendungen für die Pflege einer Person können steuerlich auf verschiedene Arten berücksichtigt werden. Maßgebend für Art und Höhe des Kostenabzugs ist, wer gepflegt wird und wo die Pflege stattfindet.

1 Allgemeines

Pflegeaufwendungen

Zu den Pflegekosten gehören die Aufwendungen für die Beschäftigung einer ambulanten Pflegekraft und/oder die Inanspruchnahme von (anerkannten) Pflegediensten, von Einrichtungen der Tages- und Nachtpflege, der Kurzzeitpflege oder von nach Landesrecht anerkannten niedrigschwelligen Betreuungsangeboten. Für die Steuerermäßigung wegen Pflegeleistungen (s. u.) reichen Dienstleistungen zur Grundpflege (Körperpflege, Ernährung, Mobilität) – unabhängig von der Qualifikation der pflegenden Person – aus.

Mögliche Fallgestaltungen

Zu unterscheiden sind:

a) Aufwendungen für die **eigene Person** oder Pflege des zusammenveranlagten **Ehegatten** und

- Pflege im eigenen Haushalt oder bei der pflegenden Person,

- pflege-, behinderungs- oder krankheitsbedingte Heimunterbringung,

- altersbedingte Heimunterbringung.

b) Aufwendungen für die Pflege eines **Angehörigen** und

- Pflege im Haushalt des Angehörigen oder der pflegenden Person,

- pflege-, behinderungs- oder krankheitsbedingte Heimunterbringung,

- altersbedingte Heimunterbringung.

Mögliche Steuervergünstigungen

Die Kosten sind als allgemeine außergewöhnliche Belastungen (§ 33 EStG), als Unterhaltszahlung (§ 33a Abs. 1 EStG), über den Pauschbetrag für behinderte Menschen (§ 33b Abs. 1 bis 5 EStG), einen Pflegepauschbetrag (§ 33b Abs. 6 EStG) oder über eine Steuerermäßigung (§ 35a Abs. 2 EStG) berücksichtigungsfähig. Teilweise sind die Vorschriften nebeneinander anwendbar, teilweise schließen sie sich aus.

2 Steuerlicher Abzug

Aufwendungen für die eigene Person oder den Ehegatten

Außergewöhnliche Belastung

Pflegeaufwendungen (Inanspruchnahme einer ambulanten oder im Haushalt lebenden Pflegekraft oder eines Pflegedienstes, Tages- und Nachtpflege, Kurzzeitpflege) sind, nach Abzug von Ersatzleistungen (s. u.) als allgemeine außergewöhnliche Belastungen (§ 33 EStG) unter Anrechnung der zumutbaren Eigenbelastung abzugsfähig, wenn die Pflege wegen Pflegebedürftigkeit (Nachweis durch einen Pflegegrad 1–5 oder Merkzeichen „H" oder „BL" im Behindertenausweis notwendig), Krankheit oder Behinderung (jeweils Nachweis durch fachärztliche Bescheinigung notwendig) zwangsläufig ist.

Für den Kostenteil, der sich wegen der zumutbaren Eigenbelastung steuerlich nicht auswirkt, und für das erhaltene Pflegegeld nach § 37 SGB XI für einen selbst beschafften Pflegedienst, das den Kostenabzug ebenfalls gemindert hat, kann (zusätzlich) eine Steuerermäßigung nach § 35a Abs. 2 EStG (s. u.) beansprucht werden.

Alternativ kann auf den Abzug als außergewöhnliche Belastungen vollständig verzichtet und die Steuerermäßigung für alle Pflegekosten nach Abzug der Ersatzleistungen (außer dem Pflegegeld nach § 37 SGB XI für einen selbst beschafften Pflegedienst) beantragt werden.

 TIPP

Wahlrecht nutzen

Die Wahl der Steuerermäßigung für sämtliche Aufwendungen ist nur sinnvoll, wenn das zu versteuernde Einkommen nur gering (Steuersatz < 20 %) ist und die Aufwendungen maximal 10.000 € betragen.

Erfolgt aus den oben genannten Gründen eine Unterbringung in einem Pflegeheim, sind grundsätzlich die Gesamtkosten abzugsfähig. Zur Berücksichtigung der nicht abzugsfähigen Kosten für Wohnen und Nahrung werden diese wegen der gleichzeitigen Auflösung des eigenen Haushalts um eine Haushaltsersparnis von 9.168 € im Jahr gekürzt. Sind beide Ehegatten im Heim, wird bei jedem die Haushaltsersparnis berücksichtigt (BFH, Urteil v. 4.10.2017, VI R 22/16). Soweit Pflegegeld für einen selbst beschafften Pflegedienst (§ 37 SGB XI) gezahlt wurde, ist dieser Betrag ebenfalls anzurechnen. Da im Pflegeheim kein eigenständiger Haushalt geführt wird, ist eine Steuerermäßigung für die Pflegeaufwendungen nicht möglich.

Erfolgt die Pflege (nur) altersbedingt, also ohne Pflegestufe und auch nicht behinderungs- oder krankheitsbedingt, sind nur durch einen **anerkannten Pflegedienst** erbrachte Leistungen als außergewöhnliche Belastung abzugsfähig. Erfolgt die Pflege im eigenen Haushalt bzw. einem abgeschlossenen Haushalt im Heim (betreutes Wohnen), ist für alle Pflegeaufwendungen die Steuerermäßigung nach § 35a Abs. 2 EStG (s. u.) möglich.

Pauschbetrag für behinderte Menschen

Behinderte können für die behinderungsbedingten Mehrkosten einen Pauschbetrag geltend machen. Vertiefend siehe → Behinderte Menschen. Da mit dem Pauschbetrag auch sämtliche Pflegekosten abgegolten sind, können bei Inanspruchnahme des Pauschbetrags weder tatsächliche behinderungsbedingte Kosten noch Pflegekosten als außergewöhnliche Belastungen abgesetzt und auch keine Steuerermäßigung geltend gemacht werden.

Steuerermäßigung

Die Steuerermäßigung nach § 35a Abs. 2 EStG ist möglich, wenn die Pflege bzw. Betreuung im **Haushalt** der pflegenden Person oder im Haushalt der gepflegten Person stattfindet oder wenn die Pflege z. B. im Rahmen des betreuten Wohnens in einem Heim in einem **abgeschlossenen** eigene **Haushalt** erfolgt. Es ist weder eine Pflegebedürftigkeit oder der Bezug von Leistungen aus der Pflegeversicherung erforderlich noch eine besondere Qualifikation der pflegenden Person. Begünstigt ist bereits die Grundpflege am Menschen (Körperpflege, Ernährung, Mobilität). Weitere Voraussetzung ist, dass die Kosten nicht als außergewöhnliche Belastungen abgezogen werden, entweder soweit sich die Kosten wegen der zumutbaren Eigenbelastung nicht auswirken oder wenn auf den Abzug verzichtet wird (Wahlrecht). Die Ermäßigung beträgt 20 % aus max. 10.000 € Aufwendungen jährlich. Vertiefend siehe → Haushaltsnahe Tätigkeiten/Dienstleistungen.

Aufwendungen für Angehörige

Wurden Aufwendungen für den Unterhalt, die Betreuung oder Pflege eines **Angehörigen** gezahlt, sind die Kosten als (eigene) außergewöhnliche Belastung allgemeiner Art (§ 33 EStG) oder über eine Steuerermäßigung (§ 35a Abs. 2 EStG) berücksichtigungsfähig.

 ACHTUNG

Pflegeaufwendungen für Dritte

Hat der pflegebedürftige Dritte im Hinblick auf sein Alter (ab 65 Jahren) oder eine etwaige Bedürftigkeit Vermögenswerte (z. B. Grundstück, Geldvermögen) übertragen, kommt ein Abzug von Pflegekosten nur in Betracht, soweit die Aufwendungen den Wert des hingegebenen Vermögens übersteigen.

Sofern die Aufwendungen (auch bei Heimunterbringung) nicht wegen Pflegebedürftigkeit, Behinderung oder krankheitshalber angefallen sind, ist der Abzug als allgemeine außergewöhnliche Belastung nur möglich, soweit die Kosten durch einen **anerkannten Pflegedienst** (§ 89 SGB XI) erbracht werden. Für andere Aufwendungen ist nur der Abzug als Unterhaltszahlung (§ 33a Abs. 1) EStG möglich. Einkünfte und Bezüge der unterstützten Person werden dabei angerechnet (§ 33a Abs. 1 EStG). Vertiefend siehe → Unterhaltszahlungen.

Alternativ ist für Pflegeleistungen, sofern diese im Haushalt der pflegenden oder im Haushalt der gepflegten Person erbracht wurden, die Steuerermäßigung möglich.

Bei pflege-, behinderungs- oder krankheitsbedingter Unterbringung des Angehörigen im Pflegeheim sind sämtliche Kosten als außergewöhnliche Belastungen abzugsfähig. Während die Rechtsprechung alle Kosten als außergewöhnliche Belastungen allgemeiner Art (§ 33 EStG) behandelt und davon die zumutbare Eigenbelastung abzieht, teilt die Finanzverwaltung die Kosten auf in einen Teil, der auf Wohnen und Nahrung entfällt und nur als Unterhaltszahlung über § 33a Abs. 1 EStG abzugsfähig ist, und den restlichen Teil, für den der Abzug über § 33 EStG möglich ist. Je nach Fallgestaltung führt die eine oder andere Variante zu einer höheren Steuerersparnis.

 TIPP

Berechnungsschemata

Berechnungshinweise, aus denen auf einen Blick ersichtlich ist, welche Steuervergünstigungen je nach Fallgestaltung möglich sind, finden Sie auf http://mybook.haufe.de unter „Der Steuerkalkulator".

Pflegepauschbetrag

Einen Pauschbetrag von 924 €/Jahr kann die Person, die die Pflege **persönlich** durchführt, als außergewöhnliche Belastung geltend machen, vorausgesetzt, die Pflege erfolgt in ihrer Wohnung oder in der Wohnung der zu pflegenden Person innerhalb der EU (§ 33b Abs. 6 EStG). Die (zusätzliche) Inanspruchnahme von Pflegediensten ist unschädlich. Weitere Voraussetzungen sind, dass die gepflegte Person nicht nur vorübergehend hilflos ist (Pfle-

gegrade 4 oder 5 oder Merkzeichen H im Behindertenausweis) und dass die pflegende Person durch die Pflege keine Einnahmen hat. Schädlich ist sowohl eine direkte Entlohnung als auch, wenn das Pflegegeld, das die Pflegeversicherung an die gepflegte Person zahlt, an die pflegende Person weitergegeben wird. Unschädliche Einnahmen sind die von der Pflegeversicherung während der Pflegezeit übernommenen Sozialversicherungsbeiträge. Unter diesen Voraussetzungen sind alternativ auch die tatsächlichen Kosten der pflegenden Person für die Pflege unter Berücksichtigung der zumutbaren Eigenbelastung als allgemeine außergewöhnliche Belastung (§ 33 EStG) abzugsfähig (Wahlrecht).

3 Ersatzleistungen/ Pflegegelder/Pflegehilfe

Leistungen an die gepflegte Person aus der gesetzlichen oder privaten Pflegeversicherung sind nach § 3 Nr. 1 Buchst. a EStG steuerfrei. Auch die Weiterleitung des Pflegegeldes (§ 37 SGB XI) an einen Angehörigen, der die Pflege übernimmt, bleibt bei diesem nach § 3 Nr. 36 EStG steuerfrei.

Alle von der Pflegeversicherung ersetzten Kosten, z. B. das Pflegegeld nach § 37 SGB XI (für selbst übernommene bzw. selbst organisierte Pflege), Leistungen im Rahmen des persönlichen Budgets i. S. d. § 17 SGB IX, Leistungen nach § 36 SGB XI (Pflegesachleistungen, häusliche Pflegehilfe) sowie für zusätzliche Betreuungsleistungen (§ 45b SGB XI) mindern den als außergewöhnliche Belastung abziehbaren Betrag. Soweit die Pflege im eigenen

Haushalt stattfindet, kann (nur) für das erhaltene Pflegegeld nach § 37 SGB XI (selbst beschaffter Pflegedienst) gleichzeitig eine Steuerermäßigung (§ 35a EStG) in Anspruch genommen werden.

Renten

Renten, die nicht vom früheren Arbeitgeber gezahlt werden, fallen unter die Einkunftsart „Sonstige Einkünfte". Die Höhe der Besteuerung hängt davon ab, wie die Beiträge ursprünglich in der Ansparphase steuerlich behandelt wurden.

§ 22 EStG

1 Versorgungsbezüge

Renten und andere Vorteile, die aus einem früheren Dienstverhältnis zufließen, stellen Versorgungsbezüge dar und werden im Rahmen der Einkünfte aus nichtselbstständiger Arbeit besteuert (§ 19 ESt). Dazu gehören insbesondere die **Betriebsrente**, die der frühere Arbeitgeber bezahlt, und die **Beamtenpension**. Vertiefend siehe → Pensionen/Betriebsrenten.

2 Steuerfreie Renten

Nicht alle Renten unterliegen der Besteuerung. So sind z. B. folgende Renten steuerfrei:

- Renten aus der gesetzlichen Unfallversicherung (Berufsgenossenschaft) (§ 3 Nr. 1a EStG)

- Renten einer privaten Pflegeversicherung (§ 3 Nr. 1a EStG)

- der Abfindungsbetrag einer Witwen- oder Witwerrente wegen Wiederheirat des Berechtigten (§ 3 Nr. 3a EStG)

- Renten, die wegen der Anrechnung von Kindererziehungszeiten an Müt-

ter der Geburtsjahrgänge vor 1921 gezahlt werden (§ 3 Nr. 67 EStG)

- Renten, die an Wehrdienst- oder Zivildienstbeschädigte oder deren Hinterbliebene gezahlt werden (§ 3 Nr. 6 EStG)

- Renten aufgrund der gesetzlichen Vorschrift zur Wiedergutmachung nationalsozialistischen Unrechts (§ 3 Nr. 8 EStG) und SED-Opferrenten (§ 3 Nr. 23 EStG)

3 Sonstige Einkünfte

Renten, die nicht der frühere Arbeitgeber zahlt und die nicht steuerfrei sind, werden als sonstige Einkünfte nach § 22 EStG besteuert. Es handelt sich dabei um Leibrenten, d. h. Renten, die auf Lebenszeit gezahlt werden, und um abgekürzte Leibrenten mit einer Höchstlaufzeit. Reine Zeitrenten werden nicht als sonstige Einkünfte besteuert.

Die Besteuerung der Renten ist nicht einheitlich, weil auch die Beiträge in der Ansparphase steuerrechtlich unterschiedlich behandelt wurden.

Renten

bezahlt vom früheren Arbeitgeber

nicht durch den früheren Arbeitgeber bezahlt

Basisversorgung und **Rürup-Rente** (Zusatzversorgung)

Renten aus **privater Rentenversicherung** (ohne Spalten 2 u. 4) und private Veräußerungsrenten

Renten aus
- Altersvorsorge-verträge
- Pensionsfonds
- Pensionskassen
- Direktversiche-rungen

- Betriebsrente
- Beamtenpension

= Versorgungsbezüge

- **gesetzliche Ren-tenversicherung** (Alters-, Erwerbs-minderungs-, Berufsunfähig-keits-, Witwen-, Waisenrenten)
- **landwirtschaft-liche Alterskasse**
- **berufsständische Versorgungs-einrichtung**
- **Rürup-Rente**

- Altverträge, Vertragsabschluss bis 31.12.2004
- Neuverträge, ab 2005, wenn keine Rürup-Rente und keine Riester-Rente
- private Veräuße-rungsrenten

z. B. Riester-Rente oder Renten aus der betrieblichen oder privaten Altersvorsor-ge, wenn die Beiträge staatlich gefördert waren durch
- Steuerbefreiung § 3 Nr. 56, 63, 66 EStG,
- Altersvorsorge-zulage oder
- Sonderausgaben-abzug nach § 10a EStG.

Einkünfte aus nicht-selbstständiger Arbeit (§ 19 EStG)

Sonstige Einkünfte § 22 Nr. 1 S. 3 Buchst. a, aa EStG **Besteuerungsanteil 50 % – 100 %**

Sonstige Einkünfte § 22 Nr. 1 S. 3 Buchst. a, bb EStG **Ertragsanteil ca. 10 % – 25 %**

---

soweit die Beiträge **nicht** staatlich **gefördert** waren

soweit die Beiträge staatlich **gefördert** waren

Sonstige Einkünfte § 22 Nr. 5 EStG **Besteuerung anteilig**

Sonstige Einkünfte § 22 Nr. 5 EStG **Besteuerung 100 %**

4 Gesetzliche Renten und Rürup-Renten

Die Renten aus

- der **gesetzlichen Rentenversicherung** (Alters-, Erwerbsminderungs-, Berufsunfähigkeits-, Witwen- oder Witwerrenten, Waisenrenten, Erziehungsrenten (BFH, Urteil v. 19.8.2013, X R 35/11)),

- der **landwirtschaftlichen Alterskasse**,

- **berufsständischen Versorgungseinrichtungen** (z.B. Versorgungswerk der Ärzte, Architekten, Rechtsanwälte, Zahnärzte usw.) und

- **Rürup-Verträgen** (Versicherungen, die nicht kapitalisierbar, nicht übertragbar (Ausnahmen: Scheidungsfolge; Übertragung auf andere Versicherung), nicht beleihbar, nicht veräußerbar und nicht vererblich sind. Die Absicherung der Berufsunfähigkeit, der Erwerbsminderung oder von Hinterbliebenen ist möglich. Die angesparte Summe darf nicht im Rahmen einer Einmalzahlung ausgezahlt werden, sondern ausschließlich als lebenslange monatliche Rente. Die Auszahlung darf frühestens mit Vollendung des 62. Lebensjahres (bei Verträgen vor 2011 des 60. Lebensjahres) beginnen. Der elektronischen Datenübermittlung an die zentrale Stelle (BFA) muss zugestimmt werden.)

werden nach § 22 Nr. 1 Satz 3 Buchst. a) Doppelbuchst. aa) EStG mit dem Besteuerungsanteil besteuert.

Besteuerungsanteil

Die Besteuerung erfolgt nach dem sog. Kohorten-Prinzip, d.h. die Höhe des Besteuerungsanteils richtet sich nach dem **Jahr des Rentenbeginns**. Für alle Neurentner eines Jahres gilt derselbe Prozentsatz. Der **Besteuerungsanteil** beträgt für Renten, die spätestens im Jahr 2005 erstmals gezahlt wurden, 50 %. Für jeden neu hinzukommenden Rentenjahrgang (Kohorte) erhöht sich der Prozentsatz ab 2006 um jährlich 2 % und ab 2021 um jährlich 1 %.

Jahr des Rentenbeginns	Besteuerungsanteil in %
bis 2005	50
2006	52
2007	54
...	...
2018	76
2019	**78**
2020	80
...	...
2039	99
2040	100

Damit wird die Rentenbesteuerung in die **nachgelagerte Besteuerung** überführt. Der BFH hat die Regelung als verfassungsrechtlich unbedenklich anerkannt (BFH, Urteil v. 26.11.2008, X R 15/07). Das Bundesverfassungsgericht hat im September 2015 drei gegen die Rentenbesteuerung gerichtete Verfassungsbeschwerden nicht zur Entscheidung angenommen und damit die Verfassungsmäßigkeit bestätigt (BVerfG, 2 BvR 2683/11, 2 BvR 1066/10, 2 BvR 1961/10).

Unter „**Beginn der Rente**" ist der Zeitpunkt zu verstehen, ab dem die Rente (ggf. nach rückwirkender Zubilligung) tatsächlich bewilligt wird. Das Datum ergibt sich aus dem Rentenbescheid. Wird die bewilligte Rente zunächst bis auf 0 € gekürzt, z. B. weil eigene Einkünfte anzurechnen sind, steht dies dem Beginn der Rente nicht entgegen und unterbricht die Laufzeit der Rente nicht. Verzichtet der Rentenberechtigte in Kenntnis der Kürzung der Rente auf die Beantragung, beginnt die Rente jedoch nicht zu laufen, solange sie mangels Beantragung nicht dem Grunde nach bewilligt wird.

Bemessungsgrundlage

Bemessungsgrundlage für die Berechnung des Besteuerungsanteils ist der Jahresbetrag der Rente, d. h. die **Bruttorente**, auf die ein Rechtsanspruch besteht, und nicht die an den Berechtigten ausgezahlte Rente. Die einbehaltenen und abgeführten Beiträge des Rentners für die Kranken- und Pflegepflichtversicherung gehören auch zur Bemessungsgrundlage. Diese sind aber auf der Anlage Vorsorgeaufwand einzutragen und können als Sonderausgaben abgezogen werden. Die Zuschüsse, die die gesetzliche Rentenversicherung zu den Krankenversicherungsbeiträgen beisteuert, sind nach § 3 Nr. 14 EStG steuerfrei und gehören weder zur Bemessungsgrundlage noch stellen sie Sonderausgaben dar.

 BEISPIEL

Besteuerungsanteil

Ein verheirateter Rentner bezieht seit Februar 2019 eine monatliche Rente von 2.200 €. Andere Einkünfte liegen nicht vor.

In diesem Fall beträgt der Besteuerungsanteil 78 % aus 24.200 € = 18.876 €. Dieser Betrag liegt nach Abzug von Kranken- und Pflegepflichtversicherungsbeiträgen als Sonderausgaben bereits unter dem Grundfreibetrag (18.336 €), sodass die Rente insgesamt nicht besteuert wird.

Teilkapitalisierung/Abfindungen von Rentenansprüchen/Sterbegelder

Auch einmalige Leistungen (z. B. Kapitalabfindungen, Abfindungen von Rentenansprüchen sowie Sterbegelder aus berufsständischen Versorgungseinrichtungen) werden wie laufende Renten mit dem Besteuerungsanteil erfasst. Es handelt sich um „andere Leistungen" i. S. d. § 22 Nr. 1 Satz 3 Buchst. a) EStG. Sie können jedoch nach der sog. Fünftel-Regelung ermäßigt besteuert werden (BFH, Urteil v. 23.10.2013, X R 3/12 bzw. X R 21/12 und Urteil v. 23.11.2016, X R 13/14).

Steuerfreier Teil der Rente

Bei Renten, die vor 2005 erstmals gezahlt wurden, beträgt der steuerfreie Teil 50 % der im Jahr 2005 gezahlten Rente. In allen anderen Fällen wird der steuerfreie Teil der Rente (Freibetrag) in dem Jahr ermittelt, das dem Jahr des Rentenbeginns folgt **(zweites Jahr des Rentenbezugs)**. Dies gilt auch dann, wenn die Rente schon im Jahr ihres Beginns für volle zwölf Monate bezogen wurde (BFH, Urteil v. 17.11.2015, X R 53/13). Der steuerfreie Teil ergibt sich aus dem Unterschiedsbetrag zwischen dem Jahresbetrag der Rente und dem Besteuerungsanteil in diesem Jahr.

Der steuerfreie Teil der Rente wird **betragsmäßig** für den einzelnen Rentner **festgeschrieben** und ist **für die gesamte Laufzeit** der Rente grundsätzlich unverändert zu beachten.

 WICHTIG

Volle Besteuerung der Rentenerhöhungen

Regelmäßige Anpassungen der Rente, z. B. wegen allgemeiner Steigerung der Nettolöhne, führen nicht zu einer Neuberechnung des Freibetrags. Im Ergebnis wird somit ab dem dritten Rentenzahlungsjahr jede **Rentenerhöhung zu 100 % besteuert.**

 BEISPIEL

Rentenberechnung mehrerer Jahre

A erhält ab August 2010 eine Altersrente aus der gesetzlichen Rentenversicherung i. H. v. monatlich 1.000 €. Ab 1.7.2011 beträgt die Rente 1.020 €. Durch weitere Anpassungen des Rentenniveaus an die gestiegenen Nettolöhne erhöht sich die Rente in den Jahren 2012 bis 2018 zusätzlich. Ab Juli 2018 wird eine monatliche Rente in Höhe von 1.265 € gezahlt. Ab 1.7.2019 beträgt die Rente 1.290 € je Monat. Im Jahr 2019 werden insgesamt 960 € Krankenversicherungs- und 220 € Pflegepflichtversicherungsbeiträge des Rentners von seiner Rente abgezogen.

2010

zugeflossene Rente (5 × 1.000 =)	5.000 €
Besteuerungsanteil 60 % von 5.000 € =	3.000 €
abzgl. WK-Pauschbetrag (s. u.)	– 102 €
sonstige Einkünfte (§ 22 EStG)	2.898 €

2011

zugeflossene Rente (6 × 1.000 + 6 × 1.020 =)	12.120 €
Besteuerungsanteil 60 % von 12.120 € =	7.272 €
abzgl. WK-Pauschbetrag	– 102 €
sonstige Einkünfte § 22 EStG	7.170 €
steuerfreier Teil (2. Jahr) (12.120 – 7.272 =)	4.848 €

2019

zugeflossene Rente (6 × 1.265 + 6 × 1.290 =)	15.330 €
abzgl. **steuerfreier Teil** (aus dem 2. Jahr)	– 4.848 €
= Besteuerungsanteil	10.482 €
abzgl. WK-Pauschbetrag	– 102 €
sonstige Einkünfte (§ 22 EStG)	**10.380 €**

Die Rentenerhöhungen werden ab 2012 in voller Höhe besteuert. Der steuerfreie Teil beträgt für A auch in den folgenden Jahren 4.848 €.

Muss ein Rentner in den ersten Jahren des Rentenbezugs keine Einkommensteuererklärung abgeben, kann der steuerfreie Teil der Rente in einem späteren Jahr, für das wieder eine Einkommensteuererklärungspflicht gegeben ist, berechnet werden, ohne dass die Daten des zweiten Jahres bekannt sind. Möglich ist dies, weil in der Rentenbezugsmitteilung der Gesamtbetrag der Rentenanpassungen ab dem dritten Jahr durch den Rententräger auszuweisen ist (§ 22a EStG).

 BEISPIEL

Ermittlung des steuerfreien Teils der Rente unter Berücksichtigung der Rentenanpassungsbeträge wie vorheriges Beispiel, aber A erhält eine Rentenbezugsmitteilung, die folgende Angaben enthält:

zugeflossene Rente 2019 (Zeile 5 der Anlage R)	15.330 €
Rentenanpassungsbeträge (Zeile 6 der Anlage R)	3.210 €

Beginn der Rente (Zeile 7 der Anlage R): 1.8.2010

Die Berechnung im Jahr 2019 sieht wie folgt aus:

zugeflossene Rente	15.330 €
Rentenanpassungsbeträge ab dem 3. Jahr	– 3.210 €
diese werden zu 100 % besteuert	3.210 €
verbleiben (entspricht Rentenbetrag des 2. Jahres)	12.120 €
davon Besteuerungsanteil 60 % (Rentenbeginn 2010)	7.272 €
gesamter Besteuerungsanteil 2019	10.482 €
abzgl. WK-Pauschbetrag (s. u.)	– 102 €
sonstige Einkünfte (§ 22 EStG)	10.380 €

Ab welchem Rentenbetrag muss mit Steuer gerechnet werden?

Bei der Berechnung der tariflichen Einkommensteuer für das Jahr 2019 bleibt ein Grundfreibetrag in Höhe von 9.168 € vom z. v. E. steuerfrei. Unter Berücksichtigung weiterer steuermindernder Aufwendungen und Pauschalen kann ausgehend vom z. v. E. der Rentenbetrag ermittelt werden, der **mindestens** unversteuert bleibt, wenn **keine anderen Einkünfte** vorliegen.

	Jahr des Rentenbeginns (Rente 12 Monate) (maßgeblich für den Besteuerungsanteil)		
	2017	**2018**	**2019**
z. v. E. (entspricht dem Grundfreibetrag)	8.820 €	9.000 €	9.168 €
+ als Sonderausgabe abziehbare Kranken- und Pflegeversicherungsbeiträge (unterstellt: durchschnittlicher Zusatzbeitrag; Kinder)	1.523 €	1.473 €	1.569 € 2019: höhere PV
+ Sonderausgabenpauschbetrag	36 €	36 €	36 €
+ Werbungskostenpauschbetrag	102 €	102 €	102 €

	Jahr des Rentenbeginns (Rente 12 Monate) (maßgeblich für den Besteuerungsanteil)		
= der Besteuerung unterliegender Anteil der Rente	10.481 €	10.611 €	10.875 €
Besteuerungsanteil (% aus der Monatsbruttorente)	74 %	76 %	78 %
+ steuerfreier Teil der Rente	3.682 €	3.351 €	3.067 €
= Jahresbruttorente	14.163 €	13.962 €	13.942 €
= Monatsbruttorente, die unversteuert bleibt	1.180 €	1.163 €	1.162 €

Diese Werte sind Näherungswerte und ergeben sich, wenn die Krankenkasse den durchschnittlichen Zusatzbeitrag erhebt. Bei Abweichungen ergeben sich geringfügig andere Jahres- und Monatsbeträge.

Für verheiratete Rentner verdoppeln sich die Beträge, wenn auch der Ehepartner keine eigenen steuerpflichtigen Einkünfte hat. Bezieht der Ehegatte eine gesetzliche Rente, ist zu beachten, dass für diese Rente i.d.R. ein anderer Besteuerungsanteil gilt.

Liegen weitere abzugsfähige Ausgaben vor (z.B. Spenden, außergewöhnliche Belastungen, Steuerermäßigungen für haushaltsnahe Dienst- und Handwerkerleistungen), bleibt eine höhere Rente ohne Besteuerung.

Neuberechnung des steuerfreien Teils

Der **steuerfreie Teil** der Rente ist nur dann **neu zu berechnen**, wenn sich der Rentenbetrag grundsätzlich verändert. Dies ist z.B. der Fall, wenn eine Rente wegen Anrechnung anderer Einkünfte ermäßigt wird. Soweit Renten z.B. wegen Anrechnung anderer Einkünfte erhöht oder herabgesetzt werden, ist

keine neue Rente anzunehmen. Für den veränderten Rentenbetrag bleibt der ursprünglich ermittelte Prozentsatz maßgebend. Allerdings ist der steuerfreie Teil der Rente – ggf. jährlich – neu zu ermitteln. Dabei ist der steuerfreie Teil der Rente in dem Verhältnis anzupassen, in dem der jetzt veränderte Jahresbetrag der Rente (verringert um enthaltene Rentenanpassungsbeträge) zum Jahresbetrag der Rente steht, der der Ermittlung des bisherigen steuerfreien Teils der Rente zugrunde gelegen hat (i.d.R. der des zweiten Jahres).

Auch Rentennachzahlungen oder -rückzahlungen für mehrere Jahre sowie der Wegfall des Kinderzuschusses zur Rente aus einer berufsständischen Versorgungseinrichtung können zu einer Neuberechnung des steuerfreien Teils der Rente führen.

Folgerenten

Folgerenten (Renten nach einer vorhergehenden Rente aus derselben Versicherung) liegen z.B. vor, wenn

- eine Rente wegen voller Erwerbsminderung in eine Rente wegen teilweiser Erwerbsminderung umgewandelt wird (oder umgekehrt),

- eine Erwerbsminderungsrente in eine Altersrente umgewandelt wird,

- eine kleine Witwenrente in eine große Witwenrente (oder umgekehrt) geändert wird oder

- eine Altersrente bei Tod in eine nachfolgende Witwen- oder Witwerrente übergeht.

Diese Folgerenten sind zwar versicherungsrechtlich eigenständige Renten, aber bei der Ermittlung des Besteuerungsanteils wird nicht ihr tatsächlicher Rentenbeginn für die Ermittlung des Prozentsatzes herangezogen. Für diese Folgerenten wird ein **fiktives (gedachtes) Jahr des Rentenbeginns** ermittelt. Der tatsächliche Beginn der Folgerente wird dabei um die Laufzeit der Vorgängerrente in die Vergangenheit verschoben. Dadurch mindert sich der prozentuale Besteuerungsanteil. Dieser darf 50 % nicht unterschreiten.

Folgerenten werden für die Berechnung des steuerfreien Teils der Rente als eigenständige Renten behandelt. Das gilt nicht, wenn eine wegen Wiederheirat weggefallene Witwen- oder Witwerrente wieder auflebt. In diesem Fall berechnet sich der steuerfreie Teil der Rente nach der ursprünglichen Rente.

 BEISPIEL

Besteuerungsanteil einer Folgerente (Variante 1)

M erhält seit 1.5.2014 eine Altersrente aus der gesetzlichen Rentenversicherung. Im Jahr 2015 wurde ein steuerfreier Teil i. H. v. 32 % aus 19.800 € = 6.332 € festgestellt. Bis zu seinem Tod im August 2019 wird M

eine Rente i. H. v. insgesamt 14.040 € ausbezahlt. Darin enthalten sind Rentenanpassungsbeträge von insgesamt 840 €. Seine **Ehefrau H**, die nicht berufstätig war, erhält ab September 2019 eine Witwenrente in Höhe von monatlich 1.055 €.

Bei der Zusammenveranlagung für das Todesjahr 2019 sind die Einkünfte der Eheleute getrennt zu ermitteln. Beide Ehegatten erzielen mit ihrer Rente sonstige Einkünfte.

Rentner M

zugeflossene Altersrente	14.040 €
abzgl. Anpassungsbeträge (Diese werden zu 100 % besteuert.)	– 840 €
= anteilige Rente (8/12) des zweiten Jahres	13.200 €
Besteuerungsanteil im 2. Jahr (2015, 8/12) 68 % =	8.976 €
+ Rentenanpassung (s. o.)	– 840 €
Besteuerungsanteil im Jahr 2019	9.816 €
abzgl. WK-Pauschbetrag (s. u.)	– 102 €
sonstige Einkünfte (§ 22 EStG)	9.714 €

Ehefrau H

Die Witwenrente ist eine Folgerente.

tatsächlicher Rentenbeginn	1.9.2019
abzgl. Laufzeit der Vorgängerrente 1.5.2014 bis 31.8.2019 =	– 64 Monate
= fiktiver Rentenbeginn	1.5.2014

Der Besteuerungsanteil der Witwenrente beträgt 68 %.

Besteuerungsanteil 2019:

50 % von 4.220 € =	2.869 €
abzgl. WK-Pauschbetrag (nicht zeitanteilig)	– 102 €
sonstige Einkünfte (§ 22 EStG)	2.767 €

Besteuerungsanteil einer Folgerente (Variante 2)

W bezieht vom 1. Oktober 2012 bis zum 31. März 2015 eine Erwerbsminderungsrente aus der gesetzlichen Rentenversicherung in Höhe von mtl. 1.000 €. Anschließend ist er wieder erwerbstätig. Ab 1. November 2019 erhält er eine Altersrente i.H.v. 1.800 €.

2012

Besteuerungsanteil 64 % von 3.000 € =	1.920 €

2013

Besteuerungsanteil 64 % von 12.000 € =	7.680 €

Der steuerfreie Teil dieser Rente beträgt 4.320 €.

2019

Die Altersrente ist eine **Folgerente**.

tatsächlicher Rentenbeginn	1.11.2019
– Laufzeit Vorgängerrente 1.10.2012–31.3.2015	– 30 Monate
= fiktiver Rentenbeginn der Altersrente	**1.5.2017**

Daraus ergibt sich ein Besteuerungsanteil für die Altersrente i.H.v.

74 % von 3.600 € =	2.664 €
abzgl. WK-Pauschbetrag	– 102 €
sonstige Einkünfte (§ 22 EStG)	2.562 €

Vorgängerrenten, die vor 2005 geendet haben

Endet die Vorgängerrente **vor** 2005, wird diese für die Berechnung eines fiktiven Rentenbeginns bei einer Folgerente nicht mehr berücksichtigt.

Rentennachzahlungen

Werden Renten **für mehrere Jahre** in einem Jahr ausbezahlt, z. B. wegen verspäteter Antragstellung, sind diese insgesamt im Zuflussjahr zu erfassen und in Zeile 10 der Anlage R einzutragen. Das Finanzamt wird prüfen, ob für diese Nachzahlungen eine **Tarifvergünstigung** nach der sog. Fünftel-Regelung in Betracht kommt.

 ACHTUNG

Rentennachzahlung nur für ein Jahr

Werden Rentenbeträge **nur** für das unmittelbar **vorangegangene Jahr** im laufenden Jahr nachbezahlt, z. B. wegen verspäteter Rentenantragstellung, ist die gesamte zugeflossene Rente (einschl. der Nachzahlung) in Zeile 5 und nicht in Zeile 10 einzutragen.

Von der Deutschen Rentenversicherung im Zusammenhang mit Rentennachzahlungen gezahlte Zinsen gehören zu den Einnahmen aus Kapitalvermögen.

Öffnungsklausel

Auf Antrag des Steuerpflichtigen werden **Teile** der Leibrenten, die eigentlich der nachgelagerten Besteuerung mit dem Besteuerungsanteil unterliegen würden, mit einem niedrigeren **Ertragsanteil** (s. → Punkt 5) besteuert. Die Anwendung der Öffnungsklausel setzt voraus, dass bis zum 31.12.2004 in **mindestens zehn Jahren** Beiträge gezahlt wurden, die oberhalb des **Höchstbetrags zur gesetzlichen Rentenversicherung** lagen. Die Jahre müssen nicht unmittelbar aufeinanderfolgen. Beiträge sind grundsätzlich dem Jahr zuzurechnen, **in dem** sie gezahlt und **für das** sie bescheinigt werden (BFH, Urteil v. 19.1.2010, X R 53/08). Nach diesem Urteil kommt es bei der Öffnungsklausel nicht nur darauf an, dass die Beiträge bis zum 31.12.2004 geleistet wurden, sondern auch darauf, für welche Jahre vor 2005 der Steuerpflichtige die Beiträge geleistet hat. Wurden z. B. in einem Jahr (vor 2005) Nachzahlungen für mehrere Jahre durch einen Einmalbetrag bezahlt, sind die Zahlungen den einzelnen Jahren zuzurechnen, in denen sie rentenrechtlich wirksam werden (sog. Für-Prinzip).

Die Öffnungsklausel kann im Wesentlichen von Selbstständigen, die in der gesetzlichen Rentenversicherung pflichtversichert oder freiwillig versichert waren, sowie von Selbstständigen, die Beiträge an berufsständische Versorgungswerke gezahlt haben, in Anspruch genommen werden.

Im Rahmen der sog. Öffnungsklausel können in die Prüfung, welche Beiträge oberhalb des Höchstbetrags zur gesetzlichen Rentenversicherung gezahlt wurden, nur die tatsächlich geleisteten Beiträge einbezogen werden. Hat ein Steuerpflichtiger Beiträge an mehrere Versorgungseinrichtungen geleistet, bezieht aber zunächst nur Renteneinnahmen aus einem einzigen Versor-

gungswerk, sind in die Prüfung der Voraussetzungen der Öffnungsklausel gemäß § 22 Nr. 1 Satz 3 Buchst. a) Doppelbuchst. bb) Satz 2 EStG alle von ihm geleisteten Beiträge an Versorgungseinrichtungen einzubeziehen, die zu Leibrenten und anderen Leistungen i. S. v. § 22 Nr. 1 Satz 3 Buchst. a) Doppelbuchst. aa) EStG führen können (BFH, Urteil v. 3.5.2017, X R 12/14). Versorgungsanwartschaften eines Beamten bleiben unberücksichtigt (BFH, Urteil v. 18.5.2010, X R 29/09).

Für die Prüfung der Öffnungsklausel ist grundsätzlich der Höchstbeitrag zur gesetzlichen Rentenversicherung der Angestellten und Arbeiter des Jahres heranzuziehen, dem die Beiträge zuzurechnen sind. Höchstbeitrag ist die Summe des Arbeitgeberanteils und des Arbeitnehmeranteils zur jeweiligen gesetzlichen Rentenversicherung. Dabei spielt es keine Rolle, ob es sich um Pflichtbeiträge, freiwillige Beiträge oder Beiträge zur Höherversicherung handelt.

Der Antrag zur Anwendung der Öffnungsklausel ist beim zuständigen Finanzamt zu stellen (Anlage R, Zeile 11). Die Öffnungsklausel wird nicht von Amts wegen angewandt.

 TIPP

Nachweis der Versicherungsgesellschaft

Der Nachweis über das Vorliegen der oben genannten Voraussetzungen wird durch eine **Bescheinigung** des jeweiligen Versorgungsträgers, an den die Beiträge geleistet wurden, geführt. Aus der Bescheinigung müssen sich die vor dem 1.1.2005 geleisteten Beiträge und die jeweiligen Jahre, für die geleistet wurde, ergeben. Der Teil der Rente, auf den die Öffnungsklausel Anwendung findet (Besteuerung mit dem Ertragsanteil), wird in der Bescheinigung durch einen entsprechenden Prozentsatz ausgewiesen.

Der BFH hat die Revision in einem Fall zugelassen, in dem zu klären ist, ob **freiwillige** Nachzahlungen zur Erhöhung der Rentenanwartschaften, soweit sie für ein abgelaufenes Jahr möglich waren, zur Berechnung des Höchstbeitrags im Rahmen der Öffnungsklausel zu berücksichtigen sind (BFH, anhängiges Verfahren, X R 43/17, Vorinstanz: FG München, Urteil v. 26.7.2017, 1 K 2510/14).

 ACHTUNG

Einmalauszahlung

Die Besteuerung mit dem Ertragsanteil gilt nach der gesetzlichen Definition nur für Erträge des Rentenrechts und damit nicht für Einmalauszahlungen. Einmalauszahlungen (z. B. bei Grenzgängern aus der Schweiz) bleiben daher steuerfrei, soweit auf sie die Öffnungsklausel Anwendung findet.

 BEISPIEL

Öffnungsklausel bei einmaligen Bezügen

Der Steuerpflichtige B erhält eine Rente aus der gesetzlichen Rentenversicherung. Durch eine Bescheinigung der Deutschen Rentenversicherung Bund weist er nach, dass 8 % der Rente auf Beiträgen beruhen, die in zehn Jahren vor 2005 über den Höchstbeitrag hinaus geleistet wurden. Nach seinem Tod erhält seine Frau eine monatliche Witwenrente und zusätzlich ein einmaliges Sterbegeld.

Die **Witwenrente** wird zu 92 % mit dem Besteuerungsanteil nach § 22 Nr. 1 Satz 3 Buchst. a), Doppelbuchst. aa) EStG und zu 8 % mit dem Ertragsanteil nach § 22 Nr. 1 Satz 3 Buchst. a), Doppelbuchst. bb) EStG besteuert. Dabei bestimmt sich der Ertragsanteil nach dem vollendeten Lebensjahr der Frau bei Beginn der Witwenrente. Eine vergleichbare Regelung zur Folgerente ist bei der Ertragsanteilsbesteuerung von Renten aus der privaten Rentenversicherung nicht vorgesehen. Das **Sterbegeld** unterliegt zu 92 % der Besteuerung nach § 22 Nr. 1 Satz 3 Buchst. a), Doppelbuchst. aa) EStG. 8 % des Sterbegelds werden nicht besteuert.

Die endgültige Entscheidung darüber, ob die Öffnungsklausel zur Anwendung kommt, trifft das Finanzamt und nicht die auszahlende Stelle.

Rentner im Ausland

Hat der Steuerpflichtige seinen Wohnsitz ins Ausland verlegt, bleibt die Rente i.d.R. im Inland im Rahmen der beschränkten Einkommensteuerpflicht steuerpflichtig. Aus Deutschland stammende Renteneinkünfte gehören grundsätzlich zu den inländischen Einkünften im Sinne des § 49 EStG. Im Einzelnen regeln Doppelbesteuerungsabkommen, die die Bundesrepublik Deutschland mit anderen Ländern abgeschlossen hat, das Besteuerungsrecht der betreffenden Länder. Danach hat Deutschland kein Besteuerungsrecht für die deutschen Renteneinkünfte, wenn der Rentner seinen Wohnsitz z.B. in Bosnien-Herzegowina, Frankreich (ab 2016), Griechenland, Indien, Island, Serbien, der Slowakei, Tschechien oder den Vereinigten Staaten von Amerika hat. Weitere Länder finden Sie unter https://www.finanzamt-rente-im-ausland.de/de/wer-warum-wieviel/wer-muss-steuern-zahlen/warum-ist-der-wohnsitzstaat-entscheidend/.

Bei Wohnsitz in anderen Ländern erfolgt die Besteuerung grundsätzlich im Wohnsitzstaat. Die Bundesrepublik hat aber z.B. bei Wohnsitz in Spanien nach dem Doppelbesteuerungsabkommen mit diesem Land das Recht, für Renten, die erstmals ab 2015 gezahlt werden, eine 5%ige Steuer zu erheben. Diese wird im Gegenzug auf die spanische Steuer angerechnet. Ruhegehälter, die von der Bundesrepublik Deutschland, einem Bundesland, einer/einem Stadt/Gemeinde/Kreis oder anderen juristischen Person des öffentlichen Rechts gezahlt werden (z.B. Beamtenpension), werden nicht in Spanien, sondern nur in Deutschland besteuert.

Die Einkommensteuer auf Renteneinkünfte wird im Wege der Veranlagung erhoben. Dies bedeutet, dass für die Festsetzung der Einkommensteuer die Abgabe einer Steuererklärung erforderlich ist. Dem **Finanzamt Neubrandenburg** ist zentral die Zuständigkeit für die Veranlagung von Rentnern mit Wohnsitz im Ausland übertragen worden, die nicht aus anderen Gründen (andere inländische Einkünfte) bereits in Deutschland veranlagt werden. Ausführliche Informationen zur Besteuerung von Rentnern im Ausland stellt das Finanzamt Neubrandenburg auf der Internetseite https://www.finanzamt-rente-im-ausland.de zur Verfügung.

Wegen der Möglichkeit, eine vereinfachte Steuererklärung abzugeben, siehe Punkt 6.

Aufgrund einer EU-Amtshilferichtlinie in Steuersachen erfolgt zwischen EU-Mitgliedsstaaten ein automatischer Informationsaustausch zur Besteuerung. Neben Zinseinnahmen werden auch Daten über Renten, Pensionen und Lebensversicherungen weitergegeben.

Zu beachten ist, dass bei einer Veranlagung zur beschränkten Steuerpflicht kein Grundfreibetrag (2019: 9.168 €) berücksichtigt wird und damit der steuerpflichtige Teil der Rente in vollem Umfang der Besteuerung mit dem Grundtarif unterliegt. In bestimmten Fällen (z.B. die Einkünfte sind zu mindestens 90 % in Deutschland zu versteuern oder es gibt nur geringe ausländische Einkünfte) kann der Rentner einen Antrag auf unbeschränkte Steuerpflicht stellen und damit seine Steuerlast erheblich senken.

5 Renten aus der privaten Rentenversicherung, die mit einem Ertragsanteil besteuert werden

Bestimmte Renten aus der privaten Rentenversicherung (z. B. Altersrenten, Veräußerungsrenten) werden mit einem geringeren **Ertragsanteil** besteuert, weil die entsprechenden Rentenbeiträge aus versteuertem Einkommen gezahlt wurden. Für diese Beiträge gab es keinen oder nur einen geringen Sonderausgabenabzug.

Hierunter fallen insbesondere

- Renten aus vor dem 1.1.2005 abgeschlossenen privaten Rentenversicherungsverträgen,

- Renten aus ab 2005 abgeschlossenen Lebensversicherungen, die nicht die Voraussetzungen der Riester- oder Rürup-Rente erfüllen, sowie

- Veräußerungsleibrenten.

Ertragsanteil

Der Ertragsanteil bestimmt sich nach dem bei Beginn der Rente vollendeten Lebensjahr des Rentenberechtigten.

Bei Beginn der Rente vollendetes Lebensjahr (Auszug)	Ertragsanteil in %
30	44
40	38
50	30
60	22
63	20
64	19
65	18
70	15
80	8

Abgekürzte Leibrenten

Werden Renten aus der **privaten** Rentenversicherung nur als abgekürzte Leibrenten (Höchstzeitrenten) gezahlt, wird der Ertragsanteil der Rente nicht nach dem vollendeten Lebensjahr bei Beginn der Rente, sondern nach der voraussichtlichen Laufzeit der Rente ermittelt (§ 55 Abs. 2 EStDV).

Laufzeit der Rente ab Beginn der Rente in Jahren (Auszug)	Ertragsanteil in % (grundsätzlich)
1	0
2	1
3	2
4	4
5	5
10	12
15	16
20	21
30	30

- Veräußerung eines Grundstücks gegen Rentenzahlungen mit einer Beschränkung der Laufzeit auf höchstens eine bestimmte Anzahl von Jahren.

- Private Berufsunfähigkeitsrente, die mit Erreichen einer bestimmten Altersgrenze in eine private Altersrente umgewandelt wird.
  Aber: Wird eine Berufsunfähigkeitsrente versehentlich über die vertraglich vereinbarte Laufzeit hinaus ohne Rechtsgrund gezahlt, kommt eine Besteuerung der weiteren Zahlungen als abgekürzte Leibrente mit dem Ertragsanteil nicht mehr in Betracht. Die weiteren Rentenzahlungen erfolgen nicht aufgrund eigener Beitragsleistungen und stellen daher – auch nicht teilweise – eine Rückzahlung von zuvor angespartem Kapital dar. Die Zahlungen sind in voller Höhe als

wiederkehrende Leistungen i. S. d. § 22 Nr. 1 Satz 1 EStG zu versteuern (FG Baden-Württemberg, Urteil v. 15.1.2016, 13 K 1813/14). Sofern die Zahlungen später zurückgezahlt werden müssen, liegen negative Einnahmen vor.

Renten mit Kapitalwahlrecht, abgeschlossen vor 2005

Lebensversicherungen, die vor dem 1.1.2005 abgeschlossen wurden, sind bei Auszahlung in voller Höhe steuerfrei, wenn u. a. die Versicherungssumme und die Erträge daraus komplett und in einem Betrag ausgezahlt werden. Wird bei einer Rentenversicherung mit Kapitalwahlrecht vom Kapitalwahlrecht kein Gebrauch gemacht, sondern stattdessen die Lebensversicherung als Leibrente in Form von monatlichen Zahlungen ausgezahlt, ist nach Auffassung der Finanzverwaltung der Rentenbezug insgesamt den sonstigen Einkünften nach § 22 EStG zuzuordnen und mit dem Ertragsanteil zu versteuern.

Das FG Baden-Württemberg vertritt dagegen die Auffassung, dass die Rentenzahlungen insgesamt den Einkünften aus Kapitalvermögen zuzuordnen und nach § 20 Abs. 1 Nr. 6 Satz 2 EStG insgesamt als steuerfrei zu behandeln sind. Der BFH hat jetzt die Rechtsfrage zu entscheiden (BFH, anhängiges Verfahren, Az. VIII R 4/18, Vorinstanz: FG-Baden-Württemberg, Urteil v. 17.10.2017, 5 K 1605/16). Bei vergleichbaren Fällen sollte das Ruhen des Verfahrens beantragt werden, bis der BFH entschieden hat.

6 Rentenbezugsmitteilungen und Veranlagung

Rentenbezugsmitteilung

Steuerpflichtige Rentzahlungen sind als sonstige Einkünfte nach § 22 EStG zu versteuern. Die Besteuerung aller Leibrenten wird durch jährliche elektronische Rentenbezugsmitteilungen der Rentenversicherungsträger und der Lebensversicherungsunternehmen an die zentrale Zulagenstelle für Altersvermögen – ZfA – (Deutschen Rentenversicherung Bund) sichergestellt. Von hier werden die Daten elektronisch an die Landesfinanzbehörden weitergeleitet und im Rahmen der Veranlagung zur Einkommensteuer ausgewertet. Die Rentendaten sind an die steuerliche **Identifikationsnummer** gekoppelt und können so der jeweiligen Steuerveranlagung zugeordnet werden. Renten, die steuerfrei sind, werden nicht in das Rentenbezugsmitteilungsverfahren einbezogen. Um das Ausfüllen der Steuererklärung zu erleichtern, stellt die Deutsche Rentenversicherung auf Wunsch eine Mitteilung über die Rentenhöhe und den Rentenanpassungsbetrag aus.

 TIPP

Vereinfachte Steuererklärung für Rentner

Die Länder Brandenburg, Bremen, Mecklenburg-Vorpommern und Sachsen testen in einem Pilotprojekt mit Unterstützung des Bundesministeriums der Finanzen eine vereinfachte zweiseitige Steuererklärung für Rentner und Pensionäre. In der „Erklärung zur Veranlagung von Alterseinkünften" (Papiervordruck) können Aufwendungen für Unfall-, Haftpflicht und Risikolebensversicherungen sowie Spenden und Mitgliedsbeiträge, Kirchensteuer, außergewöhnliche Belastungen und Steuerermäßigungen für haushaltsnahe Dienstleistungen und Handwerkerleistungen geltend gemacht werden. Renteneinkünfte, Pensionen und die Krankenversicherungs- und Pflegepflichtversicherungsbeiträge wurden der Finanzverwaltung bereits in elektronischer Form durch die jeweiligen Institutionen gemeldet. Liegen noch andere Einkünfte wie z. B. aus Vermietung oder Gewerbe vor, muss eine normale Steuererklärung eingereicht werden. Weitere Bundesländer werden sich dem vereinfachten Steuererklärungsverfahren bald anschließen. Erkundigen Sie sich bei Ihrem Finanzamt.

7 Renten aus privaten Altersvorsorgeverträgen und aus der betrieblichen Altersversorgung

Betroffen sind Renten aus

- Riester-Rentenversicherungsverträgen,
- Pensionsfonds,
- Pensionskassen,
- Direktversicherungen und
- umlagefinanzierten Versorgungseinrichtungen (z. B. Versorgungsanstalt des Bundes und der Länder oder Zu-

satzversorgungskassen der Kommunen oder Kirchen (ZVK)).

Ansparphase

Während der Ansparphase wurde eine **Altersvorsorgezulage** in Anspruch genommen oder die Beiträge waren steuerlich besonders begünstigt, weil sie nach § 3 Nr. 56, 63, 66 EStG (teilweise) **steuerfrei** waren, oder nach § 10a EStG kam ein **besonderer Sonderausgabenabzug** in Betracht.

Hinweis: Wichtiges zum Thema „Betriebliche Altersvorsorge" finden Sie auch auf http://mybook.haufe.de unter „Weiterführende steuerliche Informationen".

Besteuerung

Die Renten aus privaten oder betrieblichen Altersvorsorgeverträgen werden grundsätzlich **in voller Höhe besteuert (nachgelagerte Besteuerung)**. Wurden die Beiträge in der Ansparphase nur teilweise steuerlich gefördert, d. h. es wurden auch nicht geförderte Beiträge gezahlt, muss die Rente für die Besteuerung aufgeteilt werden. Der Rentenanteil, der auf steuerlich nicht geförderten Beiträgen beruht, wird nur anteilig mit dem **Ertragsanteil** besteuert.

 BEISPIEL

Aufteilung der Leistungen aus geförderten Altersvorsorgeverträgen

Der Steuerpflichtige hat vor Jahren einen Riester-Vertrag abgeschlossen und die Altersvorsorgezulage erhalten. Seine laufenden Beitragszahlungen waren höher als der Förderhöchstbetrag.

Bei Auszahlung der Rente ist der Teil der Rente, der mit geförderten Beiträgen in Zusammenhang steht, in voller Höhe zu versteuern. Soweit die **Rente aus „überzahlten" (nicht geförderten) Beiträgen** stammt, muss sie nur mit dem **Ertragsanteil** versteuert werden.

 TIPP

Leistungsmitteilung

Von Ihrem Versicherungsunternehmen erhalten Sie eine **Leistungsmitteilung** (Bescheinigung), aus der hervorgeht, welcher Teil der Rente voll zu versteuern ist und welcher Teil nur anteilig besteuert wird (Aufteilung). Die Besteuerungsvorschrift ist ebenfalls angegeben. Übernehmen Sie bitte die Angaben aus der Bescheinigung in Ihre Anlage R, Seite 2.

Leistungen (Rentenzahlungen) aus Riester-Altersvorsorgeverträgen unterliegen der nachgelagerten Besteuerung in voller Höhe. Dies gilt auch für den Teil der Leistungen, der aus Altersvorsorgezulagen stammt. Der Teil der Rente, der aus eigenen Beitragszahlungen stammt, wird sogar zweimal besteuert, da die Beiträge i. d. R. aus versteuerten Einnahmen bezahlt wurden. Im Fall einer schädlichen Verwendung erfolgt keine Besteuerung bzgl. der zurückzufordernden Altersvorsorgezulagen.

8 Zusammenfassende Übersicht über die Rentenbesteuerung

Rentenart	Fundstelle	Besteuerung
Rentenzahlung vom Arbeitgeber aufgrund einer Pensionszusage **(Direktzusage)** oder aus Unterstützungskassen **(Betriebsrente)**	Einkünfte aus nichtselbstständiger Arbeit § 19 Abs. 2 EStG	**Arbeitslohn** nach § 19 EStG; i. d. R. Versorgungsbezüge (Versorgungsfreibetrag und Zuschlag zum Versorgungsfreibetrag)
alle Renten aus der **gesetzlichen** Rentenversicherung, den landwirtschaftlichen Alterskassen, von berufsständischen Versorgungseinrichtungen, **Rürup-Renten**	sonstige Einkünfte § 22 Nr. 1 Satz 3 Buchst. a) Doppelbuchst. **aa)** EStG	**Besteuerungsanteil** (nach dem Jahr des Rentenbeginns; bei Rentenbeginn 2019: 78 %)
Renten aus **privaten** Rentenversicherungen (ohne Riester- und ohne Rürup-Renten)	sonstige Einkünfte § 22 Nr. 1 Satz 3 Buchst. a) Doppelbuchst. **bb)** EStG	**Ertragsanteil** (ermittelt nach dem Alter bei Rentenbeginn) z. B. bei Rentenbeginn 65 Jahre: 18 %

Rentenart	Fundstelle	Besteuerung
Riester-Rente (einschl. Wohnriester)	sonstige Einkünfte § 22 Nr. 5 EStG i. V. m. § 22 Nr. 1 Satz 3 Buchst. a) Doppelbuchst. bb) EStG	• soweit Beiträge staatlich gefördert wurden (Zulage und/oder Sonderausgabenabzug) oder steuerfrei waren: **volle Besteuerung** • soweit keine Förderung (Beiträge aus versteuertem Einkommen): Besteuerung mit dem **Ertragsanteil**
Rentenzahlung aus einer **Pensionskasse**, einem **Pensionsfonds** oder aus einer **Direktversicherung**		
Renten aus Zusatzversorgungseinrichtungen; z. B. Versorgungsanstalt des Bundes und der Länder (VBL) bzw. Renten aus Zusatzversorgungskassen der Kommunen oder Kirchen (ZVK)		
Kapitalauszahlung aus einer Lebensversicherung, die **vor dem 1.1.2005** abgeschlossen wurde (Altvertrag)		i. d. R. **steuerfrei**; in Einzelfällen Besteuerung nach § 20 Abs. 1 Nr. 6 EStG a. F.
Kapitalauszahlung aus einer Lebensversicherung, im Erlebensfall aus einem Neuvertrag (Vertragsabschluss **nach dem 31.12.2004**)	Einkünfte aus Kapitalvermögen § 20 Abs. 1 Nr. 6 EStG	**Einnahmen aus Kapitalvermögen** in Höhe des **vollen** Unterschiedsbetrags zwischen Auszahlung und Beiträgen; bei Mindestlaufzeit von 12 Jahren und 60. Lebensjahr (Vertragsabschluss nach 2011: 62. Lj.) vollendet, nur **halber** Unterschiedsbetrag
private Veräußerungsrenten	sonstige Einkünfte § 22 Nr. 1 Satz 3 Buchst. a) Doppelbuchst. bb) EStG	Besteuerung mit dem **Ertragsanteil**

9 Werbungskosten

Werbungskosten in tatsächlicher Höhe

Zu den als Werbungskosten im Zusammenhang mit Renteneinkünften abzugsfähigen Kosten gehören Gewerkschaftsbeiträge, Rechtsberatungskosten, Prozesskosten im Zusammenhang mit Ansprüchen aus der Rentenversicherung, Aufwendungen für (Steuer-)Literatur (z. B. Rentenratgeber oder „Steuer 2019"), Fahrtkosten zur Rentenberatung und Schuldzinsen für einen Kredit zur Nachentrichtung freiwilliger Beiträge zur gesetzlichen Rentenversicherung.

Finanzierungskosten, die durch den Abschluss eines Vertrags über eine sofort beginnende Leibrentenversicherungsleistung gegen Zahlung eines Einmalbetrags (Sofortrente) veranlasst sind, können als Werbungskosten abziehbar sein, wenn damit zu rechnen ist, dass die Summe der Besteuerungsanteile den Finanzierungsaufwand übersteigt. Auch wenn die Rente nur mit dem Besteuerungs- bzw. Ertragsanteil versteuert wird, können die Aufwendungen in voller Höhe als Werbungskosten abgesetzt werden.

TIPP

Vorweggenommene Werbungskosten

Aufwendungen im Zusammenhang mit einer Rente, die Sie im Jahr 2019 bezahlt haben, sind auch dann schon abziehbar, wenn mit der Rentenzahlung erst 2020 zu rechnen ist. Die **vorweggenommenen Werbungskosten** führen zu negativen sonstigen Einkünften und können mit positiven Einkünften aus anderen Einkunftsarten verrechnet werden.

Beiträge eines Arbeitnehmers zur gesetzlichen Rentenversicherung sind nicht als vorab entstandene Werbungskosten, sondern nur als Sonderausgaben abziehbar (BVerfG, Beschlüsse v. 14.6.2016, 2 BvR 290/10 und 2 BvR 323/10).

Pauschbetrag für Werbungskosten

Bei Renten wird mindestens ein Pauschbetrag von 102 € berücksichtigt, wenn keine höheren tatsächlichen Werbungskosten geltend gemacht werden. Wenn mehrere Renten bezogen werden, kann der Pauschbetrag insgesamt nur einmal berücksichtigt werden. Werden Ehegatten zusammen zur Einkommensteuer veranlagt, erhält jeder Ehegatte mit Renteneinkünften den Pauschbetrag.

10 Der Steuerpflichtige zahlt eine Rente

Rentenzahlungen können entweder gar nicht, als Werbungskosten bzw. Betriebsausgaben oder als Sonderausgaben abgezogen werden.

Betriebsausgaben oder Werbungskosten

Hat der Steuerpflichtige Vermögensgegenstände, die der Erzielung von Einkünften dienen (z. B. vermietetes Grundstück mit Gebäude), gegen Rentenzahlungen erworben, ist zu prüfen, ob es sich um eine entgeltliche Übertragung handelt. Diese liegt vor, wenn Leistung und Gegenleistung gleichwertig sind. In diesen Fällen hat der Steuerpflichtige als Erwerber des Vermögens AK, die sich aus den Rentenleistungen durch Kapitalisierung berechnen lassen.

Der in den jeweiligen Rentenzahlungen enthaltene Zinsanteil (Ertragsanteil) kann als Betriebsausgabe oder Werbungskosten abgezogen werden. Der Veräußerer versteuert den Ertragsanteil als sonstige Einkünfte.

Sonderausgaben

Kirchensteuerzahlungen für den Erblasser

Zahlt ein Erbe die noch offene KiSt des Erblassers, kann der Erbe diese im Jahr der Zahlung als Sonderausgabe abziehen (BFH, Urteil v. 21.7.2016, X R 43/13).

Vermögensübertragung gegen Versorgungsleistungen

Versorgungsleistungen sind ganz oder teilweise existenzsichernde Zahlungen im Zusammenhang mit unentgeltlichen Vermögensübertragungen (§ 10 Abs. 1a Nr. 2 EStG).

Bei Vermögensübergaben gegen Versorgungsleistungen ab dem 1.1.2008 liegt ein Sonderausgabenabzug nur vor, wenn

- eine unentgeltliche Zuwendung (Leistungen und Gegenleistungen sind nicht gegeneinander abgewogen) vorliegt – die Höhe der Rente hängt vom Versorgungsbedürfnis des Berechtigten und der wirtschaftlichen Leistungsfähigkeit des Verpflichteten ab,

- lebenslange wiederkehrende Versorgungsleistungen, abhängig von der Lebenszeit des Empfängers, gezahlt werden,

- das übertragene Vermögen dem Übernehmer steuerlich zugerechnet wird (es besteht ein sachlicher Zusammenhang zwischen den Rentenzahlungen und dem übertragenen Vermögen),

- der begünstigte Empfänger der Übergeber des Vermögens, dessen Ehegatte, der eingetragene Lebenspartner oder ein erb- und pflichtteilsberechtigter Abkömmling ist und

- die Versorgungsleistungen mit der Übertragung eines Mitunternehmeranteils, eines Betriebs oder Teilbetriebs oder einer Beteiligung an einer GmbH in bestimmten Fällen in Zusammenhang stehen.

Der Übernehmer hat den vollen **Sonderausgabenabzug**, der Übergeber versteuert in voller Höhe **sonstige Einkünfte** nach § 22 Nr. 1a EStG.

Ist das begünstigt erworbene Vermögen dem Übernehmer steuerlich nicht mehr zuzurechnen (z. B. Betriebsaufgabe oder Veräußerung), endet auch der sachliche Zusammenhang der wiederkehrenden Leistungen mit der Vermögensübertragung. Ab diesem Zeitpunkt liegen steuerlich nicht begünstigte Unterhaltszahlungen nach § 12 Nr. 2 EStG vor. Der Übernehmer hat keine Sonderausgaben, der Empfänger keine zu versteuernden Renten mehr.

Versorgungsausgleich nach Scheidung

(§ 10 Abs. 1a Nr. 3 EStG)

Nach dem Versorgungsausgleichsgesetz gilt für alle ausgleichsreifen Anrechte auf Altersversorgung (gesetzliche Rentenversicherung sowie alle Systeme der betrieblichen Altersversorgung) der **Grundsatz der internen Teilung** (öffentlich-rechtliches Rentensplitting). Wurden während der Ehe/eingetragenen Lebenspartnerschaft Rentenanwartschaftsrechte erworben, werden diese zum Zeitpunkt der Scheidung innerhalb des jeweiligen Rentensystems geteilt und für den ausgleichsberechtigten Ehegatten/Lebenspartner **eigenständige Versorgungsanrechte** geschaffen. Die Übertragung der Anrechte ist steuerfrei (§ 3 Nr. 55 a EStG).

Die **Besteuerung erfolgt erst während der Auszahlungsphase.** Ausgleichsverpflichtete und ausgleichsberechtigte Personen versteuern beide die ihnen jeweils zufließenden Leistungen im

Rahmen der gleichen Einkunftsart (so, als ob die Teilung nicht stattgefunden hätte). Für die Ermittlung der steuerpflichtigen Versorgungsbezüge und des Besteuerungsanteils/Ertragsanteils bei Renten ist auf den Versorgungsbeginn, den Rentenbeginn bzw. das Lebensalter des jeweiligen Ehegatten abzustellen.

Sind **Rentenanwartschaftsrechte noch nicht endgültig**, erfolgt keine Aufteilung der Anwartschaftsrechte auf die Ehegatten. In diesen Fällen wird ein **schuldrechtlicher** Versorgungsausgleich durchgeführt, indem sich ein Ehegatte verpflichtet, dem anderen selbst eine Ausgleichsrente zu zahlen. Der zur Zahlung Verpflichtete erhält zunächst die Rente in voller Höhe und versteuert diese nach den allgemeinen

Grundsätzen. Er leitet die Rente teilweise an den anderen Ehegatten weiter und erhält dafür einen **Sonderausgabenabzug** (§ 10 Abs. 1a Nr. 4 EStG) in Höhe des steuerpflichtigen Teils der weitergeleiteten Rente.

Der Empfänger der Ausgleichsleistungen versteuert seinen Zufluss nach § 22 Nr. 1a EStG als sonstige Einkünfte. Auch Ausgleichsleistungen zur **Vermeidung eines Versorgungsausgleichs** sind als Sonderausgaben abziehbar (§ 10 Abs. 1a Nr. 3 EStG), soweit der Verpflichtete dies mit Zustimmung des Berechtigten beantragt. Der Berechtigte versteuert die Zahlungen nach § 22 Nr. 1a EStG als „sonstige Einkünfte".

Reparaturen

Dient ein Haus bzw. eine Wohnung der Erzielung von Einkünften, sind Reparaturaufwendungen als Betriebsausgaben oder Werbungskosten abzugsfähig. Betrifft der Aufwand die eigengenutzte Wohnung, lesen Sie bitte unter → Haushaltsnahe Tätigkeiten/Dienstleistungen weiter.

§§ 7, 9, 21 EStG, § 82b EStDV, R 21.1 EStR, H 21.1 EStR

1 Abgrenzung von Reparaturen und Herstellungskosten

Der Abgrenzung von Reparaturkosten (steuerlicher Begriff: Erhaltungsaufwendungen) und nachträglichen Herstellungskosten (HK) kommt wegen der sehr unterschiedlichen steuerlichen Auswirkung große Bedeutung zu.

	Erhaltungsaufwendungen (Reparaturen)	Nachträgliche Herstellungskosten
Abzug	• sofort in voller Höhe	• nur im Wege der AfA
Abzugszeitpunkt	• im Jahr der Zahlung	• ab dem Zeitpunkt der Entstehung (Zahlungszeitpunkt ohne Bedeutung)

Vertiefend siehe → Abschreibungen/ Gebäude.

Erhaltungsaufwendungen (Reparaturen)

Aufwendungen für die Erneuerung von bereits vorhandenen Teilen, Einrichtungen oder Anlagen, die dazu dienen, ein Gebäude in einem ordnungsgemäßen Zustand zu erhalten, werden als „Erhaltungsaufwendungen" bezeichnet und sind im Jahr der Zahlung in voller Höhe als Werbungskosten abzugsfähig. Dabei kommt es darauf an, dass die erneuerten Teile die **Funktion** des bisherigen Teils übernehmen. Ob dabei andere Materialien oder eine technisch andere Wirkungsweise zum Einsatz kommen, ist ohne Bedeutung.

Erhaltungsaufwendungen sind z. B. Aufwendungen für Dacherneuerung, nachträgliche Wärmeschutzmaßnahmen, Anbringen einer Außenverkleidung/Fassade, Austausch von Fenstern und Türen, Erneuerung eines Bades, Heizungserneuerung (auch Umstellung des Heizsystems), Einbau einer Solaranlage zur Brauchwassererwärmung.

Erhaltungsaufwendungen liegen auch vor, wenn eine werterhöhende Modernisierung dem Gebäude den zeitgemäßen Standard zurückgibt, den es ursprünglich besessen hat, der aber durch technischen Fortschritt oder Änderung der Lebensgewohnheiten verloren gegangen ist.

 TIPP

Vereinfachungsregelung

Betragen die Aufwendungen für eine **einzelne Baumaßnahme** in einem Gebäude nicht mehr als 4.000 € netto (mit Umsatzsteuer = 4.760 €), können diese aus Vereinfachungsgründen auf Antrag als Erhaltungsaufwendungen behandelt und sofort im Jahr der Zahlung in voller Höhe abgezogen werden, außer es handelt sich um Aufwendungen, die der erstmaligen endgültigen Fertigstellung des Gebäudes dienen. Eine Abgrenzung zwischen Erhaltungsaufwendungen und nachträglichen HK ist nicht erforderlich. Verschiedene (auch gleichzeitige) Baumaßnahmen im selben Gebäude sind bzgl. der Anwendung der 4.000-Euro-Grenze getrennt zu beurteilen.

Beim Austausch einer Einbauküche in einer vermieteten Wohnung liegen keine Erhaltungsaufwendungen vor, sondern Anschaffungskosten für ein neues eigenständiges Wirtschaftsgut, das auf zehn Jahre abzuschreiben ist (BFH, Urteil v. 3.8.2016, IX R 14/15).

HK, nachträgliche HK und Herstellungsaufwand

Aufwendungen bis zur endgültigen Fertigstellung eines Gebäudes stellen immer (erstmalige) HK dar. Aufwendungen für Baumaßnahmen, die an einem bereits bestehenden Gebäude durchgeführt werden, sind i. d. R. nachträgliche HK, z. B.:

- **Vollverschleiß und Neubau:** Ist das Gebäude so sehr abgenutzt, dass es praktisch nicht mehr nutzbar ist (Bauruine), entsteht durch die Renovierung/Modernisierung ein neues Gebäude.

- **Erweiterungen**

- **wesentliche Verbesserungen**

In welchen Fällen liegt eine „Erweiterung" vor?

Die Erstellung eines **Anbaus** und die **Aufstockung** eines Gebäudes sind klassische Erweiterungen. Sämtliche Baumaßnahmen, die eine **Vergrößerung der Wohn- oder Nutzfläche** (z. B. Dachgeschossausbau) zur Folge haben, führen zu nachträglichen HK. Dies gilt selbst dann, wenn der Flächenzuwachs geringfügig ist (Einbau einer Dachgaube, Anbau einer Terrasse oder eines Balkons).

Auch bei der Umwidmung von Nutzflächen in Wohnflächen (z. B. aus einem nicht beheizbaren Kellerraum wird ein Kinderzimmer) handelt es sich um eine Erweiterung.

Bei einer **Substanzmehrung** liegen ebenfalls nachträgliche HK vor, wenn bisher nicht Vorhandenes eingebaut wird (z. B. Einbau einer zusätzlichen Treppe oder von Trennwänden, erstmaliger Einbau einer Alarmanlage oder einer Markise).

Nicht um HK, sondern um Erhaltungsaufwendungen handelt es sich, wenn der neue Gebäudebestandteil die **Funktion** des alten in vergleichbarer Weise erfüllt (z. B. Versetzen von Wänden, Vergrößern vorhandener Fenster).

Werden durch Baumaßnahmen bereits eingetretene Schäden beseitigt bzw. drohende Schäden vermieden (z. B. Errichtung einer Betonvorsatzschale zur Trockenlegung der durchfeuchteten Fundamente, Anbringung einer Überdachung an den Wohnungszugängen oder an einer Dachterrasse zum Schutz vor weiteren Wasserschäden), liegen Erhaltungsaufwendungen vor.

Die „wesentliche Verbesserung"

Aufwendungen, die dazu führen, dass das Gebäude eine **über den ursprünglichen Zustand** (Zeitpunkt der Anschaffung oder Herstellung) **hinausgehende wesentliche Verbesserung** erfährt, sind Gebäudeherstellungskosten.

Eine wesentliche Verbesserung liegt vor, wenn die Baumaßnahmen zur Renovierung eines Gebäudes in ihrer Gesamtheit über eine zeitgemäße Erneuerung hinausgehen, den Gebrauchswert des Gebäudes deutlich erhöhen und eine erweiterte Nutzungsmöglichkeit für die Zukunft geschaffen wird. Dies ist insbesondere in folgenden Fällen gegeben:

- Durch eine Baumaßnahme wird der Wohnstandard des Gebäudes erheblich gesteigert (**Standardhebung**). Dabei wird zwischen sehr einfachem Standard, mittlerem Standard (der selbst höheren Ansprüchen genügt) und sehr anspruchsvollem Standard (Luxussanierung unter Verwendung außergewöhnlich hochwertiger Materialien und Umsetzung des technisch Machbaren) unterschieden. Untersucht werden dabei die **vier zentralen Ausstattungsmerkmale** des Gebäudes (Heizung, Fenster, Elektro- und Sanitärinstallation). Liegt eine Hebung des Standards in mindestens drei der **vier zentralen Ausstattungsmerkmale** vor oder gibt es in zwei Bereichen eine Standardhebung und in einem dritten Bereich nachträgliche HK, sind die gesamten Aufwendungen als nachträgliche HK zu behandeln.

- Durch eine Baumaßnahme tritt eine erhebliche Erhöhung des Gebrauchswerts des Gebäudes ein. Es ergibt sich ein deutlicher Anstieg der erzielbaren Miete (im Vergleich zu der realisierbaren Miete bei einer Neuvermietung unmittelbar vor der Baumaßnahme). Mietsteigerungen, die lediglich auf zeitgemäßen, bestanderhaltenden Erneuerungen beruhen, sind in die Beurteilung nicht einzubeziehen.

- Die Gesamtnutzungsdauer wird deutlich verlängert.

Vertiefend siehe BMF, Schreiben v. 18.7.2003, IV C 3 – S 2211 – 94/03, BStBl 2003 I S. 386.

Allein aus der Höhe der Instandsetzungsaufwendungen im Verhältnis zum Kaufpreis kann aber nicht ohne nähere Prüfung auf das Vorliegen von HK geschlossen werden (BFH, Urteil v. 22.9.2009, IX R 21/08).

Mehrere Baumaßnahmen

Jede Baumaßnahme ist für sich daraufhin zu untersuchen, ob Erhaltungsaufwendungen oder HK vorliegen. Sind mehrere Baumaßnahmen aber bautechnisch verknüpft, ist insgesamt zu entscheiden, ob Erhaltungsaufwendungen oder HK vorliegen.

 BEISPIEL

Erhaltungsaufwendungen oder HK?

- Um einen Anbau errichten zu können, müssen zunächst Ausbesserungsarbeiten an den bestehenden Fundamenten des Gebäudes durchgeführt werden.
Da die Ausbesserungsarbeiten an den Fundamenten erforderlich sind, um den Erweiterungsbau erstellen zu können, liegt eine Gesamtbaumaßnahme mit HK vor.

- Ein schadhaftes Flachdach wird durch ein Satteldach ersetzt. Der neu entstandene Dachraum wird ausgebaut.
Die Erstellung eines Satteldachs ist Voraussetzung für den Dachgeschossausbau. Es liegt eine einheitliche Gesamtbaumaßnahme mit HK vor.

2 Zeitnahe Modernisierungsmaßnahmen nach dem Kauf

Anschaffungsnahe Herstellungskosten

Nicht zu den Erhaltungsaufwendungen, sondern zu den „anschaffungsnahen HK" eines Gebäudes gehören Aufwendungen für Instandsetzungs- und Modernisierungsmaßnahmen,

- die **innerhalb von drei Jahren** nach Anschaffung des Gebäudes durchgeführt werden und

- deren Gesamtkosten (ohne Umsatzsteuer) in den ersten drei Jahren **15 % der AK des Gebäudes übersteigen** (§ 6 Abs. 1 Nr. 1a EStG).

Die Aufwendungen werden zur Bemessungsgrundlage der Gebäudeabschreibung hinzugerechnet.

Schönheitsreparaturen (wie z. B. das Tapezieren, Anstreichen der Wände und Decken, das Streichen der Fußböden, Heizkörper, der Türen sowie der Fenster) sind bauliche Maßnahmen, durch die Mängel oder Schäden an vorhandenen Einrichtungen eines bestehenden Gebäudes beseitigt werden. Diese Aufwendungen sind in die Prüfung der 15%-Grenze einzubeziehen (BFH, Urteil v. 14.6.2016, IX R 25/14).

Bei der Prüfung, ob die Aufwendungen für Instandsetzungs- und Modernisierungsaufwendungen zu anschaffungsnahen Herstellungskosten führen, ist nicht auf das gesamte Gebäude, sondern auf den jeweiligen selbstständigen Gebäudeteil abzustellen, wenn das Gesamtgebäude in unterschiedlicher Weise genutzt wird und daher in verschiedene Wirtschaftsgüter aufzuteilen ist. Vertiefend siehe → Abschreibungen/Gebäude.

Nicht in die Prüfung der 15%-Grenze einbezogen werden:

- Aufwendungen für Erweiterungen (diese sind immer HK)
- Aufwendungen für Erhaltungsarbeiten, die jährlich üblicherweise anfallen (z. B. Heizungswartung)

Herstellung der Betriebsbereitschaft des Gebäudes

Ist ein Gebäude zum Zeitpunkt der Anschaffung betriebsbereit, können Erhaltungsaufwendungen i. d. R. sofort als Werbungskosten abgezogen werden.

Ist das Gebäude objektiv oder subjektiv nicht betriebsbereit, gehören die Aufwendungen, die erforderlich sind, um es in einen betriebsbereiten Zustand zu versetzen, zu den **AK**. Die Betriebsbereitschaft setzt die Funktionstüchtigkeit voraus.

Objektiv ist ein Gebäude **funktionsuntüchtig**, wenn wesentliche Teile nicht nutzbar sind, unabhängig von einer tatsächlichen Nutzung.

 BEISPIEL

Objektive Funktionsuntüchtigkeit

Beim Kauf eines Hauses ist bekannt, dass die eingebaute Heizung nicht voll funktionsfähig ist und außerdem die gesetzlich geforderten Emissionsgrenzen überschreitet. Sofort nach dem Erwerb wird eine Heizungsanlage eingebaut, die technisch auf dem neuesten Stand ist.

Das Haus ist objektiv nicht funktionstüchtig, die Kosten für den Austausch der Heizungsanlage gehören zu den **AK**.

Subjektiv ist ein Gebäude **funktionsuntüchtig**, wenn es für die konkrete Zweckbestimmung des Erwerbers nicht nutzbar ist und bauliche Änderungen erforderlich werden.

BEISPIEL

Subjektive Funktionsuntüchtigkeit

Der Unternehmer A erwirbt ein vermietetes Wohngebäude. Er will es als Bürogebäude nutzen. Nach sechs Monaten kündigt er den Mietern und beginnt mit Umbaumaßnahmen, damit die Büronutzung ermöglicht wird.

Das Objekt ist subjektiv nicht funktionstüchtig, weil die geplante Nutzung nicht möglich ist. Die Aufwendungen zur Umgestaltung der Räume führen zu **AK**.

Beurteilung der Betriebsbereitschaft aus Sicht der Finanzverwaltung

	Betriebsbereitschaft besteht
Der Erwerber nutzt das Gebäude ab dem Zeitpunkt der Anschaffung wie geplant durch Vermietung oder Eigennutzung.	ja
Eine bestehende Vermietung wird uneingeschränkt fortgesetzt.	ja
Das Gebäude ist vermietet, die Mietverträge werden sofort gekündigt, weil der Vermieter eine anderweitige Nutzung plant.	nein
Nach der Anschaffung wird das Gebäude zunächst nicht genutzt.	offen
Nach der Anschaffung wird das Gebäude zunächst nicht genutzt, aber Baumaßnahmen für die Nutzung gem. geplanter Zweckbestimmung werden durchgeführt.	nein

3 Reparaturen in der eigenen Privatwohnung

Im Normalfall sind Reparaturkosten, die die eigene Wohnung betreffen, bei der Ermittlung des z.v.E. nicht abzugsfähig. Sie gehören zu den Kosten der privaten Lebensführung.

In besonderen Fällen können die Aufwendungen aber steuerlich geltend gemacht werden. So können z.B. Aufwendungen für Baumaßnahmen, durch die konkrete Gesundheitsgefährdungen beseitigt (z.B. Sanierung bei Hausschwamm, Asbestsanierung des Daches) oder vom Gebäude ausgehende unzumutbare Beeinträchtigungen (Gebäudesanierung bei Geruchsbelästigung) behoben werden, steuerlich als → außergewöhnliche Belastungen geltend gemacht werden. Auch die behindertengerechte Umgestaltung von Teilen der eigenen Wohnung führt zu außergewöhnlichen Belastungen. Vertiefend siehe → Außergewöhnliche Belastung und → Behinderte Menschen.

Für Handwerkerleistungen im Zusammenhang mit der eigengenutzten Wohnung kann evtl. eine **Steuerermäßigung** in Anspruch genommen werden. Vertiefend siehe → Haushaltsnahe Tätigkeiten/Dienstleistungen.

Eigennutzung nach Auszug des Mieters

Kündigt der Eigentümer dem Mieter, um selbst in die Wohnung einzuziehen, können die anfallenden Kosten der Renovierung nicht als WK abgezogen werden, wenn sie die bei einem Wohnungswechsel typischen Arbeiten wie Schön-

heitsreparaturen (Tapezieren, Malerarbeiten) und sonstige kleinere Reparaturen betreffen.

Aufwendungen zur Beseitigung eines
Schadens, der die mit dem gewöhnlichen Gebrauch der Mietsache verbun-
dene Abnutzung deutlich übersteigt
(z. B. mutwillig verursachter Schaden),
können Werbungskosten sein (BFH, Urteil v. 11.7.2000, IX R 48/96).

Wird ein Teil der Mietkaution einbehalten, handelt es sich um zusätzliche
Mieteinnahmen.

 TIPP

Rechtzeitige Renovierung

Gehen Sie auf Nummer sicher und
lassen Sie die Reparaturen ausführen,
solange die Wohnung noch vermietet
ist. Unproblematisch ist in diesem
Fall der Abzug von Reparaturaufwendungen, die der ordnungsgemäßen Erhaltung der Mietsache dienen.

Vermietung nach Eigennutzung

Wer Aufwendungen für seine zunächst
selbst bewohnte, anschließend leer stehende und noch nicht vermietete Wohnung als vorab entstandene Werbungskosten geltend macht, muss seinen
Entschluss, die Wohnung zu vermieten,
durch ernsthafte und nachhaltige Ver-
mietungsbemühungen belegen (BFH,
Urteil v. 28.10.2008, IX R 1/07).

Keinesfalls sollte sich eine Renovierung
länger als nötig hinziehen. Nach An-
sicht des BFH deutet eine lange Reno-
vierungszeit darauf hin, dass keine Vermietungsabsicht besteht. Die Kosten

sind in diesen Fällen nicht abzugsfähig
(BFH, Urteil v. 11.8.2010, IX R 3/10).
Im Zweifel sollten geplante Reparatur-
arbeiten erst nach Mietbeginn oder
nach Abschluss des Mietvertrags durchgeführt werden, sonst besteht die Gefahr, dass die gesamten Aufwendungen
steuerlich nicht abzugsfähig sind.

Hat sich der Erwerber eines Gebäudes
zunächst entschlossen, das leer stehende Objekt zu vermieten, und hat
deshalb renoviert, ist aber anschließend selbst eingezogen, kann er die
Renovierungskosten steuerlich geltend
machen (FG Hamburg, Urteil v.
15.6.2011, 1 K 14/10).

4 Reparaturen teilweise eigengenutzter Objekte

Entstehen Reparaturaufwendungen bei
einem gemischt genutzten Gebäude
(teilweise durch den Eigentümer selbst
bewohnt, teilweise vermietet), ist wie
folgt vorzugehen:

- **direkte Zuordnung der Kosten:** Soweit die Reparatur einen konkreten
Gebäudeteil betrifft (z. B. Erneuerung
des Bades in einer vermieteten OG-
Wohnung), ist der Aufwand diesem
Gebäudeteil allein zuzurechnen und
die Aufwendungen sind als Werbungskosten abzugsfähig.

- **flächenmäßige Zuordnung der Kosten:** Betrifft die Reparatur das Gebäude als Ganzes (z. B. Dach wird
neu gedeckt, Außenfassade wird erneuert), sind die Gesamtaufwendungen im Verhältnis der Nutzflächen zu
verteilen. Der auf den vermieteten
Teil des Gebäudes entfallende Teil
der Kosten ist steuerlich abzugsfähig.

5 Verteilung größeren Erhaltungsaufwands bei Wohngebäuden

Nach § 82b EStDV können größere Erhaltungsaufwendungen auf Antrag **gleichmäßig auf zwei bis fünf Jahre** verteilt werden. Die Gebäude dürfen nicht zu einem Betriebsvermögen gehören und müssen überwiegend Wohnzwecken dienen. Durch die Verteilung ist unter Ausnutzung der höheren Grenzsteuersätze insgesamt eine höhere Steuererstattung möglich.

 BEISPIEL

Zusätzliche Steuerersparnis

F, Einzelveranlagung, z. v. E. seit Jahren 40.000 €, hat 2019 für 20.000 € umfangreiche Reparaturen an seinem vermieteten Haus durchgeführt.

F kann diese Kosten entweder 2019 in vollem Umfang als Werbungskosten geltend machen (Steuerminderung 6.155 €) oder z. B. auf die Jahre 2019 bis 2023 gleichmäßig verteilen, d. h. jährlich 4.000 € als Erhaltungsaufwand geltend machen (Steuerminderung 5 × 1.369 € = 6.845 €). Die Verteilung führt zu einer zusätzlichen Steuerentlastung von 690 €.

6 Zahlung durch Dritte

Grundsätzlich kann nur derjenige, der entsprechende Aufwendungen getragen hat, einen Abzug von Betriebsausgaben oder Werbungskosten geltend machen. Erhaltungsaufwendungen bei den Einkünften aus V+V sind aber auch dann Werbungskosten des Steuerpflichtigen, wenn sie auf einem von einem Dritten im eigenen Namen, aber im Interesse des Steuerpflichtigen abgeschlossenen Werkvertrag beruhen und der Dritte dem Steuerpflichtigen den Betrag zuwendet.

 BEISPIEL

Abgekürzter Zahlungsweg

Der Steuerpflichtige hat eine Eigentumswohnung erworben, die er vermieten will. Die Wohnung muss vor ihrer erneuten Vermietung renoviert werden. Zu diesem Zweck beauftragt der Vater des Steuerpflichtigen nach Rücksprache mit ihm Handwerker und bezahlt nach Durchführung der Erhaltungsarbeiten auch die nicht an den Wohnungseigentümer gerichteten Rechnungen. Auf eine Rückforderung des Betrags verzichtet der Vater gegenüber dem Sohn.

Insoweit liegt eine Zuwendung an den Steuerpflichtigen vor. Die entstandenen Kosten sind über den abgekürzten Zahlungsweg beim Steuerpflichtigen als Werbungskosten aus V+V abzugsfähig (BFH, Urteil v. 15.1.2008, IX R 45/07).

Bei Kreditverbindlichkeiten und anderen Dauerschuldverhältnissen (z. B. Miet- und Pachtverträge) kommt eine Berücksichtigung der Zahlung unter dem Gesichtspunkt der Abkürzung des Vertragswegs nicht in Betracht (BMF, Schreiben v. 7.7.2008, IV C 1 – S 2211/07/10007, BStBl 2008 I S. 717).

7 Instandhaltungsrücklagen bei Eigentumswohnungen

Bei einer Eigentumswohnung müssen Zahlungen in eine Instandhaltungsrücklage geleistet werden.

Nicht die jährlichen Einzahlungen in die Instandhaltungsrücklage, sondern der auf den Steuerpflichtigen entfallende „Verbrauch der Instandhaltungsrücklage" (Entnahme zur Bezahlung von Reparaturrechnungen durch den Hausverwalter nach Beschluss der Woh-nungseigentümerversammlung) ist als Werbungskosten abzugsfähig. Der entsprechende Betrag ist aus der Jahresabrechnung des Hausverwalters ersichtlich.

Wird eine Eigentumswohnung veräußert, übernimmt der Erwerber den auf die Wohnung entfallenden Anteil der Instandhaltungsrücklage (Übertragung von Kapital). Insoweit liegen beim Erwerber keine AK des Gebäudes vor.

Solaranlagen und Co.

Der Betreiber einer stromgewinnenden Anlage betreibt i. d. R. einen Gewerbebetrieb. Er muss die Einkünfte in seiner Einkommensteuererklärung angeben und meist Umsatzsteuer abführen.

§ 15 EStG, §§ 1, 2, 15 UStG

1 Überblick

Durch die Einspeisung von Strom in das Netz des örtlichen Stromlieferanten werden Einkünfte aus einem **Gewerbebetrieb erzielt.** Die Aufnahme der gewerblichen Tätigkeit ist dem Finanzamt anzuzeigen.

 TIPP

Anrechnung auf Renten

Überschüsse aus dem Betrieb einer Fotovoltaikanlage können zur Kürzung von Renten oder anderen Sozialleistungen führen. Sollten Sie mit dem Gedanken spielen, Ihre Fotovoltaikanlage entgeltlich oder unentgeltlich auf den Ehegatten oder andere Familienmitglieder zu übertragen, um die Kürzungen zu vermeiden, ist diese Übertragung nicht rückwirkend, sondern nur für die Zukunft mit den vorgenannten steuerlichen Folgen möglich.

Gewinnermittlung

I. d. R. kann der Gewinn durch eine **Einnahmenüberschussrechnung** (Einnahmen abzgl. Aufwendungen) ermittelt werden.

Sowohl die Vergütung für den eingespeisten Strom als auch die **Selbstverbrauchsvergütung**, die für den privat verbrauchten Strom gezahlt wird, stellen Betriebseinnahmen dar. Zusätzlich ist der privat verbrauchte Strom als

Sachentnahme bei den Betriebseinnahmen zu erfassen.

Abschreibung

Die Fotovoltaikanlage wird auf die Nutzungsdauer von 20 Jahren abgeschrieben. Damit ergibt sich eine gleichmäßige AfA von 5 % über den gesamten Zeitraum. Im ersten Jahr ist die AfA nach Monaten aufzuteilen.

Investitionsabzugsbetrag (IAB)

Schon vor Fertigstellung der Anlage kann ein Investitionsabzugsbetrag in Höhe von 40 % der voraussichtlichen Kosten steuermindernd geltend gemacht werden.

Umsatzsteuer

Mit dem regelmäßigen Verkauf des selbst erzeugten Stroms werden Sie zum umsatzsteuerlichen Unternehmer. Damit können Sie sich die Umsatzsteuer, die im Zusammenhang mit der Anschaffung gezahlt wurde, vom Finanzamt erstatten lassen.

2 Detailinformationen

Wichtiges zum Thema „Solaranlagen und Co." finden Sie auch auf http://mybook.haufe.de unter „Weiterführende steuerliche Informationen".

Sonderausgaben

Bei Sonderausgaben handelt es sich um Kosten der privaten Lebensführung, die steuerlich abziehbar sind. Alle Sonderausgaben sind im Gesetz abschließend genannt. Es wird unterschieden zwischen Vorsorgeaufwendungen (Versicherungsbeiträge) und anderen Sonderausgaben.

1 Allgemeines zum Sonderausgabenabzug

Aufwendungen, die zu den Betriebsausgaben (BA) bzw. Werbungskosten (WK) gehören, sind bei den entsprechenden Einkünften der Höhe nach unbegrenzt abziehbar und können nicht als Sonderausgaben berücksichtigt werden.

 BEISPIEL

Abgrenzung zum BA- oder WK-Abzug

Die Haftpflichtversicherungsbeiträge für ein **vermietetes** Mehrfamilienhaus sind Werbungskosten bei den Einkünften aus V+V und keine Sonderausgaben.

Dagegen können Beiträge zur privaten Familienhaftpflichtversicherung oder zur Grundstückshaftpflichtversicherung für das **eigengenutzte** Einfamilienhaus bei den Sonderausgaben abgezogen werden.

Sonderausgaben

Vorsorgeaufwendungen (Versicherungsbeiträge)

1. Altersvorsorgeaufwendungen

- **Basisversorgung**
  Beiträge zu
  - gesetzlicher Rentenversicherung (einschließlich Arbeitgeberanteil)
  - landwirtschaftliche Alterskasse
  - berufsständischer Versorgungseinrichtung

- **Zusatzversorgung**
  - Beitrag zu einer kapitalgedeckten privaten Altersversorgung (Rürup-Rentenversicherung)

2. Sonstige Vorsorgeaufwendungen

- **Basiskranken- und Pflegepflichtversicherung**
  Beiträge zu
  - gesetzlicher Krankenversicherung
  - privater Krankenversicherung (nur Basisversicherung)

- **andere sonstige Vorsorgeaufwendungen**
  Beiträge zu
  - gesetzlicher und privater Krankenversicherung, soweit sie über die Basisversorgung hinausgehen
  - Arbeitslosenversicherung
  - Erwerbs- und Berufsunfähigkeitsversicherung
  - Unfallversicherung
  - Haftpflichtversicherung
  - bestimmten Lebensversicherungen

3. Riester-Rentenversicherung

(Zusätzliche Altersvorsorge)
Anlage AV

Abzug der **Altersvorsorge-** und sonstigen **Vorsorgeaufwendungen** bis zu unterschiedlichen Höchstbeträgen. Förderung der **Riester-Beiträge** über die Altersvorsorgezulage oder einen besonderen Sonderausgabenabzug.

andere Sonderausgaben

- Unterhaltsleistungen an den geschiedenen oder dauernd getrennt lebenden Ehegatten/ Lebenspartner
- Kirchensteuer
- Kinderbetreuungskosten
- Kosten für die eigene Berufsausbildung oder die des Ehegatten
- Schulgeld
- Spenden

Abzug der **tatsächlichen Aufwendungen** (teilweise begrenzt) mindestens in Höhe des **Sonderausgaben-Pauschbetrags**

Sonderausgaben kann nur derjenige geltend machen, der sie **selbst schuldet** und **selbst leistet**. Bei zusammen veranlagten Ehegatten/Lebenspartnern kommt es für den Abzug von Sonderausgaben nicht darauf an, ob sie der Ehemann oder die Ehefrau gezahlt hat.

Bei einer Einzelveranlagung von Ehegatten/Lebenspartnern nach § 26a EStG kann grundsätzlich nur derjenige Sonderausgaben abziehen, der die Aufwendungen getragen hat. Auf übereinstimmenden Antrag ist ein hälftiger Abzug möglich. Vertiefend siehe → Ehegattenveranlagung. Sonderausgaben können nur im Jahr der Zahlung (Abfluss) berücksichtigt werden.

2 Vorsorgeaufwendungen (Versicherungen)

Vertiefend siehe → Versicherungen.

3 Andere Sonderausgaben

Sonderausgaben-Pauschbetrag

Für Sonderausgaben, die nicht zu den Vorsorgeaufwendungen gehören, wird ein Sonderausgaben-Pauschbetrag von 36 € abgezogen, wenn nicht höhere tatsächliche Sonderausgaben geltend gemacht werden.

Werden Ehegatten/eingetragene Lebenspartner zusammen zur Einkommensteuer veranlagt, verdoppelt sich der Betrag auf 72 € (§ 10c EStG).

Gezahlte Kirchensteuer

Als Sonderausgabe abziehbar ist die gesetzlich geschuldete und gezahlte Kirchensteuer im Inland oder EU/EWR-Ausland. Dazu gehören auch die vom Arbeitgeber abgeführte Kirchenlohnsteuer, die vierteljährlich vorausgezahlte oder für Vorjahre nachgezahlte Kirchensteuer und das besondere Kirchgeld.

 HINWEIS

Als Abgeltungsteuer erhobene Kirchensteuer

Die als Zuschlag zur Kapitalertragsteuer (Abgeltungsteuer) oder als Zuschlag auf die nach dem gesonderten Tarif des § 32d Abs. 1 EStG ermittelte Einkommensteuer erhobene Kirchensteuer ist **nicht** als Sonderausgabe abziehbar.

Kirchgeld

Das **allgemeine Kirchgeld** ist die Steuer der örtlichen Kirchengemeinde, die i. d. R. durch persönliches Anschreiben von Personen erhoben wird, die der Kirche angehören, aber keine gesetzliche Kirchensteuer entrichten.

Das **besondere Kirchgeld** wird von der Finanzverwaltung festgesetzt und erhoben, wenn ein Ehegatte/Lebenspartner mit höheren Einkünften konfessionslos ist und der andere Ehegatte/Lebenspartner, der keine oder nur geringe Einkünfte hat, – sowie ggf. die Kinder – einer Kirche angehören. Das Kirchgeld beträgt etwa ein Drittel der gesetzlichen Kirchensteuer. Ab einem gemeinsamen z. v. E. von 30.000 € bei Zusammenveranlagung wird ein Kirchgeld erhoben. Nicht alle Landeskirchen erheben das Kirchgeld. Einzelne

Landeskirchen ermäßigen das Kirchgeld.

 BEISPIEL

Besonderes Kirchgeld

Max Maier ist Alleinverdiener und gehört keiner Kirche an. Seine Ehefrau ist, wie ihre beiden Kinder, Mitglied der evangelischen Kirche. Frau Maier hat keine Einkünfte. Das gemeinsame z.v.E. beträgt im Jahr 2019 120.000 €.

z.v.E.	120.000 €
abzgl. Kinderfreibeträge	15.240 €
Bemessungsgrundlage	104.760 €
besonderes Kirchgeld	840 €

Die gesetzliche Kirchensteuer würde bei einem Steuersatz von 8 % 2.119 € betragen.

Das BVerfG muss prüfen, ob eine verfassungswidrige Schlechterstellung von Ehegatten gegenüber Lebenspartnern bei der Erhebung des besonderen Kirchgeldes in glaubensverschiedener Ehe vorliegt (BVerfG, anhängiges Verfahren Az. 2 BvL 6/19).

Erstattungsüberhang

Wird gezahlte Kirchensteuer in einem späteren Jahr **erstattet**, mindern sich zunächst die Kirchensteuerzahlungen im Erstattungsjahr. Ein danach evtl. verbleibender **Erstattungsüberhang** ist dem Gesamtbetrag der Einkünfte des Erstattungsjahres hinzuzurechnen.

 BEISPIEL

Kirchensteuer

Ende Dezember 2018 wird Ihnen der Einkommensteuerbescheid für 2017 zugestellt. Daraus ergibt sich eine Erstattung von 870 €, die im Januar 2019 Ihrem Konto gutgeschrieben wird. Für das Jahr 2019 haben Sie 830 € Kirchensteuer in Form von Vorauszahlungen geleistet.

Der Erstattungsbetrag ist 2019 zugeflossen und mindert die Zahlung und damit den Sonderausgabenabzug des Jahres 2019 auf 0 €. Der zusätzliche Erstattungsüberhang von 40 € wird dem Gesamtbetrag der Einkünfte des Jahres 2019 hinzugerechnet.

 ACHTUNG

Kirchensteuer des Erblassers

Zahlt ein Erbe die noch offene KiSt des Erblassers, kann der Erbe diese im Jahr der Zahlung als Sonderausgabe abziehen (BFH, Urteil v. 21.7.2016, X R 43/13). Erstattungen überzahlter Kirchensteuer des Erblassers sind auf eigene Kirchensteuerzahlungen des Erben anzurechnen.

Freiwillige Zuwendungen und Zuwendungen an Religionsgemeinschaften ohne gesetzliche Kirchensteuer

Keine Kirchensteuern sind freiwillige Beiträge an Kirchen oder andere religiöse Gemeinschaften. Diese sind ggf. als Spenden abziehbar. Beiträge der Mitglieder an Religionsgemeinschaften, die in mindestens einem Bundesland als Kirche anerkannt sind, aber während des ganzen Jahres keine Kirchensteuer erheben (z. B. Heilsarmee, Neuapostolische Kirche, Gemeinschaft der Siebenten-Tags-Adventisten oder Zeugen Jehovas Deutschland), sind aus Billigkeitsgründen wie Kirchensteuer als Sonderausgabe abziehbar.

Der Abzug wie Kirchensteuer ist bis zur Höhe der Kirchensteuer zulässig, die zu zahlen wäre, wenn die Kirche Kirchensteuer erheben würde. Übersteigende **freiwillige Zuwendungen** an die Religionsgemeinschaft sind im Rahmen des Spendenabzugs als Sonderausgabe abziehbar. Vertiefend siehe → Spenden.

 TIPP

Kappung der Kirchensteuer

Gut verdienende Steuerpflichtige können außerhalb der Steuerveranlagung Kirchensteuer sparen, indem sie bei ihrer Kirche einen Antrag auf Kappung der **Kirchensteuer** stellen. Diese kommt in Betracht, wenn die Kirchensteuer (je nach Bundesland, außer Bayern) mehr als 2,75 % bis 4 % des z. v. E. beträgt.

Weitere Sonderausgaben

Zu den anderen Sonderausgaben gehören auch:

- Unterhaltsleistungen an den geschiedenen oder dauernd getrennt lebenden Ehegatten: Vertiefend siehe → Unterhaltszahlungen.

- Renten und dauernde Lasten

- Kinderbetreuungskosten

- Berufsausbildungskosten: Vertiefend siehe → Ausbildung und Studium.

- Schulgeld

- Spenden: Vertiefend siehe → Spenden.

Spekulationsgeschäfte

Unter Spekulationsgeschäften versteht man den Verkauf von bestimmten Wirtschaftsgütern innerhalb einer gesetzlich festgelegten Frist. Nicht darunter fällt der Verkauf von Kapitalanlagen. Diese sind als Kapitaleinkünfte zu versteuern. Lesen Sie daher auch auf jeden Fall das Stichwort → Kapitalanlagen.

§§ 20, 23 EStG

1 Kauf und Verkauf von Grundstücken

Veräußern Sie ein privates Grundstück innerhalb von zehn Jahren nach dessen Erwerb, liegt ein Spekulationsgeschäft vor, das der Besteuerung unterliegt. Ohne Belang sind die Gründe für den Verkauf, sodass eine Steuerpflicht auch z. B. dann eintritt, wenn die Versteigerung droht (BFH, Urteil v. 27.9.2012, III R 19/11). Bei einer Ratenzahlung über mehrere Jahre wird der Veräußerungsgewinn in mehreren Veranlagungszeiträumen erfasst (BFH, Urteil v. 11.11.2009, IX R 57/08). Das gilt auch in Verlustfällen (BFH, Urteil v. 6.12.2016, IX R 18/16). Eine Enteignung stellt kein privates Veräußerungsgeschäft i. S. von § 23 EStG dar und ist somit nicht steuerpflichtig (FG Münster, Urteil v. 28.11.2018, 1 K 71/16 E; Rev. beim BFH, Az. IX R 28/18).

Zehnjahresfrist

Für die Fristberechnung kommt es darauf an, wann der Kaufvertrag und der Verkaufsvertrag abgeschlossen wurden. Die Nutzung einer Rückerwerbsoption setzt eine neue Spekulationsfrist in Gang. Sie wird nicht als Rückabwicklung gewertet (FG Münster, Urteil v. 30.10.2012, 1 K 2240/09 E). Steht die Grundstücksveräußerung unter einem Genehmigungsvorbehalt (aufschiebende Bedingung), ist dieser für die Fristberechnung unerheblich (BFH, Urteil v. 10.2.2015, IX R 23/13).

Beispielsfälle

Sie haben ein Grundstück bebaut

 BEISPIEL

Erwerb, Bebauung und Vermietung

Sie haben am 15.3.2012 ein unbebautes Grundstück erworben. Im März 2016 haben Sie ein Haus darauf erstellt und dieses anschließend vermietet.

Wenn Sie das bebaute Grundstück vor dem 16.3.2022 veräußern, unterliegt der Veräußerungsgewinn der Besteuerung. Dabei kommt es auf den Zeitpunkt des Erwerbs an. Die Fertigstellung des Gebäudes ist unmaßgeblich.

Gebäude und Außenanlagen sind in die Besteuerung des Veräußerungsgewinns auch dann einzubeziehen, wenn sie in einem teilfertigen Zustand verkauft werden.

Geschenkte und geerbte Grundstücke

Bei einem geschenkten oder geerbten Grundstück kommt es für die Frist auf den Zeitpunkt des Erwerbs durch den Vorbesitzer an. Erwirbt ein Miterbe entgeltlich den Erbteil eines anderen Miterben, so entstehen ihm insoweit AK. Bei einem Verkauf innerhalb der Spekulationsfrist führt dies dazu, dass der Gewinn aus der Veräußerung dieses Grundstücks versteuert werden muss.

Ein Verkauf kann in solchen Fällen zur teuren Steuerfalle werden. Ein Beratungshonorar vor einem Verkauf kann gut angelegt sein und viel Geld sparen!

Erbbaurecht

Die Veräußerung eines unentgeltlich bestellten Erbbaurechts stellt kein privates Veräußerungsgeschäft i. S. d. § 23 EStG dar (BFH, Urteil v. 8.11.2017, IX R 25/15).

Entnahme aus dem Betrieb

Die Entnahme eines betrieblichen Grundstücks (auch im Rahmen einer Betriebsaufgabe) wird als Erwerb angesehen. Zu diesem Zeitpunkt beginnt die Zehnjahresfrist (z. B. Entnahme des Grundstücks, anschließend Verkauf innerhalb der Zehnjahresfrist, Folge: Besteuerung). Der Entnahmewert gilt als Anschaffungswert.

Einlage in den Betrieb

Wenn Sie ein privat erworbenes Grundstück während der Spekulationsfrist in ein Betriebsvermögen einlegen, liegt zunächst keine Veräußerung vor. Ein Veräußerungsvorgang aus dem Betriebsvermögen wird aber auch auf der privaten Ebene steuerpflichtig, wenn das Grundstück während der Spekulationsfrist veräußert wird.

Immer als Veräußerung gilt eine verdeckte Einlage in eine Kapitalgesellschaft (A verkauft ein Grundstück im Wert von 200.000 € für 80.000 € an die ihm gehörende A-GmbH, Folge: verdeckte Einlage von 120.000 €, die zu versteuern ist.).

Verkauf der eigengenutzten Wohnung ist steuerfrei

Wenn Sie das bebaute Grundstück zwischen der Anschaffung (bzw. Fertigstellung) und der Veräußerung für sich als Privatwohnung genutzt haben, bleibt der Verkaufserlös steuerfrei. Gleiches gilt, wenn im Jahr der Veräußerung und in den vorangegangenen zwei Jahren eine entsprechende Eigennutzung vorlag (ein Leerstand zwischen Beendigung der Selbstnutzung und Veräußerung ist unschädlich, wenn die Wohnung im Jahr der Beendigung der Eigennutzung und in den beiden vorangegangenen Jahren zu eigenen Wohnzwecken genutzt wurde).

Wurde Ihnen die Wohnung geschenkt, wird die Zeit, in der der frühere Eigentümer die Wohnung selbst bewohnt hat, Ihnen zugerechnet. Entsprechendes gilt für den Fall der Erbschaft.

Die Steuerfreiheit gilt allerdings nicht für Ferienwohnungen sowie für den Teil des Veräußerungserlöses, der auf das häusliche Arbeitszimmer entfällt (selbst wenn der Abzug der Aufwendungen ausgeschlossen oder eingeschränkt ist).

Das FG Köln will den anteiligen Veräußerungsgewinn einer selbst genutzten Wohnung allerdings nicht besteuern, weil das Arbeitszimmer in den privaten Wohnbereich integriert ist und kein selbstständiges Wirtschaftsgut darstellt. Eine Besteuerung stehe auch im Widerspruch zum generellen Abzugsverbot von Kosten für häusliche Arbeitszimmer (FG Köln, Urteil v. 20.3.2018, 8 K 1160/15).

Wie wird der Veräußerungsgewinn berechnet?

Als **Veräußerungskosten** kommen beispielsweise Aufwendungen für einen Makler, für Annoncen sowie sonstige Kosten (Kopien von Plänen, Fahrtkosten für Besichtigungen etc.) in Betracht.

Wenn Sie ein Grundstück zu einem unter den AK/HK liegenden Wert veräußern, sieht es nach einem Verlustgeschäft aus. Letztendlich kann es dennoch zu einer Besteuerung kommen. Der Veräußerungsgewinn erhöht sich um alle in der Vergangenheit in Anspruch genommenen Abschreibungsbeträge. Die Eigenheimzulage für die Zeit der Eigennutzung ist nicht hinzuzurechnen, da es sich hierbei um keine Abschreibung handelt.

 BEISPIEL

Veräußerungsverlust?

A hat 2015 ein Grundstück für 100.000 € gekauft und ein Gebäude für 500.000 € erstellt. Im Jahr 2019 veräußert A das Anwesen für 570.000 €. Bis zur Veräußerung hat er für das Gebäude 40.000 € Abschreibungen geltend gemacht.

Was zunächst nach einem Veräußerungsverlust (570.000 € – 600.000 € = –30.000 €) aussieht, wird nach der Hinzurechnung der Abschreibungsbeträge (40.000 €) zu einem Veräußerungsgewinn (10.000 €).

 TIPP

Nachträgliche Veräußerungskosten

Müssen Sie auf Verlangen des Käufers noch Arbeiten am Grundstück vornehmen (z. B. Ausbau eines Erdtanks), dann können diese Kosten nachträgliche Veräußerungskosten darstellen (BFH, Urteil v. 24.1.2012, IX R 16/11).

Aufwendungen (z. B. Notar- und Gerichtskosten), die für einen geplanten, aber letztlich gescheiterten Grundstücksverkauf anfallen, sind nicht als Werbungskosten bei den Einkünften aus V+V abziehbar und können auch nicht bei den privaten Veräußerungsgeschäften berücksichtigt werden (BFH, Urteil v. 1.8.2012, IX R 8/12).

Bei „Schrottimmobilien" ist der Kaufpreis in ein steuerpflichtiges Veräußerungsentgelt und eine nicht steuerbare Entschädigungsleistung aufzuteilen, wenn dieser auch für den Verzicht auf Schadensersatz und die Rücknahme der Klage gezahlt wurde (BFH, Urteile vom 6.9.2014, IX R 44/14, IX R 45/14, IX R 27/15).

Berechnungshinweise zum Veräuße-rungsgewinn finden Sie auf http://my-book.haufe.de unter „Der Steuerkalku-lator".

2 Aktien & Co.

Haben Sie Wertpapiere verkauft, die Sie nach dem 31.12.2008 erworben haben, lesen Sie bitte unter → Kapitalanlagen weiter.

Die vor diesem Stichtag erworbenen Wertpapiere können Sie steuerfrei ver-äußern, es sei denn, Sie halten mindes-tens 1 % aller Anteile einer Kapitalge-sellschaft. In diesem Fall sieht das EStG die Beteiligung als „wesentlich" an. Der Veräußerungsgewinn ist dann steuer-pflichtig (§ 17 EStG).

Für Fonds gibt es ab 2019 Neuregelun-gen, die sich auch auf Altbestände aus-wirken. Auch diese sind unter → Kapi-talanlagen dargestellt.

3 Andere Wirtschaftsgüter

Veräußerungsgewinne oder -verluste aus dem Verkauf anderer Wirtschafts-güter sind innerhalb eines Jahres steu-erpflichtig. Für Gegenstände, die als Einkunftsquelle genutzt werden und aus denen mindestens in einem Kalen-derjahr Einkünfte erzielt wurden, er-höht sich der Spekulationszeitraum auf zehn Jahre.

Die Veräußerungsgewinne (und -verlus-te) aus dem Verkauf von Wirtschafts-gütern des alltäglichen Gebrauchs, die nach dem 13.12.2010 erworben wur-den, sind nicht mehr steuerpflichtig. Hierzu zählen insbesondere Pkw, Fern-seher und andere Gebrauchsgüter.

Der Gewinn oder Verlust aus der Ver-äußerung von Bitcoins führt zu sons-tigen Einkünften aus privaten Veräuße-rungsgeschäften, sofern Erwerb und Veräußerung der Bitcoins innerhalb ei-nes Jahres stattfanden (§ 22 Nr. 2 EStG i. V. m. § 23 Abs. 1 Satz 1 Nr. 2 EStG).

4 Leerverkäufe

Veräußerungsgeschäfte, bei denen die Veräußerung der Wirtschaftsgüter frü-her erfolgt als der Erwerb (sog. Leer-verkäufe), sind nach § 23 EStG steuer-pflichtig.

5 Was Sie sonst noch wissen sollten

Freigrenze von 600 €

Die Gewinne (= Gesamtgewinn aller im Jahr 2019 getätigten relevanten Ver-äußerungen) bleiben steuerfrei, wenn sie im Jahr 2019 weniger als 600 € betragen haben. Ein Gewinn von 600 € und mehr wird voll versteuert. Ehegat-ten erhalten den Freibetrag doppelt, wenn jeder Veräußerungsgewinne er-zielt hat.

Wie wirken sich Veräußerungsverluste aus?

Vertiefend siehe → Kapitalanlagen.

Zunächst einmal ist zu untersuchen, ob sämtliche relevanten Veräußerungen ei-nen Gesamtgewinn ergeben haben. Da-bei mindern Verluste eines Geschäfts Gewinne anderer Veräußerungen.

Ergibt sich für das Jahr 2019 ein Ge-samtverlust (Gesamtbetrag aller Ge-winne abzgl. Verluste aus privaten Veräußerungsgeschäften des Jahres 2019), darf dieser nicht mit anderen im Jahr 2019 erzielten Einkünften verrechnet werden. Der Verlust mindert aber ggf. im Jahr 2018 erzielte Veräußerungsgewinne (= einjähriger Verlustrücktrag). Verbleibende Verluste sind in den Folgejahren mit erzielten Veräußerungsgewinnen gegenzurechnen (= unbegrenzter Verlustvortrag). Dazu ist der Verlust besonders festzustellen. Diese Feststellung gilt als Grundlagenbescheid und damit nach Bestandskraft als bindend. Sofern die Verluste fehlerhaft festgestellt wurden, kann nur dieser Bescheid im Wege des Einspruchs angegriffen werden.

 WICHTIG

Verluste geltend machen

Versäumen Sie nicht, Verluste aus privaten Veräußerungsgeschäften in der Steuererklärung geltend zu machen.

Spenden

Spenden sind freiwillige und unentgeltliche Aufwendungen, die weder Betriebsausgaben noch Werbungskosten sind. Sie fallen neben Mitgliedsbeiträgen unter den Sammelbegriff „Zuwendungen" und sind unter bestimmten Voraussetzungen steuerlich abziehbar.

§§ 10b, 34g, EStG; § 50 EStDV

Zu unterscheiden sind:

1 Politische Parteien und unabhängige Wählervereinigungen

Steuerermäßigungen

Die tarifliche Einkommensteuer ermäßigt sich **(direkter Steuerabzug)** jeweils um 50 % der Zuwendungen (Mitgliedsbeiträge und Spenden) an **politische Parteien** und an **unabhängige Wählervereinigungen**, höchstens um jeweils 825 €. Die Steuerermäßigungen für Parteien und Wählervereinigungen können **nebeneinander** geltend gemacht werden.

Für zusammen veranlagte Ehegatten/Lebenspartner verdoppeln sich die Höchstbeträge auf jeweils 1.650 €.

Sonderausgaben

Nur bei Zuwendungen an **politische Parteien** kann zusätzlich der Betrag, der über 1.650 € (Einzelveranlagung) bzw. über 3.300 € (Zusammenveranlagung) hinausgeht, als Sonderausgabe abgezogen werden, und zwar bis zur Höhe von insgesamt 1.650 € bei Einzelveranlagung oder bis zur Höhe von insgesamt 3.300 € bei Zusammenveranlagung.

 BEISPIEL

Sonderausgaben und Steuerermäßigung

Ein unverheirateter Steuerzahler entrichtet im Jahr 2019 Beiträge und Spenden an eine politische Partei in Höhe von 4.000 € sowie eine Spende von 2.000 € an eine unabhängige Wählervereinigung.

Die Steuer ermäßigt sich bzgl. der Parteizuwendungen um 50 % aus 4.000 € = 2.000 €, höchstens um **825 €** (Steuerabzug). Soweit die Zuwendungen die Grenze von 1.650 € übersteigen (hier: 2.350 €), sind diese bis zu einem Höchstbetrag von **1.650 €** als Sonderausgaben abziehbar.

Die Zuwendung an die Wählervereinigung führt zu einer weiteren Steuerermäßigung von 50 % aus 2.000 € = 1.000 €, höchstens **825 €**. Ein zusätzlicher Sonderausgabenabzug ist nicht möglich (BFH, Urteil v. 20.3.2017, X R 55/14).

2 Sonstige Zuwendungen für gemeinnützige, mildtätige und kirchliche Zwecke

Werden Zuwendungen an einen begünstigten Zuwendungsempfänger für steuerbegünstigte Zwecke geleistet und liegt ein Zuwendungsnachweis vor, kann hierfür ein Sonderausgabenabzug nach § 10b Abs. 1 EStG in Anspruch genommen werden.

Aufwendungen

Nur Leistungen **ohne Gegenleistung** (Spenden und evtl. Mitgliedsbeiträge) sind zu berücksichtigen.

Die Zuwendungen können in **Geld** oder Sachleistungen bestehen. **Sachzuwendungen** (z. B. für eine Tombola des Vereins) sind mit dem gemeinen Wert (Verkehrswert einschl. USt) zu bewerten. Bei Gegenständen, die aus einem Betrieb entnommen wurden, ist der Entnahmewert anzusetzen.

Der Wert ist ggf. ausgehend vom Anschaffungspreis, der Qualität, dem Alter und dem Erhaltungszustand zu schätzen.

Keine begünstigten Aufwendungen sind unentgeltliche Nutzungen (z. B. Verzicht des Gebäudeeigentümers auf Miete) und unentgeltliche Leistungen (ehrenamtliche Tätigkeit).

Anders zu beurteilen ist es, wenn der Steuerpflichtige gegenüber der steuerbegünstigten Einrichtung nach Vertrag oder Satzung einen Anspruch auf Zahlung einer Vergütung (z. B. Fahrtkostenpauschale, Aufwandspauschale für die Mithilfe beim Sommerfest) hat, der eingeräumt wurde, bevor die zum Aufwand führende Tätigkeit begonnen wurde, und er auf die Auszahlung verzichtet **(Aufwandsspende)**. Der Anspruch darf nicht unter der Bedingung des Verzichts eingeräumt worden sein.

Zuwendungsempfänger

Begünstigt sind Zahlungen an

- Gebietskörperschaften (Bund, Länder, Landkreise, Gemeinden) oder deren Dienststellen (z. B. Schulen) oder

eine andere juristische Person des öffentlichen Rechts (z. B. Universität, Kirche) und

- steuerbegünstigte Organisationen (häufig: gemeinnützige oder mildtätige Vereine)

im Inland oder EU-/EWR-Ausland.

Zuwendungsnachweis

Voraussetzung für den Spendenabzug ist, dass der Steuerpflichtige eine **Zuwendungsbestätigung** nach amtlichem Muster erhalten hat.

 ACHTUNG

Vorlage beim Finanzamt nur auf Anforderung

Die Zuwendungsbestätigungen sind vom Zuwendenden nur auf Verlangen der Finanzbehörde vorzulegen. Die Unterlagen sind vom Zuwendenden bis zum Ablauf eines Jahres nach Bekanntgabe der Steuerfestsetzung aufzubewahren **(Belegvorhaltepflicht)**.

Liegt eine Zuwendungsbestätigung nicht vor – z. B. bei Haus- und Straßensammlungen –, sind die Aufwendungen nicht abziehbar.

Bei **Zuwendungen von höchstens 200 €** genügt der Bareinzahlungsbeleg oder eine Buchungsbestätigung (Kontoauszug), wenn die Zahlung an eine juristische Person des öffentlichen Rechts oder deren Dienststelle geleistet wird.

Gleiches gilt, wenn der Empfänger der Zuwendungen eine Organisation ist, die als steuerbegünstigten Zwecken dienend anerkannt ist. Hier muss aber ein vom Zuwendungsempfänger hergestellter Überweisungsbeleg verwendet werden, der mit einem Hinweis auf die Steuerbegünstigung versehen ist.

In **Katastrophenfällen** (z. B. Erdbeben) genügt unabhängig von der Höhe der Zuwendungen der Bareinzahlungsbeleg oder der Kontoauszug, wenn die Zahlungen innerhalb eines von den Länderfinanzbehörden bestimmten Zeitraums auf ein speziell eingerichtetes **Sonderkonto** oder vor dessen Einrichtung auf ein sonstiges Konto einer inländischen juristischen Person des öffentlichen Rechts oder eines anerkannten Verbandes der freien Wohlfahrtspflege erfolgen. Auch Zahlungen über ein als Treuhandkonto geführtes Konto eines Dritten mit späterer Übertragung auf das Sonderkonto sind begünstigt.

Bei Zuwendungen an **politische Parteien** muss immer ein Zuwendungsnachweis vorliegen.

 TIPP

Elektronisch übermittelte Zuwendungsbestätigung

Der Zuwendungsempfänger kann die Zuwendungsbestätigung auch **elektronisch** (dem amtlichen Muster entsprechende Zuwendungsbestätigung in Form einer **schreibgeschützten Datei**, z. B. PDF-Datei) an den Zuwendenden übersenden und dieser druckt sie aus.

Geplant ist, dass der Zuwendende den Zuwendungsempfänger bevollmächtigt, die Zuwendungsbestätigung der zuständigen Finanzbehörde durch elektronische Datenfernübertragung zu übermitteln. Der Zuwendende muss dazu dem Zuwendungsempfänger seine Steuer-Identifikationsnummer mitteilen.

Steuerbegünstigte Zwecke

Begünstigt sind Ausgaben zur Förderung

- **gemeinnütziger** (z. B. Förderung der Wissenschaft, des Sports, der Kultur, der Bildung, der Jugend- und Altenhilfe, des Tierschutzes, des Naturschutzes),

- **mildtätiger** oder

- **kirchlicher**

Zwecke (§§ 51–54 AO).

Begünstigt sind **Spenden** und meistens auch **Mitgliedsbeiträge**.

WICHTIG

Abziehbarkeit von Mitgliedsbeiträgen

Mitgliedsbeiträge sind **nicht** abzugsfähig bei Förderung des Sports und bei kulturellen Betätigungen, die in erster Linie der Freizeitgestaltung dienen. Auch nicht abziehbar sind die Beiträge an Vereine, die die Förderung der Heimatpflege und Heimatkunde, der Tierzucht, der Pflanzenzucht, der Kleingärtnerei, des Brauchtums, des Karnevals, des Amateurfunkens, des Modellflugs und des Hundesports als Satzungszweck haben. Dies gilt auch für entsprechende Fördervereine.

Dagegen sind Mitgliedsbeiträge an Kulturvereine ohne Freizeitcharakter und deren Fördervereine (z. B. Museen oder Theater) auch dann abziehbar, wenn diese Einrichtungen ihren Mitgliedern Vergünstigungen, z. B. in Form verbilligter Eintrittskarten, gewähren.

Zuwendungen für **kirchliche Zwecke** können ganz oder teilweise als Kirchensteuer nach § 10 Abs. 1 Nr. 4 EStG abziehbar sein. Erhebt eine als Kirche anerkannte Religionsgemeinschaft keine gesetzliche Kirchensteuer (z. B. Neuapostolische Kirche, Heilsarmee, Zeugen Jehovas), können Zuwendungen an diese Kirche bis zur Höhe einer vergleichbaren gesetzlichen Kirchensteuer als Sonderausgabe nach § 10 Abs. 1 Nr. 4 EStG abgezogen werden. Übersteigende Zuwendungen stellen Spenden i. S. d. § 10b Abs. 1 EStG dar. Vertiefend siehe → Sonderausgaben.

 TIPP

Unterstützung einer Organisation im Ausland

Auch Spenden an mildtätige oder gemeinnützige Einrichtungen bzw. für kirchliche, religiöse oder wissenschaftliche Zwecke im EU-/EWR-Ausland sind begünstigt. Durch die Unterstützung der Organisation im Ausland müssen aber natürliche Personen im Inland oder das Ansehen der Bundesrepublik im Ausland gefördert werden. Die Zuwendungsbestätigung muss den Erhalt, den gemeinnützigen Zweck und die satzungsgemäße Verwendung beinhalten.

Sonderausgabenabzug für steuerbegünstigte Zwecke

Spenden für steuerbegünstigte Zwecke sind in tatsächlicher Höhe bis zu bestimmten **Höchstbeträgen** als Sonderausgabe abziehbar.

Möglichkeit 1

Zuwendungen zur Förderung mildtätiger, kirchlicher oder gemeinnütziger Zwecke können i. H. v. insgesamt **bis zu 20 % des Gesamtbetrags der Einkünfte** als Sonderausgaben abgezogen werden.

Dabei sind Kapitalerträge, die durch Kapitalertragsteuerabzug mit 25 % (Abgeltungsteuer) besteuert werden, nicht einzubeziehen. Etwas anderes gilt, wenn Kapitalerträge mit dem persönlichen Steuersatz (z. B. bei Günstigerprüfung nach § 32d Abs. 6 EStG – Steuersatz unter 25 %) besteuert werden.

Möglichkeit 2

Liegen **Gewinneinkünfte** vor, können alle Zuwendungen alternativ bis zu einer Grenze von 4 ‰ aus der Summe von Umsatz, Löhnen und Gehältern als Sonderausgabe abgezogen werden.

 BEISPIEL

Höchstbetrag

Ein lediger Steuerbürger spendet im Jahr 2019 2.000 € an eine Universität, 1.000 € an den örtlichen Musikverein (kultureller Zweck), an den er auch 50 € Mitgliedsbeitrag entrichtet hat, und 1.400 € an die Lebensrettungsgesellschaft (gemeinnützig). Seine Einkünfte betragen insgesamt 45.000 €.

Der Mitgliedsbeitrag an den Musikverein ist nicht abziehbar, da der Verein in erster Linie der Freizeitgestaltung dient. Der Höchstbetrag von 20 % aus 45.000 € wird nicht erreicht. Damit sind **4.400 €** als Sonderausgaben abziehbar.

Größere Spenden

Zuwendungen, die wegen Überschreitens der Höchstbeträge im Jahr der Zahlung nicht abgezogen werden können, werden im Rahmen des Einkommensteuerbescheids gesondert festgestellt und in die folgenden Jahre (zeitlich unbefristet) vorgetragen und dort im Rahmen der Höchstbeträge als Sonderausgaben berücksichtigt.

3 Spenden an Stiftungen

Spenden in das zu erhaltende Vermögen einer Stiftung des öffentlichen oder privaten Rechts zur Förderung steuerbegünstigter Zwecke können nach § 10b Abs. 1a EStG **zusätzlich** zu den o. g. Höchstbeträgen im **Jahr der Zahlung und in den neun folgenden Jahren** in Höhe von bis zu insgesamt **1.000.000 €** als Sonderausgaben abgezogen werden.

Der Abzugsbetrag kann nur einmal innerhalb des Zehnjahreszeitraums in Anspruch genommen werden. Der Höchstbetrag steht bei zusammen veranlagten Ehegatten jedem Ehegatten einzeln zu, wenn formal beide spenden.

Spenden in das zu verbrauchende Vermögen einer Stiftung werden wie andere steuerbegünstigte Zwecke i. S. des § 10b Abs. 1 EStG berücksichtigt.

4 Nebenberufliche Tätigkeiten für gemeinnützige, mildtätige und kirchliche Zwecke

Vertiefend siehe → Zusatzeinkünfte.

Steuerberatungskosten

Steuerberatungskosten können mit einzelnen Einkunftsarten in Zusammenhang stehen und als Betriebsausgaben oder als Werbungskosten abziehbar sein. Steuerberatungskosten, die weder Betriebsausgaben noch Werbungskosten sind, also zum Bereich der privaten Lebensführung gehören, sind nicht abziehbar.

§ 4 Abs. 4, § 9 Abs. 1 Satz 1 EStG

1 Steuerberatungskosten

Betriebsausgaben und Werbungskosten

Steuerberatungskosten sind Aufwendungen, die im sachlichen Zusammenhang mit einem Besteuerungsverfahren stehen.

Stehen Steuerberatungskosten mit der Ermittlung der Gewinneinkünfte, mit Betriebsteuern (USt, GewSt) oder Investitionszulagen in Zusammenhang, sind die Aufwendungen als **Betriebsausgaben** abziehbar.

Sie können als **Werbungskosten** abgezogen werden, soweit sie zur Erwerbung, Sicherung und Erhaltung der Einnahmen aus nichtselbstständiger Arbeit, aus V+V oder aus sonstigen Einkünften dienen.

Kosten der Lebensführung

Andere Aufwendungen für die Steuerberatung (z.B. bzgl. Hauptvordruck zur ESt-Erklärung, Anlagen Kind, U, Unterhalt, Vorsorgeaufwand, ErbSt-Erklärung) stellen nicht abziehbare Kosten der privaten Lebensführung dar und sind steuerlich nicht abziehbar. Der BFH hat diese gesetzliche Regelung bestätigt und als nicht verfassungswidrig

eingestuft (BFH, Urteil v. 4.2.2010, X R 10/08).

Gemischte Aufwendungen

Sind die Aufwendungen sowohl durch die Einkünfte (Anlagen G, S, N, R, SO, V) als auch privat veranlasst **(gemischte Aufwendungen)**, ist im Rahmen einer sachgerechten Schätzung eine Zuordnung zu den Betriebsausgaben, Werbungskosten oder Kosten der Lebensführung vorzunehmen.

 TIPP

Aufteilung privat und beruflich veranlasster Steuerberatungskosten

Es wird i.d.R. nicht beanstandet, wenn die Aufwendungen in Höhe von 50 % den Betriebsausgaben oder Werbungskosten zugeordnet werden. Aus Vereinfachungsgründen wird i.d.R. bei gemischten Steuerberatungskosten bis 100 € der Zuordnung durch den Steuerbürger gefolgt.

Art der begünstigten Aufwendungen

Zu den Steuerberatungskosten gehören:

- Aufwendungen für die mündliche oder schriftliche Beratung durch einen Steuerberater in betrieblichen/beruflichen Steuerangelegenheiten sowie für die Erstellung der betreffenden Steuerformulare

- Aufwendungen für steuerliche Gutachten, für die Hilfeleistung bei der Buchführung und bei der Aufstellung von Bilanzen und Einnahmenüberschussrechnungen sowie für die Beantwortung der sich dabei ergebenden Rechtsfragen, für die Mitarbeit bei durchgeführten Betriebs- und Außenprüfungen durch das Finanzamt sowie die Begleitung eines evtl. Rechtsbehelfsverfahrens

- Beiträge an Lohnsteuerhilfevereine

Nebenkosten

Zu den Steuerberatungskosten zählen auch:

- Kosten für steuerliche Fachliteratur (z. B. **das hier vorliegende Handbuch**), für Steuertabellen und für Software zur Erstellung von Steuererklärungen (z. B. Steuererklärungsprogramm Haufe-Lexware)

- Kosten für eine Steuer-Rechtsschutzversicherung, soweit sie von den Kosten einer üblichen Rechtsschutzversicherung abgegrenzt werden können

- Fahrtkosten einschließlich etwaiger Unfallkosten auf der Fahrt zum oder vom Steuerberater oder Finanzamt

2 Sonstige Beratungskosten

Privat veranlasste sonstige Beratungskosten (z. B. in Finanzierungsangelegenheiten) sind keine Sonderausgaben, auch wenn diese durch den Steuerberater in Rechnung gestellt werden. Soweit die Kosten betrieblich oder beruflich veranlasst sind, können sie aber als Betriebsausgaben oder Werbungskosten abgezogen werden.

3 Prozesskosten

Prozesskosten (z. B. in einem Steuerstrafverfahren) sind als Betriebsausgaben abziehbar, soweit der Rechtsstreit durch betriebliche Vorgänge (z. B. Betriebsteuern USt und GewSt) veranlasst ist. Soweit ein Zusammenhang mit Personensteuern (ESt, SolZ, KiSt) vorliegt, ist ein Abzug ausgeschlossen, auch wenn sich die Steuererklärungspflicht nur aus Gewinneinkünften ergibt (BFH, Urteil v. 18.5.2011, X B 124/10).

Strafbefreiende Selbstanzeige

Die Voraussetzungen für eine strafbefreiende Selbstanzeige sind sehr umfassend. Eine wirksame Selbstanzeige ist äußerst schwierig.

§ 371 AO

1 Aufdeckung von Steuerabweichungen

Die Finanzverwaltung hat schon mehrfach **Datenträger gekauft**, die umfangreiche Bankdaten von Personen enthielten, die ihr Geld in sog. Steueroasen vor dem steuerlichen Zugriff des Staates versteckt hatten. Außerdem werden zunehmend Abkommen zwischen der Bundesrepublik, der EU und anderen Staaten über den Austausch von steuerlich relevanten Daten getroffen. Mit vielen Ländern läuft der Datenaustausch bereits. Beim Datenaustausch erfassen z. B. Banken die Daten ihrer nicht im Inland ansässigen Bankkunden einmal jährlich und leiten diese über ihre nationale Finanzbehörde an die deutsche Finanzbehörden weiter. Weiterhin werden durch immer umfangreichere Kontrollmitteilungen und den Einsatz von Risikomanagementsystemen Unregelmäßigkeiten in der Steuererklärung festgestellt.

2 Strafbefreiende Selbstanzeige – Voraussetzungen

Anders als das allgemeine Strafrecht lässt das Steuerstrafrecht die Möglichkeit zu, sich nach Begehung einer Steuerstraftat (Steuerhinterziehung) selbst anzuzeigen, um Straffreiheit zu erlangen.

Straffreiheit bei Selbstanzeige tritt **nur** unter den folgenden Voraussetzungen ein:

- Mit der Selbstanzeige werden zu **allen noch nicht verjährten Steuerstraftaten einer Steuerart**, mindestens aber zu allen Steuerstraftaten einer Steuerart innerhalb der letzten zehn Kalenderjahre, **in vollem Umfang** die unrichtigen, unvollständigen und unterlassenen Angaben berichtigt, ergänzt oder nachgeholt. Straffreiheit ist bis zu einem hinterzogenen Betrag in Höhe von 25.000 € ohne Strafzuschlag möglich.
  Bei höheren Beträgen tritt Straffreiheit nur ein, wenn ein **Strafzuschlag** gezahlt wird, der nach der Höhe des hinterzogenen Betrags gestaffelt ist. Er beträgt:

  – 10 % bei einem hinterzogenen Betrag bis zu 100.000 €

  – 15 % bei einem hinterzogenen Betrag zwischen 100.000 € und bis zu 1.000.000 €

  – 20 % bei einem hinterzogenen Betrag über 1.000.000 €

- Die hinterzogenen Steuern und die darauf entfallenden Hinterziehungszinsen sowie der Strafzuschlag müssen innerhalb einer angemessenen Frist entrichtet werden.

- Die **Verjährungsfrist für die Strafbarkeit** von Steuerhinterziehung beträgt für alle Fälle zehn Jahre. **Anlaufhemmung:** Der Beginn der **Festsetzungsfrist** wird für die Steuern auf Kapitalerträge aus Drittstaaten (außerhalb der EU und Staaten ohne automatischen Informationsaustausch in Steuersachen) um bis zu zehn Jahre hinausgeschoben.

- Ein **Strafverfahren** kann **wieder aufgenommen** werden, wenn das Verfahren bereits abgeschlossen ist und sich später herausstellt, dass die Angaben in der Selbstanzeige unrichtig waren. Der gezahlte Strafzuschlag wird nicht erlassen, wenn die Selbstanzeige nicht zur Straffreiheit führt. Er kann aber mit einer etwaigen Geldstrafe verrechnet werden.

- **Sperrwirkung** (beschränkt auf den sachlichen und zeitlichen Umfang der angekündigten Außenprüfung): Eine wirksame Selbstanzeige ist nicht möglich, wenn die Aufdeckung der Tat nicht nur dem Täter selbst, sondern einem an der Tat Beteiligten (Anstifter oder Gehilfe) oder dem Begünstigten bekannt wird. Hat z. B. ein Beschäftigter des Unternehmens die unrichtigen Steuerangaben veranlasst, kann dieser für sich keine wirksame Selbstanzeige machen, wenn dem Betriebsinhaber eine Steuerprüfung bekannt gegeben wird.
Die Sperrwirkung besteht auch, wenn dem an der Tat Beteiligten oder seinem Vertreter die Einleitung des Straf- oder Bußgeldverfahrens bekannt gegeben worden ist oder ein Amtsträger der Finanzbehörde zur steuerlichen Prüfung (z. B. USt- oder Lohnsteuernachschau) erscheint.

Für die Umsatzsteuer- und Lohnsteuerhinterziehung ist (ohne Einleitung eines Prüfverfahrens) die Wirksamkeit einer **Teilselbstanzeige** vorgesehen.

 WICHTIG

Rechtsberatung

Bei einer Selbstanzeige kann sehr viel falsch gemacht werden, was zur Folge haben kann, dass die Selbstanzeige nicht strafbefreiend wirkt. Deshalb sollte man sich unbedingt rechtlich beraten lassen. Ein **Steuerberater** oder ein **Anwalt** informiert über weitere Details, die Form, den Adressaten und die Wirkung der Selbstanzeige. Wenn Sie sich gegenüber der Finanzverwaltung von einem Anwalt oder Berater vertreten lassen, muss dieser unbedingt **vor** dem erstmaligen Tätigwerden gegenüber der Finanzverwaltung bzgl. dieser Selbstanzeige von Ihnen **bevollmächtigt** werden.

Greift eine Selbstanzeige zur Strafbefreiung nicht, droht dem Steuerpflichtigen eine Freiheitsstrafe von bis zu fünf Jahren oder eine Geldstrafe. In besonders schweren Fällen ist eine Freiheitsstrafe von bis zu zehn Jahren zu erwarten. Betragen die hinterzogenen Steuern mehr als 1.000.000 €, droht nach der Rechtsprechung des Bundesgerichtshofs (BGH) eine Freiheitsstrafe ohne Bewährung.

Unterhaltszahlungen

Unterhaltsleistungen sind, je nachdem, an wen sie geleistet werden (Ehegatte, Angehörige), steuerlich unterschiedlich zu behandeln. Sie können dem Grunde nach bei den Sonderausgaben, den außergewöhnlichen Belastungen oder gar nicht berücksichtigungsfähig sein.

§§ 10 Abs. 1a Nr. 1, 33a Abs. 1 EStG

1 Unterhaltszahlungen an Ehegatten

Intakte Ehe im Inland

Gegenseitige Unterhaltsleistungen (Geld-/Sachleistungen wie Wohnungsüberlassung, übernommene Krankenversicherung) sind nicht abzugsfähig, weil für die Partner hier die Möglichkeit einer gemeinsamen Veranlagung (Zusammenveranlagung) besteht und die Unterhaltsverpflichtung mit dem hier anzuwendenden günstigeren Splittingtarif bereits berücksichtigt wird. Dasselbe gilt für eingetragene Lebenspartnerschaften.

Getrennt lebender/geschiedener Ehegatte

Unterhaltszahlungen sind entweder als

- Sonderausgaben (bereits ab dem Jahr des Getrenntlebens) oder
- außergewöhnliche Belastungen (erst ab dem Folgejahr)

abziehbar.

Sonderausgabenabzug

Der Zahlende kann für seine Zahlungen (freiwillige oder aufgrund gesetzlicher Unterhaltpflicht, Geld- und Sachleistungen) als Sonderausgaben bis zu **13.805 €** im Jahr absetzen. Der Höchstbetrag erhöht sich um die Beiträge zur Basiskranken- und Pflegepflichtversicherung des unterstützten (Ex-)Ehegatten. Die Erhöhung erfolgt unabhängig davon, wer die Beiträge gezahlt hat bzw. wer Versicherungsnehmer ist. Der Sonderausgabenabzug ist neben Unterhaltszahlungen und Übernahme von Kranken- und Pflegepflichtversicherungsbeiträgen auch für Ausgleichszahlungen zur Vermeidung des Versorgungsausgleichs möglich.

 WICHTIG

Zustimmung des Ex-Partners

Voraussetzung für den Sonderausgabenabzug ist stets, dass der Unterhaltsempfänger mit Unterschrift auf der Anlage U zustimmt. Dies kann er dem Grunde nach (Zustimmung bis zum Höchstbetrag + Basisversicherungen) oder auf einen unter dem Höchstbetrag liegenden Betrag begrenzt tun.

Soweit die Zustimmung reicht (d. h. im Regelfall bis zur Höhe des tatsächlich beantragten Sonderausgabenabzugs), muss der Unterhalt vom Empfänger bei den sonstigen Einkünften versteuert werden (Realsplitting).

251

TIPP

Einigung mit dem Expartner

Da derjenige, der zum Unterhalt verpflichtet ist, im Regelfall die höheren Einkünfte hat, ist bei ihm die Steuerentlastung durch den Sonderausgabenabzug, insbesondere wenn die Unterhaltszahlungen höher als 9.168 € sind, höher als die Steuernachzahlung beim Empfänger. Versuchen Sie deshalb, die Zustimmung Ihres (Ex-)Ehegatten/eingetragenen Lebenspartners zu bekommen, indem Sie sich bereit erklären, die bei ihm durch die Versteuerung anfallende Einkommensteuer zu übernehmen.

Der Antrag auf Sonderausgabenabzug gilt für ein Jahr, er kann auch auf einen unter dem Höchstbetrag liegenden Betrag beschränkt, aber nicht zurückgenommen werden.

Die Zustimmung des Empfängers gilt für mehrere Jahre, kann auf einen Betrag begrenzt und nur vor Beginn eines Kalenderjahres durch Erklärung gegenüber dem Finanzamt für die Zukunft widerrufen werden.

Lebt der Unterhaltsempfänger im Ausland, ist der Sonderausgabenabzug nur möglich, wenn der Empfänger (anhand seines ausländischen Steuerbescheids) nachweist, dass er die Leistungen versteuert hat. Je nach Land sind u. U. noch weitere Abzugsvoraussetzungen notwendig (§ 1a Nr. 1 EStG oder Doppelbesteuerungsabkommen).

Außergewöhnliche Belastung

Wird der Sonderausgabenabzug gewählt, kommt für den nicht bei den Sonderausgaben abzugsfähigen Teil der Zahlungen kein Abzug von außergewöhnlichen Belastungen in Betracht.

Wird der Sonderausgabenabzug dagegen nicht beantragt, fehlt die Zustimmung des Empfängers oder ist der Sonderausgabenabzug aus anderen Gründen nicht möglich (z. B. Ehegatte im Ausland), sind Unterhaltsaufwendungen als außergewöhnliche Belastung abziehbar (siehe folgendes Kapitel).

2 Andere unterstützte Personen

Soweit der Sonderausgabenabzug bei **Ehegatten** nicht möglich ist, können die Unterhaltszahlungen (für Wohnung, Kleidung, Verpflegung, Krankenversicherung und Berufsausbildung) ebenso wie Unterhalt an bestimmte **andere Personen** bis zu einem Höchstbetrag als außergewöhnliche Belastungen berücksichtigt werden. Eine zumutbare Eigenbelastung wird hier nicht angerechnet.

Begünstigter Personenkreis

Begünstigt sind Zahlungen an gegenüber dem Steuerpflichtigen oder seinem nicht geschiedenen Ehegatten **gesetzlich unterhaltsberechtigte** Personen oder diesen **gleichgestellte** Personen.

Unterhaltsberechtigt sind:

- der Ehegatte bzw. Partner in eingetragener Lebenspartnerschaft (Abzug aber nur, soweit getrennt lebend/geschieden bzw. Ehegatte im Ausland und kein Sonderausgabenabzug möglich, s. o.)

- Kinder (Abzug aber nur, soweit die Kinder steuerlich nicht über einen Freibetrag oder Kindergeldanspruch berücksichtigt werden, z. B. über 25 Jahre alte Kinder in Ausbildung)

- Eltern und Großeltern

- der andere Elternteil eines nichtehelichen Kindes während der Mutterschutzzeit bzw. solange wegen fehlender Kinderbetreuungsmöglichkeit eine Erwerbstätigkeit des Elternteils nicht erwartet werden kann

Als unterhaltsberechtigten Personen **gleichgestellte Personen** kommen der Partner in einer eheähnlichen Gemeinschaft oder Verwandte und Verschwägerte, z. B. Geschwister, Onkel oder Tanten, infrage. Zwingende Abzugsvoraussetzung ist bei diesen Personen aber, dass sie **im Haushalt** der Person leben, von der sie unterstützt werden, **und** ihnen wegen der Unterhaltsleistungen zum Unterhalt bestimmte Zahlungen aus öffentlichen Mitteln gekürzt oder nicht gezahlt wurden (z. B. Wohngeld, Arbeitslosen- oder Sozialhilfe (Hartz IV) gekürzt, abgelehnt oder nicht beantragt). In diesen Fällen ist eine Opfergrenze (s. u.) nicht zu beachten.

 TIPP

Unterhaltene Person im Haushalt

Lebt die unterhaltene Person in Ihrem Haushalt, brauchen Sie keine Kosten nachzuweisen. Das Finanzamt geht von Aufwendungen in Höhe des maß-

geblichen Abzugshöchstbetrags (9.168 €) aus.

⚡ HINWEIS

Angehöriger im Heim

Aufwendungen für die krankheits-, behinderungs- oder pflegebedingte Unterbringung eines Angehörigen im Heim sind als allgemeine außergewöhnliche Belastungen nach § 33 EStG unter Anrechnung der zumutbaren Eigenbelastung abzugsfähig. Erfolgte die Unterbringung dagegen (nur) altersbedingt, sind die übernommenen Aufwendungen als Unterhaltsleistungen abziehbar.

ID-Nummer bei Inlandsunterhalt

Die ID-Nummer der unterstützten Person (im Inland) muss auf der Anlage Unterhalt eingetragen werden. Verweigert die unterhaltene Person die Auskunft darüber, darf die ID-Nummer beim Finanzamt abgefragt werden.

Arbeitskraft und geringes Vermögen

Bei **im Inland** lebenden Angehörigen ist unerheblich, ob eine konkrete Unterhaltspflicht tatsächlich besteht, also ob andere Personen vorrangig unterhaltsverpflichtet sind. Ohne Bedeutung ist auch, ob die unterstützte Person in der Lage wäre, eine Erwerbstätigkeit aufzunehmen (Erwerbsobliegenheit). Verfügt die unterhaltene Person jedoch über eigenes Vermögen von mehr als 15.500 € – außer Betracht bleiben dabei Gegenstände mit Erinnerungswert, Hausrat und ein angemessenes Hausgrundstück, das selbst bewohnt wird –, sind Unterhaltszahlungen nicht abzugsfähig, weil die unterstützte Person nicht bedürftig ist.

Höchstbetrag und eigene Einkünfte und Bezüge

Der Höchstbetrag für Unterhaltsaufwendungen beträgt für jede unterhaltene Person **9.168 € im Jahr**. Er **erhöht** sich um den Betrag, der für die Absicherung der unterhaltsberechtigten Person als **Beitrag zur Basisversorgung bei der Kranken- und Pflegepflichtversicherung** gezahlt wird, vorausgesetzt, die unterstützte Person ist der Versicherungsnehmer. Ohne Bedeutung ist, wer die Versicherungen bezahlt hat.

 TIPP

Versicherungsbeiträge

Haben Sie als **Versicherungsnehmer** Versicherungsbeiträge für die unterstützte Person gezahlt, können Sie diese als eigene Sonderausgaben geltend machen (siehe Anlage Vorsorgeaufwand).

Hat die unterhaltene Person eigene Einkünfte und Bezüge (z. B. Rente, steuerfreier oder pauschal versteuerter Lohn z. B. aus Minijob), die zur Bestreitung des Lebensunterhalts bestimmt und geeignet sind, so werden diese auf den Höchstbetrag angerechnet, soweit sie **624 €** (anrechnungsfreier Betrag) im Kalenderjahr übersteigen. Die anzu-

rechnenden Bezüge werden dabei um eine Kostenpauschale von 180 € jährlich gekürzt. Zusätzlich vermindert sich der Höchstbetrag um die von der unterstützten Person als Ausbildungshilfe aus öffentlichen Mitteln bezogenen Zuschüsse. Hierunter fallen z. B. BAföG-Zuschüsse, nicht aber BAföG-Darlehen.

Kapitalerträge, die der Abgeltungsteuer unterliegen, werden nicht als Einkünfte, aber ohne Abzug des Sparerpauschbetrags als Bezüge der unterstützten Person angerechnet.

 ACHTUNG

Unterstützte Person verheiratet?

Ist die unterhaltene Person verheiratet, wird ihr die Hälfte des verfügbaren Einkommens des Ehegatten als eigene Bezüge zugerechnet.

Zeitanteilige Berechnung

Unterhaltszahlungen dürfen grundsätzlich nicht auf Monate vor ihrer Zahlung zurückbezogen werden und können – auch wenn sie für das Folgejahr bestimmt sind – immer nur im Jahr der Zahlung und für das Jahr der Zahlung berücksichtigt werden (BFH, Urteil v. 25.4.2018, VI R 35/16).

Für jeden vollen Monat, in dem die Abzugsvoraussetzungen nicht vorgelegen haben, ermäßigen sich der Höchstbetrag (9.168 €) und der anrechnungsfreie Betrag (624 €) um jeweils 1/12 (sog. Zwölftelung). Der (zeitanteilige) Höchstbetrag gilt also ab dem Monat der ersten Zahlung im Jahr.

Die eigenen Einkünfte und Bezüge der unterhaltenen Person werden nur angerechnet, soweit sie auf die Unterstützungsmonate entfallen.

 BEISPIEL

Unterstützung des Vaters

Sie unterstützen Ihren Vater ab April monatlich mit 750 €. Ihr Vater erhält ganzjährig eine monatliche Rente aus der gesetzlichen Rentenversicherung i. H. v. 650 €. Außerdem bekommt er einen steuerfreien Zuschuss zur Krankenversicherung (ab April 427 €). Er zahlt als Versicherungsnehmer ab April 530 € Eigenbeiträge zur Basiskranken- und Pflegepflichtversicherung (Basisversorgung).

Unterhalt: 9 × 750 € =	6.750 €	
Höchstbetrag: davon 9/12 = + Erhöhungsbetrag für Kranken- und Pflegeversicherung (Eigenanteil)	9.168 € 6.876 € + 530 € 7.406 €	7.406 €
Rente des Vaters: 9 × 650 € = Zuschuss Krankenvers. (= Bezüge)	5.850 € + 427 € 6.277 €	
WK-Pb und Kostenpauschale für neun Monate: (102 € + 180 €) × 9/12 =	– 212 €	
Summe Auslagen:	6.065 €	
Anrechnungsfrei: 624 € × 9/12 =	– 468 € 5.597 €	5.597 €
gekürzter Höchstbetrag		1.809 €

Von den tatsächlichen Aufwendungen (6.750 €) können höchstens 1.809 € als außergewöhnliche Belastung abgezogen werden.

Hinweis: Berechnungshinweise finden Sie auf http://mybook.haufe.de unter „Der Steuerkalkulator".

Unterhalt an mehrere Personen

Unterstützen Sie mehrere Personen, die einen gemeinsamen Haushalt führen, ist der an alle Personen zusammen aufgewendete Betrag nach Köpfen aufzuteilen **(Pro-Kopf-Aufteilung)**. Für jede unterhaltene Person ist getrennt zu prüfen, ob die Voraussetzungen für den Kostenabzug vorliegen und wie hoch die abziehbaren Unterhaltsleistungen sind.

Lediglich bei zusammenlebenden Ehegatten (z. B. Eltern) wird der Höchstbetrag verdoppelt und um die Summe der Einkünfte und Bezüge beider Ehegatten, soweit diese 2 × 624 € übersteigen, gekürzt.

Unterhalt von mehreren Personen

Werden Unterhaltsaufwendungen für eine Person von mehreren in Deutschland lebenden Personen getragen, wird der insgesamt abziehbare Betrag für die unterstützte Person unter Einbeziehung aller Unterhaltsleistungen berechnet und anschließend auf alle Unterstützer, bei denen der Abzug als außergewöhnliche Belastungen möglich ist, nach dem Verhältnis ihrer Zahlungen aufgeteilt.

Opfergrenze

Die Aufwendungen sind nur abziehbar, soweit für Sie und Ihre Familie nach Abzug der Unterhaltsleistungen noch genug zum Lebensunterhalt verbleibt (sog. Opfergrenze). Die Opfergrenze wird mit einem zu bestimmenden Prozentsatz (abhängig von der Familiengröße) aus Ihrem verfügbaren Nettoeinkommen ermittelt. Dabei werden steuerpflichtige und steuerfreie Einnahmen (z. B. auch Kindergeld) angesetzt und Steuern sowie nicht vermeidbare Versicherungsbeiträge abgezogen. Die Opfergrenze ist nicht anzuwenden bei Aufwendungen an den (auch: geschiedenen) Ehegatten bzw. bei einer bestehenden Haushaltsgemeinschaft mit der unterhaltenen (gleichgestellten) Person.

Genaue Berechnung vgl. BMF, Schreiben v. 7.6.2010, IV C 4 – S 2285/07/0006: 001 – 2010/0415733 und 2010/0415753 (abrufbar unter www.bundesfinanzministerium.de).

Hinweis: Berechnungshinweise finden Sie auf http://mybook.haufe.de unter „Der Steuerkalkulator".

3 Auslandsunterhalt

Personenkreis

Unterhaltszahlungen an im Ausland lebende Personen sind nur begünstigt, soweit eine gesetzliche Unterhaltsberechtigung nach deutschem Recht (BGB) gegeben ist. Gleichgestellte Personen zählen nicht. Außerdem ist die konkrete Unterhaltspflicht erforderlich, d. h., dass z. B. vorrangige Unterhaltsverpflichtungen anderer Personen zu prüfen sind.

Soweit die unterstützte Person im erwerbsfähigen Alter ist, wird unterstellt, dass sie ihren Lebensunterhalt durch eigene Erwerbstätigkeit sichern kann (Erwerbsobliegenheit). Entsprechend sind Unterhaltszahlungen nicht notwendig und folglich nicht abziehbar. Bei Personen, von denen wegen Alters (über 65 Jahre), Schwerbehinderung, Krankheit oder der Erziehung von Kindern unter sechs Jahren eine Erwerbstätigkeit nicht erwartet werden kann, ist die Erwerbsobliegenheit ohne Bedeutung. Auch Arbeitslosigkeit trotz ordnungsgemäßem Bemühen um eine Beschäftigung kann ein Ausnahmetatbestand sein (BFH, Urteil v. 15.4.2015, VI R 5/14). Betreibt die unterstützte Person eine eigene Landwirtschaft im landesüblichen Umfang, wird regelmäßig unterstellt, dass die erwirtschafteten Erträge für **alle** im Haushalt lebenden Personen zum Leben ausreichen und keine Unterstützung notwendig ist. Dies kann im Einzelfall durch Nachweis widerlegt werden.

Bedürftigkeit

Die Unterhaltsbedürftigkeit der unterstützten Person muss durch eine für jede unterstützte Person getrennt ausgefüllte **Unterhaltserklärung** nachgewiesen werden. Zweisprachige **Unterhaltserklärungen** bekommen Sie als Download über die Internetseite des Bundesfinanzministeriums (www.formulare-bfinv.de) oder bei den Finanzämtern. Die Angaben zur unterhaltenen Person muss die **zuständige Heimatbehörde bestätigen**. In Ausnahmefällen kann der Nachweis der Bedürftigkeit ggf. durch andere behördliche Dokumente in deutscher Übersetzung erbracht werden. Die Angaben zum Einkommen muss die unterstützte Person durch Unterschrift bestätigen. Die anzurechnenden Einkünfte und Bezüge werden nach inländischen Maßstäben berechnet. Ist die Unterhaltserklärung nicht vollständig ausgefüllt oder sind die Angaben nicht schlüssig, werden die Unterhaltsleistungen nicht anerkannt.

 HINWEIS

Ehegattenunterhalt

Bei Zahlungen an den nicht dauernd getrennt lebenden Ehegatten im Ausland wird die Bedürftigkeit unterstellt. Auch die Erwerbsobliegenheit ist nicht zu prüfen.

Zahlungsnachweise

Wurde das Geld überwiesen, ist dies grundsätzlich durch Post- oder Bankbelege zu belegen. Die Belege müssen die unterhaltene Person (bzw. eine Person aus dem unterstützten Haushalt) als Empfänger und im Regelfall als Kontoinhaber ausweisen.

Haben Sie das Geld persönlich übergeben, benötigen Sie einen zeitnahen, lückenlosen Nachweis der „Zahlungskette" – von der Geldabhebung bis zur Geldübergabe – und eine unterschriebene belastbare detaillierte (wann, wo, wie viel, von wem, an wen) Empfängerbestätigung getrennt für jeden übergebenen Betrag (BFH, Urteil v. 9.3.2017, VI R 33/16). Zwischen Abhebung und Geldübergabe dürfen maximal 14 Tage liegen. Außerdem muss die Reise anhand geeigneter Unterlagen (z. B.

Grenzübertrittsvermerk im Pass, Tankbeleg, Flugschein, Fahrkarte) nachgewiesen sein.

Bargeldmitnahmen durch eine namentlich benannte Mittelsperson werden regelmäßig nur anerkannt, wenn wegen der besonderen Situation im Heimatland (Krisengebiet) ein anderer Zahlungsweg nicht möglich ist oder der tatsächliche Geldfluss im Einzelnen beweissicher dokumentiert ist (BFH, Beschluss v. 5.7.2016, VI B 136/15). Es gelten die o. a. Nachweise zur Zahlungskette. Erforderlich ist zusätzlich eine detaillierte Bestätigung über die Geldübergabe an den Mittelsmann und die zeitnahe Übergabe an die unterstützte Person.

Haben Sie selbst **Familienheimfahrten** (Fahrten zum im Heimathaushalt lebenden Ehegatten) durchgeführt, gelten Nachweiserleichterungen. Für bis zu vier tatsächlich durchgeführte Familienheimfahrten zum Ehegatten wird je ein mitgenommener Nettomonatslohn akzeptiert. Zahlungen, die bereits durch Post oder Bank erfolgt sind, sind auf das Vierfache des Nettolohns anzurechnen. Ein höherer Betrag wird nur anerkannt, wenn alle Zahlungen insgesamt nachgewiesen sind.

Höchstbeträge

Auslandsunterhalt ist nur so weit abziehbar, wie es nach den dortigen Verhältnissen notwendig und angemessen ist. Das hat zur Folge, dass der Höchstbetrag von 9.168 € und der anrechnungsfreie Betrag von 624 € u. U. mit einem ermäßigten Wert anzusetzen sind. Die zutreffende Ländergruppe wird anhand der Angaben auf der Anlage Unterhalt vom Finanzamt ermittelt. Zur Ländergruppeneinteilung vgl.

BMF, Schreiben v. 20.10.2016, IV C 8 – S 2285/07/0005:016, 2016/0953021.

Vermietung/Immobilien

Einkünfte aus Vermietung und Verpachtung (V+V) liegen vor, wenn zum Privatvermögen gehörende unbebaute oder bebaute Grundstücke (Wohn- oder Geschäftsgebäude, Gebäudeteile, Eigentumswohnungen) gegen Entgelt zur Nutzung an andere Personen überlassen werden. Die Eigennutzung solcher Objekte führt nicht zu Einkünften aus V+V.

§ 21 Abs. 1 EStG

1 Allgemeines

Gehört ein Grundstück oder Grundstücksteil zum **Betriebsvermögen** einer landwirtschaftlichen, gewerblichen oder freiberuflichen Tätigkeit und wird vermietet, können die Aufwendungen als Betriebsausgabe bei den Gewinneinkünften abgezogen werden. Eine erhaltene Miete ist Betriebseinnahme.

Befindet sich das Grundstück im **Privatvermögen**, liegen bei entgeltlicher Überlassung Einkünfte aus V+V vor.

Man muss nicht Eigentümer eines Grundstücks sein, um Einkünfte aus V+V zu erzielen. Auch der Mieter erzielt bei **Untervermietung** entsprechende Einkünfte.

Werden Teile einer im Übrigen selbst genutzten Wohnung **vorübergehend** vermietet (z. B. kurze Zeit an eine Studentin) und übersteigen die Einnahmen **520 € im Kalenderjahr** nicht, kann im Einverständnis mit dem Steuerpflichtigen aus Vereinfachungsgründen eine Besteuerung unterbleiben.

2 Einkünfteerzielung

Die Einkünfte ermitteln sich als Überschuss der Einnahmen über die Werbungskosten. Übersteigen die Werbungskosten die Mieteinnahmen, entsteht ein Verlust. Dieser Verlust kann nur dann berücksichtigt und mit anderen Einkünften verrechnet werden, wenn eine **Einkünfteerzielungsabsicht** angenommen werden kann. Bei unbefristeter Vermietung zu marktüblichen Bedingungen wird dies unterstellt. Liegt nur eine befristete Überlassung vor, muss geprüft werden, ob es möglich ist, in der vereinbarten Vermietungszeit einen Totalüberschuss der Einnahmen über die Werbungskosten zu erzielen.

3 Mieteinnahmen

Zu den Mieteinnahmen gehören alle Einnahmen, die aus der Nutzungsüberlassung des Grundstücks zufließen. Neben der eigentlichen Miete oder Pacht sind dies Entgelte für Nebenräume (Keller, Garagen), Umlagen (z. B. Energiekosten, Müllabfuhr) oder Entgelte für

Grund und Boden oder für Werbeflächen auf dem Grundstück.

Keine Einnahmen sind **Kautionen**, die der Mieter vorauszuzahlen hat. Kann der Vermieter zu einem späteren Zeitpunkt auf die Kaution zugreifen, weil der Mieter trotz Mahnung seine Miete nicht zahlt oder entstandene Schäden nicht ersetzt, zählt die Kaution in diesem Zeitpunkt zu den Einnahmen.

Zinseinnahmen aus der Anlage der Kaution sind Kapitaleinnahmen des Mieters. Sie stellen keine Einnahmen aus V+V beim Vermieter dar.

Einnahmen sind in dem Jahr anzusetzen, in dem sie dem Vermieter zugeflossen sind **(Zuflussprinzip)**. Deshalb werden auch nachgezahlte Mieten für frühere Jahre im Jahr der Zahlung erfasst.

Auch Einnahmen für an **Angehörige** vermietete Grundstücke/Grundstücksteile sind zu berücksichtigen. Allerdings wird hier ggf. genauer geprüft, ob diese Vermietung wie unter Fremden üblich vereinbart und auch durchgeführt wird.

Wurde zur Zwischenfinanzierung der AK oder HK eines vermieteten Objekts ein Bankdarlehen aufgenommen, das nach Zuteilung eines Bausparvertrags durch das Bausparguthaben und das Bauspardarlehen abgelöst werden soll, sind die Zinsgutschriften für das Bausparguthaben keine Kapitalerträge, sondern Einnahmen aus V+V.

4 Werbungskosten

Außer bei AK oder HK, die im Wege der Abschreibung ab dem Jahr der Entstehung zu berücksichtigen sind, erfolgt der Abzug von Werbungskosten grundsätzlich im **Jahr der Zahlung (Abflussprinzip)**.

Als typische Werbungskosten kommen in Betracht:

- **Abschreibungen auf das Gebäude:** AK oder HK (auch nachträgliche) eines Gebäudes können nicht im Jahr der Zahlung in voller Höhe, sondern nur im Wege der Abschreibung verteilt auf einen langen Zeitraum als Werbungskosten abgezogen werden. Vertiefend siehe → Abschreibungen/ Gebäude. Getrennt vom Gebäude abgeschrieben werden Solar-/Fotovoltaikanlagen. Vertiefend siehe → Solaranlagen und Co. Dasselbe gilt für Gartenanlagen.

- **Erhaltungsaufwendungen (Reparaturkosten):** Erhaltungsaufwendungen sind Aufwendungen für die Erneuerung von bereits vorhandenen Teilen. Sie sind im Jahr der Zahlung sofort in voller Höhe als Werbungskosten abziehbar. Die Abgrenzung gegenüber nachträglichen AK und HK ist deshalb besonders zu prüfen.

Abweichend vom Abflussprinzip kann **größerer Erhaltungsaufwand** bei Gebäuden, die nicht zu einem Betriebsvermögen gehören und überwiegend Wohnzwecken dienen, auf Antrag gleichmäßig auf zwei bis fünf Jahre verteilt werden (§ 82b EStDV). Der Antrag kann, über alle Jahre betrachtet, zu einer insgesamt höheren Steuerentlastung führen. Vertiefend siehe → Reparaturen.

Wird nach Fertigstellung des Gebäudes eine (auch erstmalige) Baumaßnahme durchgeführt, für die der **Rechnungsbetrag ohne Umsatzsteuer nicht mehr als 4.000 €** beträgt, kann der Bruttobetrag aus Vereinfachungsgründen als Erhaltungsaufwand behandelt und sofort im Jahr der Zahlung als Werbungskosten abgezogen werden. Werden zeitgleich verschiedene Baumaßnahmen, die nicht miteinander zusammenhängen, im selben Haus durchgeführt, kann die Vereinfachungsregelung für jede dieser einzelnen Baumaßnahmen in Anspruch genommen werden. Vertiefend siehe → Reparaturen.

 BEISPIEL

Verschiedene Baumaßnahmen

Im Erdgeschoss des vermieteten Gebäudes wird eine bisher nicht vorhandene Gästetoilette eingebaut: Aufwand 1.500 € netto zzgl. 285 € USt. Derselbe Handwerker baut zeitgleich im Obergeschoss ein neues Bad für 3.950 € zzgl. 750 € USt ein.

Es liegen zwei selbstständige Baumaßnahmen vor, die bautechnisch nicht miteinander verzahnt sind. Die Aufwendungen betragen jeweils nicht mehr als 4.000 € netto. Damit können die Bruttoaufwendungen i. H. v. insgesamt 6.485 € als Erhaltungsaufwendungen im Jahr der Zahlung abgezogen werden.

Wurde ein Gebäude erworben, das zukünftig vermietet wird, und fallen in den ersten drei Jahren nach Anschaffung größere Erhaltungsaufwendungen an, die in der Summe (netto) 15 % der AK des Gebäudes übersteigen, sind diese Erhaltungsaufwendungen nicht sofort abziehbar, sondern erhöhen als **anschaffungsnahe HK** die Bemessungsgrundlage der Gebäude-AfA. Vertiefend siehe → Reparaturen.

- AK für ein anderes mitvermietetes Wirtschaftsgut als das Gebäude sind im Wege der linearen Abschreibung nach § 7 Abs. 1 EStG gleichmäßig auf die individuelle Nutzungsdauer zu verteilen.

 BEISPIEL

Selbstständiges Wirtschaftsgut

In eine Mietwohnung wird eine Küche eingebaut. Die AK der Küche sind gesondert auf die Nutzungsdauer (zehn Jahre) abzuschreiben.

- Betragen die AK (Rechnungsbetrag ohne Umsatzsteuer) für ein einzelnes mitvermietetes Wirtschaftsgut (z. B. Waschmaschine oder Rasenmäher) **höchstens 800 €**, können diese sofort in voller Höhe mit dem Bruttobetrag als Werbungskosten abgezogen werden. Vertiefend siehe → Reparaturen.

- **Sonstige Werbungskosten:** z. B. Grundsteuer, Müllgebühren, Energiekosten, Schornsteinfegergebühren, Hausversicherungsbeiträge, Verwaltungskosten, Ausgaben für Hausbesitzerverein und Hausmeisterservice, Inseratskosten bei Mietersuche,

Fahrtkosten (Pkw tatsächliche Aufwendungen oder 0,30 € je gefahrener km) und Verpflegungspauschalen im Zusammenhang mit der Verwaltung des Grundstücks

Nicht zu den Werbungskosten gehört der Wert der eigenen Arbeitsleistung (ersparte Aufwendungen).

5 Unentgeltliche, verbilligte oder teilentgeltliche Überlassung

Entspricht die tatsächliche Miete nicht der ortsüblichen Marktmiete, muss ggf. geprüft werden, ob eine verbilligte Überlassung vorliegt. Dabei wird die tatsächliche Miete zzgl. Nebenkosten (Warmmiete) mit der ortsüblichen Miete zzgl. Nebenkosten verglichen.

Eine **verbilligte oder teilentgeltliche Überlassung** liegt vor, wenn die tatsächliche Warmmiete auf Dauer **weniger als 66 %** der ortsüblichen Warmmiete beträgt.

In diesen Fällen sind die Aufwendungen nur eingeschränkt als Werbungskosten abziehbar. Der Anteil der abziehbaren Aufwendungen ergibt sich aus dem Verhältnis der tatsächlichen Miete zur ortsüblichen Miete.

Wird eine Wohnung möbliert oder teilmöbliert vermietet, ist ein Zuschlag für die Möblierung bei der Prüfung der teilentgeltlichen Überlassung nur zu berücksichtigen, wenn sich ein solcher Möblierungszuschlag aus einem örtlichen Mietspiegel oder aus am Markt realisierbaren Zuschlägen ermitteln lässt (BFH, Urteil v. 6.2.2018, IX R 14/17).

 BEISPIEL

Verbilligte Überlassung

A vermietet drei gleich große und gleich ausgestattete Wohnungen in einem Haus.

Für zwei Wohnungen erhält er eine monatliche Miete von 750 € zzgl. 200 € Umlagen. Diese Mieten entsprechen der ortsüblichen Mietspiegelmiete. Die dritte Wohnung hat A an eine Rentnerin vermietet. Weil sie nur eine geringe Rente bezieht, wurde die Miete seit vielen Jahren nicht mehr erhöht. Die Mieterin zahlt monatlich 500 € zzgl. 100 € Nebenkosten. Die auf das gesamte Gebäude entfallenden Aufwendungen (einschl. AfA) belaufen sich auf 15.000 €.

A erzielt mit der dritten Wohnung nur 63,1 % der ortsüblichen Marktmiete (einschl. Umlagen). Es liegt insoweit eine verbilligte Überlassung vor. Die Aufwendungen, die auf die dritte Wohnung entfallen, sind nur zu 63,1 % als Werbungskosten abziehbar. Die Einkünfte aus V+V betragen (Einnahmen 30.000 € abzgl. Werbungskosten 10.000 € + 63,1 % von 5.000 € =) 13.155 €.

Erfolgt die Wohnungsüberlassung unentgeltlich, sind Aufwendungen, die auf diese Wohnung entfallen, nicht als Werbungskosten abziehbar.

6 Gemischt genutztes Grundstück

Wird ein Gebäude teilweise vermietet und teilweise eigengenutzt, sind die Aufwendungen steuerlich unterschiedlich zu berücksichtigen:

- Aufwendungen, die ausschließlich auf eine Nutzung entfallen, sind nur dieser Nutzung **direkt** (allein) **zuzuordnen** (z.B. Reparatur in der vermieteten Wohnung).

- Aufwendungen, die das Gesamtgebäude betreffen (z.B. Schuldzinsen, Grundsteuer, Dach- oder Fassadenreparatur), sind **im Verhältnis der Nutzflächen aufzuteilen.**

- Kosten, die auf den zu eigenen Wohnzwecken genutzten bzw. auf einen unentgeltlich überlassenen Teil des Gebäudes entfallen, sind nicht als Werbungskosten abziehbar.

7 Schuldzinsen

Schuldzinsen und andere Finanzierungskosten (marktübliches Darlehensabgeld, Grundbuch- und Notariatsgebühren, Fahrtkosten zur Bank, Vermittlungsgebühren) sind Werbungskosten, soweit sie mit der Vermietung in wirtschaftlichem Zusammenhang stehen.

Bei einem Darlehensabgeld (Disagio, Damnum) geht die Finanzverwaltung bei höchstens 5 % und einer Laufzeit von fünf Jahren von Marktüblichkeit aus.

Im Allgemeinen liegt bei einem Gebäude, das teilweise zu eigenen und teilweise zu fremden Wohnzwecken genutzt wird, eine **Gesamtfinanzierung** mit Eigen- und Fremdmitteln bzgl. des gesamten Objekts vor, sodass die Schuldzinsen nur anteilig (aufgeteilt nach der Nutzfläche) abgezogen werden können.

Eine **direkte Zuordnung der Finanzierungskosten** zu den Werbungskosten aus V+V einerseits und der Privatnutzung andererseits kann jedoch vorgenommen werden, wenn

- die **AK** (Kaufpreis und Nebenkosten) und **HK aufteilbar** sind. So können beispielsweise die Rohbaukosten im Verhältnis der Nutzflächen, die Innenausbaukosten aber durch direkte Zuordnung auf die unterschiedlichen Nutzungen aufgeteilt werden.

- **unterschiedliche Geldquellen** (Eigenkapital und ggf. verschiedene Darlehen) vorliegen, die jeweils einer Nutzung allein zugerechnet werden.

- ein wirtschaftlicher Zusammenhang zwischen den Schuldzinsen und den der Vermietung zugeordneten AK und HK vorhanden ist. Dazu müssen die unterschiedlich zugeordneten Aufwendungen jeweils mit den dafür vorgesehenen Mitteln bezahlt werden. Das bedeutet, dass aus unterschiedlichen Geldquellen jeweils **getrennte Zahlungen** an den Bauunternehmer, die Handwerker oder den Verkäufer des Grundstücks (mit entsprechendem Verwendungszweck bzgl. vermieteter oder selbst genutzter Wohnung) geleistet werden müssen. Die getrennte Zahlung muss ggf. durch Unterlagen (Kontoauszug) nachgewiesen werden.

Wird ein vermietetes Haus verkauft und reicht der Veräußerungserlös nicht aus, um die bestehenden Darlehensverbindlichkeiten zu tilgen, können die noch zu zahlenden Schuldzinsen insoweit als nachträgliche Werbungskosten aus V+V abgezogen werden (BFH, Urteil v. 8.4.2014, IX R 45/13).

8 Umsatzsteueroption, Vorsteuerabzug

Wird bei einer Vermietung an einen anderen umsatzsteuerlichen Unternehmer auf die grundsätzlich bestehende Umsatzsteuerbefreiung verzichtet (Option § 9 UStG), also umsatzsteuerpflichtig vermietet, gehört die vom Mieter bezahlte Umsatzsteuer und die durch das Finanzamt erstattete Vorsteuer zu den Mieteinnahmen. Die an das Finanzamt abgeführte und die an die Handwerker bezahlte Umsatzsteuer ist als Werbungskosten abziehbar. Insoweit liegen keine HK vor. Maßgebend ist jeweils das Jahr der Zahlung.

Entfallen die Voraussetzungen für die Umsatzsteueroption innerhalb von zehn Jahren, ist ein in Anspruch genommener Vorsteuerabzug teilweise zurückzuzahlen.

9 Leer stehende Wohnung oder Gebäude

Steht ein Gebäude (z. B. wegen Mieterwechsel) vorübergehend leer und soll es erneut vermietet werden, können die Aufwendungen, die auf die Zeit des Leerstands entfallen, als Werbungskosten abgezogen werden. Liegt ein längerer Zeitraum der Nichtvermietung vor, sollten dem Finanzamt Gründe (z. B.

aufwendige Mietersuche, Renovierung in Eigenarbeit) benannt werden, damit von einem weiteren Vorliegen einer Einkünfteerzielungsabsicht ausgegangen werden kann, sonst entfällt der Werbungskostenabzug für diese Zeit.

 TIPP

Grundsteuererstattung

Haben Sie im Laufe des Jahres tatsächlich weniger als 50 % der ortsüblichen Miete erzielt, können Sie bis zum 31.3. des Folgejahres einen Antrag an die Gemeinde (bei Stadtstaaten: an das Finanzamt) wegen teilweiser Rückerstattung der Grundsteuer stellen (§ 33 Abs. 1 GStG).

Möglich ist dies nur, wenn Sie den Einnahmeausfall nicht selbst verschuldet haben, d. h. wenn der Mieter trotz Mahnung nicht zahlt oder wenn Sie sich bei Leerstand intensiv um eine Anschlussvermietung bemüht haben.

10 Veräußerung von Grundstücken

Wegen möglicher steuerlicher Auswirkungen bei der Veräußerung von zum Privatvermögen gehörendem Grundbesitz siehe → Spekulationsgeschäfte.

Versicherungen

Beiträge zu Personenversicherungen, die ohne Bezug zu einer Einkunftsart sind, stellen Vorsorgeaufwendungen dar und sind als Sonderausgaben (Altersvorsorgeaufwendungen oder sonstige Vorsorgeaufwendungen) bis zu unterschiedlichen Höchstbeträgen abziehbar. Basiskranken- und Pflegepflichtversicherungsbeiträge sind in voller Höhe abziehbar.

1 Betriebsausgaben oder Werbungskosten

Als Betriebsausgaben oder Werbungskosten abzugsfähig sind insbesondere Beiträge zur

- Berufshaftpflichtversicherung,

- Haftpflicht- oder Kaskoversicherung für ein betrieblich genutztes Fahrzeug,

- Berufsrechtsschutzversicherung,

- Berufsunfallversicherung,

- Grundstücksversicherung (z. B. Gebäudebrandversicherung), wenn das Grundstück vermietet oder betrieblich genutzt wird.

2 Sonderausgaben (Vorsorgeaufwendungen)

Kommt ein Abzug als Werbungskosten oder Betriebsausgaben nicht in Betracht, liegen bzgl. der Versicherungsbeiträge u. U. Sonderausgaben (Vorsorgeaufwendungen) vor. Abziehbar sind hierbei nur Beiträge zu **Personenversicherungen**. Nicht abziehbar sind Beiträge zu Sachversicherungen (z. B. Kasko- oder Hausratversicherung, Gebäudebrandversicherung für das zu eigenen Wohnzwecken genutzte Haus) und

Rechtsschutzversicherungen. Zu den Versicherungsbeiträgen gehören auch die Ausfertigungsgebühr, die Abschlussgebühr und die Versicherungsteuer.

Wegen unterschiedlicher steuerlicher Berücksichtigung wird zwischen Altersvorsorgeaufwendungen und sonstigen Vorsorgeaufwendungen unterschieden.

Kein Zusammenhang mit steuerfreien Einnahmen

Ein Sonderausgabenabzug für Vorsorgeaufwendungen setzt voraus, dass die Beträge nicht in unmittelbarem wirtschaftlichem Zusammenhang mit steuerfreien Einnahmen stehen (§ 10 Abs. 2 S. 1 Nr. 1 EStG).

Nach einer Entscheidung des EuGH hat das BMF reagiert und das Abzugsverbot gelockert. Demnach sind Vorsorgeaufwendungen – bis zu einer Änderung des Gesetzeswortlauts – auch dann als Sonderausgaben abziehbar, wenn

- solche Beiträge in unmittelbarem wirtschaftlichen Zusammenhang mit Einnahmen aus nichtselbstständiger Tätigkeit stehen, die in einem EU- oder EWR-Mitgliedstaat erzielt werden,

- diese Einnahmen nach einem DBA im Inland steuerfrei sind,

- der Beschäftigungsstaat keinerlei Abzug der mit den steuerfreien Einnahmen in unmittelbarem wirtschaftlichem Zusammenhang stehenden Beiträge im Besteuerungsverfahren zulässt und

- auch das DBA die Berücksichtigung der persönlichen Abzüge nicht dem Beschäftigungsstaat zuweist.

(BMF, Schreiben v. 11.12.2017, IV C 3 – S 2221/14/10005:003)

3 Altersvorsorgeaufwendungen

Zu den Altersvorsorgeaufwendungen gehören:

- Beiträge zur **gesetzlichen Rentenversicherung**

- Beiträge an die **landwirtschaftlichen Alterskassen**

- **Beiträge an berufsständischen Versorgungseinrichtungen** (z. B. Versorgungswerk der Ärzte, Architekten, Rechtsanwälte, Zahnärzte usw.)

- **Beiträge zu Rürup-Verträgen.** Dies sind Versicherungen, die nicht kapitalisierbar, nicht übertragbar (Ausnahmen: Scheidungsfolge; Übertragung auf andere Versicherung), nicht beleihbar, nicht veräußerbar und nicht vererblich sind. Die Absicherung der Berufsunfähigkeit, der Erwerbsminderung oder von Hinterbliebenen ist möglich. Die angesparte Summe darf nicht im Rahmen einer Einmalzahlung ausgezahlt werden, sondern ausschließlich als lebens-

lange monatliche Rente. Die Auszahlung darf frühestens mit Vollendung des 62. Lebensjahres (bei Verträgen vor 2011 des 60. Lebensjahres) beginnen. Der elektronischen Datenübermittlung an die zentrale Stelle (BFA) muss zugestimmt werden.

Nicht zu den begünstigten Altersvorsorgeaufwendungen gehören Beiträge zum staatlich geförderten Riester-Vertrag.

Höchstbetrag

Arbeitnehmer- und Arbeitgeberbeiträge für Altersvorsorgeaufwendungen sind bis zum Höchstbetrag der knappschaftlichen Rentenversicherung von 24.305 € im Jahr 2019 als Sonderausgaben abziehbar. Im Fall der Zusammenveranlagung von Ehegatten/Lebenspartnern verdoppelt sich der Höchstbetrag auf 48.610 €, unabhängig davon, welcher der Ehegatten/Lebenspartner die begünstigten Beiträge entrichtet hat.

Vorsorgeaufwendungen	

Altersvorsorge-aufwendungen	sonstige Vorsorgeaufwendungen	

• **Basisversorgung**
Beiträge zu den
– gesetzlichen Renten-
  versicherungen
– landwirtschaftlichen
  Alterskassen
– berufsständischen
  Versorgungseinrich-
  tungen
 	
• **Zusatzversorgung**
Beiträge zum Aufbau
einer eigenen kapital-
gedeckten Altersversor-
gung (Rürup-Rente)
 	
• Der nach § 3 Nr. 62
steuerfreie **Arbeit-
geberanteil zur
gesetzlichen Renten-
versicherung** und ein
diesem gleichgestellter
steuerfreier Zuschuss
	**Basiskranken- und
	Pflegepflichtversicherung**
		**andere sonstige
		Vorsorgeaufwendungen**

	Beiträge zu
	
	• **Basiskrankenversicherung**
	
	– **gesetzliche Krankenver-
	  sicherung abzgl. 4 %,**
	  wenn Anspruch **auf
	  Krankengeld** oder
	  vergleichbare Leistungen
	  (nicht bei Rentnern)
	
	– einschließlich **Zusatz-
	  beitrag,** den die Kranken-
	  kasse direkt erhebt (auch
	  hier 4 %-Abschlag,
	  soweit ein Anspruch auf
	  Krankengeld besteht)
	
	– **private** Krankenver-
	  sicherung (nur Basisleis-
	  tungen), ohne Beitrags-
	  anteil für Wahlleistungen
	
	• **Pflegepflichtversicherung**
		Beiträge zu
		
		• Krankenversicherung, soweit
		  diese über die Basisversiche-
		  rung hinausgeht
		
		– **4 %-Anteil der gesetzlichen
		  KV,** der auf den Kranken-
		  geldanspruch entfällt
		
		– Beitragsanteil der privaten
		  KV, der auf **Wahlleistungen**
		  entfällt (z. B. Chefarzt-
		  behandlung, Einbettzimmer,
		  Krankentagegeld, Kranken-
		  haustagegeld)
		
		– Krankenzusatzversicherung
		
		– Auslandsreisekrankenver-
		  sicherung
		
		• **freiwillige** Pflegeversicherung
		
		• Arbeitslosenversicherung
		
		• Erwerbs- und Berufsunfähig-
		  keitsversicherungen, die keine
		  Altersvorsorgeaufwendungen
		  sind
		
		• Unfallversicherungen
		
		• Haftpflichtversicherungen
		
		Beiträge zu bestimmten Lebens-
		versicherungen:
		
		• Risikolebensversicherungen,
		  die nur für den Todesfall eine
		  Leistung vorsehen
		
		• Beiträge zu anderen Lebens-
		  versicherungen, die vor 2005
		  abgeschlossen wurden

Kürzung des Höchstbetrags

In den nachfolgenden Fällen wird der Höchstbetrag um den Betrag gekürzt, der dem Gesamtbeitrag (Arbeitgeber- und Arbeitnehmeranteil im Jahr 2019: 18,6 % des Arbeitslohns, max. aus 73.800 €) zur allgemeinen Rentenversicherung entspricht:

- **Beamte, Richter, Berufssoldaten oder Geistliche**, die einen Anspruch auf Altersversorgung ganz oder teilweise ohne eigene Beitragsleistung haben. Liegen mehrere Dienstverhältnisse vor, wird die Kürzung nur aus dem Arbeitslohn der oben genannten Tätigkeit berechnet.

- **beherrschende Gesellschafter-Geschäftsführer einer GmbH** (Beteiligung > 50 %) oder **Vorstandsmitglieder von Aktiengesellschaften**, wenn ihnen durch die Gesellschaft eine **Altersversorgung** (z. B. eine Direktversicherung; BFH, Urteil v. 15.7.2014, X R 35/12) zugesagt wurde

- **Abgeordnete**, die ganz oder teilweise ohne eigene Beitragsleistung einen Anspruch auf eine Altersversorgung erwerben

Bei Ehegatten/Lebenspartnern ist für jede Person gesondert zu prüfen, ob und ggf. in welcher Höhe der gemeinsame Höchstbetrag von 48.610 € zu kürzen ist.

Staffelung des Abzugs von Altersvorsorgeaufwendungen

Der Abzug der Aufwendungen erfolgt in einer Übergangszeit nicht in voller Höhe. Bis 2024 werden die zu berücksichtigenden Altersvorsorgeaufwendungen

nur anteilig mit folgenden Prozentsätzen angesetzt:

Jahr	
2005	60 %
…	…
2018	86 %
2019	**88 %**
2020–2023	jährliche Erhöhung 2 %
2024	98 %
ab 2025	100 %

Zusätzliche Kürzung bei sozialversicherungspflichtigen Arbeitnehmern

Bei Arbeitnehmern, die steuerfreie Arbeitgeberleistungen zur Rentenversicherung oder diesen gleichgestellte steuerfreie Zuschüsse des Arbeitgebers erhalten haben, sind die abziehbaren Altersvorsorgeaufwendungen noch um diese Arbeitgeberleistungen zu kürzen. Arbeitgeberbeiträge im Rahmen von Minijobs sind in die Kürzung nur einzubeziehen, wenn der Arbeitnehmer die Hinzurechnung dieser Beträge zu den Vorsorgeaufwendungen beantragt hat.

 BEISPIEL

Sozialversicherungspflichtiger Arbeitnehmer

Ein lediger Arbeitnehmer zahlt im Jahr 2019 einen Arbeitnehmeranteil zur Rentenversicherung i. H. v. 5.000 €. Zusätzlich wird ein steuerfreier Arbeitgeberanteil in gleicher Höhe gezahlt. 2019 können folgende Altersvorsorgeaufwendungen als Sonderausgaben abgezogen werden:

	€	€
Arbeitnehmerbeitrag	5.000	
Arbeitgeberbeitrag	5.000	
Insgesamt	**10.000**	
Höchstbetrag knappschaftl. RV	**24.305**	
abziehbar ist der niedrigere der beiden Beträge		10.000
davon 2019 88 %		8.800
abzüglich steuerfreier Arbeitgeberanteil		– 5.000
abziehbare Altersvorsorgeaufwendungen		3.800

 BEISPIEL

Beamte

Ein alleinstehender Beamter, Arbeitslohn 50.000 €, hat 2019 Beiträge i. H. v. 5.000 € in eine Rüruprente eingezahlt. 2019 sind folgende Altersvorsorgeaufwendungen abziehbar:

	€	€
Rürup-Rente	**5.000**	
Höchstbetrag	24.305	
Kürzung Höchstbetrag (18,6 % v. 50.000 €)	– 9.300	
gekürzter Höchstbetrag	**15.005**	
abziehbar ist der niedrigere der beiden Beträge		5.000
davon 2019 88 %		4.400
abzüglich steuerfreier Arbeitgeberanteil		– 0
abziehbare Altersvorsorgeaufwendungen		4.400

4 Sonstige Vorsorgeaufwendungen

Die sonstigen Vorsorgeaufwendungen sind wegen unterschiedlicher steuerlicher Abzugsmöglichkeit nochmals zu unterteilen: einerseits in die Basiskranken- und Pflegepflichtversicherungsbeiträge, andererseits in die anderen sonstigen Vorsorgeaufwendungen. Siehe Schaubild unter → Punkt 3.

Höhe des Sonderausgabenabzugs für sonstige Vorsorgeaufwendungen

Beiträge zu einer Basiskranken- und Pflegepflichtversicherung

Beiträge zu einer Basiskranken- und Pflegepflichtversicherung (ohne Arbeitgeberanteil) werden in tatsächlicher Höhe, ohne Berücksichtigung eines Höchstbetrags, als Sonderausgaben abgezogen (Mindestbetrag) (§ 10 Abs. 1 Nr. 3 EStG).

Aufwendungen für andere sonstige Vorsorgeaufwendungen

Aufwendungen für andere sonstige Vorsorgeaufwendungen sind grundsätzlich vom Sonderausgabenabzug ausgenommen. Sie sind nur dann abziehbar, wenn die Beiträge zur Basiskranken- und Pflegepflichtversicherung nicht höher als 1.900 € bzw. 2.800 € sind. In diesem Fall können Beiträge zu anderen sonstigen Vorsorgeaufwendungen bis zum Unterschiedsbetrag zwischen den Beiträgen zur Basiskranken- und Pflegepflichtversicherung und den Höchstbeträgen von 1.900 € bzw. 2.800 € zusätzlich abgezogen werden.

Die beschränkte Abziehbarkeit der anderen sonstigen Vorsorgeaufwendungen ist verfassungsrechtlich nicht zu beanstanden (BFH, Urteil v. 9.9.2015, X R 5/13).

Höchstbeträge

Für Personen, die steuerfreie Zuschüsse zu ihren Krankenversicherungsbeiträgen erhalten oder denen teilweise Krankheitskosten durch den Arbeitgeber erstattet werden (ohne eigene Beitragsleistung), wie es bei Arbeitnehmern regelmäßig der Fall ist, ist der **Höchstbetrag** auf **1.900 €** beschränkt.

Von der Kürzung betroffen sind:

- sämtliche in der gesetzlichen Krankenversicherung pflichtversicherte Personen

- freiwillig privat versicherte Arbeitnehmer, die Zuschüsse zur Krankenversicherung erhalten

- Rentner, die Zuschüsse zur Krankenversicherung erhalten

- Beamte, Richter, Soldaten und Geistliche, die Beihilfe erhalten

- im Rahmen der Familienversicherung mitversicherte Ehegatten/Lebenspartner und Kinder

- Personen, für die die Künstlersozialkasse steuerfreie Beiträge an eine Sozialversicherung oder an den Versicherten bezahlt

Der **Höchstbetrag** von **2.800 €** gilt für Steuerpflichtige, die ihre Krankenversicherung zu 100 % selbst finanzieren und keine Erstattung von Krankheitskosten ohne eigene Beiträge erhalten.

Das sind i. d. R. Selbstständige und Gewerbetreibende.

Bei **Ehegatten/Lebenspartnern**, die zusammen zur Einkommensteuer veranlagt werden, ist für jeden Ehegatten/Lebenspartner der Höchstbetrag gesondert zu bestimmen und dann eine gemeinsame Summe zu bilden.

 BEISPIEL

Sonstige Vorsorgeaufwendungen

Benjamin Bauer, Angestellter, Ehefrau nicht berufstätig, zwei Kinder, hat im Jahr 2019 AN-Beiträge zur gesetzlichen Krankenversicherung i. H. v. 4.500 € sowie einen Zusatzbeitrag in Höhe von 600 € gezahlt. Der Beitrag zu einer privaten Krankenzusatzversicherung für die Unterbringung im Einbettzimmer und Chefarztbehandlung bei Krankenhausaufenthalt (Wahlleistungen) beträgt 720 € und wurde durch die Versicherung bescheinigt.

B. B. zahlt 2019 Beiträge zur Pflegepflichtversicherung i. H. v. 620 €. Weitere Aufwendungen: Haftpflichtversicherungsbeiträge i. H. v. 500 € und Beiträge zu einer Lebensversicherung, abgeschlossen vor 2005, i. H. v. 2.400 €.

Folgende sonstige Vorsorgeaufwendungen können abgezogen werden:

Vorsorge- aufwendungen	€	€
Basiskranken- und Pflegepflicht- versicherung		
Krankenversicherung	4.500	
Zusatzbeitrag Kranken- versicherung (100 %)	600	
	5.100	
(96 % wegen Anspruch auf Krankengeld)	4.896	
Wahlleistung private Krankenversicherung	0	
Pflegepflicht- versicherung	620	
Summe	5.516	
in tatsächlicher Höhe abziehbar		**5.516**
Höchstbetrag		
Ehemann	1.900	
Ehefrau (familien- versichert)	1.900	
	3.800	

Beiträge zur Basiskranken- und Pflegepflichtversicherung sind in Höhe von 5.516 € (Mindestabzug) als Sonderausgaben abziehbar. Der gemeinsame Höchstbetrag wird bereits durch die Basiskranken- und Pflegepflichtversicherung erreicht und überschritten. Ein Abzug der anderen sonstigen Vorsorgeaufwendungen entfällt.

 TIPP

Steuervorteil durch Vorauszahlung

Versicherungsbeiträge werden in dem Kalenderjahr als Sonderausgaben abgezogen, in dem sie geleistet wurden. Deshalb können Beiträge zur Basiskranken- und Pflegepflichtversiche-

rung, die für künftige Jahre vorausbezahlt werden, bis zum **Zweieinhalbfachen** der auf den aktuellen Vz. entfallenden Beiträge im Jahr der Zahlung abgezogen werden. Der Vorteil besteht darin, dass in dem Jahr, für das die Beiträge vorausgezahlt werden, der Höchstbetrag für die anderen sonstigen Versicherungsbeiträge genutzt werden kann.

Basiskranken- und Pflegepflichtversicherung

Als Sonderausgaben werden die Beiträge des **Steuerpflichtigen für sich**, seinen **Ehegatten/eingetragenen Lebenspartner** und seine **Kinder** zu einer Basiskranken- und Pflegepflichtversicherung abgezogen, wenn der Steuerpflichtige Versicherungsnehmer ist. Wurden Beiträge für einen geschiedenen oder dauerhaft getrennt lebenden Ehegatten/Lebenspartner bezahlt? Vertiefend siehe → Unterhaltszahlungen.

Beiträge zur **gesetzlichen Krankenversicherung** sind in tatsächlich gezahlter Höhe abziehbar. Soweit jedoch ein Anspruch auf Krankengeld oder vergleichbare Leistungen besteht, ist der gezahlte Beitrag um 4 % zu kürzen. Bei Personen ohne Anspruch auf Krankengeld (z. B. Rentner, Bezieher von Arbeitslosengeld II, hauptberuflich selbstständig Erwerbstätige) ist keine Kürzung vorzunehmen.

Erhebt die gesetzliche Krankenversicherung einen **Zusatzbeitrag** direkt vom Versicherten, gehört auch dieser zu den begünstigten Aufwendungen. Die

4%ige Kürzung ist auch hier vorzunehmen.

Beiträge zu einer **privaten Krankenversicherung** sind nur insoweit unbegrenzt abziehbar, als sie auf Vertragsleistungen entfallen, die in Art, Umfang und Höhe den Leistungen aus der gesetzlichen Basiskrankenversicherung entsprechen. Beitragsanteile, die auf Zusatzleistungen (z. B. Chefarztbehandlung, Einbettzimmer im Krankenhaus oder bestimmte Leistungen durch Heilpraktiker) entfallen, sind nur im Rahmen der anderen sonstigen Vorsorgeaufwendungen abziehbar.

Sichert die private Krankenversicherung sowohl begünstigte Basisleistungen als auch nicht begünstigte Wahl- oder Komfortleistungen ab, werden die vom Arbeitgeber gezahlten steuerfreien Zuschüsse zur Kranken- und Pflegeversicherung ausschließlich mit den begünstigten Beiträgen zur Basisversicherung verrechnet. Eine Aufteilung des Zuschusses auf begünstigte und nicht begünstigte Beiträge ist nicht vorzunehmen (BFH, Urteil v. 2.9.2014, IX R 43/13).

Die Aufteilung der begünstigten und nicht begünstigten Beiträge wird durch die private Krankenversicherung berechnet und bescheinigt. Die Versicherung übermittelt die Höhe der begünstigten Beiträge elektronisch an die Finanzverwaltung. Für den Sonderausgabenabzug muss der Steuerpflichtige in die elektronische Datenübermittlung eingewilligt haben.

Ist ein Steuerpflichtiger sowohl Pflichtmitglied in einer gesetzlichen Krankenkasse als auch freiwillig privat krankenversichert, kann er lediglich die Beiträge abziehen, die er an die gesetzliche Krankenversicherung entrichtet (BFH, Urteil v. 29.11.2017, X R 5/17). Der Abzug der nicht als Sonderausgaben abziehbaren Krankenversicherungsbeiträge als außergewöhnliche Belastung scheidet ebenfalls aus.

Der von einem Steuerpflichtigen vereinbarte und getragene **Selbstbehalt** bei Krankheitskosten ist kein Beitrag zu einer Krankenversicherung und kann daher nicht als Sonderausgabe gemäß § 10 Abs. 1 Nr. 3 Satz 1 Buchst. a EStG abgezogen werden (BFH, Urteil v. 1.6.2016, X R 43/14). Der Selbstbehalt kann als außergewöhnliche Belastung nach § 33 EStG berücksichtigt werden, soweit er die zumutbare Belastung übersteigt. Vertiefend siehe → Außergewöhnliche Belastung.

Beiträge zu einer **Pflegepflichtversicherung** sind immer in tatsächlich gezahlter Höhe abziehbar.

Eltern können die von ihnen getragenen Basiskranken- und Pflegepflichtversicherungsbeiträge eines unterhaltsberechtigten Kindes, für die das Kind Versicherungsnehmer ist, im Rahmen ihres Sonderausgabenabzugs berücksichtigen. Dies gilt auch, wenn das Kind erwerbstätig ist und der Arbeitgeber die Beiträge unmittelbar vom Lohn des Kindes einbehalten hat. Voraussetzung ist aber, dass die Eltern die Beiträge des Kindes tatsächlich gezahlt oder erstattet haben (BFH, Urteil vom 13.3.2018, X R 25/15). Entgegen der Auffassung des BFH fordert die Finanzverwaltung nicht nur Barunterhalt, sondern lässt auch Sachunterhalt zu (BMF, Schreiben vom 3.4.2019, IV C 3 – S 2221/10/10005:005).

Andere sonstige Vorsorgeaufwendungen

Sonstige Kranken- und Pflegeversicherungsbeiträge

Dazu zählen Beiträge, die auf Leistungen außerhalb der Basisversorgung entfallen, z. B. Beiträge zu Wahl-, Komfort- und Zusatztarifen, zu Krankenhaustagegeld-, Krankentagegeld- und Auslandsreisekrankenversicherungen sowie zur freiwilligen Pflegeversicherung.

Lebensversicherungen

Die Beiträge sind zu 88 % als andere sonstige Vorsorgeaufwendungen zu behandeln, wenn der Versicherungsvertrag vor 2005 abgeschlossen wurde. Wurde der Vertrag nach 2004 abgeschlossen, sind nur Beiträge zu Rürup-Versicherungen und zu Riester-Verträgen als Sonderausgaben begünstigt.

Haftpflichtversicherung und andere

Zu den als Sonderausgabe begünstigten Haftpflichtversicherungen gehören u. a. die Familienhaftpflicht, die Haftpflichtversicherung für das zu eigenen Wohnzwecken genutzte Grundstück, die Haftpflicht für das private Fahrzeug oder die Tierhalterhaftpflicht.

Dient eine Haftpflichtversicherung sowohl beruflichen als auch privaten Zwecken (z. B. wenn ein Kfz beruflich und privat genutzt wird), können die Beiträge aufgeteilt werden. Der berufliche Anteil ist Betriebsausgabe oder Werbungskosten, der private Anteil ist Sonderausgabe.

Weitere sonstige Vorsorgeaufwendungen, die sich nur selten steuerlich aus-
wirken, sind Beiträge zu Arbeitslosen-, Berufs- oder Erwerbsunfähigkeits-, Unfall- und Risikolebensversicherungen.

5 Beitragsrückerstattungen

Bonuszahlungen der Krankenkasse

Folgende Fälle sind zu unterscheiden:

• Werden von der gesetzlichen Krankenversicherung im Rahmen eines Bonusprogramms zur Förderung gesundheitsbewussten Verhaltens (nach § 65a SGB V) Kosten für Gesundheitsmaßnahmen erstattet, die nicht im regulären Versicherungsumfang enthalten und damit von den Versicherten vorab privat finanziert worden sind, handelt es sich dabei um eine Leistung der Krankenkasse und nicht um eine Beitragsrückerstattung. Die als Sonderausgaben abziehbaren Krankenversicherungsbeiträge sind daher nicht um den Betrag der Kostenerstattung zu mindern (BFH, Urteil v. 1.6.2016, X R 17/15; BMF, Schreiben v. 6.12.2016, IV C 3 – S 2221/12/10008 :008, BStBl 2016 I S. 1426).

• Leistungen aufgrund anderer Bonusprogramme (z. B. muss der Versicherte für den Bonuserhalt bestimmte Gesundheitsmaßnahmen durchführen oder sich auf bestimmte Weise verhalten) sind keine Kostenerstattung, sondern eine zu verrechnende Beitragsrückerstattung. Die Bonuszahlung mindert den Sonderausgabenabzug.

• Eine von der gesetzlichen Krankenversicherung nach § 53 Abs. 1 SGB V ausgezahlte Prämie für die Nichtinanspruchnahme bestimmter ärztlicher Leistungen, die an etwaige Eigenbeteiligungen (Selbstbehalte) gekoppelt ist, ist bei der Ermittlung der Vorsorgeaufwendungen wie eine Beitragsrückerstattung in Abzug zu bringen (BFH, Urteil vom 6.6.2018, X R 41/17).

 BEISPIEL

Bonuszahlungen der Krankenkasse

Der Steuerpflichtige finanziert selbst die Kosten für bestimmte Vorsorge- oder Gesundheitsmaßnahmen (z. B. Brillen und Kontaktlinsen, Massagen, Behandlungen beim Heilpraktiker, homöopathische Arzneimittel, Nahrungsergänzungsmittel). Die Krankenkasse beteiligt sich an den Kosten mit einem Zuschuss, der der Höhe nach begrenzt ist.

Es liegt keine Beitragsrückerstattung vor. Der Sonderausgabenabzug wird nicht vermindert.

Erhält der Steuerpflichtige von der Krankenkasse einen Bonus als Nichtraucher oder für die Teilnahme an einem Gewichtsreduzierungsprogramm, liegt eine Beitragsrückerstattung vor.

Keine Beitragsrückerstattung ist das sog. „Ersatz"-Krankenhaustagegeld. Diese Leistung erhält der Versicherte aufgrund vertraglicher Vereinbarungen, wenn während eines Krankenhausaufenthalts auf die Inanspruchnahme bestimmter Wahlleistungen verzichtet wird.

Selbstzahlung von Krankheitskosten zugunsten einer Beitragsrückerstattung

Trägt ein privat krankenversicherter Steuerpflichtiger seine Krankheitskosten selbst, um dadurch die Voraussetzungen für eine Beitragserstattung zu schaffen, können diese Kosten nicht von den erstatteten Beiträgen abgezogen werden (BFH, Urteil v. 29.11.2017, X R 3/16). Sie stellen außergewöhnliche Belastungen dar, soweit sie die zumutbare Belastung übersteigen.

 TIPP

Beitragsrückerstattung oder Erstattung von Krankheitskosten

Private Krankenversicherungsträger stellen ihren Versicherten Beitragsrückerstattungen in Aussicht, wenn diese die Versicherung in einzelnen Jahren nicht in Anspruch nehmen. Dabei sollten Sie beachten, dass sich der wirtschaftliche Vorteil der Beitragsrückerstattung wegen der Anrechnung der Erstattung bei den Sonderausgaben (Erhöhung des zu versteuernden Einkommens) stark reduziert.

Wenn Sie z. B. von Ihrer Versicherung eine Beitragsrückerstattung von 500 € erhalten und einen persönlichen Grenzsteuersatz von 35 % haben, beträgt der wirtschaftliche Vorteil nur (500 € – 175 € =) 325 €. Übersteigen Ihre Krankheitskosten diesen Betrag, ist eine Erstattung der Krankheitskosten günstiger.

Beitragsrückerstattungen sind im Jahr der Erstattung von den im selben Jahr gezahlten Beiträgen zur Basiskranken- oder Pflegepflichtversicherung abzuziehen. Die Minderung erfolgt unabhängig davon, ob oder in welcher Höhe sich die Beiträge im Abflussjahr steuerlich ausgewirkt haben (BFH, Urteil v. 6.7.2016, X R 6/14). Ein sich bei der Erstattung von derartigen Beiträgen ergebender **Erstattungsüberhang** wird dem Gesamtbetrag der Einkünfte des Jahres der Erstattung hinzugerechnet. Waren die Beiträge zur Krankenversicherung wegen Wahl- oder Komfortleistungen nur teilweise abziehbar, sind auch die Erstattungen nur insoweit anzurechnen.

6 Vorsorgepauschale

Die Vorsorgepauschale wird nur im Lohnsteuerabzugsverfahren (quasi als vorweggenommener Sonderausgabenabzug für Vorsorgeaufwendungen) berücksichtigt. Ein Abzug der Vorsorgepauschale entfällt im Rahmen der Veranlagung zur Einkommensteuer.

7 Günstigerprüfung

Die heutigen Regelungen zum Abzug von Vorsorgeaufwendungen sind in einzelnen Fällen ungünstiger als nach der für das Kalenderjahr 2004 geltenden früheren Gesetzesfassung. Zur Vermeidung einer Schlechterstellung wird letztmals im Veranlagungszeitraum 2019 in diesen Fällen eine Günstigerprüfung durch das Finanzamt durchgeführt und ggf. der höhere Betrag nach altem Recht berücksichtigt. Dabei werden die Höchstbeträge nach altem Recht seit 2011 abgeschmolzen. Einbezogen in die Überprüfung werden nur Vorsorgeaufwendungen, die nach aktuellem Recht abziehbar sind. Hierzu gehört aber nicht der steuerfreie Arbeitgeberanteil zur gesetzlichen Rentenversicherung und ein diesem gleichgestellter steuerfreier Zuschuss des Arbeitgebers.

8 Versorgungsausgleich

Zum Versorgungsausgleich nach einer Scheidung:

Werbungskosten, -pauschbeträge und -pauschalen

Wenn Sie Aufwendungen im Zusammenhang mit Ihren Einkünften steuerlich absetzen wollen, ist dies nur möglich, wenn es sich dabei um Werbungskosten handelt.

§§ 9, 9a EStG. R 9a EStR

1 Was sind Werbungskosten?

Aufwendungen im Zusammenhang mit Überschusseinkünften werden als Werbungskosten bezeichnet.

 WICHTIG

Überschusseinkünfte

- Einkünfte aus nichtselbstständiger Arbeit

- Einkünfte aus V+V

- Einkünfte aus Kapitalvermögen

- sonstige Einkünfte (z. B. Altersrente)

Werbungskosten sind im Jahr der Bezahlung (= Abflussprinzip) zu berücksichtigen. Werden Gegenstände mit einer mehrjährigen Nutzung angeschafft (Computer, Möbel etc.), kommt es ggf. ausnahmsweise zu einer Verteilung der Aufwendungen auf die Nutzungsdauer des Gegenstands. Vertiefend siehe → Abschreibungen/Gebäude.

Übersteigen die Werbungskosten die Summe der Einnahmen (z. B. Großreparatur bei einem Mietwohngrundstück), kommt es zu einem Verlust.

 TIPP

Vorab entstandene Werbungskosten

Auch vorab entstandene Werbungskosten können unter bestimmten Umständen geltend gemacht werden.

 WICHTIG

Aufbewahrungspflicht

Nach § 147a AO müssen Steuerpflichtige, bei denen die Summe der positiven Überschusseinkünfte mehr als 500.000 € im Kalenderjahr beträgt, Aufzeichnungen und Unterlagen über die Einnahmen und Werbungskosten sechs Jahre lang aufbewahren.

2 Grundvoraussetzung für den Abzug

Sehr viele Aufwendungen haben einen Bezug zu einer Einkunftsart und zusätzlich noch einen privaten Anlass. Steuerlich spricht man von einer „gemischten Veranlassung". Der BFH ist von seiner engen Auffassung, dass eine Aufteilung von gemischten Aufwendungen nur in Ausnahmefällen möglich ist, abgerückt. So hat er bei einer gemischt veranlassten Reise die Kosten für die Hin- und Rückreise anteilig zum Abzug zugelassen (BFH, Urteil v. 21.9.2009, GrS 1/06).

Die Ausführungen des BFH sind auch auf andere gemischte Aufwendungen anwendbar. Voraussetzung ist, dass die beruflich veranlassten Anteile feststellbar und nicht von untergeordneter Bedeutung sind.

 ACHTUNG

Kapitaleinnahmen

Werbungskosten für Kapitaleinnahmen sind nur in wenigen Ausnahmefällen abzugsfähig. Näheres dazu lesen Sie im Stichwort → Kapitalanlagen.

Einkünfte aus V+V:

Beachten Sie die Ausführungen im Stichwort → Vermietung/Immobilien.

 WICHTIG

Belege

Grundsätzlich gilt: ohne Beleg kein Abzug. Allerdings ist es im Zusammenhang mit Vermietungseinkünften nicht üblich, der Steuererklärung Belege beizulegen (Ausnahme: Reparaturaufwendungen in großem Umfang).

Telefonkosten

Bei privater und beruflicher Verwendung eines Telefons in der Wohnung oder eines eigenen Mobiltelefons sind die Telefongrund- und -gesprächsgebühren in einen privaten und einen beruflichen Anteil aufzuteilen. Dies gilt auch für die Kosten einer Internetverbindung. Die auf den beruflichen Anteil entfallenden Kosten sind als Werbungskosten abziehbar.

Wenn geeignete Unterlagen und Aufzeichnungen fehlen, hat die Aufteilung durch Schätzung zu erfolgen. Aufzeichnungen über einen Zeitraum von drei Monaten werden als ausreichend angesehen.

3 Vergebliche Aufwendungen

Aufwendungen, die Werbungskosten darstellen, sich aber nachträglich als vergeblich herausstellen, z. B. für die Suche nach einem Mieter, sind auch abzugsfähig.

4 Werbungskostenpauschbeträge/-pauschalen

Ein pauschaler Abzug lohnt sich immer dann, wenn die Pauschbeträge/Pauschalen höher sind als die tatsächlich angefallenen Aufwendungen.

Werbungskostenpauschbeträge

Soweit nicht höhere Aufwendungen geltend gemacht werden, erhalten Steuerpflichtige automatisch folgende Werbungskostenpauschbeträge:

- 102 €, wenn sie eine Rente, Pension oder Unterhaltszahlungen erhalten haben
- 1.000 € (Arbeitnehmer-Pauschbetrag) als Arbeitnehmer mit Lohnsteuerkarte, unabhängig von der Beschäftigungsdauer und der Anzahl der Beschäftigungsverhältnisse

Pauschbeträge dürfen allerdings nicht zu negativen Einkünften führen.

Pauschalen

Grundsätzlich sind nur tatsächliche Aufwendungen, die nachweisbar bzw. glaubhaft sind, als Werbungskosten abzugsfähig. Im Einzelfall lässt das Finanzamt auch pauschale Abzüge zu, sofern nicht ohnehin die Werbungskostenpauschbeträge abgezogen oder höhere Kosten nachgewiesen werden.

 WICHTIG

Kontogebühren

Für Kontoführungsgebühren können Sie als Rentner, Pensionär oder als Vermieter (pro Objekt) jährlich pauschal 16 € als Werbungskosten geltend machen.

5 Pauschale Betriebsausgaben

Bestimmte Berufsgruppen können einen pauschalen Betriebsausgabenabzug in Anspruch nehmen, wobei der Nachweis höherer Betriebsausgaben unbenommen bleibt.

- **Selbstständig tätige Hebammen:** 25 % der Betriebseinnahmen, max. 1.535 € pro Jahr

- **Kindertagespflege:** Anstelle der tatsächlichen Betriebsausgaben können bei einer Betreuungszeit von acht Stunden und mehr pro Kind und Tag aus Vereinfachungsgründen 300 € je Kind und Monat pauschal als Betriebsausgabe abgezogen werden. Sie ist bei geringerer Betreuungszeit anteilig zu kürzen. Vertiefend siehe → Zusatzeinkünfte.

- **Schriftsteller/Journalisten:** 30 % der Betriebseinnahmen bei hauptberuflicher selbstständiger Tätigkeit, höchstens jedoch 2.455 € jährlich

- **Nebenberufliche wissenschaftliche, künstlerische oder schriftstellerische Tätigkeit sowie Vortragstätigkeit** (auch Lehr- und Prüfungstätigkeit): 25 % der Betriebseinnahmen, höchstens 614 € pro Jahr

6 Einkünfte aus Ehrenämtern

Vertiefend siehe → Ehrenamt.

Zusatzeinkünfte

Das Finanzamt ist an Ihren Zusatzeinkünften interessiert. Ob Steuern davon zu bezahlen sind, hängt von zahlreichen Faktoren ab.

§§ 15, 18, 19 EStG

1 Lohnt sich Schwarzarbeit?

Eine Vielzahl von Nebentätigkeiten wird „schwarz" vorgenommen. Man sollte sich jedoch von vornherein darüber im Klaren sein, dass Schwarzarbeit erhebliche Risiken mit sich bringt.

Neben der Steuernachzahlung kann es zur Festsetzung einer nicht unerheblichen Geldbuße oder Geldstrafe kommen. Und ein böser Nachbar oder geschiedener Ehegatte war schon häufig Anlass für ein Steuerstrafverfahren.

2 Wie ist meine Nebentätigkeit steuerlich zu behandeln?

Tätigkeit als Arbeitnehmer

- **Lohnsteuerpflichtige Tätigkeit:** Wenn Sie mit Ihrem Arbeitgeber eine lohnsteuerpflichtige Beschäftigung vereinbart haben, ist er verpflichtet, Steuern und Abgaben abzuführen. Für das zweite und jedes weitere Dienstverhältnis gilt dann die Steuerklasse VI. Da sämtliche Freibeträge schon bei der ersten Steuerkarte berücksichtigt werden, ist der Abzug sehr hoch. Der Arbeitslohn sowie ggf. anfallende Werbungskosten sind auf der Anlage N aufzuführen.

- **Behandlung als Aushilfslohn:** In bestimmten Fällen kann eine Aushilfslohnbesteuerung durchgeführt werden. Vertiefend siehe → Minijobs.

Sie sind selbstständig tätig. Welche Einkunftsart liegt vor?

Wenn Sie „auf eigene Faust und Rechnung" tätig sind, handelt es sich entweder um

- Einkünfte aus Gewerbebetrieb (z.B. Tätigkeit als Handwerker, Verkauf von Produkten, Vermittlungsgeschäfte) oder um

- Einkünfte aus selbstständiger Tätigkeit (z.B. schriftstellerische, unterrichtende oder wissenschaftliche Tätigkeit).

 TIPP

Ebay & Co.

Auch mit Privatverkäufen (z.B. bei einer Internetplattform) kann man zum Unternehmer werden. Denn auch Privatverkäufe können unter Umständen Umsatzsteuer auslösen, wenn eine intensive und auf Langfristigkeit angelegte Verkaufstätigkeit vorliegt. Im entschiedenen Fall wurde in drei Jahren bei mehr als 1.200 Verkäufen ein Umsatz von 20.000 € bis 30.000 € jährlich erzielt (BFH, Urteil v. 26.4.2012, V R 2/11).

Auch sollte beachtet werden, dass Umsätze aus Verkäufen über Ebay der Person zuzurechnen sind, unter deren Nutzernamen die Verkäufe ausgeführt wurden (FG Baden-Württemberg, Urteil v. 26.10.2017, 1 K 2431/17).

Ähnliche Steuerfallen lauern z.B. auf einen Pokerspieler, der regelmäßig über Jahre hinweg erfolgreich an namhaften, mit hohen Preisen dotierten Turnieren teilnimmt. Die Gewinne unterliegen der Einkommensteuer (BFH, Urteil v. 16.9.2015, X R 43/12; so auch FG Münster v. 12.10.2018, 14 K 799/11 E,G). Auch ein Pflegevertrag, der als Gegenleistung die Übertragung eines Wohnhauses vorsieht, kann zu einer steuerpflichtigen gewerblichen Tätigkeit führen, wenn die Gründe nicht in familiären Beziehungen zu suchen sind (BFH, Urteil v. 20.3.2013, X R 15/11). Selbst eine Hausfrau, die Schmuckstücke und andere Gegenstände über das Internet bzw. über Zeitungsanzeigen verkauft, wird sowohl unternehmerisch als auch gewerblich tätig (FG Köln, Urteil v. 27.8.2014, 7 K 3561/10).

Einnahmen aus Kinderbetreuung

Betreut die Tagespflegeperson ein Kind in dessen Familie, ist sie i. d. R. Arbeitnehmer.

In allen anderen Fällen sind Einnahmen aus der **Kindertagespflege,** unabhängig von der Anzahl der betreuten Kinder und von der Herkunft der vereinnahmten Mittel (z. B. von den Eltern oder vom Jugendamt), steuerpflichtige Einnahmen aus freiberuflicher Tätigkeit.

Soweit Aufwendungen für eine Unfallversicherung oder zur Alterssicherung erstattet werden, gehören diese zu den steuerpflichtigen Einnahmen.

Die Steuerbefreiungsvorschriften des § 3 Nr. 11 und Nr. 26 EStG sind nicht anwendbar.

Steuerfrei nach § 3 Nr. 11 EStG sind dagegen

- Pflegegeld und Beihilfe bei einer Vollzeitpflege nach § 33 SGB VIII (Ausnahme: Es werden mehr als sechs Kinder gleichzeitig im Haushalt aufgenommen.) sowie

- Geldleistungen der Jugendämter für die spezialisierte Tagespflege nach § 32 SGB VIII.

Ebenfalls bis zur Höhe der Leistungen nach SGB XII steuerfrei ist das Betreuungsentgelt, das an Gastfamilien im Rahmen des betreuten Wohnens behinderter Menschen gezahlt wird (§ 3 Nr. 10 EStG). Dies gilt unabhängig davon, ob die Geldleistungen vom Sozialleistungsträger oder vom behinderten Menschen selbst getragen werden.

Betriebsausgaben

Anstelle der tatsächlichen Betriebsausgaben können bei einer Betreuungszeit von acht Stunden und mehr pro Kind und Tag aus Vereinfachungsgründen 300 € je Kind und Monat pauschal als Betriebsausgaben abgezogen werden. Sie sind bei geringerer Betreuungszeit anteilig zu kürzen. Findet die Betreuung im Haushalt der Sorgeberechtigten oder in unentgeltlich zur Verfügung gestellten Räumlichkeiten als selbstständige Tätigkeit statt, kann die Betriebsausgabenpauschale nicht abgezogen werden. Die Betriebsausgabenpauschale darf nur bis zur Höhe der Betriebseinnahmen abgezogen werden. Soweit tatsächlich höhere Aufwendungen nachgewiesen werden, können diese angesetzt werden (BMF, Schreiben v. 11.11.2016, IV C 6-S 2246/07/10002:005). **Andere Betreuer,** z. B. vom Betreuungsgericht bestellte ehrenamtliche Betreuer nach § 1835a, erzielen Einkünfte, die nach § 3 Nr. 26b EStG steuerfrei sind. Vertiefend siehe → Ehrenamt.

Muss ich Umsatzsteuer an das Finanzamt bezahlen?

 TIPP

Nullbesteuerung

Die Nullbesteuerung können Sie anwenden, wenn Ihr Vorjahresumsatz nicht über 17.500 € liegt und der voraussichtliche Umsatz des laufenden Jahres weniger als 50.000 € beträgt.

In diesem Fall müssen Sie keine Umsatzsteuer an das Finanzamt abführen. Sie erhalten aber auch die in Kostenrechnungen enthaltenen Umsatzsteuerbeträge nicht als Vorsteuer vom Finanzamt erstattet.

 ACHTUNG

Umsatzsteuerausweis

Sie dürfen in diesem Fall unter keinen Umständen auf Ihren Rechnungen Umsatzsteuer ausweisen (z. B. „1.000 € zzgl. 190 € Umsatzsteuer" oder „im Betrag sind 19 % Umsatzsteuer enthalten"). Sonst schulden Sie die Umsatzsteuerbeträge.

Kommt die Nullbesteuerung nicht in Betracht, muss Umsatzsteuer an das Finanzamt abgeführt werden. Andererseits werden die von anderen Unternehmern in Rechnung gestellten Umsatzsteuerbeträge vom Finanzamt als Vorsteuer erstattet.

Wenn die Regelbesteuerung zum Zuge kommt, müssen Sie eine Umsatzsteuererklärung abgeben.

3 Einnahmenüberschussrechnung

Wichtiges zum Thema Einnahmenüberschussrechnung finden Sie auch auf http://mybook.haufe.de unter „Weiterführende steuerliche Informationen".

Eine weitergehende ausführliche Darstellung der verschiedenen Gewinnermittlungsarten, der umsatzsteuerlichen Vorschriften sowie Tipps zur Verwendung des amtlichen Vordrucks erhalten Sie in unserem Steuerratgeber „Steuer 2020 für Unternehmer, Selbstständige und Existenzgründer".

4 Einkünfte aus Ehrenämtern

Alles, was ehrenamtlich Tätige interessiert, haben wir im Stichwort → Ehrenamt zusammengestellt.

5 Einnahmen aus Fernsehshows

Anders als Gewinne aus Wetten, Lotterien und anderen Glücksspielen, soweit sie außerhalb einer betrieblichen und beruflichen Tätigkeit ausgeübt werden, sind Preisgelder für die Teilnahme an Unterhaltungssendungen, die nahezu ausschließlich von der Mitwirkung der Kandidaten leben, nach § 22 Nr. 3 EStG steuerpflichtig (BFH, Urteil v. 28.11.2007, IX R 39/06). Teilnehmer an einer Dokutainment-Sendung, deren Haus kostenlos renoviert wird, müssen die Renovierungen als geldwerten Vorteil versteuern (FG Köln, Beschluss v. 28.2.2019, 1 V 2304/18).

Teil III: Zusatzinformationen für Rentner

1 Erbschaft-/Schenkungsteuer

1.1 Das Wichtigste zur Erbschaft- und Schenkungsteuer

Erbschaft- und Schenkungsteuer sind grundsätzlich gleichlaufend geregelt. Die Rechtsgrundlagen für die Erbschaft- bzw. die Schenkungsteuer finden sich im Erbschaftsteuer- und Schenkungsteuergesetz (ErbStG) sowie in der Erbschaftsteuer-Durchführungsverordnung (ErbStDV).

Zur Berechnung der relevanten Steuer muss immer der Vermögensanfall beim Erben bzw. dem Beschenkten bewertet werden. § 12 ErbStG verweist insoweit auf die Regelungen im Bewertungsgesetz (BewG).

Die Erbschaftsteuer wird als Erbanfallsteuer erhoben. Sie belastet damit nicht den Nachlass des Erblassers, sondern den konkreten Erwerb des jeweiligen Erben, des Pflichtteilsberechtigten, des Vermächtnisnehmers etc. Von der Steuer werden grundsätzlich alle unentgeltlichen Vermögensübergänge von Todes wegen von einer Person auf eine andere erfasst.

Unentgeltliche Vermögensübertragungen unter Lebenden unterliegen ebenfalls der Steuer. Sie wird dann als „Schenkungsteuer" bezeichnet. Schenkungsteuerpflichtig ist z. B. auch die Gewährung eines zinslosen Darlehens an den nichtehelichen Lebensgefährten (BFH, Urteil v. 27.11.2013, II R 25/12). Die Vorschriften für den Erwerb von Todes wegen gelten auch weitgehend für Schenkungen unter Lebenden.

 WICHTIG

Steuer bei Erbe und Schenkung gleich hoch

Die Höhe der anfallenden Steuer ist bei einem Vermögenszuwachs aufgrund des Erbfalls genauso hoch wie bei einer Schenkung zu Lebzeiten, soweit der steuerpflichtige Erwerb gleichwertig ist. Erben haben nur den kleinen Vorteil, dass sich der steuerpflichtige Erwerbsbetrag um einen pauschalen Betrag in Höhe von 10.300 € für Beerdigungskosten mindert (§ 10 Abs. 5 Nr. 3 ErbStG).

Immobilienvermögen wird wie Geldvermögen behandelt. Deshalb wird bei der Ermittlung des zu versteuernden Vermögens regelmäßig der Verkehrswert der Immobilie zu 100 % berücksichtigt.

1.1.1 Steuerpflicht – Grundlagen

Die steuerpflichtigen Vorgänge sind in § 1 ErbStG abschließend geregelt **(sachliche Steuerpflicht)**. Die beiden relevanten Varianten für Sie bzw. die Erben sind

- der **Erwerb von Todes wegen** (§ 3 ErbStG) und

- die **Schenkungen unter Lebenden** (§ 7 ErbStG).

Für die Erbschaft- bzw. Schenkungsteuer ist der Vermögensanfall aber grundsätzlich nur relevant, wenn und soweit er sich für den Empfänger wirtschaftlich günstig auswirkt, ihm also unentgeltlich einen Vermögensvorteil (zahlen-/wertmäßige Bereicherung) verschafft (siehe aber BFH, Urteil v. 7.12.2016, II R 21/14: Ein vom Erblasser nicht geltend gemachter Pflichtteilsanspruch gehört zum Nachlass und unterliegt beim Erben der Besteuerung aufgrund des Erbanfalls. Auf die Geltendmachung des Pflichtteilsanspruchs durch den Erben kommt es nicht an).

 WICHTIG

Gemischte Schenkung

Eine gemischte Schenkung liegt bei der Übertragung von Grundstücken mit Lasten und anderen Verbindlichkeiten vor. Ein typisches Beispiel ist die Schenkung von Grundbesitz mit darauf noch lastenden Restschulden (Hypothek), eine Zuzahlung des Beschenkten an den Schenker oder Dritte oder die Erfüllung einer Auflage (BGH, Urteil v. 28.9.2016, IV ZR 513/15).

 BEISPIEL

Grundstücksübertragung an die Tochter

Sie übertragen Ihrer Tochter ein Grundstück mit einem Verkehrswert von 800.000 €. Der Steuerwert nach BewG soll 800.000 € betragen. Ihre Tochter zahlt Ihnen 300.000 €, weil Sie sich in ein Heim mit betreutem Wohnen einkaufen wollen. Es handelt sich um eine gemischte Schenkung. Als freigebige Zuwendung gilt der Wert, um den der Steuerwert des Grundstücks den Wert der Gegenleistung überschreitet. Damit beträgt der Wert der Bereicherung 500.000 € (800.000 € abzüglich 300.000 € Gegenleistung).

Nach Abzug des persönlichen Freibetrags i.S.d. § 16 Abs. 1 Nr. 2 ErbStG von 400.000 € sind mithin 100.000 € von Ihrer Tochter als steuerpflichtiger Erwerb zu versteuern.

Der Wert der Bereicherung ist bei einer gemischten Schenkung durch Abzug der – ggf. kapitalisierten – Gegenleistung vom Steuerwert zu ermitteln. Das gilt auch dann, wenn im Einzelfall der nach dem Bewertungsgesetz ermittelte Steuerwert hinter dem gemeinen Wert zurückbleibt (BFH, Beschluss v. 5.7.2018, II B 122/17).

Die **persönliche Steuerpflicht** ist in § 2 ErbStG geregelt. Erbschaftsteuer fällt

- für den gesamten Erwerb aus In- und Ausland aus dem Nachlass des inländischen Erblassers und für Schenkungen eines inländischen Schenkers (auch wenn der Erwerber kein Inländer ist) und für alle Erwerbe von Inländern an, die von einem ausländischen Erblasser/Schenker stammen;

- auf das im Inland befindliche Vermögen i.S.v. § 121 BewG auch an, wenn weder Erblasser noch Erwerber Inländer sind.

Durch ein Doppelbesteuerungsabkommen auf dem Gebiet der Erbschaftsteuer soll vermieden werden, dass Nachlassvermögen von Erblassern in mehreren Staaten der Erbschaftsteuer unterliegen.

Auf der Internetseite des BMF (www.bundesfinanzministerium.de) können die aktuellen Doppelbesteuerungsabkommen bzgl. der Erbschaftsteuer eingesehen werden. Der Wert von ausländischem Vermögen wird als unselbstständige Besteuerungsgrundlage im Rahmen der Erbschaftsteuerveranlagung festgestellt (Hessisches FG, Urteil v. 24.5.2013, 1 K 139/09). Erbschaftsteuer, die ein ausländischer Staat auf den Erwerb von Kapitalvermögen erhebt, das ein inländischer Erblasser in dem Staat angelegt hatte, ist bei Fehlen eines DBA weder auf die deutsche Erbschaftsteuer anzurechnen noch als Nachlassverbindlichkeit zu berücksichtigen (BFH, Urteil v. 19.6.2013, II R 10/12).

 WICHTIG

Internationales Erbrecht

Haben Sie ausländisches Vermögen, schalten Sie unbedingt einen Experten ein, damit festgestellt werden kann, welches Erbrecht angewendet wird. In Deutschland, Italien oder Spanien z.B. entscheidet die Staatsangehörigkeit des Verstorbenen darüber, welches Erbrecht angewendet wird. In anderen Ländern wie z.B. Belgien oder Frankreich ist der letzte Wohnsitz des Erblassers relevant. Andere Rechtsordnungen schreiben wiederum vor, dass Grundstücke nach dem Erbrecht des Staates vererbt werden, in dem das Grundstück liegt. Erben International e.V. informiert die Öffentlichkeit über das internationale Erbrecht. Auf der Website www.internationales-erbrecht.de können Sie sich vorab über das Erbrecht eines jeden Landes informieren (s.a. www.successions-europe.eu).

Am 13.3.2012 hat das EU-Parlament die EU-Verordnung im Erbrecht verabschiedet. Diese regelt das anwendbare Recht und eine Vereinheitlichung der Zuständigkeiten und der Formalien bei einer Testamentserrichtung und beim Erbschein. Die EU-Verordnung gilt für Erbfälle ab 17.8.2015 (Art. 84 Abs. 2 EU-ErbVO). Der

Verordnungstext ist auf der Homepage des Bundesjustizministeriums veröffentlicht. Das auf die Erbfolge eines Erblassers anzuwendende Recht richtet sich dann grundsätzlich nach dem letzten gewöhnlichen Aufenthaltsort des Erblassers zum Zeitpunkt seines Todes, es sei denn, der Erblasser regelt zu Lebzeiten seinen Nachlass durch Rechtswahl mittels Verfügung von Todes wegen. Der gewöhnliche Aufenthalt ist nicht identisch mit dem Wohnsitz.

§ 3 ErbStG und § 7 ErbStG präzisieren, welche Fälle überhaupt dem Erbschaft-/Schenkungsteuerrecht unterliegen. Nicht jeder Erwerb ist steuerpflichtig.

Steuerbare Erwerbe sind insbesondere:

- **Erwerb von Todes wegen (§ 3 Abs. 1 Nr. 1 ErbStG)**

Unter diesen Oberbegriff fällt der Erwerb

- durch Erbanfall (§ 1922 BGB),

- durch Vermächtnis (§§ 2147 ff. BGB) und

- aufgrund eines geltend gemachten Pflichtteilsanspruchs.

 WICHTIG

Mehrere Testamente

Hat ein Erblasser mehrere Testamente errichtet, in denen er jeweils verschiedene Personen als Alleinerben eingesetzt hat, und ist die Wirksamkeit des zuletzt errichteten Testaments wegen behaupteter Testierunfähigkeit des Erblassers zwischen den potenziellen Erben streitig, ist die Abfindung, die der weichende Erbprätendent aufgrund eines Prozessvergleichs vom zuletzt eingesetzten Alleinerben dafür erhält, dass er die Erbenstellung des Alleinerben nicht mehr bestreitet, kein der Erbschaftsteuer unterliegender Erwerb von Todes wegen i.S.d. § 3 ErbStG (BFH, Urteil v. 4.5.2011, II R 34/09).

- **Schenkungen unter Lebenden auf den Todesfall (§ 3 Abs. 1 Nr. 2 ErbStG)**

- **Schenkungen unter Lebenden (§ 7 ErbStG)**
  Hierzu gehört u.a. die Abfindung für einen Erbverzicht (§§ 2346 und 2352 BGB; BFH, Beschluss v. 12.1.2011, II R 37/09) oder Verzicht eines Ehepartners auf einen höheren Zugewinnausgleichsanspruch im Rahmen der ehevertraglichen Beendigung des Güterstandes der Zugewinngemeinschaft (Hessisches FG, Urteil v. 15.12.2016, 1 K 199/15).

WICHTIG

Abfindung für Verzicht auf Pflichtteil

Die Besteuerung der Abfindung, die ein künftiger gesetzlicher Erbe an einen anderen Erben für den Verzicht auf einen künftigen Pflichtteilsanspruch zahlt, richtet sich nach der zwischen den Erben maßgebenden Steuerklasse. Vorerwerbe vom künftigen Erblasser sind nicht zu berücksichtigen (BFH, Urteil v. 10.5.2017, II R 25/15; Änderung der Rechtsprechung).

 BEISPIEL

Bereicherung

Bereichert ist der Erbe immer, wenn er schuldenfreies Vermögen erhält, z.B. Bargeld, Schmuck, unbelastetes Grundvermögen oder Gemälde. Der Umfang der Bereicherung richtet sich nach dem tatsächlichen Wert der Vermögensgegenstände, die der Erbe erhält. Ist ein Schmuckstück zum Zeitpunkt der Schenkung 500.000 € wert, ist der Beschenkte um diesen Betrag „bereichert".

Unter Umständen liegt eine **gemischte Schenkung** vor (z.B. Teilentgelt wird durch den Bedachten entrichtet). Konsequenterweise ist nur der Anteil des Erwerbs erbschaftsteuerpflichtig, der unentgeltlich erlangt wurde (s. → Beispiel 1.1.1).

Die **Schenkung unter Auflage** verpflichtet den Beschenkten nach Ausführung der Schenkung zu einer bestimmten Gegenleistung. In diesen Fällen wird nur der die Gegenleistung/Auflage übersteigende Teil der Zuwendung, also die tatsächliche Bereicherung des Erwerbers, zur Ermittlung der Schenkungsteuer erfasst (R 7.4 ErbStR 2011). Wird das bei Schenkung eines Grundstücks zugunsten des bisherigen Eigentümers vereinbarte Nießbrauchsrecht gegen monatliche Zahlungen abgelöst, so kann darin eine steuerpflichtige gemischte Schenkung liegen (BFH, Urteil v. 15.12.2010, II R 41/08).

Oft überlassen Eltern ihren Kindern Immobilien gegen Übernahme von späteren Pflegeleistungen. Auch die **Pflegeleistung** stellt **schenkungsteuerrechtlich** eine **Gegenleistung** für die Grundstücksübertragung dar. Da der Grundstückserwerber erst im Bedarfsfall zur Pflege des Berechtigten verpflichtet ist, liegt insoweit eine aufschiebend bedingte Last vor, die nach § 6 Abs. 1 BewG vor Eintritt der Bedingung nicht zu berücksichtigen ist. Die Pflegeverpflichtung bleibt deshalb zum Zeitpunkt der Ausführung der Schenkung außer Ansatz (OFD Frankfurt/M., Rundverfügung v. 18.5.2017, S 3806 A – 009 – St 119).

Die Pflegeleistung kann erst dann berücksichtigt werden, wenn der Pflegefall tatsächlich eingetreten ist und der Erwerber die Leistungen erbringt. Bei der Schenkungsteuer liegt ab diesem Zeitpunkt eine gemischte Schenkung vor. Die Pflegeverpflichtung wird hierbei mit ihrem Wert im Zeitpunkt der Entstehung der Steuer für die Zuwendung (§ 11 ErbStG) angesetzt. Der ursprüngliche Schenkungsteuerbescheid wird nach § 175 Abs. 1 Nr. 2 AO auf Antrag entsprechend geändert (BayLfSt, Verfügung. v. 8.6.2016, S 3806.1.1 – 1/9 St 34). Vom Eintritt des Pflegefalls kann grundsätzlich erst dann ausgegangen werden, wenn der Berechtigte pflegebedürftig i.S.d. § 15 SGB XI ist. Die Voraussetzungen für den Pflegegrad 2 (früher: Pflegestufe 1) müssen erfüllt sein. Die Pflegeleistungen sind mit ihrem Kapitalwert zum Zeitpunkt des Eintritts des Pflegefalls zu bewerten. Dieser ist auf den Zeitpunkt der Ausführung der Zuwendung (§ 9 Abs. 1 Nr. 2 ErbStG) abzuzinsen. Lassen Sie sich am besten individuell beraten. In vielen Fällen wird bei der Übergabe eines Hauses seitens beider Elternteile an ein Kind der Freibetrag pro Elternteil gar nicht ausgeschöpft, sodass die Bewertung der Pflegeleistungen irrelevant sein dürfte, soweit nicht später noch erhebliches Vermögen ererbt wird.

 TIPP

Nutzungs- und Rentenlasten

Nutzungs- und Rentenlasten können grundsätzlich vollständig bei der Ermittlung des steuerpflichtigen Erwerbs (beim konkreten Vermögensgegenstand) als „Abzugsposten" berücksichtigt werden. Dies eröffnet auch Gestaltungsmöglichkeiten im Rahmen der vorweggenommenen Erbfolge.

 BEISPIEL

Übertragung von Aktien

Sie übertragen als 63-jähriger Vater Ihrer Tochter Ihr Kapitalvermögen, bestehend aus Aktien mit einem gemeinen Wert von 300.000 €. Bisher haben Sie damit jährlich durchschnittlich 18.000 € an Erträgen erzielt. Sie erwarten auch künftig, dass die Erträge so stabil bleiben, und behalten sich den lebenslangen Nießbrauch an den Erträgen aus dem Kapitalvermögen vor.

Der gemeine Wert des Kapitalvermögens wird aus den aktuellen Aktienkursen ermittelt. Davon wird der Wert des lebenslangen Nießbrauchsrechts abgezogen. Dieser richtet sich nach der Lebenserwartung des Schenkers/Vorbehaltsnießbrauchers. Die Berechnung im Einzelnen ist komplex und sollte individuell vom Berater vorgenommen werden (BMF, Schreiben v. 22.11.2018, IV C 7 – S 3104/09/10001 zur Bewertung einer lebenslänglichen Nutzung oder Leistung für Bewertungsstichtage ab 1.1.2019).

Vergessen Sie nicht, dass Sie die Einkünfte aus Kapitalvermögen natürlich weiterhin selbst versteuern müssen. Verzichten Sie z. B. elf Jahre später auf den Vorbehaltsnießbrauch, stellt dies eine weitere Zuwendung an Ihre Tochter dar (dafür kann der Freibetrag von ihr neu genutzt werden).

Nachlassverbindlichkeiten mindern den steuerpflichtigen Erwerb. Gemäß § 10 Abs. 5 ErbStG sind folgende Nachlassverbindlichkeiten abzugsfähig:

- bestimmte Schulden des Erblassers (soweit sie nicht mit einem Betrieb im Zusammenhang stehen und dort bereits bei der Bewertung der wirtschaftlichen Einheit berücksichtigt worden sind)

- der Wert von Vermächtnissen, Auflagen und geltend gemachten Pflichtteils- und Erbersatzansprüchen (FG Rheinland-Pfalz, Urteil v. 16.5.2013, 4 K 2215/11, rkr.)

- die Erbfallkosten (Bestattung, Grab, Aufwendungen für die Testamentseröffnung, übliche Grabpflege)

Zu den Schulden, die schon zu Lebzeiten des Erblassers entstanden sind, gehören auch die Steuerschulden, die auf den Erben übergehen, auch dann, wenn die Steuerfestsetzung erst nach dem Tod des Erblassers erfolgt (BFH, Urteil v. 4.7.2012, II R 15/11).

 BEISPIEL

Einkommensteuernachzahlung

Ein Witwer mit einem Sohn hat am 10.9.2019 seine Einkommensteuererklärung 2018 mit positiven Einkünften aus V+V abgegeben und eine Beamtenpension bezogen, sodass sich eine Nachzahlung an Einkommensteuer für 2018 ergeben wird. Stirbt der Witwer am 21.11.2019, dann wird der Einkommensteuerbescheid 2018 an dessen Sohn als Erben (Rechtsnachfolger) adressiert, und die Einkommensteuernachzahlung 2018 darf, weil der Erbe diese auf jeden Fall zahlen muss, von dem ererbten Vermögen abgezogen werden.

Die Einkommensteuer des Erblassers in dessen Todesjahr kann beim Erben als Nachlassverbindlichkeit abgezogen werden (BFH, Urteil v. 4.7.2012, II R 15/11; BFH, Urteil v. 4.7.2012, II R 56/11). Zu den erbschaftsteuerrechtlich abzugsfähigen Nachlassverbindlichkeiten gehören auch die Steuerverbindlichkeiten, die der Erblasser als Steuerpflichtiger durch die Verwirklichung von Steuertatbeständen begründet hat und die (erst) mit Ablauf des Todesjahres (abgabenrechtlich) entstehen (FG München, Urteil v. 15.11.2017, 4 K 3189/16, rkr.). Eine festgesetzte Einkommensteuervorauszahlung ist auch dann als Nachlassverbindlichkeit gem. § 10 Abs. 5 Nr. 1 ErbStG zu berücksichtigen, wenn sie erst nach dem

Todestag entsteht (gegen R E 10.8 Abs. 4 ErbStR 2011; FG Münster, Urteil v. 31.8.2017, 3 K 1641/17 Erb, rkr.).

Der Erbe kann eine vom Erblasser hinterzogene Einkommensteuer, die auch nach dem Eintritt des Erbfalls nicht festgesetzt wurde, selbst dann nicht als Nachlassverbindlichkeit abziehen, wenn er das für die Festsetzung der Einkommensteuer zuständige Finanzamt über die Steuerangelegenheit unterrichtet hat (BFH, Urteil v. 28.10.2015, II R 46/13).

Die Steuerberatungskosten für die Erstellung der Einkommensteuererklärung für den Erblasser kann der Erbe nicht als Nachlassverbindlichkeiten abziehen. Es handelt sich nicht um vom Erblasser herrührende Schulden, wenn der Erbe erst nach Ableben des Erblassers die Anfertigung der Steuererklärung bei einem Steuerberater in Auftrag gegeben hat (BFH, Urteil v. 4.7.2012, II R 50/11).

Eine typische Erblasserschuld ist die Zugewinnausgleichsforderung des überlebenden Ehepartners. Aufwendungen zur Beseitigung von Schäden an geerbten Gegenständen wie Grundstücken oder Gebäuden, deren Ursache vom Erblasser gesetzt wurde, die aber erst nach dessen Tod in Erscheinung treten, sind nicht als Nachlassverbindlichkeiten abziehbar (BFH, Urteil v. 26.7.2017, II R 33/15).

 WICHTIG

Schulden und Lasten

Nach § 10 Abs. 6 ErbStG sind Schulden und Lasten, soweit sie wirtschaftlich mit einem vollständig/teilweise steuerbefreiten Vermögensgegenstand zusammenhängen, nicht bzw. nur anteilig abzugsfähig.

Die Finanzverwaltung lässt es zu, dass Steuerberatungskosten bei der Erbschaftsteuer grundsätzlich als Nachlassverbindlichkeiten abzugsfähig sind (H E 10.7 ErbStH 2011).

Die Erbschaftsteuer an sich oder die Aufwendungen für eine gerichtliche oder außergerichtliche Rechtsverfolgung im Zusammenhang mit der eigenen Erbschaftsteuerbelastung sind nicht als Nachlassverbindlichkeit abziehbar (§ 10 Abs. 8 ErbStG; BFH, Urteil v. 20.6.2007, II R 29/06). Gleiches gilt auch für Steuerschulden, die anlässlich der Erfüllung von Vorausvermächtnissen und Durchführung von Teilungsanordnungen des Erblassers entstehen (BFH, Urteil v. 6.10.2010, II R 29/09).

Rechtsverfolgungskosten in Wertfeststellungsverfahren sind keine erwerbsmindernden Nachlasskosten i.S.d. § 10 Abs. 5 Nr. 3 ErbStG (BFH, Urteil v. 1.7.2008, II R 71/06). Abfindungszahlungen an einen Erbprätendenten, die der spätere Erbe aufwendet, um das Erbe zu erlangen, sowie die Kosten für die Erstellung der Erbschaftsteuererklärung sind als Nachlassverbindlichkeiten abzugsfähig (BFH, Urteil v. 15.6.2016, II R 24/15). Entmüllungskosten zur Nutzbarmachung eines zum Nachlass gehörenden Grundstücks sind keine Nachlassverbindlichkeiten (FG Baden-Württemberg, Urteil v. 18.12.2014, 7 K 1377/14). Der BFH hat entschieden, dass die Ausgaben für einen im Feststellungsverfahren beauftragten Gutachter zum Nachweis des niedrigeren Verkehrswerts für den Grundbesitzwert im Rahmen der Erbschaftsteuer erwerbsmindernd zu berücksichtigen sind, wenn sie in engem zeitlichen und sachlichen Zusammenhang mit dem Erwerb von Todes wegen anfallen (BFH, Urteil v. 19.6.2013, II R 20/12).

Kosten für die Beerdigung, das Grabdenkmal und die Grabpflege, Kosten einer Testamentseröffnung, eines Erbscheins u. Ä. können von Erben ohne Nachweis mit einem Pauschbetrag von 10.300 € als Nachlassverbindlichkeit abgezogen werden. Dieser Pauschbetrag bezieht sich auf den gesamten Erbfall. Tragen z. B. mehrere Erben die Kosten, dann ist der Pauschbetrag nach dem Verhältnis der auf sie entfallenden Kosten auf sie aufzuteilen. Höhere Aufwendungen sind abzugsfähig, wenn sie nachgewiesen werden.

1.1.2 Steuerklassen

Nach § 15 ErbStG gibt es drei Steuerklassen, wobei das persönliche verwandtschaftliche Verhältnis zum Erblasser/Schenker berücksichtigt wird.

Erben/Beschenkte der Steuerklasse I sind:

- Ehegatte (rechtswirksame Ehe bei Erbanfall) und eingetragene Lebenspartner (BFH, Beschluss v. 1.1.2015, II B 23/15)

- eheliche, nichteheliche und adoptierte Kinder sowie Stiefkinder

- Abkömmlinge der Kinder und Stiefkinder

- Eltern und Großeltern (nur bei Erwerb von Todes wegen)

Erben/Beschenkte der Steuerklasse II sind:

- Eltern und Großeltern (nur bei Erwerb aufgrund von Schenkungen unter Lebenden)

- eheliche und nichteheliche Geschwister, Stief- und Adoptivgeschwister

- Abkömmlinge ersten Grades von Geschwistern (Nichten und Neffen)

- Stiefeltern, Schwiegereltern, Schwiegerkinder, der geschiedene Ehegatte und der Lebenspartner einer aufgehobenen Lebenspartnerschaft

Erben/Beschenkte der Steuerklasse III sind:

- alle übrigen Erwerber (z. B. Verlobte und nichteheliche Lebenspartner), fremde Dritte etc.

1.1.3 Freibeträge und Steuerbefreiungen

Persönlicher Freibetrag

Der **persönliche Freibetrag** (§ 16 ErbStG) reduziert den zu versteuernden Erwerb.

 TIPP

Freibeträge bei Erbfall und Schenkung

Die Freibeträge können im Erbfall nur einmal in Anspruch genommen werden, bei Schenkungen außerhalb der jeweiligen Zehnjahresfrist öfter (s. a. → Kapitel 1.1.1).

Folgende Steuerklassen und Freibeträge gelten für die jeweilige Personengruppe:

Erben/Beschenkte der Steuerklasse I: Freibetrag

- Ehegatte (rechtswirksame Ehe bei Erbanfall) und Lebenspartner: 500.000 €
- eheliche, nichteheliche und adoptierte Kinder sowie Stiefkinder: 400.000 €
- Abkömmlinge von verstorbenen Kindern des Erblassers: 400.000 €
- Abkömmlinge der Kinder und Stiefkinder: 200.000 €
- Eltern und Großeltern (nur bei Erwerb von Todes wegen): 100.000 €

Erben/Beschenkte der Steuerklasse II: Freibetrag

- Eltern und Großeltern (Zuwendungen unter Lebenden) etc.: 20.000 €

Erben/Beschenkte der Steuerklasse III: Freibetrag

- alle übrigen Verwandten, nicht eheliche Lebensgefährten: 20.000 €

 BEISPIEL

Beispiele für Freibeträge

- Eine Witwe hinterlässt ihren beiden Töchtern ein schuldenfreies Vermögen im Wert von 750.000 €. Die beiden Töchter erhalten jeweils 375.000 €. Dieser Betrag liegt unterhalb des Freibetrags von 400.000 €. Es fällt jeweils keine Erbschaftsteuer an.
- Eheleute geben von ihrem jeweiligen Vermögen 400.000 € an ihren einzigen lebenden Sohn und zudem jeweils 200.000 € an den Sohn ihrer verstorbenen Tochter. Sowohl der Sohn als auch der Enkel müssen keine Schenkungsteuer bezahlen.

- Ein unverheirateter Mann erlässt seiner nichtehelichen Partnerin eine Darlehensschuld in Höhe von 30.000 €. Die Lebensgefährtin muss auf einen Betrag von 10.000 € Schenkungsteuer bezahlen.

Sachliche Steuerbefreiungen (§ 13 ErbStG)

Nicht alles, was der Erbe oder Beschenkte erhält, ist steuerpflichtig. Steuerfrei bleiben z. B.:

- Hausrat einschließlich Wäsche und Kleidungsstücke bis zu 41.000 € bei Personen der Steuerklasse I

- andere bewegliche Gegenstände bis zu 12.000 € bei Personen der Steuerklasse I (z. B. ein Auto)

- bis zu 20.000 € für Personen, die dem Erblasser unentgeltlich oder gegen unzureichendes Entgelt Pflege oder Unterhalt gewährt haben (BFH, Urteil v. 11.9.2013, II R 37/12; BFH, Urteil. v. 10.5.2017, II R 37/15: Pflegefreibetrag auch für gesetzlich zum Unterhalt verpflichtete Personen; Oberste Finanzbehörden der Länder, gleichl. Erl. v. 25.10.2017)

- der Verzicht auf die Geltendmachung des Pflichtteilsanspruchs

- übliche Gelegenheitsgeschenke (z. B. zu Weihnachten, Hochzeitstag)

 BEISPIEL

Beispiel für Freibeträge

Ein Nachlass enthält ein Haus im Wert von 500.000 €, wertvolle Möbel, mehrere PCs, eine teure Büchersammlung und Musikinstrumente im Gesamtwert von 400.000 €. Entfällt der Nachlass auf eine Witwe mit drei Kindern, sind 212.000 € (vier Personen × 53.000 €) steuerfrei, auch wenn die Witwe das Haus mit den Einrichtungsgegenständen allein nutzt und auch nichts an die Kinder herausgibt. Der jeweilige Betrag von 53.000 € setzt sich zusammen aus dem Freibetrag für Hausrat in Höhe von 41.000 € (§ 13 Abs. 1 Nr. 1 Buchst. a ErbStG) und dem Freibetrag von 12.000 € für andere bewegliche körperliche Gegenstände (§ 13 Abs. 1 Nr. 1 Buchst. b ErbStG).

Wenn Vermögensgegenstände verstorbener Kinder, die von den Eltern (oder Großeltern) ursprünglich an diese geschenkt worden waren, nach dem Tod jener Kinder wieder an die Schenker „zurückfallen", ist dieser „Rückfall" von der Erbschaftsteuer befreit (§ 13 Abs. 1 Nr. 10 ErbStG). Um diesen steuerlichen Vorteil sicherzustellen, sind vertragliche Rückfallklauseln in Schenkungsverträgen sinnvoll, z. B. dass die Schenkung auf jeden Fall an die Eltern zurückfällt und nicht an die gesetzlichen Erben des Kindes (wenn dieses z. B. nach der Schenkung geheiratet und selbst Kinder hat).

 BEISPIEL

Rückfallklausel

Ein Ehepaar hat am 5.10.2012 der einzigen Tochter (verheiratet, ein Kind) eine schuldenfreie Eigentumswohnung (gehörte beiden Elternteilen) im Wert von 400.000 € geschenkt. Im Übergabevertrag steht, dass im Todesfall der Tochter die Eigentumswohnung an die Eltern zurückfällt. Stirbt die Tochter im Jahr 2019, fällt die Wohnung an die Eltern zurück, ohne dass die Eltern Erbschaftsteuer bezahlen müssen. Witwer und Halbwaise haben bzgl. der Eigentumswohnung keinen Erbanspruch.

Besonderer Versorgungsfreibetrag (§ 17 ErbStG)

Bei Erbfällen (nicht bei einer Schenkung) gibt es für den überlebenden Ehe-/ Lebenspartner und für Kinder unter 27 Jahren neben dem persönlichen Freibetrag noch einen besonderen Versorgungsfreibetrag. Der besondere Versorgungsfreibetrag beträgt für den überlebenden Ehe-/Lebenspartner 256.000 €. Dieser Betrag wird aber um den kapitalisierten Wert von Versorgungsbezügen gekürzt, die nicht der Erbschaftsteuer unterliegen (z.B. gesetzlich begründete Versorgungsrenten wie Renten der Deutschen Rentenversicherung Bund und Beamtenpensionen, die erbschaftsteuerfrei bezogen werden können). Der besondere Versorgungsfreibetrag für Kinder ist nach deren Alter gestaffelt (§ 17 Abs. 2 ErbStG). Auch der Versorgungsfreibetrag für Kinder wird um den kapitalisierten Wert (von z.B. Waisenrenten aus der gesetzlichen Rentenversicherung) gekürzt.

1.1.4 Steuersätze

Die Erbschaftsteuer steigt nach § 19 Abs. 1 ErbStG progressiv mit dem Wert des Erwerbs, und zwar unter Berücksichtigung der drei Steuerklassen in Wertstufen.

Wert des steuer-pflichtigen Erwerbs bis einschließlich €	Steuerklasse I	Steuerklasse II	Steuerklasse III
75.000	7 %	15 %	30 %
300.000	11 %	20 %	30 %
600.000	15 %	25 %	30 %
6.000.000	19 %	30 %	30 %
13.000.000	23 %	35 %	50 %

Wert des steuer-pflichtigen Erwerbs bis einschließlich	Steuerklasse	Steuerklasse	Steuerklasse
€	I	II	III
26.000.000	27 %	40 %	50 %
über 26.000.000	30 %	43 %	50 %

Obige Prozenttarife der Erbschaftsteuer sind auf den gesamten Erwerb anzusetzen. Eine Aufspaltung des steuerpflichtigen Erwerbs in Teilbeträge mit unterschiedlichen Steuertarifen findet nicht statt (BFH, Beschluss v. 20.2.2019, II B 83/18). Nach § 19 Abs. 3 ErbStG kommt eine Ermäßigung der Steuer in Betracht, wenn die vorangegangene Wertstufe nur geringfügig überschritten wird.

1.1.5 Steuerentstehung, Festsetzung und Erhebung

Steuerentstehung

Die Erbschaft- und Schenkungsteuer entsteht als Stichtagsteuer auf einen bestimmten Zeitpunkt.

Bei Erwerben von Todes wegen ist dies grundsätzlich der Todestag des Erblassers (§ 9 Abs. 1 Nr. 1 ErbStG). Bei Schenkungen unter Lebenden entsteht die Steuer mit dem Zeitpunkt der Ausführung der Zuwendung nach § 9 Abs. 1 Nr. 2 ErbStG.

 BEISPIEL

Grundstücksschenkung

Eine Grundstücksschenkung gilt als ausgeführt, sobald der Notar durch die erforderlichen Erklärungen des Schenkers und Beschenkten – Auflassungserklärung gem. § 925 BGB und Eintragungsbewilligung gem. § 19 GBO – die Umtragung beim Grundbuchamt herbeigeführt hat.

Auch für die Wertermittlung ist grundsätzlich der Besteuerungszeitpunkt maßgebend. Darüber hinaus hat er u.a. Bedeutung für die Zusammenrechnung von Erwerben innerhalb von zehn Jahren (s.u. → Kapitel 1.2.1) und die Verjährung der Steuer.

Steuerschuldner und Festsetzung

Die Steuerfestsetzung erfolgt gegen den Steuerschuldner. Steuerschuldner ist bei Erwerb von Todes wegen immer der Erwerber nach § 20 Abs. 1 Satz 1 ErbStG, also der Erbe. Der Nachlass haftet bis zur Auseinandersetzung (§ 2042 BGB) für die Steuer der am Erbfall Beteiligten. Eine Inanspruchnahme des Erben als Steuerschuldner ist grundsätzlich auch dann ermessensfehlerfrei, wenn die Steuerforderung bei den Miterben als Haftungsschuldnern durch Vollstreckung in den ungeteilten Nachlass realisiert werden könnte (FG Düsseldorf, Urteil v. 21.2.2018, 4 K 1144/17 AO).

Bei einer Schenkung ist neben dem Erwerber auch der Schenker Steuerschuldner (§ 20 Abs. 1 Satz 1 ErbStG), wobei sich das Finanzamt grundsätzlich zunächst an den Beschenkten halten muss (s. aber: BVerfG, Beschluss v. 18.12.2012, 1 BvR 1509/10).

 WICHTIG

Übernahme der Schenkungsteuer

Übernimmt der Schenker auch die – an sich vom Beschenkten geschuldete – Steuer, so führt die dadurch eingetretene Entlastung beim Beschenkten gleichzeitig zu einem zusätzlichen steuerpflichtigen Erwerb (§ 10 Abs. 2 ErbStG).

Anzeigepflicht und Erbschaftsteuererklärung

Jeder der Erbschaftsteuer unterliegende Erwerb (§ 1 ErbStG) ist vom Erwerber gem. § 30 Abs. 1 ErbStG innerhalb von drei Monaten beim zuständigen Erbschaftsteuer-Finanzamt anzuzeigen. Die Frist beginnt mit dem Zeitpunkt, zu dem der Erwerber vom Erbanfall bzw. der Schenkung erfahren hat. Bei der Schenkung unter Lebenden ist auch der Schenker zur Anzeige verpflichtet.

Die Anzeige ist formlos wirksam. In der Praxis reicht eine kurze schriftliche Information, dass man geerbt hat und wer der Verstorbene war.

Nach § 34 Abs. 2 Nr. 1 ErbStG teilt das Standesamt Sterbefälle automatisch dem Erbschaftsteuer-Finanzamt mit. Das Amtsgericht – Nachlassgericht –, das einen Erbschein erteilt, meldet dies ebenso wie die Eröffnung eines bei Gericht hinterlegten Testaments. Erteilt der Notar den Erbschein oder eröffnet er eine bei ihm hinterlegte Verfügung von Todes wegen, zeigt er dies ebenfalls an. Auch Banken informieren nach § 33 ErbStG nach dem Tod von Konteninhabern das zuständige Erbschaftsteuer-Finanzamt (s.a. → Kapitel 1.2.3). Örtlich zuständig ist nach § 35 ErbStG das für den (inländischen) Wohnsitzbereich des Erblassers/Schenkers zuständige Erbschaftsteuer-Finanzamt.

Das Finanzamt sendet dem Erwerber gem. § 31 Abs. 1 ErbStG nach Kenntnis unter Bekanntgabe des Aktenzeichens umfangreiche Unterlagen zur Erbschaft-/Schenkungsteuererklärung (mit ausführlichen Erläuterungen zum Ausfüllen, s.a. www.ofd.niedersachsen.de: Formulare können online heruntergeladen und ausgefüllt werden.) und setzt eine angemessene Frist zur Abgabe der Erklärung, die im Regelfall auf Antrag des Steuerberaters auch verlängert wird. Die Mindestfrist beträgt einen Monat.

Das Finanzamt kann vom Steuerpflichtigen über die Steuererklärung hinaus alle Angaben verlangen, die für die Ermittlung des steuerpflichtigen Erwerbs erforderlich sind, vor allem auch Belege und Nachweise, die für den Wert erforderlich sind (z. B. Expertise für Gemälde, Kunstgegenstände, Münzsammlung etc.). Die Abgabe der Erbschaftsteuererklärung kann vom Finanzamt mit Zwangsmitteln erreicht werden.

Erbschaftsteuerbescheid und Rechtsbehelf

Mit der Bekanntgabe des Steuerbescheids (Zugang an die Erben) wird die Erbschaftsteuer in der Praxis spätestens innerhalb eines Monats danach zur Zahlung fällig.

Mit der Bekanntgabe des Erbschaftsteuerbescheids beginnt die Einspruchsfrist nach § 355 Abs. 1 AO von einem Monat. Der Einspruch ist nach § 357 AO beim Erbschaftsteuer-Finanzamt schriftlich einzulegen.

 TIPP

Lassen Sie sich beraten!

Es ist unabdingbar, dass Sie bzw. Ihre Erben Beratung im Zusammenhang mit der Erbschaftsteuererklärung in Anspruch nehmen, insbesondere auch bei Überprüfung des Erbschaftsteuerbescheids. Es sollte immer geprüft werden, ob eine Vorschrift im Einzelfall möglicherweise verfassungswidrig ist. Logischerweise werden die meisten Erbschaftsteuerbescheide unter dem Vorbehalt der Nachprüfung ergehen, damit z. B. im Fall der nicht mehr zu Wohnzwecken genutzten Wohnung (s. → Kapitel 1.3) die u. U. nachzuentrichtende Erbschaftsteuer jederzeit noch festgesetzt werden kann.

Soweit im Erbschaftsteuerbescheid Grundbesitzwerte enthalten sind, die nach Auffassung des Steuerpflichtigen fehlerhaft sind, kann dies nicht mit Einspruch gegen den Erbschaftsteuerbescheid angefochten werden.

Gesonderte Feststellung des Grundbesitzwerts als Grundlagenbescheid

Für den Grundbesitz wird nach jedem Todesfall bzw. der Schenkung (Bedarfsbewertung) der Wert von dem Finanzamt ermittelt, in dessen Zuständigkeitsbereich die Grundstücke liegen.

WICHTIG

Bei falschen Werten – anfechten!

Die erlassenen Steuerbescheide über Grundbesitzwerte müssen, falls sie falsch sind, auf jeden Fall sofort isoliert mit dem Einspruch angefochten werden.

Die Feststellungsbescheide des Lagefinanzamts sind für das Erbschaftsteuer-Finanzamt aber nur insoweit bindend, als die getroffenen Feststellungen für die Folgebescheide von Bedeutung sind (Schleswig-Holsteinisches FG, Urteil v. 3.3.2011, 3 K 142/09; BFH, Beschluss v. 15.12.2011, II R 16/11).

Die Bescheide über den Grundbesitzwert sind Grundlagenbescheide nach § 171 Abs. 10 und §§ 179f. AO. Deren Inhalt wird später Bestandteil des Erbschaftsteuerbescheids. Ist bei einer Grundstücksschenkung absehbar, dass der Steuerwert des Grundstücks unter dem persönlichen Freibetrag des Erwerbers liegt, und führt auch eine Zusammenrechnung mit früheren Schenkungen von derselben Person (§ 14 ErbStG) nicht zu einer Steuerfestsetzung, verzichtet das Finanzamt zunächst auf eine Feststellung des Grundbesitzwerts.

Die Steuerfestsetzung wird auf den Zeitpunkt der Ausführung der Grundstücksschenkung nachgeholt, wenn im Verlauf der folgenden zehn Jahre nach der Grundstücksschenkung weitere Schenkungen von derselben Person (§ 14 ErbStG) dazukommen und hierdurch der persönliche Freibetrag des beschenkten Erwerbers überschritten wird (FG Münster, Urteil v. 13.9.2012, 3 K 1019/10 Erb).

Die erstmalige oder geänderte Steuerfestsetzung für den Vorerwerb ist kein rückwirkendes Ereignis, das die Änderung der Steuerfestsetzung für den nachfolgenden Erwerb zulässt (BFH, Urteil v. 12.7.2017, II R 45/15).

1.1.6 Güterstände und Erbschaftsteuer im Todesfall

Zugewinngemeinschaft

Wird der Ehepartner Erbe (aufgrund eines Testaments oder gesetzlicher Erbfolge) – **erbrechtliche Lösung** –, muss für die Berechnung der Erbschaftsteuer der Zugewinnausgleichsbetrag, den der überlebende Ehepartner u. U. bis zum Todestag erzielt hat – im Gegensatz zum Erbrecht (dort wird 1/4 des Nachlasses als Zugewinnausgleichsanspruch unterstellt) –, genau ermittelt werden, weil dieser Zugewinnausgleichsbetrag gem. § 5 Abs. 1 ErbStG nicht erbschaftsteuerbar ist.

Es wird im Erbfall aus Sicht des Erbschaftsteuer-Finanzamts so getan, als ob sich die Eheleute (zum Todestag) hätten scheiden lassen wollen. Dabei werden bzgl. des Anfangsvermögens auch die Wertsteigerungen infolge des Kaufkraftschwunds ermittelt (R E 5.1 ErbStR 2011; FG München, Urteil v. 17.10.2018, 4 K 1948/17, Rev. beim BFH, Az. II R 42/18).

HINWEIS

Auswirkungen des Zugewinnausgleichs

Verstirbt derjenige Ehepartner, der keinen oder den niedrigeren Zugewinn erzielt hat, zuerst, hat der überlebende Ehepartner keinen Vorteil aufgrund des § 5 Abs. 1 ErbStG. Im Ergebnis erhält der überlebende Ehepartner zwar immer 1/4 aus der Erbmasse erbrechtlich als Zugewinnausgleichsanspruch, muss diesen aber voll versteuern, wenn bei ihm rechnerisch der meiste Zugewinn angefallen ist.

Bei der **güterrechtlichen Lösung** (Ehepartner wird nicht Erbe, z. B. weil er die Erbschaft ausschlägt) gehört die vom Erben an den überlebenden Ehepartner auszugleichende Zugewinnforderung auch nicht zum steuerpflichtigen Erwerb des ausgleichsberechtigten Ehepartners.

Der Zugewinn kann vom Erben und dem zugewinnberechtigten Ehepartner entsprechend den gesetzlichen Regeln zum Zugewinnausgleich ermittelt werden (FinMin Schleswig-Holstein, Schreiben v. 19.2.2010, E 353 – S 3804-002; zur Wertsteigerungen infolge des Kaufkraftschwunds bei der Berechnung der Zugewinnausgleichsforderung nach § 5 Abs. 1 ErbStG s. BMF, Schreiben v. 5.3.2018, IV C 7 – S 3804/08/10001; LfSt Niedersachsen, Verfügung v. 20.12.2018, S 3804-6-St 261).

 HINWEIS

Vergleich zwischen Güterrecht und Erbrecht

Im Erbfall muss der überlebende Ehepartner als Erbe bei Vermögen oberhalb der Freibeträge immer sofort eine Vergleichsrechnung zwischen erbrechtlicher und güterrechtlicher Lösung vornehmen, da es u. U. günstig sein kann, das Erbe auszuschlagen und den Zugewinnausgleichsanspruch vom Erben in tatsächlicher Höhe zu verlangen, wenn der überlebende Ehepartner in der Ehe selbst kein oder wenig Vermögen hinzugewonnen hat. Dazu muss aufgrund der Komplexität der Materie immer ein Berater eingeschaltet werden.

Werden die Ansprüche des überlebenden Ehegatten auf den Zugewinnausgleich und den Pflichtteil in einem Vergleich mit dem Erben ohne Unterscheidung nach dem Anspruchsgrund mit einer pauschalen, den Zugewinnausgleichsanspruch übersteigenden Zahlung abgegolten, ist dies kein anteiliger Verzicht auf den steuerfreien Zugewinnausgleichsanspruch mit der Folge einer entsprechenden Erhöhung des realisierten steuerpflichtigen Pflichtteilsanspruchs. Die vom Erblasser herrührenden Zugewinnausgleichsverbindlichkeiten sind außererbrechtliche Verbindlichkeiten, über deren Höhe die beteiligten Vertragsparteien nicht in einem zur Beilegung eines Erbrechtsstreits getroffenen Vergleich mit erbschaftsteuerrechtlicher Wirkung disponieren können (BFH, Urteil v. 27.9.2012, II R 52/11).

Gütertrennung

Bei der Gütertrennung löst der Tod des Ehepartners keine besonderen erbschaftsteuerlichen Folgen aus. Der Erwerb – egal ob Erbanteil oder Pflichtteilsanspruch – des überlebenden Ehegatten ist, unter Berücksichtigung der üblichen Freibeträge, voll zu versteuern.

Gütergemeinschaft

Bei Tod eines Ehepartners fällt dessen Anteil am Gesamtgut in den Nachlass. Für die Besteuerung gelten die allgemeinen Regeln.

1.2 Überblick zur Bewertung

Die Erbschaftsteuer bemisst sich nach dem steuerpflichtigen Erwerb. Als steuerpflichtiger Erwerb (§ 10 Abs. 1 ErbStG) gilt die Bereicherung des Erwerbers, soweit sie nicht ausdrücklich steuerfrei ist (z. B. Familienwohnheim, s. → Kapitel 1.3.1).

§ 12 ErbStG verweist auf die Regeln im Bewertungsgesetz. Auf der Homepage der OFD Hannover finden Sie die Formulare zur Erbschaft- und Schenkungsteuer inklusive der Formulare zur Bedarfsbewertung (Grundbesitz, Betriebsvermögen).

Die obersten Finanzbehörden der Länder hatten 2009 mit fünf Erlassen zur Bewertung des Grundbesitzes sowie zur Feststellung von Grundbesitzwerten, von Anteilswerten und von Betriebsvermögenswerten Stellung genommen. Diese Erlasse sind in die ErbStR 2011 eingegliedert worden (OFD Magdeburg, Verfügung v. 13.2.2012, S 3715-5-St 271; R B 4 ff. ErbStR 2011).

 HINWEIS

Einzelne Betrachtung und Bewertung

Es wird sozusagen jeder „Vermögensgegenstand" einzeln betrachtet und bewertet und im Übrigen geprüft, ob der einzelne Vermögensgegenstand u. U. mit Schulden belastet oder steuerfrei ist etc.

1.2.1 Berücksichtigung früherer Erwerbe

Erhält ein Begünstigter (Beschenkter, Erbe) innerhalb von zehn Jahren Vermögen von derselben Person (Erblasser, Schenker), so werden diese Erwerbe zusammengerechnet und insgesamt besteuert (§ 14 ErbStG). Steuerfolgen ergeben sich also nur, wenn der jeweils anzuwendende persönliche Freibetrag überschritten wird.

Die Mindesterbschaftsteuer beinhaltet, dass immer mindestens die Erbschaftsteuer zu zahlen ist, die sich für den Letzterwerb ohne vorheriges Zusammenrechnen aller Erwerbe innerhalb der Zehnjahresfrist ergeben würde.

 HINWEIS

Mehrere Schenkungen

Sie müssen bei Schenkungen innerhalb von zehn Jahren immer berechnen lassen, welche Steuer bei der zweiten Schenkung anfällt. Unter Umständen lohnt es sich, wenn es bis zum Ablauf einer Zehnjahresfrist nicht mehr lange dauert, diese bzgl. einer weiteren Schenkung abzuwarten. Es ist immer eine individuelle Betrachtungsweise erforderlich. Zur Berechnungsmethode der Zehnjahresfrist siehe BFH, Urteil v. 28.3.2012, II R 43/11. Der für die Berücksichtigung von Vorerwerben maßgebliche Zehnjahreszeitraum ist rückwärts zu berechnen. Dabei ist der Tag des letzten Erwerbs mitzuzählen.

Die in einer Schenkungsteuererklärung enthaltene unzutreffende Angabe, vom Schenker keine Vorschenkungen erhalten zu haben, ist sowohl für die Besteuerung der Schenkung, auf die sich die Erklärung bezieht, als auch für die Besteuerung der Vorschenkungen als unrichtige Angabe über steuerlich erhebliche Tatsachen eine Steuerhinterziehung (BGH, Beschluss v. 10.2.2015, 1 StR 405/14).

1.2.2 Bewertung

Die Bewertung aller Vermögensarten orientiert sich in allen Fällen einheitlich am gemeinen Wert (Verkehrswert).

Grundbesitz im Privatvermögen

§ 176 BewG bestimmt den Begriff des Grundvermögens im Privatvermögen. Dazu gehören der Grund und Boden, die Gebäude, die sonstigen Bestandteile und das Zubehör. Zum Grundvermögen gehören ebenso das Erbbaurecht sowie das Wohnungs- und Teileigentum nach dem Wohnungseigentumsgesetz (s. a. R B 176.1 ff. ErbStR 2011).

Bei der Bewertung des Grundvermögens ist der gemeine Wert nach § 9 BewG zugrunde zu legen (R B 9.1 ErbStR 2011). Dieser entspricht inhaltlich dem Verkehrswert (Marktwert) nach § 194 BauGB.

Die Einzelheiten zur Feststellung von Grundbesitzwerten werden unmittelbar in den §§ 183 bis 198 BewG nebst Anlagen geregelt (R B 183 und R B 198 ErbStR

2011). Im Privatvermögen gehaltener Grundbesitz wird also grundsätzlich mit dem Verkehrswert bemessen.

 TIPP

Grundstücksbewertung

Sind Sie als Schenker oder Ihr Erbe der Auffassung, das Grundstück sei tatsächlich weniger wert als aufgrund der maßgeblichen Bewertungsvorschriften vom Finanzamt ermittelt, dann können Sie bzw. Ihr Erbe dies gegenüber dem Finanzamt vortragen und müssen den niedrigeren gemeinen Wert nachweisen (BFH, Urteil v. 5.5.2010, II R 25/09). Den Nachweis über den niedrigeren gemeinen Wert müssen Sie anhand eines Sachverständigengutachtens (plausibles Verkehrswertgutachten) erbringen (BFH, Urteil v. 24.10.2017, II R 40/15). Der BFH hat mehrmals entschieden, dass steuerlich nur Gutachten des örtlich zuständigen Gutachterausschusses und Gutachten von Sachverständigen für die Bewertung von Grundstücken anerkannt werden. Der BFH hat u.a. in einem Urteil (BFH, Urteil v. 3.12.2008, II R 19/08) zu den Anforderungen an den Nachweis eines niedrigeren gemeinen Werts bei der erbschaftsteuerlichen Grundstücksbewertung Stellung genommen (s.a. BFH, Beschluss v. 9.9.2009, II B 69/09). Das Finanzamt kann nur nach begründeter Auseinandersetzung mit dem Sachverständigengutachten von dessen Wertermittlung abweichen. Der Nachweis seitens des Erwerbers ist generell erbracht, wenn die Behörde oder das Gericht dem Gutachten ohne Einschaltung bzw. Bestellung weiterer Sachverständiger folgen kann. Wird der tatsächlich niedrigere gemeine Wert eines Grundstücks erst nach Bestandskraft des Feststellungsbescheids über den Grundbesitzwert geltend gemacht, kann dieser nur noch unter der Voraussetzung gem. § 173 Abs. 1 Nr. 2 AO berücksichtigt werden (BFH, Urteil v. 17.5.2017, II R 60/15).

Unbebaute Grundstücke sind Grundstücke, auf denen sich keine benutzbaren Gebäude befinden (§ 178 BewG; R B 178 ErbStR 2011).

Bei der Bestimmung des Werts eines unbebauten Grundstücks ist vom Bodenrichtwert auszugehen (§ 179 Satz 1 BewG). Bodenrichtwerte sind durchschnittliche Lagewerte, die von den Gutachterausschüssen nach § 196 BauGB aufgrund der Kaufpreissammlung flächendeckend unter Berücksichtigung des unterschiedlichen Entwicklungszustands ermittelt und den Finanzämtern mitgeteilt werden. Lässt sich von den Gutachterausschüssen kein Bodenrichtwert ermitteln, ist der Bodenwert aus den Bodenrichtwerten vergleichbarer Flächen abzuleiten.

Der Wert unbebauter Grundstücke wird so nach der Fläche und den jeweils aktuellen Bodenrichtwerten ermittelt (§ 179 BewG; R B 179.1 ff. ErbStR 2011): Grundbesitzwert = Grundstücksfläche × aktueller Bodenrichtwert

Das Bundesministerium für Verkehr, Bau und Stadtentwicklung (BMVBS) hat eine Richtlinie zur Ermittlung von Bodenrichtwerten erlassen. Sie ist am 11.2.2011 in Kraft getreten und enthält grundlegende, mit den Ländern und kommunalen Spitzenverbänden abgestimmte Handlungsempfehlungen für die Bodenrichtwertermittlung durch die örtlichen Gutachterausschüsse (abgedruckt im Bundesanzeiger v. 11.2.2011, Nr. 24, S. 597; s. auch OFD Nordrhein-Westfalen, Arbeitshilfe v. 24.4.2014, S 3015-2014/0001-St 25, zur Anwendung der neuen Grundbesitzbewertung). Die Immobilienwertermittlungsverordnung (ImmoWertV) ist am 1.7.2010 in Kraft getreten und legt die Grundsätze zur Ermittlung der Verkehrswerte von Grundstücken fest. Sie findet überall dort Anwendung, wo der Verkehrswert (Marktwert) von Immobilien zu ermitteln ist (s. a. Vergleichswertrichtlinie v. 20.3.2014). Anwender sind vor allem die Gutachterausschüsse für Grundstückswerte. Die ImmoWertV erfasst für den Grundstücksverkehr wichtige Aspekte, z. B. energetische Eigenschaften des Gebäudes oder die Berücksichtigung der Wertrelevanz städtebaulicher Umstände.

Bebaute Grundstücke sind Grundstücke, auf denen sich benutzbare Gebäude befinden.

Die Benutzbarkeit beginnt zum Zeitpunkt der Bezugsfertigkeit des Gebäudes. Am Bewertungsstichtag müssen alle wesentlichen Bauarbeiten abgeschlossen sein. Geringfügige Restarbeiten, die üblicherweise vor dem tatsächlichen Bezug durchgeführt werden (z. B. Malerarbeiten, Verlegen des Bodenbelags), schließen die Bezugsfertigkeit nicht aus. Auf die Abnahme durch die Bauaufsichtsbehörde kommt es nicht an.

Bei bebauten Grundstücken wird nach § 181 BewG (R B 181.1 ff. ErbStR 2011) zwischen folgenden für Sie relevanten Grundstücksarten unterschieden:

- **Nr. 1 Ein- und Zweifamilienhäuser**
  Das sind Wohngrundstücke mit bis zu zwei Wohnungen; es darf aber kein Wohnungseigentum nach dem WEG sein.

- **Nr. 2 Mietwohngrundstücke**
  Dazu gehören Grundstücke, die zu mehr als 80 % Wohnzwecken dienen.

- **Nr. 3 Wohnungseigentum**
  Wohnungseigentum ist das Sondereigentum an einer Wohnung in Verbindung mit dem Miteigentumsanteil an dem gemeinschaftlichen Eigentum, zu dem es gehört (§ 1 Abs. 2 WEG).

- **Nr. 4 Geschäftsgrundstücke**
  Das sind Grundstücke, die zu mehr als 80 % eigenen oder fremden betrieblichen Zwecken dienen.

- **Nr. 5 Gemischt genutzte Grundstücke**
  Das sind Grundstücke, die teils Wohnzwecken, teils eigenen oder fremden

betrieblichen Zwecken dienen und keine Grundstücke i.S.d. oben genannten bebauten Grundstücke sind.

Der Wert eines Grundstücks wird entweder nach dem Vergleichswertverfahren, dem Ertragswertverfahren oder dem Sachwertverfahren bemessen.

Welches Verfahren für die zu bewertende wirtschaftliche Einheit anzuwenden ist, richtet sich nach der Grundstücksart der wirtschaftlichen Einheit.

- Das **Vergleichswertverfahren** (§ 183 BewG) ist für Wohnungseigentum und für Ein- und Zweifamilienhäuser anzuwenden (FG Hamburg, Beschluss v. 18.1.2016, 3 K 176/15), sofern der Gutachterausschuss entsprechende Vergleichspreise oder Vergleichsfaktoren ermittelt hat. Nachrangig kann auf die in der Finanzverwaltung vorliegenden Unterlagen zu Vergleichspreisen zurückgegriffen werden.

- Das **Ertragswertverfahren** (§§ 184 bis 188 BewG) ist für Geschäftsgrundstücke und gemischt genutzte Grundstücke anzuwenden, für die sich auf dem örtlichen Grundstücksmarkt eine übliche Miete ermitteln lässt (FG Berlin-Brandenburg, Urteil v. 19.10.2016, 3 K 3002/15, Rev. beim BFH, Az. II R 41/16). Das Verfahren ist nicht anzuwenden, wenn zwar eine tatsächliche Miete vereinbart ist, jedoch keine übliche Miete ermittelt werden kann. Mietwohngrundstücke sind stets im Ertragswertverfahren zu bewerten. Ist in diesen Fällen weder eine tatsächliche Miete vorhanden noch eine ortsübliche Miete ermittelbar, ist die Miete zu schätzen.

- Das **Sachwertverfahren** gilt für die Bewertung von sonstigen bebauten Grundstücken. Darüber hinaus ist das Sachwertverfahren das Auffangverfahren für Wohneigentum und für Ein- und Zweifamilienhäuser, wenn das Vergleichswertverfahren mangels Vergleichspreisen oder Vergleichsfaktoren nicht anwendbar ist (z.B. Luxusvilla), bzw. für Geschäftsgrundstücke und gemischt genutzte Grundstücke, für die sich auf dem örtlichen Grundstücksmarkt keine übliche Miete ermitteln lässt.

Erbschaft/Schenkung von Bargeld und Wertpapieren

Das übertragene/ererbte Geldvermögen wird mit dem Nennwert bewertet. Die Bewertung erfolgt zum gemeinen Wert (§ 12 Abs. 1 ErbStG in Verbindung mit § 9 BewG), der auch bei Kapitalforderungen grundsätzlich dem Nennwert entspricht (§ 12 Abs. 1 BewG, R B 12.1 ff. ErbStR 2011). Soweit es sich um ausländische Geldbestände handelt, erfolgt am Bewertungs- und Besteuerungsstichtag eine Umrechnung anhand des Devisenkurses. Zu den Kapitalforderungen gehören Bankguthaben und private Darlehensforderungen sowie die Instandhaltungsrücklage im Zusammenhang mit der Erbschaft/Schenkung von Wohnungseigentum (OFD Frankfurt/M., Verfügung v. 29.3.2012, S 3800 A – 36 – St 119). Die Gewährung eines unverzinslichen Darlehens kann eine Schenkung sein (OFD Münster, Kurzinfo Einkommensteuer Nr. 09/2012 v. 29.3.2012; BFH, Urteil v. 27.11.2013, II R

25/12). Siehe zur freigebigen Zuwendung bei der Übertragung eines Einzelkontos zwischen Eheleuten: BFH, Urteil v. 29.6.2016, II R 41/14.

 HINWEIS

Gemeinschaftskonten

Bei Ehepartnern werden Zinserträge aus Gemeinschaftskonten steuerlich beiden hälftig zugerechnet. Im Todesfall werden die anschließend fälligen Kapitalerträge aus dem laufenden Zinszahlungszeitraum einkommensteuerlich aber in voller Höhe dem überlebenden Ehepartner zugerechnet. Eine Aufteilung der Zinsen auf die Zeit bis zum Todesfall und auf die Zeit danach erfolgt bei der Einkommensteuerveranlagung nicht. Bei Ehepartnern wird ein gemeinsam erteilter Freistellungsauftrag bzgl. Gemeinschaftskonten und Einzelkonten des Verstorbenen mit dem Tod eines Ehepartners wirkungslos. Dennoch kann der überlebende Ehepartner im Todesjahr noch den doppelten Sparer-Pauschbetrag in Anspruch nehmen.

Das **Oder-Konto** ist ein Gemeinschaftskonto für mehrere verfügungsberechtigte Inhaber und wird gerne von Ehepartnern gewählt, weil jeder unabhängig vom anderen Geld abheben oder überweisen kann. Nach dem Tod eines Kontomitinhabers bleiben diese Befugnisse des anderen Kontoinhabers unverändert bestehen. Das Recht zum Widerruf der Einzelverfügungsberechtigung steht jedoch jedem einzelnen Miterben zu. Widerruft ein Miterbe, bedarf jede Verfügung über die Gemeinschaftskonten seiner Mitwirkung.

Viele Ehepaare haben solche gemeinsamen Konten, auf die aber nur ein Ehepartner Einzahlungen vornimmt. Oft wird auch ein Einzelkonto in ein Oder-Konto umgewandelt. In der Praxis werden Banken solche Vorgänge den Finanzämtern nicht mitteilen.

Im Todesfall werden Gemeinschaftskonten vom Finanzamt jedoch genauer geprüft. Verstirbt ein Ehepartner, fällt sein zu Lebzeiten erworbenes Vermögen in seinen Nachlass. Und dazu gehört dann auch die Hälfte der Guthaben von gemeinsamen Konten. Wird die Zahlung eines Ehepartners auf ein Gemeinschaftskonto der Eheleute als freigebige Zuwendung an den anderen Ehepartner der Schenkungsteuer unterworfen, trägt das Finanzamt die Feststellungslast für die Tatsachen, die zur Annahme einer freigebigen Zuwendung erforderlich sind. Es muss also auch zum Ergebnis kommen, dass der nicht einzahlende Ehepartner im Verhältnis zum einzahlenden Ehepartner tatsächlich und rechtlich frei zur Hälfte über das eingezahlte Guthaben verfügen kann (BFH, Urteil v. 23.11.2011, II R 33/10). Im Todesfall erfahren die Finanzämter von den Konten, da die Banken zur Meldung verpflichtet sind (§ 33 ErbStG).

⚡ ACHTUNG

Vorsicht bei Gemeinschaftskonten/-depots

Laut OFD Koblenz v. 19.2.2002 sind Gemeinschaftskonten und -depots unabhängig von der Herkunft des Geldes bzw. der Wertpapiere grundsätzlich beiden Ehepartnern jeweils zur Hälfte zuzurechnen (§ 430 BGB). Die Finanzbeamten sind angewiesen, im Todesfall die Herkunft des Geldes und der Wertpapiere genauer zu prüfen. Falls die Gelder vollständig oder überwiegend nur von einem Ehepartner stammen, könnten steuerpflichtige Schenkungen unter Lebenden vorliegen, für die auch noch rückwirkend Schenkungsteuer verlangt werden kann. Stirbt zuerst der Ehepartner, der nicht zum Aufbau des Vermögens beigetragen hat, wird es besonders teuer: Der überlebende Ehepartner muss jetzt auf die Hälfte des Vermögens Erbschaftsteuer bezahlen, obwohl es von ihm selbst erwirtschaftet worden ist. Und diese Hälfte fällt zudem auch in den Nachlass, der dann noch u. U. mit den übrigen Erben des verstorbenen Ehepartners geteilt werden muss.

Die sicherste Lösung in Bezug auf obige Steuerfallen ist der vollkommene Verzicht auf Gemeinschaftskonten. Alternativ können Sie Einzelkonten mit wechselseitiger Bevollmächtigung des Ehepartners einrichten (auch über den Tod hinaus). Nicht ratsam ist die Übertragung eines Einzelkontos auf den anderen. Der Inhaber eines Einzelkontos kann tatsächlich und frei über die ihm von einem Dritten übertragenen Konto-/Depotbestände verfügen, auch wenn dem Dritten eine umfassende Kontovollmacht für das Einzelkonto eingeräumt worden ist. In einer Übertragung der Konto-/Depotbestände des Dritten auf den Einzelkontoinhaber und der späteren Rückübertragung der Bestände auf ein Einzelkonto des Dritten liegt nicht zwingend eine Schenkung vor (BFH, Urteil v. 12.7.2016, II R 42/14). Überträgt ein Ehegatte den Vermögensstand seines Einzelkontos/-depots unentgeltlich auf das Einzelkonto/-depot des anderen Ehegatten, trägt der zur Schenkungsteuer herangezogene Ehegatte die Feststellungslast für Tatsachen, die der Annahme einer freigebigen Zuwendung entgegenstehen (BFH, Urteil v. 29.6.2016, II R 41/14).

Bei einer Schenkung von Todes wegen können Vermögenswerte wie **Sparbücher** im Todesfall außerhalb des Erbrechts durch einen „echten Vertrag zugunsten Dritter auf den Todesfall" übertragen werden. Der Vermögenswert fällt dann nicht in den Nachlass, sondern geht unmittelbar an den Bedachten (§§ 328, 331 BGB) über. Erbschaftsteuerlich gilt der Erwerb des Dritten gem. § 3 Abs. 1 Nr. 4 ErbStG als Erwerb von Todes wegen mit allen erbschaftsteuerlichen Konsequenzen.

HINWEIS

Wertpapiere, Sparbücher etc.

Gehen festverzinsliche Wertpapiere, Sparbücher und ähnliche Kapitalforderungen, die nicht mit dem Tod des Inhabers fällig werden, während einer laufenden Zinsperiode im Wege der Gesamtrechtsnachfolge auf einen Erben über, sind die Zinsen in vollem Umfang dem Erwerber zuzurechnen (LSF Sachsen, Verfügung v. 16.4.2013, S 2252 – 110/1-211).

Kapitallebensversicherungen

Wird eine vom Erblasser abgeschlossene Lebensversicherung im Erbfall an den im Versicherungsvertrag genannten Bezugsberechtigten (z. B. die Ehefrau) ausbezahlt, fällt die Auszahlungssumme nicht in den Nachlass, sondern direkt an die berechtigte Person, bei der sie erbschaftsteuerpflichtig ist.

Wenn Sie keinen Bezugsberechtigten benannt haben oder Bezugsberechtigte „die Erben" sind, fällt die Versicherungssumme im Todesfall in den Nachlass und unterliegt dort der Erbschaftsteuer.

Noch nicht fällige Ansprüche aus Lebens-, Kapital- oder Rentenversicherungen (also meist bei Übertragungen zu Lebzeiten) werden mit dem Rückkaufswert (= gemeiner Wert) angesetzt. Das ist der Rückkaufswert, den der Versicherungsnehmer von der Versicherung beanspruchen kann. Die Berechnung des Werts, insbesondere die Berücksichtigung von ausgeschütteten und gutgeschriebenen Gewinnanteilen, kann durch Rechtsverordnung geregelt werden (§ 12 Abs. 4 BewG).

1.2.3 Bewertung bei Übertragung von Immobilien (Privatbesitz) – konkrete Beispiele im Überblick

Ermittlung des Steuerwerts bei einem gemischten Mietgrundstück

 BEISPIEL

Ermittlung des Grundbesitzwerts/Ertragswerts

Sie verschenken (notarieller Vertrag und Übergabe von Nutzen und Lasten am 4.11.2015) ein Mietobjekt mit fünf Wohnungen und einem Ladenlokal (alle zu üblichen Preisen vermietet in Höhe einer Jahresmiete von 70.000 € ohne Umlagen) in Musterstadt (220.000 Einwohner). Die Grundstücksfläche beträgt 800 m². Der aktuelle Bodenrichtwert laut Gutachterausschuss beträgt 250 €. Das Gebäude wurde Mitte 2005 fertiggestellt. Im Marktbericht des Gutachterausschusses sind keine Bewirtschaftungskosten und keine Liegenschaftszinssätze veröffentlicht worden.

1. Ermittlung des Gebäudeertragswerts

70.000 € Rohertrag (= Jahresmiete bzw. übliche Miete gem. § 185 Abs. 1, § 186 BewG)

– 14.700 € Bewirtschaftungskosten (21 % laut § 185 Abs. 1, § 187 BewG, Anlage 23 BewG)

= 55.300 € Reinertrag des Grundstücks (§ 185 Abs. 1 BewG)

– 11.000 € Bodenwertverzinsung (Bodenwert 200.000 € × Liegenschaftszinssatz 5,5 %; § 179, § 185 Abs. 2, § 188 BewG)

= 44.300 € Gebäudereinertrag (> 0 €) (§ 185 Abs. 2 BewG)

× 17,45 Vervielfältiger (17,45 bei Restnutzungsdauer von 60 Jahren, § 185 Abs. 3 BewG, Anlage 21 BewG)

= 77.303,50 € Gebäudeertragswert (§ 185 Abs. 1 bis 3 BewG)

2. Ermittlung des Bodenwerts

250 € Bodenrichtwert (ggf. angepasster Bodenwert)

× 800 m² Grundstücksfläche

= 200.000 € Bodenwert (§ 179, § 184 Abs. 2 BewG)

Gebäudeertragswert (§ 185 Abs. 1 bis 3 BewG) + Bodenwert (§ 179, § 184 Abs. 2 BewG) = Grundbesitzwert, Ergebnis: 277.303,50 €

Erläuterung zu den Rechenschritten: Im Ertragswertverfahren nach den §§ 184 bis 188 BewG wird der Grundbesitzwert (Ertragswert) aus der Summe von Bodenwert (Bodenertragswert) und Gebäudewert (Gebäudeertragswert) gebildet. Der Bodenwert ist wie bei einem unbebauten Grundstück nach Maßgabe des § 179 BewG zu ermitteln. Der Gebäudewert ist getrennt vom Bodenwert auf der Grundlage des Ertrags zu ermitteln. Als Ertragswert (Grundbesitzwert) ist mindestens der Bodenwert anzusetzen. Auf weitere Einzelheiten zur Berechnung wird an dieser Stelle bewusst verzichtet (s. a. R B 184 ff. ErbStR 2011).

Ermittlung des Steuerwerts – Eigentumswohnung

Der Wert einer Eigentumswohnung wird nach dem **Vergleichswertverfahren** (§ 12 Abs. 3 ErbStG in Verbindung mit § 182 Abs. 2 Nr. 1 BewG) ermittelt.

Dazu werden Vergleichsgrundstücke herangezogen, die hinsichtlich der wertbeeinflussenden Faktoren hinreichend mit dem zu bewertenden Grundstück übereinstimmen (§ 183 Abs. 1 BewG). Grundlage hierfür sind von den Gutachterausschüssen mitgeteilte Vergleichspreise. Der Vergleichswert umfasst den Boden- und Gebäudewert.

Im **Vergleichspreisverfahren** nach § 183 Abs. 1 BewG sind Kaufpreise solcher Eigentumswohnungen heranzuziehen, die hinsichtlich der ihren Wert beeinflussenden Merkmale mit der zu bewertenden Eigentumswohnung hinreichend übereinstimmen (Vergleichsgrundstücke). Eine hinreichende Übereinstimmung der Zustandsmerkmale der Vergleichswohnung liegt vor, wenn sie insbesondere hinsichtlich ihrer Lage, der Art und des Maßes der baulichen Nutzung, der Größe, des Erschließungszustands und ihres Alters mit der zu bewertenden Wohnung weitgehend übereinstimmt bzw. die Abweichungen in sachgerechter Weise berücksichtigt werden können.

Voraussetzung für die Anwendung des Vergleichswertverfahrens ist eine ausreichende Anzahl geeigneter Vergleichspreise; ausnahmsweise kann auch ein Vergleichspreis genügen. Vorrangig ist auf die von den Gutachterausschüssen für Grundstückswerte mitgeteilten Vergleichspreise zurückzugreifen (i. S. d. §§ 192 ff. BauGB).

Liegen mehrere Vergleichspreise vor, soll der Durchschnittswert angesetzt werden. Sofern der Gutachterausschuss nur Durchschnittskaufpreise (Kaufpreismittel) aus einer Vielzahl von Kauffällen einer Grundstücksart ohne Berücksichtigung unterschiedlicher wertbeeinflussender Merkmale abgeleitet hat, sind diese als Vergleichspreise nicht geeignet. Soweit von den Gutachterausschüssen keine Vergleichspreise vorliegen, kann das zuständige Finanzamt geeignete Vergleichspreise aus anderen Kaufpreissammlungen berücksichtigen.

 WICHTIG

Besonderheiten, insbesondere die den Wert beeinflussenden Rechte und Belastungen privatrechtlicher Art wie Wohnrechte etc., werden in dem typisierenden Vergleichswertverfahren nach **§ 183 Abs. 1 und 2 BewG** nicht berücksichtigt.

 BEISPIEL

Eigentumswohnung für Enkel

Sie wollen eine Ihrer drei vermieteten Eigentumswohnungen in einer Wohnanlage an Ihren Enkel verschenken. Sie hatten bereits vor fünf Jahren eine identisch große Eigentumswohnung im selben Objekt zu einem Preis von 430.000 € verkauft. Der Notar hatte gem. § 195 BauGB zur Führung der Kaufpreissammlung den damaligen Kaufvertrag in Abschrift dem Gutachterausschuss übersandt. Sie wissen auch von einigen anderen Eigentümern im Objekt, dass diese ihre Wohnungen in den vergangenen Jahren zum vergleichbaren Quadratmeterpreis verkauft haben. Sie können davon ausgehen, dass die Wohnung, die Sie Ihrem Enkel schenken wollen, vom Finanzamt bzgl. der Schenkungsteuer mit 430.000 € bewertet wird.

Ihr Enkel kann im Rahmen der Schenkungsteuererklärung den Abschlag in Höhe von 10 % gem. § 13d ErbStG geltend machen, wenn die Eigentumswohnung weiter vermietet bleibt. Im Übrigen kann der Enkel, soweit der steuerpflichtige Erwerb den persönlichen Freibetrag von 200.000 € gem. § 16 Abs. 1 Nr. 3 ErbStG übersteigt, bzgl. der Schenkungsteuer auf den Betrag von 187.000 € gem. § 28 Abs. 3 ErbStG Stundung von bis zu zehn Jahren beantragen (FG Münster, Urteil v. 20.11.2017, 3 K 396/16 AO). Der Stundungsbetrag ist zu verzinsen.

Anstelle von Vergleichspreisen können auch Vergleichsfaktoren herangezogen werden, die vom örtlichen Gutachterausschuss für Grundstückswerte für geeignete Bezugseinheiten, z. B. die Wohnfläche (Gebäudefaktor) oder den erzielbaren jährlichen Ertrag (Ertragsfaktor), ermittelt und mitgeteilt werden (§ 183 Abs. 2 BewG).

1.3 Übertragungen von Immobilien – Sonderfälle

Der Wert des zu Lebzeiten selbst bewohnten Ein- oder Zweifamilienhauses wird nach dem Vergleichswertverfahren (§ 12 Abs. 3 ErbStG in Verbindung mit § 182 Abs. 2 Nr. 3 BewG) ermittelt. Siehe hierzu die Ausführungen in → Kapitel 1.2.3.

Für den Fall, dass für ein bestimmtes Grundstück kein Vergleichswert/-faktor ermittelt werden kann, wird gem. § 182 Abs. 4 BewG auf das Sachwertverfahren zurückgegriffen.

1.3.1 Übertragung des Familienwohnheims zu Lebzeiten auf Ehe-/Lebenspartner

Das zu eigenen Wohnzwecken genutzte Familienwohnheim bleibt nach § 13 Abs. 1 Nr. 4a ErbStG unabhängig vom Wert steuerfrei, wenn es zu Lebzeiten an den Ehepartner (Lebenspartner laut LPartG) zu Eigentum oder Miteigentum übertragen wird. Als begünstigtes Familienwohnheim gelten dabei inländische und in der EU oder einem Staat des Europäischen Wirtschaftsraums (§ 181 Abs. 1 bis 5 BewG) gelegene Ein- und Zweifamilienhäuser sowie Eigentumswohnungen, die den Mittelpunkt des familiären Lebens darstellen.

 HINWEIS

Besonderheiten

Soweit sich die selbst bewohnte Wohnung in einem Mietwohngrundstück oder gemischt genutzten Grundstück befindet, gilt die Steuerfreiheit natürlich nur für den zu eigenen Wohnzwecken genutzten Teil (BFH, Urteil v. 26.2.2009, II R 69/06).

Im Zusammenhang mit Familienwohnheimen/Familienheimen stehende Zuwendungen unter Lebenden sind auch dann nach § 13 Abs. 1 Nr. 4a ErbStG steuerfrei, wenn die Ehe bei der Anschaffung oder Herstellung des Objekts noch nicht bestanden hat (BFH, Urteil v. 27.10.2010, II R 37/09).

Die Schenkungsteuerbefreiung nach § 13 Abs. 1 Nr. 4a ErbStG scheidet aus, wenn die Immobilie nicht den ausschließlichen Mittelpunkt des familiären Lebens bildet (z. B. Ferienhaus; BFH, Urteil v. 18.7.2013, II R 35/11).

Die Steuerbefreiung wird anhand der anteiligen Wohn- und Nutzflächen errechnet (§ 181 Abs. 3, 6 und 7 BewG). Zu den von den Ehepartnern selbst bewohnten Flächen zählen auch die von nahen Angehörigen der Ehepartner zu Wohnzwecken genutzten Räume, wenn diese Personen einen gemeinsamen Hausstand mit den Ehepartnern führen (z. B. Mutter/Schwiegermutter zur Pflege). Die Nutzung eines Raumes als Arbeitszimmer ist unschädlich. Dies gilt auch, wenn ein Teil der Wohnfläche unentgeltlich für gewerbliche oder freiberufliche Zwecke mitgenutzt wird.

 TIPP

Güterstand unerheblich – keine Behaltenspflicht

Der Güterstand der Ehegatten ist ohne Bedeutung. Die Befreiung ist wertmäßig nicht begrenzt. Eine Prüfung der Angemessenheit findet nicht statt. Für das begünstigt erworbene Grundstück besteht keine Behaltenspflicht. Die spätere Veräußerung oder eine Nutzungsänderung ist unbeachtlich, sofern kein Missbrauch von Gestaltungsmöglichkeiten (§ 42 AO) vorliegt.

Für den Fall des Vorversterbens des beschenkten Ehepartners empfiehlt sich u. U. eine Vorversterbensklausel im Schenkungsvertrag, um einen Rückerwerb durch Erwerb von Todes wegen und damit eine zehnjährige Behaltensfrist im Erbfall aufseiten des rückerwerbenden Ehepartners zu vermeiden (s. → Kapitel 1.3.2). Unter einer Rückfallklausel wird in diesem Fall verstanden, dass das zu Lebzeiten verschenkte Vermögen an den Schenker zurückfällt, wenn die beschenkte Person vor dem Schenker stirbt. Besteht keine Rückforderungsklausel, geht die Immobilie beim Tod des beschenkten Ehepartners allein nach erbrechtlichen Regeln über.

BEISPIEL

Rückfallklausel

Sie sind wesentlich älter als Ihr Ehepartner oder schwer krank. Soweit Sie die Wohnimmobilie nun an Ihren Ehepartner verschenken, ist dies schenkungsteuerfrei. Haben Sie zusätzlich vereinbart, dass die Immobilie im Fall, dass Ihr Ehepartner unerwartet doch vor Ihnen verstirbt, an Sie zurückfällt, ist der „Rückfall" wiederum schenkungsteuerfrei. Sie können dann anschließend neu über die Wohnimmobilie verfügen, ohne selbst darin wohnen bleiben zu müssen, oder, z. B. unter Nutzung der persönlichen Freibeträge, die Immobilie an Ihre Kinder verschenken etc.

1.3.2 Übergang des Familienwohnheims im Erbfall auf Ehe-/Lebenspartner

Ehepartner (sowie die eingetragenen Lebenspartner) können auch für den Fall des Todes das selbst genutzte Familienwohnheim, inländische und in der EU oder einem Staat des Europäischen Wirtschaftsraums gelegene Ein- und Zweifamilienhäuser sowie Eigentumswohnungen, die den Mittelpunkt des familiären Lebens darstellen, steuerfrei erhalten (§ 13 Abs. 1 Nr. 4b ErbStG).

Allerdings muss der Erblasser darin bis zum Tod gewohnt haben bzw. an der Selbstnutzung aus zwingenden Gründen verhindert gewesen sein (Pflegefall mit Pflegestufe III bzw. heute Pflegegrad 4 oder 5; s. a. FG Münster, Urteil v. 22.10.2014, 4 K 2517/12; FG München, Urteil v. 24.2.2016, 4 K 2885/14; Hessisches FG, Urteil v. 10.5.2016, 1 K 877/15, rkr.). Auf den Wert und die Größe der Immobilie kommt es dabei nicht an. Der Wunsch, in eine „altersgerechte" Wohnung zu ziehen, ist kein Härtefall i. S. d. Selbstnutzungsklausel.

Der Erwerb von Todes wegen bezüglich eines bloßen dinglichen Wohnrechts an einer nach § 13 Abs. 1 Nr. 4b Satz 1 ErbStG begünstigten Immobilie ist nicht erbschaftsteuerbefreit (BFH, Urteil v. 3.6.2014, II R 45/12). Der von Todes wegen erfolgte Erwerb eines durch eine Auflassungsvormerkung gesicherten Anspruchs auf Verschaffung des Eigentums an einem Familienheim durch den überlebenden Ehegatten ist auch nicht von der Erbschaftsteuer befreit (BFH, Urteil v. 29.11.2017, II R 14/16).

 WICHTIG

Familienwohnheim muss Mittelpunkt des familiären Lebens bleiben

Der überlebende Ehepartner bzw. Lebenspartner muss das Familienheim auch tatsächlich sofort weiter selbst zu eigenen Wohnzwecken nutzen. Eine gelegentliche Nutzung zweier Räume durch einen Erben reicht nicht für die Gewährung der Steuerbefreiung für Familienheime gem. § 13 Abs. 1 Nr. 4 ErbStG aus. Auch die unentgeltliche Überlassung des Familienheims zu Wohnzwecken an die Mutter (Frau des Verstorbenen) ist keine „Selbstnutzung zu eigenen Wohnzwecken" (Hessisches FG, Urteil v. 24.3.2015, 1 K 118/15). Das Familienwohnheim muss Mittelpunkt des familiären Lebens bleiben. Die OFD Rheinland hat mit Schreiben v. 4.7.2012 (Kurzinfo Sonstige Besitz- und Verkehrssteuern 1/2012) eine „Fallsammlung" zur Problematik der unverzüglichen Selbstnutzung zu eigenen Wohnzwecken veröffentlicht.

Gibt der Erbe diese Nutzung innerhalb von zehn Jahren auf (Verkauf, Vermietung oder Verwendung als Zweitwohnsitz), entfällt die Steuerbefreiung rückwirkend vollständig (Fallbeilwirkung). Dies gilt nicht, wenn zwingende Gründe für die Aufgabe der Nutzung vorliegen. Solch ein Fall liegt vor, wenn der überlebende Ehepartner selbst zum Pflegefall wird und in ein Pflegeheim muss. Falls der überlebende Ehepartner, d. h. die Witwe/der Witwer, innerhalb der Zehnjahresfrist verstirbt, müssen dessen Erben die Erbschaftsteuer des zweitversterbenden Ehepartners nicht nachzahlen. Erwirbt der Ehegatte als Erbe steuerfrei das Familienwohnheim und überträgt er danach die Immobilie weiter, entfällt eine festgesetzte Steuerbefreiung rückwirkend auch dann, wenn bei der Übergabe ein Nießbrauch vorbehalten wurde (FG Münster, Urteil v. 28.9.2016, 3 K 3757/15 Erb; Rev. beim BFH, Az. II R 38/16).

Bei der Testamentsgestaltung müssen Sie darauf achten, dass Ihr überlebender Ehepartner die Immobilie allein (z. B. Vorausvermächtnis) und nicht in Erbengemeinschaft mit Ihren Kindern erhält, sofern diese nicht mehr im Haus wohnen.

Ist das Eigenheim noch mit Schulden belastet, kann der überlebende Ehe-/Lebenspartner diese (anteilig) nicht als Verbindlichkeiten abziehen, soweit die Immobilie steuerbefreit ist (§ 10 Abs. 6 Satz 1 ErbStG).

Die Steuerbefreiung gem. § 13 Abs. 1 Nr. 4b ErbStG für das Familienwohnheim besteht unabhängig vom persönlichen Freibetrag gem. § 16 Abs. 1 Nr. 1 bzw. Nr. 6 ErbStG und auch neben dem besonderen Freibetrag gem. § 17 Abs. 1 ErbStG. Der Wert der Immobilie bzw. des selbst genutzten Teils ist für die Steuerfreiheit ohne Belang, sodass auch eine „Luxusvilla" Gegenstand dieser Privilegierung sein kann, ohne dass eine Angemessenheitsprüfung seitens des Finanzamts in Betracht kommt. Auch die Vorschrift über die Zusammenrechnung mit Vorschenkungen innerhalb von zehn Jahren gem. § 14 ErbStG findet keine Anwendung.

 HINWEIS

Kind wohnt im Familienwohnheim

Soweit das Familienwohnheim zum Zeitpunkt Ihres Todes von einem Ihrer Kinder bewohnt wird, während Ihr Ehepartner schon vor Ihrem Tod im Pflegeheim untergebracht ist, bleibt es bei der Steuerbefreiung für Ihren Ehepartner, soweit dieser Alleinerbe wird. Problematisch und daher u. U. verfassungswidrig ist die Fallbeilwirkung, wenn der Ehepartner als Erbe die Selbstnutzung aus nicht zwingenden Gründen z. B. im neunten Jahr aufgibt.

1.3.3 Übergang im Erbfall auf Kinder/Enkel

Gemäß § 13 Abs. 1 Nr. 4c ErbStG gilt eine Steuerfreistellung bzgl. des Familienwohnheims (Zweitwohnsitz des Erblassers, in dem die Kinder leben, mit einer weiteren Wohnung des Erblassers als Hauptwohnsitz reicht nicht, FG, München, Urteil v. 12.10.2016, 4 K 3006/15; keine Erbschaftsteuerbefreiung nach § 13 Abs. 1 Nr. 4c ErbStG für grundbuchrechtlich selbstständiges, unbebautes Grundstück neben dem Familienheim, FG München, Urteil v. 5.4.2018, 4 K 2568/16, Nichtzulassungsbeschwerde beim BFH, Az. II B 49/18) im Erbfall auch für Kinder und Enkel (soweit deren Eltern bereits verstorben sind). Diesen kann unter den gleichen Voraussetzungen wie beim Ehepartner das selbst genutzte Wohneigentum steuerfrei zugewendet werden. Allerdings wird die Steuerfreistellung auf eine Wohnfläche der Wohnung von 200 m^2 begrenzt. Darüber hinausgehende Flächen müssen die Erben dann voll (s. u. „Grundbesitz im Privatvermögen") versteuern.

 BEISPIEL

Großes Zweifamilienhaus wird an Kinder vererbt

Als Erblasser vererben Sie Ihren beiden Kindern ein von Ihnen komplett zu Wohnzwecken selbst genutztes Zweifamilienhaus mit einem erbschaftsteuerlich ermittelten Grundbesitzwert von 1.000.000 € und einer Wohnfläche von 400 m^2 (1. Stock und EG flächenidentisch). Ihre beiden Kinder nutzen das Haus dann auch zehn Jahre lang nach Ihrem Tod zu Wohnzwecken. 50 % der gesamten Wohnfläche sind steuerlich begünstigt. Die Finanzverwaltung regelt, dass auch aus Sicht des Erblassers **nur eine Fläche von insgesamt 200 m^2** an Kinder steuerbefreit vererbt werden kann.

Erben der Ehepartner und ein Kind zu gleichen Teilen ein Einfamilienhaus mit einer Wohnfläche von 300 m^2, bleibt der hälftige Erwerb seitens des Ehepartners erbschaftsteuerfrei. Für das Kind sind nur 2/3 des hälftigen Erwerbs steuerfrei (200 m^2 von 300 m^2 sind 2/3). Weitere Beispiele hierzu s. u. H E 13.4 ErbStH 2011.

Ist das Familienwohnheim noch mit Schulden belastet, kann der Erbe diese nicht als Verbindlichkeiten abziehen, soweit die Immobilie steuerbefreit ist (§ 10 Abs. 6 Satz 1 ErbStG).

TIPP

Tipp für die Testamentsgestaltung

Bei der Testamentsgestaltung müssen Sie darauf achten, dass bei mehreren Kindern die Steuerbefreiung nur dem Kind zugutekommt, welches das von Ihnen bisher selbst genutzte Haus bzw. die Wohnung auch tatsächlich selbst zu eigenen Wohnzwecken nutzen kann und für zehn Jahre nutzen wird. In der Praxis wird wohl auch der persönliche Freibetrag des Erben bezüglich der Erbschaft einer vom Erblasser genutzten Immobilie zur völligen Steuerfreiheit führen, auch wenn diese größer als 200 m² ist.

Eine Nutzung zu eigenen Wohnzwecken liegt wohl auch vor, wenn das „Kind" (z.B. als Berufspendler) zwei Wohnsitze hat, das Familienheim aber seinen Lebensmittelpunkt bildet. Ein Verkauf des Familienwohnheims führt immer zu einer Nachversteuerung. Lediglich dann, wenn der Erbe selbst zum Pflegefall wird und er deswegen die geerbte Wohnung nicht selbst nutzen kann, bleibt es bei der Steuerfreiheit.

Soweit § 13 Abs. 1 Nr. 4c Satz 1a E ErbStG von einer unverzüglichen Selbstnutzung durch den Erben spricht, wird man davon ausgehen können, dass der Erbe die Ausschlagungsfrist gem. § 1946 BGB abwarten kann. Auch eine zusätzliche angemessene Frist, z.B. die Zeit, um den vorherigen Hausstand aufzulösen (gesetzliche Kündigungsfrist bei einer Mietwohnung) und den Umzug vorzubereiten, wird ihm gestattet sein. Letztendlich wird dies im Streitfall vom jeweiligen FG geklärt werden müssen (zur unverzüglichen Selbstnutzung des Familienwohnheims, wenn eine langwierige Erbauseinandersetzung erfolgt: BFH, Urteil v. 23.6.2015, II R 39/13; gleichlautende Erlasse der Länder v. 3.3.2016 betr. Steuerbefreiung für den Erwerb eines Familienheims von Todes wegen nach § 13 Abs. 1 Nr. 4b und 4c ErbStG; FG Münster, Urteil v. 28.9.2016, 3 K 3793/15 Erb, Rev. beim BFH, Az. II R 37/16 bei erforderlicher Kernsanierung; FG Nürnberg, Urteil v. 4.4.2018, 4 K 476/16: Sanierungsdauer von zwei Jahren schädlich).

Eine Ausnahme von der Selbstnutzung als Familienwohnheim seitens des Erben (Kind des Erblassers) sieht das Gesetz nicht vor. Auch berufliche Gründe, die dem Umzug ins Familienheim entgegenstehen, zählen nicht (BFH, Urteil v. 23.6.2015, II R 13/13; gleichlautende Erlasse der Länder v. 3.3.2016 betr. Steuerbefreiung für den Erwerb eines Familienheims von Todes wegen nach § 13 Abs. 1 Nr. 4b und 4c ErbStG).

Voraussetzung für die Gewährung der Steuerbefreiung ist auch, dass der Erwerber das erworbene Vermögen nicht aufgrund letztwilliger Verfügung oder rechtsgeschäftlicher Verfügung des Erblassers auf einen Dritten übertragen muss oder im Rahmen der Erbauseinandersetzung auf einen Miterben überträgt. Keine Steuerfreistellung des Familienheims erfolgt bei Abriss und Neubau durch den Erben (FG

München, Urteil v. 22.10.2014, 4 K 847/13, rkr.). Die Steuerbefreiung für Familienheime ist rückwirkend zu versagen, wenn der Erwerber innerhalb von zehn Jahren nach dem Erwerb seine Eigentümerstellung überträgt, auch wenn er das Familienheim weiterhin im Rahmen eines Nießbrauchs oder Wohnrechts weiternutzt. Dies gilt auch für die unentgeltliche Übertragung des Familienheims durch den Erben auf seine Kinder innerhalb der Zehnjahresfrist (Hessisches FG, Gerichtsbescheid v. 15.2.2016, 1 K 2275/15).

Die Steuerbefreiung nach § 13 Abs. 1 Nr. 4c ErbStG kommt nur in Betracht, wenn sich in der erworbenen Wohnung der „Mittelpunkt" des familiären Lebens des Erblassers befand (FG Köln, Urteil v. 27.1.2016, 7 K 247/14). Die gelegentliche Nutzung zweier Räume ist ebenso wie die unentgeltliche Überlassung zu Wohnzwecken an Angehörige keine Selbstnutzung zu eigenen Wohnzwecken (BFH, Urteil v. 5.10.2016, II R 32/15). Keine Erbschaftsteuerbefreiung für Familienwohnheime nach § 13 Abs. 1 Nr. 4c Satz 1 ErbStG kommt bei Umzug der pflegebedürftigen Erblasserin von der Wohnung im Obergeschoss in die Wohnung im Erdgeschoss des später vererbten Hauses und Vermietung der Erdgeschosswohnung nach dem Tod der Erblasserin an Angehörige der Erbin in Betracht (FG München, Urteil v. 11.4.2018, 4 K 532/17).

 TIPP

Stundungsmöglichkeit

§ 28 Abs. 3 Satz 2 ErbStG sieht eine Stundungsmöglichkeit für den Erwerber vor, wenn bisher selbst genutzte Ein- oder Zweifamilienhäuser oder eine selbst bewohnte Eigentumswohnung von ihm selbst weitergenutzt werden (ist dann interessant, wenn die Wohnfläche über 200 m^2 beträgt), längstens für die Dauer der Selbstnutzung, aber auch, wenn er diese Objekte zu Wohnzwecken an Dritte weitervermietet. Der Stundungsanspruch besteht nicht, wenn der Erwerber die auf das begünstigte Vermögen entfallende Erbschaftsteuer aus weiterem erworbenen oder eigenen Vermögen zahlen kann.

1.3.4 Zu Wohnzwecken vermietete Objekte – Bewertungsabschlag

Anders als ein Familienwohnheim werden vermietete Wohnimmobilien als Mietwohngrundstücke mit dem Ertragswertverfahren bewertet (§ 12 Abs. 3 ErbStG in Verbindung mit § 182 Abs. 3 Nr. 1 BewG).

Für die Bewertung im Rahmen des Ertragswertverfahrens werden der Wert des Gebäudes und der des Grund und Bodens getrennt ermittelt (§ 184 Abs. 1 BewG). Der Wert des Grund und Bodens bestimmt sich nach den Bodenrichtwerten (§ 184 Abs. 2 in Verbindung mit § 179 BewG) und auf Grundlage des nachhaltig erzielbaren Ertrags (s. hierzu → Kapitel 1.2.3).

Bei bebauten Grundstücken oder Grundstücksteilen, die

- zu Wohnzwecken vermietet werden **und**

- im Inland, in einem Mitgliedstaat der EU oder in einem Staat des Europäischen Wirtschaftsraums belegen sind **und**

- nicht zum begünstigten Betriebsvermögen oder begünstigten Vermögen eines Betriebs der Land- und Forstwirtschaft i.S.d. § 13a ErbStG gehören,

werden gem. § 13d ErbStG (bis 30.6.2016: § 13c ErbStG) beim Erwerber nur 90 % ihres Werts angesetzt. Eine Steuerbegünstigung nach § 13d ErbStG scheidet aus, wenn von Todes wegen ein Grundstück mit einem nicht bezugsfertigen Gebäude erworben wird (BFH, Urteil v. 11.12.2014, II R 30/14). Wird ein bebautes Erbbaugrundstück, das der Erbbauberechtigte zu Wohnzwecken vermietet, von Todes wegen erworben, ist bei der Ermittlung des steuerpflichtigen Erwerbs des (neuen) Grundstückseigentümers ein verminderter Wertansatz nach § 13d Abs. 1 ErbStG nicht zu gewähren (BFH, Urteil v.11.12.2014, II R 25/14). Eine Steuerbegünstigung scheidet auch aus, wenn das von Todes wegen erworbene Grundstück zum Zeitpunkt der Entstehung der Erbschaftsteuer weder zu Wohnzwecken vermietet noch zu einer solchen Vermietung bestimmt ist (BFH, Urteil v. 11.12.2014, II R 24/14).

 WICHTIG

Besonderheiten

Bei einem Leerstand im Zeitpunkt des Erwerbs muss für den Bewertungsabschlag die Vermietungsabsicht durch Vorlage eines zeitnah bzw. innerhalb einer angemessenen Frist nach dem Stichtag abgeschlossenen Mietverhältnisses belegt werden (FG Bremen, Urteil v. 12.3.2014, 3 K 1/14 1).

Ein Erwerber kann den verminderten Wertansatz nicht in Anspruch nehmen, soweit er erworbene Grundstücke aufgrund einer letztwilligen Verfügung des Erblassers oder einer rechtsgeschäftlichen Verfügung des Erblassers oder Schenkers auf einen Dritten übertragen muss. Gleiches gilt, wenn ein Erbe im Rahmen der Teilung des Nachlasses ein zu Wohnzwecken vermietetes Grundstück auf einen Miterben überträgt (R E 13d Abs. 5 ErbStR 2011). Für die anteilige Steuerbefreiung (10 %) gibt es keine Behaltensfrist. Es bleibt also bei dem 90 %igen Ansatz, auch wenn der Erbe später das vermietete Wohngrundstück verkauft.

§ 28 Abs. 3 ErbStG regelt den Anspruch auf eine zinslose Stundung der auf begünstigte Erwerbe entfallenden Erbschaftsteuer. Dem Erwerber ist die auf begünstigtes Vermögen i.S.d. § 13d Abs. 3 ErbStG entfallende Erbschaftsteuer auf Antrag bis zu zehn Jahre zu stunden, soweit er die Steuer nur durch

Veräußerung dieses Vermögens aufbringen kann. Wenn der Erwerb aufgrund eines Erbfalls erfolgt, bleibt die Stundung zinslos. Im Übrigen gelten §§ 234 und 238 AO: Der Zinssatz beträgt 0,5 % pro vollen Monat der Stundung. Unter bestimmten Umständen kommt ein Verzicht der Finanzbehörde in Betracht.

 TIPP

Erlass der Erbschaftsteuer

In Ausnahmefällen kommt auch ein Erlass der Erbschaftsteuer in Betracht, wenn z.B. der Erbfall durch Unfalltod eines Ehepartners eingetreten ist und der mitfahrende überlebende Ehepartner durch den Unfall zum Pflegefall geworden ist und das Erbe für die eigene Versorgung benötigt.

1.3.5 Übertragung von Grundvermögen gegen Versorgungsleistungen

Eine zur Absicherung der übertragenden Eigentümer von Immobilien im Rahmen der vorweggenommenen Erbfolge vereinbarte Versorgungsleistung ist seit dem 1.1.2008 in vielen Fällen einkommensteuerrechtlich nicht mehr interessant. Der Erwerber (künftige Erbe) kann die Versorgungsleistungen (Renten und dauernde Lasten) nicht mehr als Sonderausgaben abziehen.

Bei der Übertragung gegen Versorgungsleistungen gilt Letztere als Gegenleistung, sodass i.d.R. eine **gemischte Schenkung** vorliegt. Die Zuwendung besteht aus einem entgeltlichen Teil, der nicht der Schenkungsteuer unterliegt, und einem unentgeltlichen Teil, der schenkungsteuerpflichtig ist (FinMin Baden-Württemberg, Erlass v. 20.5.2011, 3 – S 3806/76).

Die Höhe der Schenkungsteuer orientiert sich am Verhältnis des Werts der Versorgungsleistung zum Wert der Schenkung, sodass im Ergebnis nur die Bereicherung des Beschenkten nach Abzug des Kapitalwerts der wiederkehrenden Leistungen der Schenkungsteuer unterworfen wird (§§ 13, 14 BewG).

Versorgungsleistungen im Zusammenhang mit der Übertragung von Immobilien sind seit dem 1.1.2008 in der Einkommensteuer nicht mehr begünstigt (BMF, Schreiben v. 11.3.2010, IV C 3 – S 2221/09/10004-2010/0188949).

 WICHTIG

Versorgungsleistungen pünktlich zahlen

Soweit Sie vor dem 1.1.2008 eine Immobilie gegen Versorgungsleistungen übertragen haben, muss darauf geachtet werden, dass die Versorgungsleistungen auch pünktlich und in vereinbarter Höhe gezahlt werden, damit der Zahlungsverpflichtete diese auch als Sonderausgaben in seiner Einkommensteuererklärung ansetzen kann. Der Sonderausgabenabzug nach Wiederaufnahme von Zahlungen nach vorhergehender willkürlicher Aussetzung ist nicht mehr zulässig (BFH, Urteil v. 15.9.2010, X R 13/09; BFH, Urteil v. 15.9.2010, X R 10/09; Schleswig-Holsteinisches FG, Urteil v. 29.11.2018, 4 K 44/17: Kein Sonderausgabenabzug bei nachträglicher zeitlicher Begrenzung der lebenslangen Leistungen). Änderungen eines Versorgungsvertrags werden steuerlich nur anerkannt, wenn dies schriftlich festgehalten wird. Lassen Sie sich unbedingt beraten, falls es bei den Zahlungen in der Vergangenheit zu „Unregelmäßigkeiten" gekommen ist.

1.3.6 Übertragung von Grundvermögen gegen Vorbehaltsnießbrauch

Der Nießbraucher darf in der Regel alle Nutzungen des Grundstücks (also die Mieten) vereinnahmen. Der Nießbrauch ist als höchstpersönliches Recht unvererblich und unübertragbar.

Ein Vorbehaltsnießbrauch liegt vor, wenn bei der Übertragung der Immobilie gleichzeitig ein Nießbrauchsrecht für den Schenker am übertragenen Grundstück bestellt wird. Bei einem Mietwohngrundstück erzielt dann weiterhin der Schenker (z. B. Sie als Vater) die Vermietungseinkünfte, obwohl Ihr beschenktes Kind als Eigentümer im Grundbuch eingetragen ist. Der Schenker kann – wie bisher – von den Mieteinnahmen alle von ihm getragenen Grundstücksaufwendungen einschließlich der Abschreibungsbeträge für das Gebäude als Werbungskosten steuermindernd abziehen. Er hat insoweit Einkünfte aus V+V. Solange der Nießbrauch besteht, erzielt Ihr Kind damit keine Einkünfte aus V+V und kann mit dem Grundstück zusammenhängende Aufwendungen, soweit sie tatsächlich von ihm getragen werden, grundsätzlich nicht steuerlich geltend machen (BayLfSt, Verfügung v. 28.1.2011, S 2196.1.1 - 2/1 St 32 mit weiteren wichtigen Einzelheiten zu ertragsteuerlichen Folgen zur Ablösung des Vorbehaltsnießbrauchs etc.; BMF, Schreiben v. 30.9.2013, IV C 1 – S 2253/07/10004 zur einkommensteuerrechtlichen Behandlung des Nießbrauchs bei Einkünften aus V+V). Wird ein Nießbrauch an einem gesamten Gebäude vereinbart, bestehen nach Wegfall des Nießbrauchs Pflichtteilansprüche der Nachkommen, die nicht an der Übergabe der Immobilie beteiligt waren. Bei einem Vorbehaltsnießbrauch entsteht die Schenkungsteuer mit der notariellen Übertragung, der Auflassung des Grundstücks, der Bestellung des Nießbrauchs und der entsprechenden Eintragungsbewilligung.

 TIPP

Nießbrauchsbelastung vom Grundbesitzwert abziehen

Der Beschenkte kann die Nießbrauchsbelastung für Zwecke der Schenkungsbesteuerung in Höhe des Kapitalwerts von der Bemessungsgrundlage (Grundbesitzwert) steuermindernd abziehen. Der kapitalisierte Betrag fällt umso höher aus, je jünger Sie als Vater oder Mutter bei der Übergabe an Ihr Kind sind.

Der Kapitalwert der Nießbrauchsbelastung ergibt sich aus der Multiplikation des Vervielfältigers (orientiert sich an der amtlichen Sterbetabelle) mit dem Jahreswert. Die Höhe des Vervielfältigers hängt von der Dauer des Nießbrauchsrechts ab.

Bei einem **Nießbrauchsrecht**, das auf eine **bestimmte Zeit beschränkt** ist, ermittelt sich der Vervielfältiger nach § 13 Abs. 1 BewG. Dagegen ergibt sich der Vervielfältiger für den **lebenslänglichen Nießbrauch** nach § 14 Abs. 1 BewG.

Unter dem Jahreswert ist der Wert der Nutzung während eines Jahres zu verstehen. Als Jahreswert ist der Reinertrag zugrunde zu legen. Dieser ergibt sich, wenn die vom Nießbraucher zu tragenden Kosten von den Einnahmen abgezogen werden.

Bei schwankenden Beträgen ist § 15 Abs. 3 BewG zu beachten, wonach als Jahreswert der Betrag zugrunde zu legen ist, der in Zukunft im Durchschnitt der Jahre voraussichtlich erzielt werden wird. In der Regel ist hier der Durchschnittsertrag der vergangenen drei Jahre maßgebend. § 16 BewG sieht für den Jahreswert eine Begrenzung vor. Bei der Wertermittlung eines Nießbrauchs für Zwecke der Schenkungsteuer ist die vom Nießbraucher übernommene Verpflichtung zur Zahlung von Tilgungen und Schuldzinsen mindernd zu berücksichtigen (FG Münster, Urteil v. 26.11.2015, 3 K 2711/13 Erb, Revision beim BFH, Az. II R 4/16).

 BEISPIEL

Vorbehaltsnießbrauch bei Mehrfamilienhaus

Sie (Witwe, 60-jährig) wollen Ihrem Enkel (dessen Eltern leben) 2019 ein Mehrfamilienhaus (Verkehrswert laut § 182 Abs. 3 Nr. 1, §§ 184 und 185 BewG 1.000.000 €) übertragen, aber bis zu Ihrem Tod die Nettomieten von 80.000 € jährlich kassieren, also einen Vorbehaltsnießbrauch geltend machen. Für Ihren Enkel stellt sich die steuerliche Belastung der Schenkungsteuer wie folgt dar:

gemeiner Wert des Mehrfamilienhauses		1.000.000 €
abzüglich 10 % Abschlag gem. § 13d ErbStG		**– 100.000 €**
		900.000 €
abzüglich 90 % Kapitalwert des Nießbrauchs:		
Jahreswert des Nießbrauchs	80.000 €	
Begrenzung gem. § 16 BewG (1.000.000 € : 18,6)	53.763 €	
Multiplikator lebenslange Nutzung für 60-jährige Frau (BMF, Schreiben v. 22.11.2018, IV C 7 - S 3104/09/10001)	13,856	
90 % v. Kapitalwert des Vorbehaltsnießbrauchs (53.763 € × 13,856)		– 670.446 €
steuerpflichtiger Erwerb bei Berücksichtigung des Vorbehaltsnießbrauchs, abgerundet gem. § 10 Abs. 1 Satz 6 ErbStG		**229.500 €**

Wenn man berücksichtigt, dass Ihr Enkel einen persönlichen Freibetrag in Höhe von 200.000 € gem. § 16 Abs. 1 Nr. 3 ErbStG hat, fällt Schenkungsteuer in Höhe von 7 % auf einen Betrag von 29.500 € an.

Abwandlung zu obigem Beispiel: Gleicher Fall, aber es wird unterstellt, dass Sie 70 Jahre alt sind, wenn Sie die Immobilie übertragen. Für Ihren Enkel stellt sich die steuerliche Belastung der Schenkungsteuer dann wie folgt dar:

gemeiner Wert des Mehrfamilienhauses		1.000.000 €
abzüglich 10 % Abschlag gem. § 13d ErbStG		**– 100.000 €**
		900.000 €
abzüglich 90 % Kapitalwert des Nießbrauchs:		
Jahreswert des Nießbrauchs	80.000 €	
Begrenzung gem. § 16 BewG (1.000.000 €: 18,6)	53.763 €	
Multiplikator lebenslange Nutzung für 70-jährige Frau (BMF, Schreiben v. 22.11.2018, IV C 7 - S 3104/09/10001)	11,127	
90 % Kapitalwert des Vorbehaltsnießbrauchs (53.763 € × 11,127)		– 538.398 €
steuerpflichtiger Erwerb bei Berücksichtigung des Vorbehaltsnießbrauchs, abgerundet gem. § 10 Abs. 1 Satz 6 ErbStG		**361.600 €**

Unter Berücksichtigung des Freibetrags in Höhe von 200.000 € gem. § 16 Abs. 1 Nr. 3 ErbStG müsste Ihr Enkel 161.600 € versteuern. Es fallen 11 % Schenkungsteuer an.

2. Abwandlung zu obigem Beispiel: Gleicher Fall wie der erste – es wird nun unterstellt, dass Sie elf Jahre, nachdem Sie die Immobilie auf Ihren Enkel übertragen haben, auf Ihren Vorbehaltsnießbrauch zu 1/4 (unentgeltlich) verzichten. Der Verzicht stellt eine weitere Zuwendung an Ihren Enkel dar (§ 7 Abs. 1 Nr. 1 ErbStG), der aber gem. § 14 ErbStG nach Ablauf von zehn Jahren einen weiteren Freibetrag von 200.000 € hat. Der Verzicht auf den Nießbrauch wird wie folgt bewertet:

Jahreswert des 25 %igen Nießbrauchs	20.000 €	
Multiplikator lebenslange Nutzung für 71-jährige Frau (BMF, Schreiben v. 22.11.2018, IV C 7 - S 3104/09/10001)	10,801	
Kapitalwert des Verzichts auf den Vorbehaltsnießbrauch (20.000 € × 10,801), abgerundet gem. § 10 Abs. 1 Satz 6 ErbStG		**216.000 €**

Erlischt das Nießbrauchsrecht an einem Grundstück, weil der Nießbrauchsberechtigte Erbe wird, so wird der Nießbrauch für die Berechnung des Wertes des

Nachlasses als nicht erloschen behandelt, sondern nur wertmindernd berücksichtigt (OLG München, Urteil v. 6.2.2019, 20 U 2890/18).

1.3.7 Zuwendungsnießbrauch von Mieten an einer Immobilie

Alternativ zum Vorbehaltsnießbrauch kann der Schenker nicht die Immobilie, sondern die Mieteinkünfte auf Kinder übertragen (Zuwendungsnießbrauch). Hier bleiben Sie als Schenker weiterhin Eigentümer der Immobilie. Laut FG Baden-Württemberg, Urteil v. 13.12.2016, 11 K 2591/15, rkr., ist auch die Bestellung eines befristeten, unentgeltlichen Zuwendungsnießbrauchs zulässig.

Bei der Übertragung der Mieteinkünfte entfällt dann für beide Parteien die Abschreibungsmöglichkeit bzgl. des Gebäudes. Für den Übertragenden fällt sie weg, weil dieser ja keine Mieteinnahmen mehr erzielt, für das beschenkte Kind, weil es nur die Mieteinnahmen erhält, aber eben nicht das Gebäude. Der Nießbraucher erzielt Einkünfte aus V+V und muss diese versteuern.

 BEISPIEL

Übertragung der Nettomieten

Sie (Witwe, 70-jährig) wollen Ihr Mehrfamilienhaus (Verkehrswert laut § 182 Abs. 3 Nr. 1; §§ 184, 185 BewG 1.000.000 €) bis zu Ihrem Tode behalten, aber die Nettomieten in Höhe von 20.000 € (Teilbetrag) jährlich Ihrem 25-jährigen Enkel (dessen Eltern nicht mehr leben) zuwenden.

Für Ihren Enkel stellt sich die steuerliche Belastung der Schenkungsteuer wie folgt dar:

Jahreswert des Nießbrauchs	20.000 €
Multiplikator lebenslange Nutzung für 25-jährigen Mann (BMF, Schreiben v. 22.11.2018, IV C 7 - S 3104/09/10001)	17,643
Kapitalwert des Zuwendungsnießbrauchs (20.000 € × 17,643)	
Steuerpflichtiger Erwerb Zuwendungsnießbrauch, abgerundet gem. § 10 Abs. 1 Satz 6 ErbStG	**352.800 €**

Unter Berücksichtigung des Freibetrags in Höhe von 400.000 € gem. § 16 Abs. 1 Nr. 3 ErbStG müsste Ihr Enkel nichts versteuern. Hätten Sie Ihrem Enkel z.B. 40.000 € jährlich als Zuwendungsnießbrauch übertragen, läge der steuerpflichtige Erwerb bei 705.700 €, und nach Abzug des Freibetrags in Höhe von 400.000 € gem. § 16 Abs. 1 Nr. 3 ErbStG wären noch 305.700 € vom Enkel zu versteuern. Es würden 15 % Schenkungsteuer anfallen.

Hinweis: Wichtiges zum Thema „Wohnrecht" finden Sie auf http://mybook.haufe.de unter „Weiterführende steuerliche Informationen".

2 Grundsteuer/Grunderwerbsteuer

2.1 Unvermeidlich für den Grundbesitzer: die Grundsteuer

Die Grundsteuer muss von den Haus- und Grundbesitzeigentümern an die Gemeinde gezahlt werden. Sind Sie Mieter, dürften Sie in den meisten Fällen auch betroffen sein: Über die Nebenkostenumlage tragen Sie die Grundsteuer.

 WICHTIG

Verfassungsmäßigkeit – Neuregelung notwendig

Das BVerfG hat am 10.4.2018 verkündet, dass die Regelungen des BewG zur Einheitsbewertung von Grundvermögen in den alten Bundesländern verfassungswidrig sind. Der Gesetzgeber muss bis Ende 2019 eine Neuregelung schaffen. Die beanstandeten Bewertungsregeln gelten dann noch für weitere fünf Jahre, jedoch nicht länger als bis zum 31.12.2024 fort (BVerfG, Urteil v. 10.4.2018, 1 BvL 11/14, 1 BvL 12/14, 1 BvL 1/15, 1 BvR 639/11, 1 BvR 889/12).

Da die Einheitsbewertung als Grundlage für die Grundsteuer dient, hat dieses Urteil Auswirkungen auch hierauf.

Ausgangsgröße, Einheitswert und Grundsteuermessbescheid

Zunächst ist vom zuständigen Finanzamt (Lage des Grundstücks) ein Einheitswert festzustellen. Dieser ist ein Grundlagenbescheid für alle folgenden Bescheide, und somit kann die Höhe der Grundsteuer bei einem fehlerhaften Einheitswertbescheid nur durch einen Einspruch dagegen beeinflusst werden. Gleichzeitig mit dem Einheitswertbescheid ergeht ein Grundsteuermessbescheid. Dieser wird durch Anwendung einer gesetzlich vorgeschriebenen Steuermesszahl auf den Einheitswert berechnet. Die Grundsteuer selbst wird von der Gemeinde festgesetzt. Dazu muss sie den Grundsteuer-Hebesatz beschließen. Dabei wird unterschieden zwischen Grundsteuer A (land- und forstwirtschaftliches Vermögen) und Grundsteuer B (Grundvermögen). Der vom Finanzamt festgesetzte Steuermessbetrag wird mit diesem Hebesatz vervielfacht und durch den Grundsteuerbescheid dem Steuerpflichtigen bekannt gegeben. Die Grundsteuer ist in Vierteljahresraten zu entrichten und jeweils am 15. Februar, 15. Mai, 15. August und 15. November fällig.

Verfahren in den neuen Bundesländern

Mietwohngrundstücke und Einfamilienhäuser auf dem Gebiet der ehemaligen DDR werden nach der Wohn- oder Nutzfläche, multipliziert mit einem pauschalen Jahresbetrag von 1 €/m² für Wohnungen mit Bad und Sammelheizung oder 75 Cent/m² für Wohnungen schlechterer Ausstattung, besteuert. Die Grundsteuer ist vom Steuerschuldner selbst zu berechnen und in Vierteljahresraten an die Gemeinde zu entrichten.

Erlass wegen wesentlicher Ertragsminderung

Bei privatem Grundbesitz können 25 % der Grundsteuer durch die Gemeinde erlassen werden, wenn eine wesentliche Ertragsminderung von mehr als 50 % des Rohertrags vorliegt, die der Eigentümer nicht zu vertreten hat (z. B. Hochwasser, Viehseuchen, Erdbeben, Sturmschäden, Waldbrand). Beträgt die Minderung des normalen Rohertrags 100 %, ist die Grundsteuer in Höhe von 50 % zu erlassen.

Unter dem normalen Rohertrag ist die nach den Verhältnissen zu Beginn des Erlasszeitraums geschätzte übliche Jahresrohmiete zu verstehen. Diese ist in Anlehnung an die für vergleichbare Räume (Art, Lage und Ausstattung) regelmäßig gezahlte Jahresrohmiete zu schätzen.

Für unbebaute Grundstücke kommt ein Grundsteuererlass nicht in Betracht.

2.2 Kauf, Verkauf oder Übertragung von Grundbesitz – alles Wissenswerte über die Grunderwerbsteuer

Bei Abschluss eines Kauf- oder anderen Vertrags, der die Übereignung eines inländischen Grundstücks zum Ziel hat, fällt in vielen Fällen Grunderwerbsteuer an. Ein Erwerb durch Ihren Ehegatten, Ihre Kinder, Enkel oder Schwiegerkinder ist meistens steuerbegünstigt. Die Grunderwerbsteuer knüpft regelmäßig an den notariellen Vertrag an, ohne den eine Grundstücksübertragung nicht möglich ist.

Grundstück und Gebäude

Besteuert wird der Erwerb eines Grundstücks mit den wesentlichen Bestandteilen. Zu diesen Bestandteilen eines Grundstücks gehört neben den Gebäuden u. a. auch der Bewuchs mit Bäumen und Pflanzen. Nicht mit Grunderwerbsteuer belastet wird das miterworbene Inventar eines Gebäudes, z. B. Wohnungsinventar wie Möbel etc.

 TIPP

Kaufpreis aufteilen

Wird im Kaufvertrag ein Gesamtpreis vereinbart, ist dieser auf das Grundstück und die übrigen Gegenstände nach dem Verhältnis der Verkehrswerte aufzuteilen. Wird der Kaufvertrag bereits so abgeschlossen, dass zwischen den beiden Bereichen unterschieden werden kann, und werden für das Inventar realistische Werte angesetzt, können Sie Grunderwerbsteuer sparen.

Einheitlicher Kaufvertrag

Ein Vertrag mit einem Bauträger, bei dem ein Grundstück erworben und gleichzeitig die Errichtung eines Gebäudes vereinbart wird, gilt als einheitlicher Kaufvertrag, der insgesamt der Grunderwerbsteuer unterliegt. Allerdings ist der Vorgang für den Bauträger grundsätzlich umsatzsteuerfrei, was Einfluss auf den Kaufpreis haben sollte.

 WICHTIG

Fiktives einheitliches Vertragswerk

Ein einheitliches Vertragswerk liegt vor, wenn die Verträge über den Kauf des unbebauten Grundstücks und die anschließende Gebäudeerrichtung in einem engen rechtlichen oder zumindest objektiv sachlichen Zusammenhang bzw. Abhängigkeitsverhältnis stehen (BFH, Urteil v. 27.9.2012, II R 7/12, bestätigt durch BFH, Urteil v. 4.12.2014, II R 22/13). In diesem Fall unterliegen sowohl der Grundstückspreis als auch die Bauleistung der Grunderwerbsteuer.

Erbbaurecht

Auch die Bestellung, Übertragung, Aufhebung und Verlängerung eines Erbbaurechts unterliegt der Grunderwerbsteuer. Erwirbt der Erbbauberechtigte später das Grundstück, berechnet sich die Grunderwerbsteuer nur aus dem Differenzbetrag.

Steuerfreie Vorgänge

Steuerfrei bleiben z. B.:

- Erwerbe mit einer Besteuerungsgrundlage bis 2.500 €

- Grundstücksschenkungen, Grundstückserwerbe durch Erbanfall/Vermächtnis

- Erwerb durch Miterben und deren Ehegatten im Rahmen einer Erbauseinandersetzung

- Grundstückserwerb durch frühere Ehegatten nach der Scheidung im Rahmen einer Vermögensauseinandersetzung

- Grundstückserwerb durch Verwandte in gerader Linie und deren Ehegatten sowie Stiefkinder

Bemessungsgrundlage

Bemessungsgrundlage für die Grunderwerbsteuer ist generell der vereinbarte Kaufpreis. Werden darüber hinaus andere Leistungen durch den Erwerber übernommen, z. B. Hypotheken-, Grund- oder Rentenschulden, gehören diese ebenfalls dazu. Das gilt auch für Nutzungsrechte, die sich der Veräußerer für die Zeit nach dem Verkauf vorbehalten hat. Hierzu zählen insbesondere Wohn- und Nießbrauchsrechte. Im Ausnahmefall ist der Grundstückswert die Besteuerungsgrundlage, z. B. wenn eine Gegenleistung nicht vorhanden oder nicht zu ermitteln ist. Dieser Wert ist nach den Vorschriften des Bewertungsgesetzes zu berechnen.

Steuersatz und Steuerschuldner

Die Höhe des Steuersatzes können die Bundesländer selbst bestimmen. Er liegt zurzeit zwischen 3,5 % und 6,5 %.

Die Steuer schulden der Veräußerer und der Erwerber als Gesamtschuldner. Die Steuer wird innerhalb eines Monats nach Zustellung des Bescheids fällig.

3 Kapitalanlagen im Ausland

Unterhalten Sie auf Dauer angelegte Geschäftsbeziehungen zu Finanzinstituten im Ausland, sollten Sie den folgenden Abschnitt lesen.

3.1 Allgemeines

Erträge (insbesondere Zinsen und Dividenden) aus Kapitalvermögen unterliegen grundsätzlich dem **Kapitalertragsteuerabzug**. Dies betrifft aber nur Erträge aus Kapitalanlagen im Inland, denn **nur inländische Banken** oder vergleichbare Einrichtungen sind zur Einbehaltung des abgeltenden Steuerabzugs bei Auszahlung der Kapitalerträge verpflichtet. Vertiefend siehe → Kapitalanlagen.

Gründe für eine Kapitalanlage im Ausland können bessere Zinskonditionen, der Wunsch nach Anonymität und Diskretion, ein Schutz vor dem Zugriff von Gläubigern, eine Risikostreuung oder schlicht die Umgehung erb- bzw. familienrechtlicher oder steuerrechtlicher Verpflichtungen sein.

Im Rahmen der unbeschränkten Einkommensteuerpflicht wird das sog. **Welteinkommen** besteuert, soweit nicht durch Doppelbesteuerungsabkommen etwas anderes bestimmt ist. Im Allgemeinen regeln diese **Doppelbesteuerungsabkommen**, dass der Staat, in dem der Anleger ansässig ist, das Besteuerungsrecht bzgl. der Kapitalerträge hat.

Bei der Anlage von Kapital im Ausland wird bei Auszahlung der Zinsen keine inländische Kapitalertragsteuer einbehalten. Die Kapitalerträge einschl. einer evtl. einbehaltenen ausländischen Quellensteuer müssen deshalb in der Einkommensteuererklärung auf der Anlage KAP (oder Anlagen G bzw. S, wenn das angelegte Kapital zu einem Betriebsvermögen gehört) angegeben werden, um diese der inländischen Besteuerung zuzuführen. Auch andere Einkünfte aus dem Ausland sind im Inland im Regelfall steuerpflichtig. Auf die im Inland festgesetzte Steuer wird in bestimmten Fällen die ausländische Quellensteuer ganz oder teilweise wieder angerechnet. Die Einzelheiten regeln die jeweiligen Doppelbesteuerungsabkommen.

Der Verpflichtung, ausländische Kapitalerträge und andere Einkünfte zu versteuern, haben sich Steuerbürger über Jahrzehnte bewusst entzogen. Zunehmend erhält die Finanzverwaltung aber durch Datenaustausch mit anderen Ländern oder anonyme Informationen (Verkauf von Datenträgern an die Behörden) Kenntnis von entsprechenden Einkünften. Steuerfahnder der einzelnen Bundesländer leiten die Daten über Tricks und Betrug deutscher Steuerbürger und Unternehmen an ihre Kollegen in den anderen Bundesländern weiter.

Mit den nachfolgenden Maßnahmen versucht die Bundesrepublik, den Steuerbetrug einzudämmen.

3.2 Kontrollmöglichkeiten

a) Steuerabkommen mit anderen Ländern

Auf internationaler Ebene wurden verschiedene Maßnahmen zur Eindämmung von Steuerhinterziehung durch die Nutzung ausländischer Konten vereinbart. Innerhalb der EU gab es schon im Jahr 2005 die EU-Zinsrichtlinie. Das multilaterale Abkommen **CRS** (Common Reporting Standard) über den **automatischen Informationsaustausch in Steuersachen**, unterzeichnet von zwischenzeitlich mehr als 100 Staaten und Gebieten, regelt den Datenaustausch zwischen den Mitgliedsstaaten. Dieses Abkommen (in Deutschland umgesetzt durch das Finanzkonten-Informationsaustauschgesetz – FKAustG) definiert den neuen globalen Standard für den automatischen Informationsaustausch über Finanzkonten. Deutschland hat sich wie die anderen Staaten verpflichtet, die Informationen über Finanzkonten (z. B. Zinsen, Dividenden, sonstige Erträge, Veräußerungserlöse) mit den OECD-Partnerstaaten und weiteren Staaten auszutauschen. In der BRD wurde das Abkommen über das Finanzkonten-Informationsaustauschgesetz in geltendes Recht umgesetzt. Der Datenaustausch zwischen den beteiligten Staaten hat bereits begonnen. Bei Neukunden sind die Finanzinstitute verpflichtet, die steuerliche Ansässigkeit festzustellen. Ein weiteres bilaterales Abkommen gibt es mit den USA **(FATCA)**, das den Datenaustausch und das Verfahren regelt.

Die EU und die Schweiz haben ein Abkommen über Steuertransparenz unterzeichnet, das die Bekämpfung der Steuerhinterziehung verbessern soll. Beide Seiten verpflichten sich, ab 2018 Informationen über die Finanzkonten der Einwohner des jeweils anderen Landes automatisch auszutauschen. Das Abkommen entspricht dem Standard für den automatischen Informationsaustausch CRS. Vergleichbare Abkommen wurden zwischenzeitlich auch mit Andorra, Liechtenstein, Monaco und San Marino unterzeichnet. Auch mit diesen Staaten erfolgt der Datenaustausch bereits.

Laufend werden auch die Doppelbesteuerungsabkommen mit anderen außereuropäischen Staaten erneuert. In diesen werden auch Regelungen aufgenommen, die verhindern sollen, dass Steuern umgangen werden.

Auf dem Gebiet des Mehrwertsteuerbetrugs erhofft sich die EU von der engeren Zusammenarbeit mit anderen Staaten (insbesondere Russland und Norwegen sowie Kanada, der Türkei und China) die Entwicklung wirksamerer Instrumente für den Kampf gegen Steuerbetrug.

b) EU-Amtshilferichtlinie

Innerhalb der EU wurde die **EU-Amtshilferichtlinie vereinbart.** Sie sieht im Bereich der Besteuerung einen Informationsaustausch über sechs Arten von Vergütungen und Einkünften vor (Einkünfte aus unselbstständiger Arbeit, Aufsichtsrats- oder Verwaltungsratsvergütungen, bestimmte Lebensversicherungsprodukte, Ruhegehälter, Eigentum an unbeweglichem Vermögen und Finanzkonteninformationen).

Identität und Wohnsitz des Anlegers, Name und Anschrift des Zahlenden, die Konten- oder Depotnummer sowie Betrag und Zeitraum der Einkünfte werden an den Wohnsitzstaat weitergegeben.

Die jeweiligen Steueridentifikationsnummern oder vergleichbare Ordnungsnummern werden ebenfalls übermittelt.

Auch Auskünfte zu gemeinsamen Konten bzw. zu gemeinsam gehaltenem wirtschaftlichen Eigentum werden verbessert. Ein Transparenzkonzept soll alle vorliegenden Angaben zum tatsächlichen wirtschaftlichen Eigentümer offenlegen. Es wurden umfangreiche Anlagen zur Richtlinie (im Sinne einer „schwarzen Liste") erstellt, in denen in den Drittländern ansässige Einrichtungen und Rechtsvereinbarungen aufgeführt sind, die der Steuerumgehung dienen.

Von der Meldepflicht sind nicht nur natürliche, sondern auch juristische Personen einschließlich Stiftungen und Trusts sowie Personengesellschaften betroffen.

Hinweis: Wichtiges zu den Themen „Zollkontrollen", „Steuerumgehungsbekämpfungsgesetz und Geldwäschegesetz" sowie „Lebensversicherungen" finden Sie auf http://mybook.haufe.de unter „Weiterführende steuerliche Informationen".

c) Erbschaftsteuer

Im Todesfall besteht für inländische Kreditinstitute eine Meldepflicht bzgl. aller Bankverbindungen. Diese Meldepflicht umfasst auch die inländischen Kreditinstitute bzgl. ihrer ausländischen Zweigniederlassungen. Die Meldung ererbten Vermögens an die Finanzverwaltung ermöglicht die steuerliche Überprüfung des Verstorbenen für die zurückliegenden Jahre.

d) Kontenabruf und andere Maßnahmen

Zur Aufklärung eines Sachverhalts kann sich die Finanzverwaltung in bestimmten Fällen eines sog. Kontenabrufs bedienen. Der automatisierte Abruf von Kontoinformationen erfolgt nur in bestimmten Fällen über das Bundeszentralamt für Steuern aus dem Datenbestand der Kreditinstitute. Der Kontenabruf spielt insbesondere auch bei Steuertatbeständen im betrieblichen Bereich und bei der Inanspruchnahme staatlicher Leistungen eine Rolle. Vertiefend siehe → Kapitalanlagen.

Die Finanzverwaltung kann auch Auskunftsersuchen an Dritte, wie z.B. die Schufa, Versicherungen oder Notare, richten.

4 Sozialhilferegress – praktische Bedeutung und zulässige Umgehung

4.1 Überblick

Bekanntermaßen steigt die Lebenserwartung aller Bürger und damit verbunden ist das Risiko, alters- und krankheitsbedingt in ein Alten- bzw. Pflegeheim umziehen zu müssen. Aber auch jüngere Menschen sind nicht vor Unfällen, Schlaganfällen etc. gefeit und können sehr schnell zum Sozialhilfefall werden, weil die eigenen Einkünfte und/oder Leistungen aus der gesetzlichen Pflegeversicherung nicht ausreichen, um die Kosten der Pflege zu decken.

Der Anspruch auf Sozialhilfe entsteht grundsätzlich – auch ohne Antrag – ab dem Tag, an dem der Sozialhilfeträger (z.B. Sozialamt) erfährt, dass die Voraussetzungen für die Hilfegewährung vorliegen (§ 18 SGB XII). Auf die einzelnen Leistungsarten der Sozialhilfeträger wie Pflegegeld, Zuzahlungen an das Heim etc. soll hier nicht näher eingegangen werden.

Im Sozialhilferecht gilt das „Nachrangigkeitsprinzip": Sozialhilfe erhält nicht, wer sich vor allem durch Einsatz seiner Arbeitskraft, seines Einkommens und seines Vermögens selbst helfen kann oder wer die erforderliche Leistung von anderen, insbesondere von Angehörigen oder von Trägern anderer Sozialleistungen, erhält. Verpflichtungen anderer, insbesondere Unterhaltspflichtiger oder der Träger anderer Sozialleistungen, bleiben unberührt (§ 2 SGB XII).

Zum Einkommen des Hilfebedürftigen gehören im Prinzip alle Einkünfte in Geld oder Geldeswert (§ 82 Abs. 1 SGB XII). Einzusetzen ist grundsätzlich das gesamte verwertbare Vermögen (§ 90 SGB XII).

Zum „Schonvermögen", also dem Vermögen, auf das der Sozialhilfeträger nicht zugreifen darf, gehört u.a. ein angemessenes Hausgrundstück, das vom Hilfebedürftigen oder einer anderen zu den leistungsberechtigten Personen gehörenden Person allein oder zusammen mit Angehörigen ganz oder teilweise bewohnt wird und nach dem Tod des Hilfebedürftigen von seinen Angehörigen bewohnt werden soll. In der Praxis wird oft gestritten, was „angemessen" ist. Dies orientiert sich an der Hausgröße, dem Wert des Grundstücks und des Gebäudes, der Anzahl der Bewohner etc. (BSG, Urteil v. 12.10.2016, B 4 AS 4/16 R; BSG, Urteil v. 12.12.2013, B 14 AS 90/12 R; OLG Hamm, Urteil v. 10.10.2014, 9 W 34/14). Der Einsatz des Vermögens kann nicht verlangt werden, wenn dies für den Hilfeempfänger eine unzumutbare Härte bedeutet. Bei der Einstufung als „unzumutbare Härte" handelt es sich um eine Ermessensentscheidung des Sozialhilfeträgers, die gerichtlich überprüft werden kann.

Der Schutz des Hausgrundstücks kann nicht davon abhängig gemacht werden, dass der Leistungsberechtigte Angehörige hat, die nach seinem Tod dort leben sollen (und vorher nicht mit ihm dort gelebt haben; BGH, Beschluss v. 6.2.2013, XII ZB 582/12).

 WICHTIG

Zurückforderung von Zahlungen möglich

Das Sozialamt kann gegenüber dem Hilfebedürftigen erbrachte Zahlungen auch gegenüber Dritten zurückfordern. Dritte in diesem Sinne sind Erben, Beschenkte und gegenüber dem Sozialhilfeempfänger gesetzlich Unterhaltsverpflichtete. Das entsprechende Verlangen des Sozialhilfeträgers nennt man **„Sozialhilferegress"**.

Soweit der Sozialhilfeträger z. B. Angehörige zur Zahlung in Anspruch nehmen will, muss er diese vom Übergang der Ansprüche des Hilfebedürftigen gegen die Angehörigen an das Sozialamt schriftlich benachrichtigen (Überleitungsanzeige gem. § 93 Abs. 2 SGB XII; LSG Baden-Württemberg, Urteil v. 12.12.2013, L 7 SO 4209/09; LSG Bayern, Urteil v. 11.10.2013, L 8 SO 105/13). Grundsätzlich muss der in Anspruch genommene Angehörige **vor der Mitteilung** nicht für in der Vergangenheit vom Sozialamt erbrachte Leistungen aufkommen und nur in der Höhe der laufenden Zahlungen (z. B. für Heimaufenthalt).

Gemäß § 94 Abs. 1 Sätze 2 bis 5, Abs. 2, 3 SGB XII ist der Übergang des Unterhaltsanspruchs auf den Sozialleistungsträger in bestimmten Fällen ausgeschlossen (unbillige Härte; BGH, Beschluss v. 12.9.2018, XII ZB 384/17: Bei erhöhten Heimkosten infolge der Heimunterbringung des Hilfebedürftigen in einer speziellen Gehörlosengruppe kann in Höhe der zusätzlichen Kosten ein Übergang wegen unbilliger Härte ausgeschlossen sein; OLG Celle, Beschluss v. 3.5.2018, 10 UF 160/17).

TIPP

Bescheide überprüfen

Der Sozialleistungsträger muss den übergegangenen Anspruch zeitnah geltend machen. Es kann Verwirkung eintreten, wenn der Sozialhilfeträger längere Zeit nicht tätig wird, obwohl ihm das möglich gewesen wäre. Lassen Sie sich im Bedarfsfall immer anwaltlich beraten. Viele sozialverwaltungsrechtliche Rückforderungsbescheide sind fehlerhaft (OLG Oldenburg, Urteil v. 25.10.2012, 14 UF 82/12).

Mit der Anordnung einer Vor- und Nacherbschaft können Erblasser bei einem Behindertentestament den Sozialhilferegress legal verhindern, weil der Nacherbe nicht für die Kosten der Sozialhilfe aufkommen muss, die für die Betreuung des behinderten Vorerben angefallen sind (der Nacherbe ist nicht Erbe des Vorerben). Zudem muss die als nicht befreite Vorerbin eingesetzte behinderte Person das ererbte Vermögen nicht einsetzen.

4.2 Gesetzliche Unterhaltsansprüche der Eltern – Sozialhilferegress

Unterhaltspflichtig gegenüber ihren Eltern sind zunächst deren Kinder. Aber auch Enkelkinder sind ihren Großeltern gegenüber gesetzlich zum Unterhalt verpflichtet (Angehörige in gerader Linie, § 1601 BGB).

Der gesetzliche Unterhaltsanspruch der Eltern(-teile) gegenüber ihren Kindern setzt voraus, dass die Eltern unterhaltsbedürftig sind (§ 1602 BGB) und die Kinder ihrerseits auch in der Lage sind, Unterhalt zu leisten (§ 1603 BGB). So kann es sein, dass der berufstätige Sohn ohne Kinder leistungsfähig ist, seine Schwester als Hausfrau ohne Vermögen aber nicht.

In der Praxis kann man davon ausgehen, dass hilfebedürftige Eltern sich erst dann an das Sozialamt wenden, wenn ihre Kinder Unterhalt (ausnahmsweise) verweigern oder wegen anderer Unterhaltsverpflichtungen (z. B. gegenüber dem Ehepartner und eigenen Kindern aus Ausbildungsgründen etc.) keinen Unterhalt leisten können. Der Unterhaltsbedarf des Elternteils bestimmt sich grundsätzlich durch seine Unterbringung in einem Heim und deckt sich regelmäßig mit den dort anfallenden Kosten (BGH, Beschluss v. 7.10.2015, XII ZB 26/15).

ACHTUNG

Unterhaltspflicht kann durch Pflegeleistung erfüllt werden

Betreut ein Kind einen pflegebedürftigen Elternteil, kann es seine Unterhaltspflicht durch die damit in Natur erbrachten Pflegeleistungen erfüllen. Daneben besteht dann kein Anspruch auf eine zusätzliche Unterstützung in Geld. Insoweit entfällt auch ein zivilrechtlicher Unterhaltsanspruch, der auf den Träger der Sozialhilfe übergehen könnte.

Erbringt ein Kind erhebliche Leistungen zur häuslichen Pflege, stellt sich die Inanspruchnahme von ergänzendem Barunterhalt zugleich als unzumutbare Härte i.S.v. § 94 Abs. 3 Nr. 2 SGB XII dar. Dies gilt insbesondere dann, wenn der Leistungsträger sich durch die familiäre Pflege weitere Leistungen erspart, die das von ihm nach § 64 SGB XII zu zahlende Pflegegeld deutlich übersteigen (OLG Oldenburg, Urteil v. 14.1.2010, 14 UF 134/09).

Natürlich kommt es auch vor, dass Streit zwischen den Geschwistern entsteht, wer was an die Eltern bezahlen kann/will.

 HINWEIS

Ausnahme: Unbillige Härte

Streitigkeiten zwischen Eltern und Kindern ändern nichts an der gesetzlichen Unterhaltspflicht der Eltern und dem Sozialregressanspruch der Sozialbehörde (BGH, Urteil v. 15.9.2010, XII ZR 148/09). Nur ausnahmsweise kann es eine unbillige Härte sein, wenn Kinder an die Eltern Unterhalt leisten sollen (BGH, Urteil v. 21.4.2004, XII ZR 326/01; BGH, Beschluss v. 12.2.2014, XII ZB 607/12; OLG Oldenburg, Beschluss v. 4.1.2017, 4 UF 166/15). Ein ehemaliges Heimkind muss für seine pflegebedürftige Mutter keinen Unterhalt zahlen (AG Offenburg, Urteil v. 19.6.2018, 4 F 142/17).

Lebt ein Unterhalt begehrender Elternteil im Alten- oder Pflegeheim, bestimmt sich sein Unterhaltsbedarf nach den dadurch verursachten Heim- und Pflegekosten zuzüglich eines angemessenen Taschengelds (BGH, Urteil v. 21.11.2012, XII ZR 150/10). Der Elternteil trägt die Darlegungs-/Beweislast dafür, dass seine kostenintensive Unterbringung in einem Altenheim zwingend notwendig war, d.h. dass ihm eine Selbstversorgung in der eigenen Wohnung nicht mehr möglich ist. Bei der Wahl, ob bzw. wo ein Elternteil in ein Pflegeheim einzieht, steht den Eltern allerdings auch in unterhaltsrechtlicher Hinsicht ein gewisser Entscheidungsspielraum zu (OLG Brandenburg, Beschluss v. 9.12.2008, 9 UF 116/08).

Auf Anfrage des Sozialamts müssen dann **alle unterhaltsverpflichteten Personen** Auskunft über ihr Einkommen und Vermögen erteilen (LSG Nordrhein-Westfalen, Urteil v. 26.1.2015, L 20 SO 12/14). Eine erwachsene Tochter, die ihre fehlende unterhaltsrechtliche Leistungsfähigkeit nicht darlegen oder nachweisen kann, muss sich an den Heimkosten der Mutter beteiligen (OLG Hamm, Beschluss v. 21.11.2012, II-8 UF 14/12).

4.2.1 Geschütztes Einkommen der unterhaltsverpflichteten „Kinder"

Die Höhe des geschützten Einkommens einer unterhaltsverpflichteten Person beträgt derzeit als angemessener Selbstbehalt gegenüber den Eltern mindestens 1.800 € monatlich (einschließlich 480 € Warmmiete) zuzüglich der Hälfte des darüber hinausgehenden Einkommens, bei Vorteilen des Zusammenlebens in der Regel 45 % des darüber hinausgehenden Einkommens.

Der angemessene Unterhalt des mit dem Unterhaltspflichtigen zusammenlebenden Ehegatten bemisst sich nach den ehelichen Lebensverhältnissen (Halbteilungsgrundsatz), beträgt jedoch mindestens 1.440 € (einschließlich 380 € Warmmiete). Diese Zahlen werden grundsätzlich jährlich in der „Düsseldorfer Tabelle" (www.olg-duesseldorf.nrw.de) aktualisiert (BGH, Urteil v. 28.1.2004, XII ZR 218/01).

Obige Beträge erhöhen sich, wenn der Unterhaltsverpflichtete eigene Kinder zu versorgen hat (BGH, Beschluss v. 15.2.2017, XII ZB 201/16). Als Abzugsposten vom Bruttoeinkommen gelten u. a. Kreditraten für das (angemessene) Eigenheim und andere Darlehensverbindlichkeiten (Wohnvorteil muss gegengerechnet werden), private Versicherungsbeiträge zur Schließung gesetzlicher Versorgungslücken (s. OLG Brandenburg, Urteil v. 26.1.2010, 10 UF 105/09; BGH, Urteil v. 19.2.2003, XII ZR 67/00; BGH, Urteil v.14.1.2004, XII ZR 149/01) und berufsbedingte Aufwendungen wie Fahrtkosten etc.

 TIPP

Rechtlichen Rat einholen

Das Sozialamt setzt regelmäßig pauschale Abzüge an, die nicht der Realität bei der unterhaltsverpflichteten Person entsprechen. Spätestens bei Erhalt einer konkreten Zahlungsaufforderung des Sozialamts sollten Betroffene deshalb den Rat eines Fachanwalts für Sozial- oder Familienrecht einholen. Bescheide enthalten oft auch unabsichtliche Rechenfehler zulasten der in Anspruch genommenen Angehörigen.

Der BGH hat die komplexe Unterhaltsberechnung erläutert, wenn in Doppelverdiener-Ehen der unterhaltspflichtige Ehepartner mehr verdient (BGH, Urteil v. 28.7.2010, XII ZR 140/07). Auch wenn Schwiegerkinder ihren Schwiegereltern gegenüber nicht unmittelbar zum Unterhalt verpflichtet sind, führt das Einkommen des Schwiegerkindes u. U. dazu, dass das unterhaltsverpflichtete Kind leistungsfähig ist/wird (BGH, Urteil v. 15.10.2003, XII ZR 122/00; OLG Koblenz, Beschluss v. 21.3.2012, 13 UF 990/11). Das Schwiegerkind ist zur Auskunftserteilung gegenüber dem Sozialamt verpflichtet (LSG Nordrhein-Westfalen, Urteil v. 14.9.2009, L 20 SO 96/08; LSG Rheinland-Pfalz, Beschluss v. 18.2.2016, L 5 SO 78/15). Das Taschengeld eines (nicht berufstätigen) Ehegatten ist grundsätzlich auch für den Elternunterhalt einzusetzen (BGH, Urteil v. 1.10.2014, XII ZR 133/13).

Der BGH hat auch entschieden, wie der Elternunterhalt zu berechnen ist, wenn der unterhaltspflichtige Ehepartner weniger als sein Ehepartner verdient (BGH, Beschluss v. 23.7.2014, XII ZB 489/13; BGH, Beschluss v. 5.2.2014, XII ZB 25/13; BGH, Beschluss v. 20.3.2019, XII ZB 365/18: Die Grundsätze zur Ermittlung der Leistungsfähigkeit von verheirateten Kindern für den Elternunterhalt gelten auch dann, wenn beide Ehegatten ihren jeweiligen Eltern zum Unterhalt verpflichtet sind). Bei der Ermittlung der Leistungsfähigkeit für die Zahlung von Elternunterhalt ist ein von dem Unterhaltspflichtigen zusätzlich geschuldeter Betreuungsunterhalt nach § 1615l BGB als – gem. § 1609 Nr. 2 BGB vorrangige – sonstige Verpflichtung i.S.d. § 1603 Abs. 1 BGB von dessen Einkommen abzuziehen. Auf einen Familienselbstbehalt kann sich der in einer nichtehelichen Lebensgemeinschaft lebende Unterhaltspflichtige nicht berufen (BGH, Beschluss v. 9.3.2016, XII ZB 693/14).

 HINWEIS

Die Bundesregierung hat am 14.8.2019 das Gesetz zur Entlastung unterhaltsverpflichteter Angehöriger in der Sozialhilfe und in der Eingliederungshilfe (Angehörigen-Entlastungsgesetz) im Kabinett verabschiedet. Ab 1.1.2020 sollen u. a. Kinder seitens der Sozialhilfeträger nur noch zum Elternunterhalt herangezogen werden können, wenn ihr jährliches Gesamteinkommen 100.000 € brutto übersteigt.

4.2.2 Geschütztes Vermögen der unterhaltsverpflichteten „Kinder"

Auch im Rahmen des Elternunterhalts muss der Unterhaltsschuldner grundsätzlich den Stamm seines Vermögens einsetzen. Einschränkungen ergeben sich aber daraus, dass er seinen eigenen angemessenen Unterhalt einschließlich einer angemessenen Altersvorsorge nicht zu gefährden braucht (BGH, Urteil v. 30.8.2006, XII ZR 98/04; BGH, Urteil v. 21.4.2004, XII ZR 326/01; BVerfG, Urteil v. 7.6.2005, 1 BvR 1508/96; BGH, Beschluss v. 5.2.2014, XII ZB 25/13; BGH, Beschluss v. 20.2.2019, XII ZB 364/18). Das unterhaltsverpflichtete Kind, das die selbst bewohnte Immobilie unter Vorbehalt des Nießbrauchsrechts verschenkt hat, ist im Rahmen des Elternunterhalts auf diese Immobilie zur Bestreitung des eigenen Lebensunterhalts ebenso angewiesen wie das unterhaltspflichtige Kind, dem die selbst bewohnte Immobilie noch gehört. Die Rückforderung und Verwertung ist daher nicht zumutbar (OLG Hamm, Beschluss v. 27.7.2018, 11 UF 57/18). Bei der Vermögensverwertungspflicht sind auch die sonstigen Verbindlichkeiten und Verpflichtungen des Unterhaltsschuldners zu berücksichtigen. Beim Elternunterhalt sind die Interessen des Unterhaltspflichtigen stärker zu gewichten als beim Kindesunterhalt (OLG Nürnberg, Beschluss v. 26.4.2012, 9 UF 1747/11).

Bei der Beurteilung, ob und in welchem Umfang das Vermögen des unterhaltspflichtigen Kindes zur Sicherung des eigenen angemessenen Unterhalts einschließlich der Altersvorsorge benötigt wird, sind alle Vermögenswerte zu berücksichtigen, die für diesen Zweck zur Verfügung stehen. Verfügt der Unterhaltspflichtige etwa über Grundeigentum, ist zumindest zu berücksichtigen, dass er im Alter keine Mietkosten aufwenden muss und seinen Lebensstandard deswegen mit geringeren Einkünften aus Einkommen und Vermögen sichern kann. Auch mit Lebensversicherungen kann das Renteneinkommen aufgestockt werden.

 WICHTIG

Beiträge für Altersversorgung

Da der Unterhaltsschuldner laut BGH-Rspr. berechtigt ist, neben den Beiträgen zur gesetzlichen Rente bis zu 5 % seines Bruttoeinkommens für eine zusätzliche private Altersversorgung aufzuwenden, muss ihm auch das aus diesen Beiträgen gewonnene Kapital für die eigene Alterssicherung zur Verfügung stehen und ist damit dem Elternunterhalt entzogen (BGH, Beschluss v. 7.8.2013, XII ZB 269/12). Finanziert der Unterhaltsschuldner eine eigengenutzte Immobilie, sind neben den Zinsen die Tilgungsleistungen bis zur Höhe des Wohnvorteils vom Einkommen des Elternunterhaltspflichtigen abzuziehen, ohne dass dies seine Befugnis zur Bildung eines zusätzlichen Altersvorsorgevermögens schmälert. Der den Wohnvorteil dann noch übersteigende Tilgungsanteil ist zulasten des Unterhaltsberechtigten im Rahmen der sekundären Altersvorsorge auf die Altersvorsorgequote von 5 % des Bruttoeinkommens des Elternunterhaltspflichtigen anzurechnen (BGH, Beschluss v. 18.1.2017, XII ZB 118/16).

Das vom Unterhaltspflichtigen, der selbst bereits die Regelaltersgrenze erreicht hat, für die Altersvorsorge angesparte verwertbare Kapital kann unter Berücksichtigung seiner statistischen Lebenserwartung in eine Monatsrente umgerechnet werden. Diese Berechnung gewährleistet, dass dem Unterhaltspflichtigen ein zur Bestreitung seines laufenden Lebensbedarfs ausreichendes Einkommen dauerhaft zur Verfügung steht (BGH, Urteil v. 21.11.2012, XII ZR 150/10).

Für den zur Zahlung von Elternunterhalt Verpflichteten, der verheiratet ist und kein eigenes Erwerbseinkommen erzielt, besteht grundsätzlich nur ein Bedürfnis für die Bildung eines eigenen Altersvorsorgevermögens, soweit der Unterhaltspflichtige über seinen Ehegatten nicht hinreichend für das Alter abgesichert ist. Dies muss der Unterhaltsverpflichtete darlegen und auch beweisen (BGH, Beschluss v. 29.4.2015, XII ZB 236/14).

4.3 Sozialhilferegress: Rückforderung wegen Verarmung des Schenkers

Schenkungen, auch im Rahmen vorweggenommener Erbfolge, sind für alle Beteiligten riskant, soweit es um eine umfassende Vermögensübertragung geht. Der Schenker riskiert die finanzielle Abhängigkeit vom Ehepartner und den Kindern, schlimmstenfalls die Altersarmut.

Schenkungen an Angehörige und Fremde dürfen aber nicht dazu führen, dass die Allgemeinheit für die spätere Pflege etc. aufkommen muss. Andernfalls könnte das Nachrangigkeitsprinzip der Sozialhilfe umgangen werden. Beschenkte müssen also für eine lange Zeit nach der Schenkung mit Rückforderungsansprüchen rechnen (s. z. B. LG Coburg, Urteil v. 13.8.2010, 13 O 784/09).

Soweit der Schenker nach der Vollziehung der Schenkung außerstande ist, seinen angemessenen Unterhalt selbst zu bestreiten, kann er von dem Beschenkten die Herausgabe des Geschenks fordern (§ 528 BGB). Der Anspruch auf Rückgewähr des Geschenks wegen Notbedarfs setzt nur voraus, dass die Schenkung vollzogen und der Schenker nach Abschluss des Schenkungsvertrags außerstande ist, seinen angemessenen Unterhalt zu bestreiten. Es kommt nicht darauf an, ob der Notbedarf vor oder nach Vollziehung der Schenkung entstanden ist (BGH, Urteil v. 7.11.2006, X ZR 184/04). Eine Rückforderung kommt auch bei gemischter Schenkung in Betracht (BGH, Urteil v. 15.5.2012, X ZR 5/11; OLG Hamm, Beschluss v. 30.10.2017, II 13 UF 256/16). Auch der Verzicht auf einen Nießbrauch ist eine Schenkung, die im Falle der Verarmung des Schenkers gem. § 528 Abs. 1 BGB nach den Vorschriften über die ungerechtfertigte Bereicherung herausgegeben werden muss (OLG Köln, Urteil v. 9.3.2017, 7 U 119/16).

 ACHTUNG

Rückforderungsrecht von Schenkungen

Das Rückforderungsrecht besteht gegenüber jedem Beschenkten, unabhängig vom Verwandtschaftsgrad. Der Beschenkte kann die Herausgabe des Geschenks durch Zahlung des für den Unterhalt erforderlichen Betrags abwenden. Der Rückforderungsanspruch ist auf die regelmäßig wiederkehrenden Leistungen zur Bedarfsdeckung beschränkt.

Obiger Herausgabeanspruch steht auch dem Sozialhilfeträger zu, gegebenenfalls auch noch nach dem Tod des Schenkers (BGH, Urteile v. 25.4.2001, X ZR 229/99 und X ZR 205/99; LG Dessau-Roßlau, Urteil v. 1.11.2013, 4 O 884/12: Wegfall der Bereicherung des Beschenkten). Hat der Sozialhilfeträger den Anspruch des Schenkers auf Rückgabe des Geschenks wegen Verarmung auf sich übergeleitet, kann der Beschenkte grundsätzlich bei einer Gefährdung seines eigenen angemessenen Unterhalts die Rückgabe des Geschenks verweigern, wenn er bei Erfüllung des Rückforderungsanspruchs seinerseits Sozialhilfe von dem betreffenden Träger beanspruchen könnte (BGH, Urteil v. 20.11.2018, X ZR 115/16).

 ACHTUNG

Schonvermögen nicht relevant

Dem Rückforderungsanspruch wegen Verarmung des Schenkers und der Überleitung dieses Anspruchs auf den Träger der Sozialhilfe im Hinblick auf die von diesem dem Schenker zu leistende Hilfe zum Lebensunterhalt steht es nicht entgegen, dass das Geschenk, wenn es beim Schenker verblieben wäre, zu dessen Schonvermögen gehört hätte (BGH, Urteil v. 19.10.2004, X R 2/03).

Bei einer Grundbesitzübertragung ist der Grundstückswert regelmäßig höher als die vom Sozialamt gewährten bzw. zu leistenden Zahlungen, sodass das Sozialamt dann den Wertersatz für die erbrachten Leistungen verlangt und nicht die Rückübertragung der Immobilie.

Wird einem bedürftigen Schenker Sozialhilfe gewährt und der Rückforderungsanspruch gegen den Beschenkten auf den Träger der Sozialhilfe übergeleitet, ist für die Einstandspflicht des verschenkten Vermögens die Einkommens- und Vermögenslage des Schenkers im Zeitpunkt des Antrags auf Sozialhilfe maßgeblich, nicht dagegen die Einkommens- und Vermögenslage des Schenkers zum Zeitpunkt der letzten mündlichen Verhandlung über den übergeleiteten Anspruch (BGH, Urteil v. 20.5.2003, X ZR 246/02).

 HINWEIS

Zehnjahresfrist

Der Anspruch auf Herausgabe des Geschenks ist ausgeschlossen, wenn zur Zeit des Eintritts der Bedürftigkeit seit der Schenkung **zehn Jahre** verstrichen sind (OLG Hamm, Urteil v. 7.12.2016, 11 U 41/07). Das Gleiche gilt, soweit der Beschenkte bei Berücksichtigung seiner sonstigen Verpflichtungen (gegenwärtig) außerstande ist, das Geschenk herauszugeben, ohne dass sein standesmäßiger Unterhalt oder die Erfüllung der ihm kraft Gesetzes obliegenden Unterhaltspflichten gefährdet wird (§ 529 BGB; BGH, Urteil v. 6.9.2005, X ZR 51/03; OLG Köln, Urteil v. 2.12.2016, 1 U 21/16: Einrede des Notbedarfs gegen den Rückforderungsanspruch des Sozialhilfeträgers).

Soweit notariell Rückforderungsklauseln zugunsten des Schenkers vereinbart worden sind, ist das Rückforderungsrecht nicht auf zehn Jahre beschränkt.

Zu problematischen Fallkonstellationen, in denen streitig ist, ob die Zehnjahresfrist überhaupt zu laufen begonnen hat, s. → Kapitel 4.3.2.

Macht der verarmte Schenker bzw. der Sozialhilfeträger den Rückforderungs-anspruch bzgl. eines Rechts an einem Grundstück geltend, kann der Beschenkte seiner an der Bedürftigkeit des Schenkers ausgerichteten Zahlungspflicht ent-gehen, indem er die Rückübertragung des Geschenks anbietet (BGH, Urteil v. 17.12.2009, Xa ZR 6/09).

4.3.1 Geschenke mit Einschränkung bzw. Gegenleistung

Zuwendungen des Schenkers ohne Gegenleistungen des Beschenkten werden im Hinblick auf § 528 BGB wohl meist zur Falle, wenn der Schenker kein anderwei-tiges, Ertrag sicherndes Vermögen für sich zurückbehält. Anstandsschenkungen wie Taschengeld von Großvater an Enkel zählen nicht (§ 534 BGB; LG Aachen, Urteil v. 14.3.2017, 3 S 127/16). Vom Beschenkten erbrachte Gegenleistungen (Pflege) oder die Einräumung von Nutzungsrechten zugunsten des Schenkers im Zusam-menhang mit dem Geschenk mindern aber den Wert der Schenkung.

Vorbehaltsnießbrauch

Der Nießbrauch ist nicht übertragbar. Die Ausübung des Nießbrauchsrechts kann aber einem anderen überlassen werden. Der Nießbrauch gehört zum Vermögen einer vom Sozialamt unterstützten Person. Eine Veräußerung des Nießbrauchs ist gem. § 1059 Satz 1 BGB ausgeschlossen. Der Nießbrauch stellt damit kein Ver-mögen dar, das ein Hilfeempfänger einsetzen kann, um seinen Unterhaltsbedarf zu decken. Vielmehr ist der Unterhaltsbedarf (teilweise) durch die Ausübung des Nießbrauchs gedeckt. Es kann nicht verlangt werden, diese Rechtsposition mit der Folge aufzugeben, den Unterhaltsbedarf zu vergrößern. Etwas anderes könnte allenfalls dann gelten, wenn mit der Ausübung des Nießbrauchs mehr als der „angemessene Unterhalt" i.S.v. § 528 Abs. 1 BGB gedeckt wäre (BGH, Urteil v. 5.11.2002, X ZR 140/01). In der Praxis wird der Sozialhilfeträger bei Erfüllung der Zahlungen aufgrund des Nießbrauchsrechts die Schenkung nicht zurückfordern.

Wohnrecht

Das Wohnrecht beinhaltet das Recht zum Wohnen. Es ist ein höchstpersönliches Recht und kann nicht auf Dritte übertragen werden. Das Wohnrecht hat so gegen-über dem Nießbrauch den Vorteil, dass es als höchstpersönliches Recht grund-sätzlich nicht nach § 93 SGB XII auf den Sozialhilfeträger überleitbar ist.

Der Sozialhilfeträger wird bei Hilfeleistungen an eine im Heim untergebrachte Person, die sich ihrerseits bei der Übergabe einer Immobilie ein Wohnrecht hat einräumen lassen, aber auch einen denkbaren Ausgleichsanspruch für das nicht mehr faktisch wahrnehmbare Wohnrecht überleiten lassen wollen. Dagegen sollten sich die Beschenkten wehren, auch wenn sie z.B. die Wohnung, an der das Wohnrecht bestellt war, vermietet haben, weil der Wohnberechtigte selbst das

Wohnrecht wegen Umzugs ins Pflegeheim nicht wahrnehmen kann (OLG Hamm, Urteil v. 28.9.2009, 5 U 80/07).

 HINWEIS

Wenn der Wohnberechtigte die Wohnung nicht mehr nutzen kann

Enthält die Vereinbarung über die Bestellung eines Wohnrechts keine Regelung, wie die Wohnung genutzt werden soll, wenn der Wohnberechtigte sein Recht wegen Umzugs in ein Pflegeheim nicht mehr ausüben kann, kommt eine ergänzende Vertragsauslegung in Betracht. Eine Verpflichtung des Eigentümers, die Wohnung zu vermieten oder deren Vermietung durch den Wohnberechtigten zu gestatten, wird dem hypothetischen Parteiwillen im Zweifel allerdings nicht entsprechen (BGH, Urteil v. 9.1.2009, V ZR 168/07; BGH, Urteil v. 19.1.2007, V ZR 163/06).

Kann der Inhaber eines dinglichen Wohnrechts dieses wegen Pflegebedürftigkeit nicht mehr ausüben, steht ihm regelmäßig kein Anspruch auf Zahlung einer Geldrente zu (OLG Koblenz, Urteil v. 15.11.2006, 1 U 573/06; LSG Hessen, Urteil v. 25.4.2012, L 4 SO 207/11).

Bei einer geplanten Übergabe einer Immobilie gegen Wohnrecht sollten Sie ggf. zugunsten der Beschenkten vorbeugen, indem vereinbart wird, dass das Wohnrecht bei einem dauerhaften Aufenthalt in einem Pflege- oder Altenheim erlischt und Ersatzansprüche des ehemals Wohnberechtigten entfallen. Die vereinbarungsgemäße unentgeltliche Aufgabe eines dinglichen Wohnrechts löst im Falle der Verarmung auch dann einen Rückforderungsanspruch aus, wenn der Wohnrechtsinhaber an der Ausübung kein Interesse mehr hat, er aber objektiv die Möglichkeit hätte, sein Recht weiter zu nutzen (OLG Nürnberg, Urteil v. 22.7.2013, 4 U 1571/12; BGH, Beschluss v. 25.1.2012, XII ZB 479/11).

Persönliche Versorgungsleistungen

In Übergabeverträgen lässt sich der Schenker einer Immobilie oft auch Pflegeleistungen (als Dienstleistung) vom Beschenkten versprechen. Soweit der Schenker zum Zeitpunkt der Übergabe noch kein Pflegefall ist und damit auch nicht zu rechnen ist, kann die Erbringung der Pflegeleistungen auf den Zeitraum beschränkt werden, in dem der Schenker aufgrund eines Wohnrechts noch in einer Wohnung in der übergebenen Immobilie lebt.

Der BGH (Urteil v. 6.2.2009, V ZR 130/08) hat entschieden, dass es nicht sittenwidrig ist, wenn in einem Vertrag als Gegenleistung für die Übertragung eines Hausgrundstücks vereinbarte Versorgungsleistungen nur so lange geschuldet sein sollen, wie sie von dem Verpflichteten in dem übernommenen Haus erbracht werden können (BGH, Beschluss v. 23.1.2003, V ZB 48/02).

WICHTIG

Rückforderungsrecht einräumen lassen

Schenker können sich ein vertragliches Rückforderungsrecht bei Nichterfüllung der Pflegeleistungen einräumen lassen: Ist mit einem Erbvertrag, durch den der Erblasser den Bedachten zum Erben bestimmt, ein gegenseitiger Vertrag unter Lebenden verbunden, in dem der Bedachte sich zum Erbringen von Pflegeleistungen verpflichtet und der Erblasser weitere Verpflichtungen übernimmt (hier: keine Veräußerung oder Belastung seines Hausgrundstücks zu Lebzeiten), so kann Letzterer wegen unterbliebener Pflegeleistungen gem. § 323 BGB von diesem Vertrag und zugleich nach § 2295 BGB vom Erbvertrag zurücktreten. Ein derartiger Rücktritt kommt erst dann in Betracht, wenn der Erblasser den Bedachten unter Fristsetzung zuvor vergeblich aufgefordert hat, die im Einzelnen zu bezeichnenden Pflegeleistungen zu erbringen (BGH, Urteil v. 5.10.2010, IV ZR 30/10).

4.3.2 Problem: Beginn der Zehnjahresfrist

Die Zehnjahresfrist gem. § 529 Abs. 1 BGB beginnt mit Vollzug der Schenkung zu laufen. Wird ein Grundstück ohne Gegenleistung übertragen, ist dies bereits dann der Fall, wenn der Beschenkte auf der Basis eines formgerechten Schenkungsvertrags und der Auflassung einen Antrag auf Eintragung der Rechtsänderung beim Grundbuchamt gestellt hat (BGH, Urteil v. 19.7.2011, XZR 140/10). Nach dem vorgenannten BGH-Urteil hindert der Vorbehalt eines lebenslangen Nutzungsrechts aber nicht den Beginn der Zehnjahresfrist nach § 529 Abs. 1 Fall 2 BGB (OLG Köln, Beschluss v. 24.6.2011, 11 U 43/11).

Bezüglich des Vollzugs einer Schenkung gibt es aber gegensätzliche Urteile zum Ablauf der Zehnjahresfrist im Zusammenhang mit Pflichtteilsergänzungsansprüchen (§ 2325 BGB). Für ein im Zusammenhang mit einer Immobilienübertragung vorbehaltenes Nießbrauchsrecht des Schenkers hat der BGH (BGH, Urteil v. 27.4.1994, IV ZR 132/93; siehe auch BGH, Beschluss v. 29.6.2016, IV ZR 474/15) entschieden, dass die Umschreibung im Grundbuch im Hinblick darauf, dass dem Schenker die Nutzung des Objekts aufgrund des Nießbrauchs unverändert verbleibt, nicht ausreicht, um im pflichtteilsrechtlichen Sinne eine vollzogene Schenkung anzunehmen. So läuft die Zehnjahresfrist des § 2325 Abs. 3 BGB bei vorbehaltenem Nießbrauch erst ab dem Tode des Erblassers (siehe auch OLG München, Urteil v. 25.6.2008, 20 U 2205/08). Laut dem OLG Karlsruhe steht demgegenüber ein Wohnrecht der Annahme einer vollzogenen Schenkung nicht entgegen (OLG Karlsruhe, Urteil v. 15.1.2008, 12 U 124/07; siehe auch OLG Bremen, Urteil v. 25.2.2005, 4 U 61/04).

WICHTIG

Berechnung der Zehnjahresfrist bei Nießbrauch

Die Rspr. zu § 2325 BGB wird wohl auch vom Sozialhilfeträger bei der Berechnung/beim Lauf der Zehnjahresfrist nach § 529 BGB herangezogen werden. So sieht es das SG Freiburg, Urteil v. 28.7.2011, S 6 SO 6485/09: Ist ein verschenktes Hausgrundstück mit einem lebenslangen unentgeltlichen Nießbrauch zugunsten des Schenkers belastet, beginnt die Zehnjahresfrist zur Schenkungsrückforderung nach § 529 Abs. 1 BGB nicht mit der Übergabe des Grundstücks zu laufen, sodass der Schenker vor dem Einsetzen von Sozialhilfe die Schenkungsrückforderung als Vermögensgegenstand zu realisieren hat. Wehren Sie sich als Beschenkter im Notfall, weil es immer auf den individuellen Übergabevertrag ankommt, insbesondere auf etwaige Rücktrittsrechte des Schenkers (ggf. gesichert durch Rückauflassungsansprüche) und auf den Umfang des Nießbrauchs- bzw. Wohnrechts. Behält sich der Schenker z. B. das Wohnrecht an einer kleinen Wohnung in einem Mehrfamilienhaus vor, wird der Beschenkte mit anwaltlicher Hilfe argumentieren können, dass der Schenker den „Genuss" an der Immobilie im Wesentlichen aufgegeben hat (OLG Oldenburg, Beschluss v. 14.11.2005, 5 W 223/05).

Hinweis: Wichtiges zu den Themen „Erbenhaftung bei Sozialhilfeleistungen bzw. Arbeitslosengeld II", „Behindertentestament und Vermeidung des Sozialhilferegresses" sowie „Zugriff des Sozialamts auf die Erbschaft des bedürftigen Erben" finden Sie auf http://mybook.haufe.de unter „Weiterführende steuerliche Informationen".

Gesamtstichwortverzeichnis